Vom gleichen Autor erschienen außerdem
als Heyne-Taschenbücher

Letzte Station Camp 7 · Band 01/839
Kein Vaterland · Band 01/901
Faustrecht · Band 01/937
Gott schläft in Masuren · Band 01/981
Held im Turm · Band 01/998
Mit diesen meinen Händen · Band 01/5028
Kameraden · Band 01/5056
Die Wölfe · Band 01/5111
Aufstand der Soldaten · Band 01/5133
Fabrik der Offiziere · Band 01/5163
Wir nannten ihn Galgenstrick · Band 01/5287
Aufruhr in einer kleinen Stadt · Band 01/5335
Kultura 5 und der Rote Morgen · Band 01/5403
Die Nächte der langen Messer · Band 01/5479
Der unheimliche Frend · Band 01/5525
Eine Falle aus Papier · Band 01/5808
Bedenkliche Begegnung · Band 01/5971
08/15 in der Partei · Band 01/6042
Geld – Geld – Geld · Band 01/6092
Die gefährliche Wahrheit · Band 01/6205
Ausverkauf der Helden · Band 01/6251

HANS HELLMUT KIRST

ENDE '45

Roman

WILHELM HEYNE VERLAG
MÜNCHEN

HEYNE ALLGEMEINE REIHE
Nr. 01/6491

Originalfassung des Autors

Printed in Germany 1985
Umschlagfoto: Süddeutscher Verlag, Bilderdienst, München
Umschlaggestaltung: Atelier Ingrid Schütz, München
Satz: IBV Satz- und Datentechnik GmbH, Berlin
Druck und Bindung: Presse-Druck, Augsburg

ISBN 3-453-02067-7

Dieses Buch ist ein zeitgeschichtlicher Roman. Etliche Personen darin sind frei erfunden; einige andere subjektiv nachgestaltet. Die Zeit jedoch, die Örtlichkeiten, die äußeren Ereignisse entsprechen erfahrenen Realitäten – diese objektiv einzufangen, ist versucht worden.

1.

Und nun war Sonntag in jenem Deutschland.

Hier jedoch kein Kirchengeläut, kein priesterlicher Segen, kein zu erhoffender Wirtshausbesuch. Ein fahles, rauchgraues Licht umhüllte an die einhundert Baracken, schien deren Konturen aufzulösen. Sie lagen da wie am Ende der Welt.

In einem dieser Häuser, bezeichnet als Bau II/12, erschien ein SS-Mensch, ein eher kleines, büroblasses Wesen, mit einem Zettel in der Hand. In der plötzlich einsetzenden Stille klang seine Stimme scharf und fordernd.

»Wienand, Erich«, rief der Mann, ohne dabei wie üblich die Häftlingsnummer mitzunennen.

»Hier!« Aus der massengrabartigen Tiefe des lichtarmen Raumes war eine wie eingelernt ergebene Stimme zu hören. »Hier – Wienand, Erich.«

Der lag auf einer Pritsche aus klobigem Holz, eingehüllt in eine zerschlissene, verdreckte, braunfleckige Decke. Vier kaum noch als menschlich zu bezeichnende Lebewesen lagen neben ihm – fünf oder sechs in der Etage darüber, die vermutlich gleiche Anzahl unter ihm. Sie verströmten einen Geruch von Verwesung.

Unmittelbar neben dem aufgerufenen Erich Wienand lag Jacob Werner; ein Jude. In diesen seinen dunkelsten Tagen war er Erich Wienand zum Freund geworden. Sie griffen nach ihren Händen, zu Tode besorgt.

Das SS-Wesen mit dem Zettel in der Hand reagierte bedrohlich ungehalten:

»Wo bleibst du, Wienand!«

Der beeilte sich nun, leicht schwankend, hervorzukriechen. Dann stand er da: klein, ausgemergelt, in Ergebenheitshaltung. Doch seine müden Augen besaßen noch immer einen Abglanz von unzerstörbarer Klugheit. »Ja, bitte, Herr SS?«

»Keine dämlichen Fragen, Mensch! Du stellst dich vor die Tür dieser Baracke – mit allem! Und dann wartest du.«

Jede weitere Frage war überflüssig, auch nicht ratsam. Er hatte einem Befehl nachzukommen, also zu warten. Worauf auch immer. Er hatte dazustehen auf einer der Lagerstraßen, ›mit allem‹, also mit dem ihm noch verbliebenen ›Gepäck‹.

Erich Wienand, der hier mit einem Lederkoffer angekommen war, ›besaß‹ inzwischen nur noch einen kleineren Persilkarton, umschnürt von vielfach verknoteten Bindfäden. Darin befanden sich seine letzten Habseligkeiten: ein zweites Paar Unterwäsche, ein Oberhemd aus Leinen, einstmals jägergrün, eine Zahnbürste.

Damit stand Erich Wienand nun da. Seine von Blutflecken verkrustete Decke hatte er mitgeschleift. Stunden vergingen. Sein Freund Jacob Werner, der Jude, hatte sich dicht an ein verdrecktes Fenster gepreßt und beobachtete ihn besorgt. Mit unendlicher Ausdauer.

Denn beide wußten: Die Anordnung, sich hier ›mit allem‹ einzufinden, konnte dreierlei bedeuten. Die totale Auslöschung – hier nichts wie Alltag. Eine Verlegung – doch wer weiß, in welche Todeskammer sonst noch. Denkbar war jedoch auch, zumal bei Gott und diesen Nazis – die nun noch über ihn gestellt – so gut wie nichts unmöglich war – eine Entlassung!

Schließlich, nach stundenlangem Warten, fuhr ein kleines Transportfahrzeug vor, wie sie für gewöhnlich zu Verpflegungsanlieferungen verwendet wurden: Vorn ein Fahrer mit Begleiter; hinter beiden eine Ladefläche, eingehüllt in tarnbunte Zeltleinwand. Niemand stieg aus. Erich Wienand wurde aufgelesen.

Er stieg hinten ein, zwängte sich durch die Zeltplane, schien dann völlig verschwunden zu sein. Doch als sich das Fahrzeug in Bewegung setzte, erblickte Jacob Werner, der ihm mit erwürgender Besorgnis nachsah, eine Hand, die sich vorsichtig, doch wie ein Signal, durch den Schlitz in der Plane streckte. Die Hand hielt einen Hut.

Ein Anblick, der Jacob Werner mit ungemeiner Erleichterung erfüllte. Denn daß sein Erich Wienand dort dieses zivile Bekleidungsstück vorgefunden hatte, bedeutete vermutlich: er habe sich nun umzukleiden. Das aber sah nach Entlassung aus. Höchste Skepsis schien dennoch angebracht.

Jetzt war Mitternacht.

Kein Mond, keine Sterne, weder Wind noch Wolken. Nichts wie lauernde, lastende Dunkelheit in bannender Stille. Eine kleine Stadt, in der keine Laterne brannte, in der es nirgendwo einen Lichtschein zu geben schien, dem es gelang, verdunkelnde Vorhänge hinter fest verschlossenen Fenstern zu durchschimmern.

Doch dann war plötzlich ein keuchendes, heftig zitterndes Motorengewürge zu hören. Ein Fahrzeug fuhr auf den menschenfreien Marktplatz der kleinen Stadt, blieb dann stehen und verstummte.

Von der Ladefläche des kleinen Transporters stolperte Erich Wienand herunter: klein, grau, gebückt. Sein tiefgeneigtes Gesicht war papierbleich; es schien, als wage er es nicht, um sich zu sehen. Offenbar konnte er noch nicht daran glauben, daß er den allerletzten Qualen entkommen sein könnte – den Vernichtungskammern des Todes, mit deren Anblick er monatelang hatte leben müssen.

»Soweit alles in Ordnung, Wienand?« verlangte eine Stimme zu wissen, die sich betont freundlich gab. Sie kam aus dem Fahrzeug, das ihn auf den Platz gebracht hatte.

»Danke, ja. Danke vielmals.« Die Antwort war bemüht ergeben. Erich Wienand raffte den ihm vor die Füße gefallenen, nun fast leeren Persilkarton auf. Seine KZ-Kleidung hatte er ablegen dürfen. »Danke vielmals!«

Der Ausgesetzte wußte, wem er zu danken hatte. In dem dunklen, unbeleuchteten Fahrzeug hockten zwei Männer, ihre Gesichter waren unkenntlich, ihre Befehlsstimmen kaum auseinanderzuhalten, sie glichen einander wie ihre jetzt unsichtbaren Uniformen. Doch eben das waren, Wienand wußte es, jene der SS.

»Daran, was wir für dich getan haben, und zwar gern«, wurde er ermahnt, »solltest du dich stets erinnern, Wienand.« Was wohl heißen sollte: du hast uns nicht vergessen! »Aber schließlich sind auch wir nur Menschen – und eben deshalb manchmal auch überfordert. Doch immerhin – du kennst unsere Namen?«

Die kannte er. Das bereits von seinem KZ-Aufenthalt her. Doch zusätzlich hatten sich die beiden ihm vorsorglich während dieses Schnelltransports nach Schoenau mit vollem Namen bekannt gemacht: Steiner, Paul und Breitner, Franz – beide SS-Unterscharführer. Die Namen, versicherte Wienand, wie gefordert, werde er sich merken. Eine Versicherung, ohne jeden Anklang einer bedrohlich-hinterhältigen Ironie. Derartigen Regungen schien dieser Mensch kaum noch fähig zu sein, wurde bereitwillig vermutet.

Dann streckte sich Wienand eine Hand entgegen, die einen Briefumschlag hielt. »Deine Entlassungspapiere.«

Er nahm sie an sich; noch immer zitternd. Doch scheinbar wie überwältigt von diesem großen, einzigartigen Geschenk. Um dann mit flackernder Höflichkeit wissen zu wollen: »Darf ich fragen, ob damit irgendeine Auflage, eine Anordnung, für mich verbunden ist?«

»Keine«, wurde ihm großzügig bedeutet. »Du bist ganz einfach entlassen worden, Erich Wienand. Jetzt brauchst du dich nur noch, etwa innerhalb der nächsten vierundzwanzig Stunden, bei der für dich zuständigen örtlichen Polizeidienststelle zu melden. Nur so – pro forma; vonwegen der Ordnung. Damit du hier wieder als ordentlicher Mitbürger registriert werden kannst.«

Bevor sich Wienand auch noch dafür bedanken konnte, streckte sich ihm abermals die Hand aus dem abgedunkelten Fahrzeug entgegen. Sie reichte ihm ein zigarrenkistengroßes Päckchen. »Brot, Butter und Wurst. Eine Art Zusatzverpflegung; die wir für dich abgezweigt haben – von unseren persönlichen Beständen. Aber friß das nicht gleich alles in dich hinein. Denn so was dürfte dein entwöhnter Magen kaum vertragen; nichts als Krämpfe und Dünnschiß wären die Folge. Achte darauf.«

Erich Wienand versuchte, das Päckchen hastig an sich zu nehmen. Doch es entglitt seinen Händen und viel zu Boden.

Er kniete nieder, um die Gabe wieder aufzuheben. Aus dem dunklen Fahrzeug war ein gedämpft-wohlwollendes Gelächter zu hören; doch nur sehr kurz.

Dann brüllte der Motor des Kleinviehtransporters mit plötzlicher Heftigkeit wieder auf. Das sargdunkle Gefährt setzte sich fast sprunghaft in Bewegung, polterte davon, in die Dunkelheit hinein. Alsbald war es, als wäre das alles nie geschehen gewesen.

Einige Zeit verging, bis sich Erich Wienand endlich aufraffte, und blinzelnd seine Umgebung betrachtete.

Er befand sich also wieder mitten in jener kleinen Stadt im südlichsten Deutschland mit Namen Schoenau, gelegen am Kocher, einem streckenweise entfesselt schäumenden, noch ungebändigten Wildwasserfluß. Und hier, auf dem Marktplatz, umlauerte ihn eine träge und dichte Dunkelheit. Dennoch ließ sein Erinnerungsvermögen ihn nahezu jede Einzelheit seiner Umgebung erkennen.

Denn schließlich hatte er das alles schon oftmals gesehen. Im gleißenden Sonnenlicht ebenso wie an prasselnden Regentagen, von herbstlichen Nebelfluten fast ausgelöscht, von Schneemassen in dicke Leichentücher gehüllt. Eben diesen geradezu mittelalterlich anmutenden Marktplatz, mit groben Kopfsteinen gepflastert, umstanden von solide wirkenden Bürgerhäusern mit verwinkelt romantischen Verzierungen. Doch jetzt war alles wie ausgestorben.

In dieser Nacht, in diesem Schoenau: kein Laut, kein Lichtschein, kein bellender Hund, keine schreiende Katze, nicht einmal mehr Menschen schien es hier zu geben. Denn die – wie zu ahnen – letzten Tage dieses Krieges erzeugten nur noch lauernde Stille.

Deshalb war Erich Wienand nur allzu bereit, sich aus dieser Verkriecherwelt zu entfernen. Mit immer noch bebenden Händen steckte er die Entlassungspapiere in seine Brusttasche. Dann kniete er sich erneut nieder, um seinen Persilkarton und das Verpflegungspäckchen aufzugreifen, welche auf der Erde lagen.

Doch als er sich dann wieder aufzurichten versuchte, erblickte er vor sich, in nur geringer Entfernung, ein menschliches Wesen. Von dem sah er zunächst nur dessen glänzende Schuhe, dann eine scharfgebügelte Hose, schließlich einen Uniformrock – ein Polizist.

Das Gesicht darüber, unter einer Amtsmütze, war breitflächig-mondartig konturenlos, wie ein Brotteig geformt.

Ein ziemlich autoritär-dominierender Anblick, mußte Wienand vermuten. Dementsprechend gedachte er zu reagieren – was sich jedoch als gar nicht notwendig erwies.

Denn dieser Polizeimensch wollte zunächst einmal wissen: »Kann ich Ihnen irgendwie behilflich sein? Mein Name ist Straßner. Derzeit bin ich hier der leitende Beamte der Polizeistation Schoenau.«

»Wienand«, stellte sich der Ausgesetzte vor. Und das mit jener wirksamen, ihm eingelernten, oft aufgezwungenen Ergebenheitshaltung. »Entlassen aus dem Konzentrationslager Buchenwald. Entsprechende Papiere vorhanden. Darf ich sie Ihnen vorzeigen?«

»Sie also sind Erich Wienand?« fragte der wie auf leisen Sohlen aus dem Nichts aufgetauchte Polizeimensch. Das war jedoch keineswegs zufällig geschehen; dieser Straßner gehörte zu den ganz und gar Wachsamen. Folglich war ihm auch dieser nächtliche Aufzug nicht entgangen, während er brütend, mit wachsender schlafloser Unruhe, in seinem Polizeirevier vor sich hingelauscht hatte. »Jener Erich Wienand – vom sogenannten Welpenhof?«

»Ja, der bin ich«, wurde aufhorchend bestätigt.

Worauf nun dieser leitende Polizist von Schoenau am Kocher eine geradezu spontan hervorbrechende Herzlichkeit demonstrierte. »Ungemein erfreulich, Herr Wienand, daß Sie endlich wieder unter uns sind – mithin haben Sie also das Schlimmste überstanden. Hoffentlich. Jedenfalls begrüße ich Sie! Sehr herzlich.«

»Danke«, beeilte sich Wienand zu erwidern. Doch nach wie vor erfüllt von maßlosem Mißtrauen, das seine Erfahrungen ihn gelehrt hatten.

Worauf ihn nun dieser Straßner irritierend freundlich aufklärte: »Sie können mich nicht kennen, Herr Wienand – denn ich bin erst vor einigen Wochen hierher versetzt worden. Dabei versuche ich jedoch mit dem, was da so alles auf mich zukommt, einigermaßen fertig zu werden – nicht ganz ohne Schwierigkeiten; was Sie sich gewiß vorstellen können. Schließlich habe ich hier ein bemüht ordnender Beamter zu sein. Der jedenfalls weiß, wer Sie sind, was Sie darstellen, mithin, was Sie bedeuten.«

»Doch wer oder was ich wirklich bin«, sagte nun Erich Wienand verhalten, »glaube ich selbst nicht einmal zu wissen – nun nicht mehr.«

»So bin ich mir auch manchmal vorgekommen«, bestätigte der Polizeibeamte.

»Jedenfalls besitze ich, Herr Straßner, keinerlei ausgeprägte Ambitionen – schon gar keine politischen. Möglicherweise einige sehr human gefärbte, gebe ich zu. Ansonsten versuche ich, nichts wie Bücher zu schreiben, die von Menschen erzählen, welche jedoch niemals ohne Fehler sind. Wer ist das schon.«

»Verstehe, Herr Wienand«, versicherte ihm schnell der nachdenklich gewordene Polizeimensch, dabei jedoch durchaus entgegenkommend gestimmt. »Wie sollten Sie denn auch dazu kommen, sich mir jetzt schon anzuvertrauen? Doch das kann, das wird noch werden.«

»Was an mir nicht scheitern soll, Herr Straßner – ich bin immer erfreut, wenn ich Menschen begegne, denen ich vertrauen kann. Was allerdings, leider, nicht oft der Fall ist.« Worauf er dann tief Atem holte und wissen wollte: »Können Sie mir bitte sagen, wie es meiner Familie geht?«

»Gut, Herr Wienand«, berichtete der Polizist beruhigend. »Sozusagen zeitgemäß gut. Dort ist alles gesund, wenn auch natürlich nicht sonderlich munter. Doch in dieser Hinsicht brauchen Sie sich nicht die geringsten Sorgen zu machen. Zumal ich mir erlaubt habe, Ihren Welpenhof und seine Bewohner sozusagen im Auge zu behalten. Dort jedenfalls darf derzeit so gut wie alles als normal gelten.«

»Danke, Herr Straßner.« Eine Antwort, die mit spürbarer Erleichterung erfolgte.

»Was ich nur als meine Pflicht empfinde. Das werden Sie

noch erkennen, da bin ich sicher. Doch jetzt, nehme ich an, wollen Sie sich zu Ihrem Welpenhof begeben.«

»Ja, bitte – wenn Sie erlauben.«

»Ich habe Ihnen nichts zu erlauben, Herr Wienand – und ich gedenke auch nicht, Ihnen etwas zu verbieten. Ich möchte Ihnen lediglich meine Hilfe anbieten. Denn schließlich haben Sie, bis zu Ihrem Hof, einen drei Kilometer langen Weg vor sich. Auf dem ich Sie gerne, falls Sie das wünschen, begleite.«

»Danke, für dieses Entgegenkommen, Herr Straßner. Doch ich glaube mich in der Gegend recht gut auszukennen. Nach jahrelangen Spaziergängen – bei Tag und bei Nacht.«

»Das jedoch, gebe ich zu bedenken, war einstmals – vor etlichen Monaten. Inzwischen jedenfalls ist hier vieles anders geworden. Täuschen Sie sich da nicht.«

»Dennoch könnte sich daraus für mich eine halbstündige Illusion ergeben; inmitten dieser hier wohl noch unzerstörten Natur. Darf ich Sie bitten, mir das zu gönnen?«

»Ein Wunsch, den ich selbstverständlich respektiere, Herr Wienand. Erlauben Sie mir aber einige wohlgemeinte Ratschläge. Vermeiden Sie, das empfehle ich Ihnen dringend, jene Hauptstraße, die zu Ihrem Hof und an ihm vorbeiführt. Denn dort könnten Sie auf ausgeschwärmte und immer noch siegbereite Kolonnen oder Einzelfahrzeuge unserer Truppen stoßen. Die aber würden Sie vielleicht wieder festnehmen. Zumal hier bereits eine zwar noch unausgesprochene, praktisch aber schon befolgte Ausgangssperre herrscht.«

»Danke für Ihren Hinweis, Herr Straßner.«

»Ich empfehle Ihnen, den Fußweg am Kocher entlang zu nehmen. Dort ist kaum eine Störung zu befürchten. Ganz abgesehen davon, daß eben dieser Weg, was Sie wohl erstreben, ungemein idyllisch ist. Doch selbst dann noch könnten Sie, und zwar unmittelbar vor Ihrem Welpenhof, auf gewisse Hindernisse stoßen.«

»Auf welche meinen Sie?«

»Es hat sich dort inzwischen eine großdeutsche Flakbatterie breitgemacht – und das geradezu besitzergreifend. Wenn Sie nun also bei Ihrem Hof erscheinen, müssen Sie damit rechnen, mit einem der Wachtposten konfrontiert zu werden. Die aber haben sich, neuerdings, als überaus nervös reagierend erwiesen – besonders nach Mitternacht. Wäre es da nicht doch angebracht, wenn ich Ihnen bis dahin das Geleit gebe?«

Ein Vorschlag, der mit hoher Höflichkeit abgelehnt wurde, was dann gleichermaßen höflich akzeptiert zu werden schien. Jedenfalls trennten sie sich voneinander. Sogar erst, nachdem sie sich die Hände gereicht hatten.

Sodann erfolgte ein nachmitternächtlicher Spaziergang des Erich Wienand. Ausgehend vom Marktplatz Schoenau, hin am Rande des sprudelnden Kocher, bis in die Nähe seines Welpenhofes, der dicht bei einem Dorf namens Martinshausen lag. Eine halbe Stunde, die ihm mit wunderbaren Erlebnissen angefüllt zu sein schien.

Dabei begrüßte er Bäume, die er kannte. Schritt über Wiesen, die wie von ihm gewebte Teppiche waren. Und bereits erste frühlingshaft erblühende Sträucher an seinem Weg begehrte er zu streicheln, mit zärtlichen Händen.

Als er sich dann, nicht ohne letztes Zögern, seinem Welpenhof näherte, schien es ihm, als versuche ein strahlender Mond durch schwerdunkle Wolken hindurchzubrechen. Und dessen Licht vermochte zu erhellen, was Erich Wienand zu sehen begehrte: das Bauwerk seines Lebens!

Es war errichtet auf einem sanften Hügel, allein aus Holz; oberbayerischer Bauweise bestrebt angenähert. Wohl nicht ganz unähnlich jenem Haus eines Ludwig Thoma über dem Tegernsee. Und wenn es den auch nicht mehr gab, sein Wohnsitz war unverändert erhalten geblieben; wollte wie ein freundliches, lebendiges Denkmal anmuten.

Dieser Welpenhof jedoch, hatte sich Erich Wienand stets gewünscht, sollte nicht nur der gediegen gedachte ländliche Herrensitz eines Dichters sein, vielmehr ein stattliches bäuerliches Anwesen, gutsartig angelegt, mit Stallungen, Scheune, Schuppen, Werkgebäude und Gesindehaus. Umstanden von den Bäumen seiner Jugend – Linden.

Dieser Welpenhof war das stets ersehnte, dann endlich

auch erreichte Ziel seines Lebens – 1930 erworben; alsbald ausgebaut und erweitert. Möglich gemacht durch stattliche Honorare aus mehr als einem Dutzend Bücher. Erzählend von dem ›einsamen Leben‹.

Und sie waren in sechsundzwanzig, wenn nicht gar achtundzwanzig Sprachen übersetzt worden – bis hin nach Japan und Südafrika. Mithin also so gut wie international gewürdigt, zumindest noch viel gelesen; gelegentlich sogar als ›Weltliteratur‹ erklärt. So was jedoch nicht und niemals von den Herrschenden in diesem ›Dritten Reich‹. Diese engten seine deutschen Auflagen erheblich ein; duldeten ihn jedoch als Devisenbringer. Vermutlich in der Hoffnung, er werde sich auch weiterhin einer bescheidenen Zurückhaltung befleißigen – wie bisher.

Was dann jedoch, bedauerlicherweise, nicht voll zutraf, denn dieser Erich Wienand leistete sich nicht nur sendungsbewußte und humane Gedanken – er hatte schließlich sogar auch noch das getan, was allein er konnte; er schrieb darüber. Er veröffentlichte seine ›Nicht gehaltenen Gespräche – mit jungen deutschen Menschen‹. Und wenn das auch überaus behutsam geschah, sogar nahezu um Verständnis flehend –, so war es doch auch ausreichend unmißverständlich. Mit dem Tenor: welche Forderungen auch immer für staatsnotwendig gehalten wurden – man müsse es doch wenigstens den Kindern erlauben, Kinder zu bleiben, solange sie das sind.

Doch nicht nur allein solcher Anmaßungen wegen gelangte Erich Wienand in ein KZ. Dabei hatte es sich lediglich um jenen Tropfen gehandelt, dem es gelingt, ein Faß zum Überlaufen zu bringen. In diesem Fall wurde behauptet, ein Faß voller ›Gefühlsjauche und Gemütsscheiße‹. Sein Gesamtwerk erhielt das amtliche Prädikat: Entartet!

Doch nunmehr näherte sich Erich Wienand, vielleicht erhofft umerzogen und geläutert, oder doch zumindest massiv gewarnt, seinem Welpenhof, dem großen, schmiedeeisernen Haupttor. Welches einst, 1932, nach seinen persönlichen Entwürfen gefertigt worden war. Mit erstarrten Blumenornamenten von erregender Schlichtheit. Dazu zwei Buchstaben, die Initialen seines Namens: E und W. Nahezu feierlich gestimmt schritt er darauf zu.

Doch dabei wurde ihm der Weg blockiert. Das geschah brutal lautstark; mithin zeitgemäß. »Halt!« wurde er von einem Menschen angebellt. »Hände hoch! Keine falsche Bewegung – oder es knallt!«

Erich Wienand duckte sich, zugleich hob er beide Hände. Womit er dann abermals alles das fallen ließ, was er bei sich trug. Dann sah er sich, bei seinem Eingangstor, einem dort postierten Soldaten gegenüber, der eine Maschinenpistole in Hüfthöhe auf ihn gerichtet hielt.

»Wer bist du? Was hast du hier zu suchen? Ausgerechnet um diese Zeit!«

»Ich wohne hier«, erwiderte er scheinbar ungemein ergeben. Wie bereit, einfach alles hinzunehmen, was da auf ihn zukommen mochte; mit welch schamloser Direktheit auch immer. »Dies ist mein Haus. Ich bin – Erich Wienand.«

»So was, Mensch, kann jeder sagen!« Der Maschinenpistolensoldat reagierte unbeirrbar entschlossen zur Verteidigung. Denn so, genau so, war er nachdrücklich belehrt worden, begannen hier neuerdings jene heimtückischen Überfälle, die nun wie an der Tages- oder eben Nachtordnung standen: Da taucht einer auf, nur um abzulenken, macht damit den Weg frei; für andere, die in der Dunkelheit lauerten, um nachzustoßen. Aber doch so was nicht mit ihm!

»Hinlegen!« befahl er fordernd. »Oder ich schieße dich über den Haufen! Mitten auf die Straße. Arme und Beine breit. Fresse zu.«

Erich Wienand ließ sich fallen, legte sich mit unendlich gelassen blickendem Gesicht auf die Erde vor dem Tor seines Besitzes. Er atmete schwer – um dann jedoch, fast genießend, feststellen zu können: diese seine Erde roch unsagbar gut.

Eine Erkenntnis, für die ihm ausreichend Zeit gelassen wurde. Dabei stellte sich der Wachsoldat breitbeinig über ihm auf, drückte ihm den Lauf der Maschinenpistole in den Rücken und begann ihn abzutasten. Mit erheblicher Gründlichkeit, mit peinlichen Griffen – doch selbst das war keine

Besonderheit mehr, nicht für diesen gelernten KZ-Menschen.

»Waffen jedenfalls«, erkannte der Soldat, »hast du keine.«

»Aber ich besitze Papiere, die mich als Erich Wienand ausweisen.«

»Na – das wird sich ja noch herausstellen, zunächst jedoch bleibst du hier liegen – ohne dich zu regen, klar?«

Erich Wienand blieb liegen und regte sich nicht. Minutenlang. Wohl fühlte er sich maßlos erschöpft, doch nicht unmittelbar bedroht – schließlich hatte er inzwischen Instinkt genug entwickelt, um wenigstens zwischen banalem Machtverlangen und brutaler Mordbereitschaft unterscheiden zu können. Mithin lächelte er – vor sich hin.

Bis dann eine Stimme auf ihn zukam; die geschäftig sachlich, doch eindeutig befehlsgewohnt klang. Es war vermutlich die eines Offiziers. »Darf ich Sie bitten, sich zu erheben.«

Wienand erhob sich mit unstillbarer Neugier. Doch was er dann erblickte, war keinesfalls, wie er angenommen hatte, ein Mensch in Offiziersuniform. Vielmehr sah er vor sich einen rosigen, kräftigen Mann, gehüllt in einen flauschigen, dunkelblauen Bademantel, welcher dem jedoch sichtlich zu eng war und ihm lediglich bis zu den Knien reichte. Was für Erich Wienand weiter nicht verwunderlich war – denn das war sein Bademantel! In dieser Bekleidung hatte er lange Nächte hindurch an seinem Schreibtisch gesessen, sich seine Bücher erdacht.

Dies jedoch war ein Mensch von stämmigem Bau, sportlich federnd; dazu noch mit einem Siegfried-Gesicht ausgestattet. Wohl kaum mehr als dreißig junge leistungsfähige Jahre alt. Und der schaltete eine mitgebrachte Taschenlampe ein und ließ deren Licht dem Mann am Tor entgegenprallen. »Ich kenne Fotos von Ihnen. Eine gewisse Ähnlichkeit scheint tatsächlich vorhanden.«

»Fotos von vorgestern, nehme ich an. Inzwischen jedoch hat sich wohl nicht nur mein Gesicht verändert.«

»Wir haben Sie für tot gehalten.«

»Verfrüht – wie Sie sehen.«

»Mein Name ist Warnhagen«, stellte der andere sich nun vor. »Ich bin Oberleutnant der Luftwaffe und Chef einer in diesem Bereich stationierten Flakbatterie. Was ein kriegsnotwendiger Einsatz ist, wofür ich Sie um Verständnis bitte. Jedenfalls heiße ich Sie willkommen.«

Erich Wienand sagte nichts.

Worauf dieser Warnhagen zunächst einmal seinem Maschinenpistolenmenschen mit gedämpfter Schärfe zuflüsterte: »Verschwinde hier, du Versager. Wir sprechen uns noch – gleich morgen. Du hast hier nichts wie Scheiße gebaut.« Der verschwand, ›wie ein geölter Blitz‹, wie es im diesbezüglichen Landserjargon hieß.

Dann wandte sich Oberleutnant Warnhagen, nun betont werbend, erneut an den geduldig dastehenden Erich Wienand. »Ich hoffe sehr um Ihre verständnisvolle Einsicht.«

»In welcher Hinsicht, bitte?«

»Wohl bin ich stets bemüht gewesen, Herr Wienand, was Ihnen Ihre Angehörigen gewiß bestätigen werden, die hier vorhandenen Besitzverhältnisse zu respektieren. Dabei war jedoch eine gewisse Inanspruchnahme von Räumen Ihres Hauses unvermeidlich. Was jedoch alsbald, verspreche ich Ihnen, revidiert werden wird.«

»Im Augenblick ist das gar nicht sonderlich wichtig, Herr Oberleutnant. Irgendeine Ecke wird sich für mich gewiß finden lassen.«

»Dann bitte ich, mir zu folgen. Sie werden bereits erwartet, nehme ich an.«

»Von – meiner Frau?«

»Ihre verehrungswürdige Gattin vorsorglich zu verständigen, habe ich für angebracht gehalten, Herr Wienand. Wobei leider unvermeidlich war, sie aus schwerem Schlaf zu reißen. Doch sie dürfte alsbald erscheinen – wobei ich mich taktvoll zurückzuziehen gedenke.«

Erich Wienand durchschritt das nun für ihn weit geöffnete Tor seines Welpenhofes, seinem Haus entgegen. Also jener balkendicken, nach seinen Entwürfen aus Eichenholz gezimmerten Tür zu, die mit schweren Bronzebeschlägen versehen worden war. Auch die öffnete sich nun für ihn – gleichfalls weit.

Dort erschien seine Frau Elvira; beleuchtet von einer stallartigen Laterne. Er sah ihr wallendes nachtschwarzes Haar, ein flatterndes Wollgewand in dunkelroter Farbe, ihr Gesicht, das bleich war wie der Mond. Ihre ausgestreckten Hände schienen zu beben.

»Da bist du ja – endlich!« rief sie ihm zu.

Er blieb wie gelähmt stehen. Doch sie stürzte sich auf ihn zu, begann ihn zu umarmen; was mit entschlossener Heftigkeit geschah. Worauf Elvira plötzlich zurückzuschrecken schien. Doch schnell war sie bemüht, ihn das nicht erkennen zu lassen. Diesen aufwallenden Widerwillen, diese körperliche Sperre.

Bei Erich Wienand kam nun jedoch sein ausgeprägtes, oftmals als stets präsent bezeichnetes ›Leidenslächeln‹ zum Vorschein, nun von Laternenlicht bestrahlt. »Ach, meine Liebe – ich weiß genau, was du empfinden mußt. Ich stoße dich ab; muß dich abstoßen – dein ausgeprägtes Feingefühl, dein ästhetisches Empfinden.«

»Das mußt du nicht sagen, Erich!«

»Ich sage das, Elvira, weil ich weiß, daß meine Kleider entsetzlich stinken – an ihnen klebt Blut; sie riechen nach Urin und Kot. Auch habe ich meine Unterwäsche wochenlang nicht wechseln und mich seit Tagen nicht richtig waschen können.«

»Was ist denn das schon!« rief Elvira aus; nicht nur als seine Ehefrau entschlossen, auch als seine erklärte Weggefährtin aus gewachsener Überzeugung. »Die Hauptsache allein: du bist endlich wieder hier! Komm in dein Haus.«

Erich Wienand verbeugte sich vor ihr und folgte ihr nach – in die Küche, wo einige Kerzen brannten. Ein breitflächiger Herd im Mittelpunkt; Fliesen auf dem Fußboden, Kacheln an den Wänden. Eine barock-bäuerliche Eßecke befand sich bei den Fenstern. Und dort ließen sie sich nieder. Mit einigem Abstand voneinander, um sich genauer betrachten zu können.

»Hätte ich gewußt, Erich, daß du kommst, wäre alles Erdenkliche für dich vorbereitet gewesen – ein Bad, frische Wäsche, saubere Kleidung, erlesenes Essen, eine gute Unterkunft.«

»Zur Zeit«, sagte er, »begehre ich nichts wie zu schlafen – ganz gleich, wo.«

Worauf Elvira um Verständnis bittend erklärte: In ihrem einstigen gemeinsamen Schlafzimmer ließe sich das heute nacht nicht ermöglichen; dort halte sich neben ihr, also in seinem Bett, ihre Tochter Elfriede auf, die ›Elfie‹ genannt wurde. Ein stets labiles, als gefährdet zu bezeichnendes Kind; sie habe ein schweres Schlafmittel nehmen müssen. Und in den sonstigen Räumen waren Angehörige der Flakbatterie untergebracht – erst morgen ließe sich das ändern.

»Das ist doch unwichtig«, stellte Erich Wienand mit lächelnder Geduld fest. »Irgendein Winkel, in dem ich übernachten kann, wird sich schon finden lassen.« Worauf er dann fast sanft lockend wissen wollte: »Wie ist es denn mit jenem Kellerraum – gleich unterhalb der Treppe?«

»Der allerdings ist unbelegt – doch vollgestellt, auch nicht sonderlich sauber. Dort befinden sich die Kisten mit deinen Büchern, deinen gesammelten Unterlagen, deinen Manuskripten.«

»Immer noch?«

»In diesem Raum, Erich, ist nichts verändert worden, nicht das geringste. Das hast du angeordnet, darauf habe ich geachtet.«

»Dann laß mich dort übernachten, Elvira«, forderte er nun mit der ihm eigenen, immer noch vorhandenen suggestiven Beharrlichkeit; wenn auch mit unendlich müde gewordener Stimme. »Dieser Kellerraum scheint mir angemessen zu sein; derzeit durchaus. Ich würde lediglich eine Matratze benötigen, vielleicht auch ein Kopfkissen; dazu eine Decke – oder zwei, wenn möglich.«

»Gut, das werde ich machen, Erich«, stimmte sie seinem Verlangen zu. »Ruhe dich hier inzwischen ein wenig aus. Kann ich dir irgend etwas anbieten?«

»Vielleicht«, sagte erschöpft, »jetzt nur noch ein, zwei

Scheiben Brot – aber altes, wenn möglich. Dazu Wasser, Brunnenwasser. Weiter nichts.«

Während er versonnen in der Küche hockte, die ihm eilig vorgesetzten Brotscheiben zu Krümeln zerrieb, um sie ohne Anstrengung essen zu können, schleppte Elvira mit hastiger Unruhe das für ihn Notwendigste in den Keller. Außer der provisorischen Schlafgelegenheit auch eine Schüssel mit Waschwasser; dazu ein Stück Seife und zwei Handtücher; weiter ein Nachthemd und Unterwäsche. Sodann ein sogenanntes Leibgefäß – denn die nächste Toilette befand sich beim Haupteingang.

Noch dazu legte Elvira dann über eine der im Keller stehenden Kisten, die sie zuvor gesäubert hatte, eine Tischdecke, welche blütenweiß strahlte. Darauf stellte sie, fast feierlich, einen doppelarmigen Leuchter aus blauem Glas; dieser war, wie sie wußte, für Erich von besonderer Bedeutung. Das Freundschaftsgeschenk eines Knut Hamsun, ›für seinen Bruder im Geiste‹.

Die Kerzen darin flackerten mild. Sie beleuchteten einen von ihr danebengelegten Schreibblock, zu dem sie drei gespitzte Bleistifte getan hatte. Eine unverkennbare Einladung, hier nun wieder literarisch tätig zu werden. Im Grunde jedoch wohl eher eine Zumutung, die ihn erschaudern ließ.

»Danke dir – für alles«, sagte er dennoch bewegt. »Also – bis morgen. Dann werden wir weiter sehen.«

Elvira Wienand zog sich fast hastig, leicht taumelnd zurück. Sie begab sich mit schleppenden Schritten hinauf zu ihrem Schlafzimmer. In ihren Augen sammelten sich Tränen.

Doch oben im Treppenflur prallte sie auf Oberleutnant Warnhagen. Der war immer noch in den Bademantel des Dichters gehüllt und schien auf Elvira gewartet zu haben. »War es schlimm?« fragte er anteilnehmend.

»Es war – furchtbar. Einfach fürchterlich!« gestand sie ihm kaum vernehmbar.

»Was ich durchaus verstehen, also nachfühlen kann, meine liebe, verehrte gnädige Frau.« Das behauptete Warnhagen unverzüglich, mit nahezu wohltönender, fast befehlsfreier Stimme. »Herr Wienand, bin ich versucht zu sagen, wollte mir vorkommen wie ein Gespenst – kaum noch wiederzuerkennen. Weder nach den Fotos von ihm, und auch nicht nach den Schilderungen über ihn – von Ihnen, gnädige Frau. Oder eben nach jenen von Ihrem verehrten Fräulein Tochter.«

»Er muß Entsetzliches durchgemacht haben«, sagte Elvira erschaudernd.

»Vielleicht«, schlug der Oberleutnant höflich einladend vor, »wäre es empfehlenswert, wenn wir uns ein wenig darüber unterhielten. Das könnte Sie möglicherweise erleichtern. Darf ich mir erlauben, Ihnen in meinem Zimmer ein Glas Portwein anzubieten – oder ein Glas Sekt?«

Ein Vorschlag, der nach einem gewissen, angemessenen Zögern angenommen wurde. Sie begaben sich in ›sein Zimmer‹; wobei es sich allerdings um den einstigen Arbeitsraum des Erich Wienand handelte. Der war im wesentlichen unverändert geblieben: prall gefüllte Bücherregale an allen Wänden, ein wundersam hellroter Ornamentteppich auf dem Fußboden, weiße Vorhänge vor den Fenstern. Mitten im Zimmer stand auch noch ein Schreibtisch, an dem einst etliche Werke dieser sogenannten Weltliteratur ›geboren‹ worden waren. Darunter etwa ›Die Obristin‹, ein Opus unzerstörbarer weiblicher Daseinsentschlossenheit; sowie ›Der Fischer Gottes‹, eine Hymne auf die ewig webende Natur.

Doch jetzt lagen auf diesem Schreibtisch die Kopfbedekkung des Oberleutnants sowie sein Koppel mit Dienstpistole, eine Walther 7,65. Weiter der Organisationsplan seiner Flakbatterie, einschließlich vorgesehener Ausbildungsprogramme, Planspiele und Einsatzrichtlinien. Ferner der Speisezettel seiner Einheit für diese und die folgende Woche.

Dazu befand sich in diesem Raum, seitlich an der Wand, ein Sofa; einladend breit, britisch geformt, aus Rindleder. Das war einstmals als Erich Wienands Ruhestätte gedacht gewesen – für die Pausen zwischen den Arbeitsphasen.

Doch zu diesem Zweck hatte er es niemals benutzt. Denn sobald er Verlangen nach Entspannung empfand, dann ging er auf die Felder und Wiesen und in die Wälder; nicht zuletzt zu seinen Tieren – wahrlich nicht zuletzt.

Auf diesem Ledersofa befand sich nun das Bett des Warnhagen – es war nur flüchtig zugedeckt. Und dorthin geleitete er Frau Elvira. Er setzte sich neben sie, gab ihr zu trinken – Sekt in einem Wasserglas.

Der war von warmer Süßlichkeit, schäumte sich wild verströmend auf – sie tranken davon. »Was«, sagte Elvira zu ihm, mit aufflackernder Verwirrung, »wird nun auf uns zukommen?«

»Doch gewiß wohl nichts, was Sie irgendwie unmittelbar zu befürchten hätten, gnädige Frau.«

»Er«, bekannte sie, womit Erich Wienand gemeint war, »scheint sich auf kaum faßbare Weise verändert zu haben. Allein schon körperlich. Er ist wie zu einem Skelett abgemagert. Darüber hinaus scheint er auch seelisch ungemein gelitten zu haben; er will mir wie abwesend erscheinen; seinem Ende sehr nahe.«

Oberleutnant Warnhagen umarmte Elvira beschützend, zog sie an sich, beugte sich ihr entgegen. »Du darfst nicht mutlos werden«, versicherte er ihr innig fordernd. »Schließlich weißt du, was ich für dich empfinde. Wir beide gemeinsam werden selbst das noch bewältigen. Zumal du mir anvertraut hast, daß es ihm schon lange nicht mehr gelungen ist, sich bei dir als Mann zu betätigen.«

»Selbst wenn! Doch nun ist er wieder hier.«

Seine fordernden Umarmungen wurden immer heftiger. Er drängte sich über sie, bis sie unter ihm zu liegen kam. »Alle Probleme, welche auch immer, werden sich lösen lassen.«

»Was tust du denn da mit mir, Horst-Heinz!« Sie atmete schwer, aber auch mit erlöster Bereitschaft.

»Nur das tue ich, Elvira, was du wirklich willst – und was auch ich will.«

Als Erich Wienand in seinem Kellerraum unterhalb der Treppe endlich allein war, schien es ihm, als werde er nun von keiner lastenden Müdigkeit mehr heimgesucht. Vielmehr glaubte er, plötzlich hellwach geworden zu sein. Verlangend blickte er um sich – auf das, was ihm die Kerzen in dem doppelarmigen Leuchter seines Freundes Knut Hamsun erhellten:

Regale, Kisten, ein erdiger Boden. Darüber zwei kleine Fenster, die ihn magisch anzogen. Auf die ging er zu, begann sie zu verhüllen – mit Säcken, die griffbereit dalagen. Nun erst glaubte er sicher zu sein, sich hier völlig unbeobachtet allein fühlen zu dürfen.

Dann war es, als beginne er, diesen Raum, bedächtig tastend, auszumessen. Er schritt, von der Tür her, sein Kellerverließ ab; und zwar in Richtung zum rechten Fenster hin, wobei er Fuß vor Fuß setzte. Um schließlich stehenzubleiben und sich dann nach links zu wenden; das in einem Winkel von nahezu exakt neunzig Grad. Dann ging er weiter – bis zu einem Punkt, wo ein Regal aufhörte und eine Kiste stand.

Diese Kiste begann er mit seinen Armen abzumessen. Er ertastete sich ihren Abstand zur Wand; worauf er sich auf die Knie fallen ließ. Er betrachtete den lehmigen Fußboden, legte prüfend die Hände darauf. Dann nickte er, wie zu sich selbst – jetzt schien er zufrieden zu sein, fast zufrieden.

Denn diese Kiste mutete wie unberührt an. Sie war offensichtlich seit Monaten nicht mehr von ihrem Platz gerückt worden. In ihr befanden sich etliche seiner Werke; die Originalmanuskripte, sowie Entwürfe zu weiteren Arbeiten. Auch geringe Bestände seiner Korrespondenz; doch nun gewiß verstaubt, verklebt, dem Vermodern nahe. Dort pochte er an eine Seitenwand – der Ton signalisierte ihm: keinerlei Leere.

Doch Erich Wienand versuchte nicht, die Kiste zu öffnen; er bemühte sich, sie zu bewegen, zur Seite zu rücken. Das geschah mit verbissener, mit einer ihn fast erschöpfenden letzten Kraftentfaltung. Sein Atem keuchte, sein angestrengtes Seelsorgergesicht war schweißüberströmt.

Schließlich gelang es ihm, mit Hilfe einer gefundenen Eisenstange, welche er wie einen Hebel verwendete, diese sarggroße Kiste zu bewegen. Als er das dann endlich geschafft hatte, brach er zusammen.

Nahezu eine halbe Stunde verging, bis er mit flatternden Händen begann, seinen Anzug abzutasten. Um dort dann das zu finden, wonach er suchte, in einer der hinteren Seitentaschen: einen metallenen Gegenstand. Einen Löffel! Denn ein solches Instrument durften selbst KZ-Insassen besitzen, um damit fressen zu können. Doch kein Messer, keine Gabel, keine Nagelfeile, keine Schere, keinen Schraubenzieher. So etwas hätte möglicherweise geeignet sein können, sich damit selbst zu töten – oder eben andere.

Nun jedenfalls, in seinem Keller, kniete sich Wienand hin und begann seinen Löffel mit beiden Händen anzusetzen. Er grub sich, heftig atmend, aber entschlossen, in die trockene lehmige Erde hinein. Um plötzlich zusammenzuzucken, worauf er nur noch seine bloßen Hände benutzte.

Was sie freilegten, Millimeter um Millimeter, war ein Gesicht – aus dunkler Bronze geformt. Ein Antlitz voller Qualen. Darüber eine Dornenkrone; tief in die Stirn gepreßt. Tropfen aus Schweiß, Tränen oder Blut schienen auf dem Gesicht erstarrt zu sein.

Dieser bronzene, erdverschmierte Erlöser war von ihm, gemeinsam mit einem anderen Menschen, vor einigen Monaten vor der Zerstörung gerettet worden – bei Gefahr seines Lebens. Doch nun beugte er sich über dieses von ihm ausgegrabene Gesicht. Er küßte es – hingeneigt – mehrmals. Um dann, endlich, endlich von einem großen, ihn überflutenden Glücksgefühl erfüllt zu werden; bevor ihn erneut taumelnde Erschöpfung befiel.

Dannach vergrub er die Figur wieder. Um alsbald in einen langen, schweren Schlaf zu verfallen; wohl in der Hoffnung, nie wieder daraus zu erwachen. Doch das war ihm nicht vergönnt.

Wobei vorausgesetzt werden muß, daß wesentliche oder gar entscheidende Einzelheiten aus diesem deutschen Dasein sich nur höchst mühsam rekonstruieren ließen. Zumal sogenannte Dokumente wie etwa Briefe, wenn überhaupt, nur noch recht vereinzelt aufzufinden waren. Dafür hatte er selbst gesorgt; offenbar mit erheblicher Beharrlichkeit. Davon zeugte auch die mehrmalige Bemerkung bei Gesprächen mit Journalisten und literarischen Ausdeutern: Wie er gelebt habe – oder eben leben mußte – wäre kein auszulotendes Objekt; allein entscheidend das, was als ›sein Werk‹ zu bezeichnen war. Nur das!

Doch zumindest dies ist gesichert: Erich Wienand ist 1886 geboren worden, am 18. Januar – und zwar in Priesnitz in Pommern. Vater: Landgerichtsrat Wienand, Hagen. Mutter: Elisabeth Wienand, geborene Goldack.

Einige intensivere Nachforschungen schienen dann in Besonderheit einer gewissen Konstanze Reibert gelungen zu sein. Diese vermochte sich, alsbald nach dem Tode des Erich Wienand, als dessen einsichtsreichste Biographin zu erkennen zu geben. So etwa waren in dem zweiten ihrer drei Bücher über diesen Dichter folgende Passagen zu lesen:

›Sein Geburtsort, Priesnitz in Pommern, nördlich von Stettin, war fast genau zwischen Landeshauptstadt und Meeresküste gelegen. Damals, 1886, eine zwar vergleichsweise kleine, doch ungemein ordentliche, vermutlich wohlgeordnete Stadt: zwölftausend Einwohner; zwei Grundschulen, ein Gymnasium, drei Kirchen, ausschließlich evangelische; dazu zwei Hotels, achtzehn Gaststätten, ein Arzt, zwei Veterinärärzte – und dann eben: das Landgericht. Und die Garnison.

Dort durfte gewiß noch jene preußisch-deutsche kaiserliche Welt als voll in Ordnung bezeichnet werden. Maßgebliche Kräfte waren, nach übereinstimmenden Aussagen, von überzeugender Funktionsbereitschaft: Die Polizei galt als wachsam, aber auch erklärt bürgernah – in ihr besaßen ordentlich veranlagte Menschen jederzeit schutz- und hilfsbereite Mitwesen. Bei den dortigen Schülern handelte es sich um strebsame Wesen. Vaterländische Vereine erfreuten sich regen Zuspruchs; auch wurde fleißig geturnt und gesungen. Priesnitz vermochte in seinem Bereich mindestens zwölf eindeutig patriotisch eingestimmte Verbände und Vereinigungen vorzuweisen – nicht ohne Stolz, ist anzunehmen.‹

Bei diesen Versuchen der Konstanze Reibert, dieses Dichters wohl fleißigster posthumer Biographin, waren dann auch – in ihrem Werk ›Schattenseiten des Ruhms‹ – Bemühungen vorzufinden, jene Zeit ausdeutend zu registrieren, in welche ihr Dichter hineingeboren worden war:

›In jenem Jahr 1886 wurde Bayerns herrlich versponnener König, Ludwig II., für geisteskrank erklärt, entmündigt und in den Selbstmord getrieben. Wie zugleich schrieben Strindberg, Tolstoi und Leopold Ranke ihre wohl wichtigsten Werke. Ein Apotheker im damals weltenfernen Amerika, ein gewisser Pemberton, erfand das Ursprungsrezept für ein Getränk, das dann Coca-Cola genannt werden sollte. Im Hafen von New York wurde die Freiheitsstatue errichtet.‹

Doch das hierbei wohl wichtigste Dokument, das Konstanze Reibert auftreiben konnte, waren die Bekundungen einer Hebamme namens Hermine Hausleitner – einer damals noch sehr jungen, doch wohl ungemein tüchtigen Person.

»An jene Geburt des Erich Wienand vermag ich mich selbst noch in meinem hohen Alter zu erinnern. Weil eben dabei einiges nicht ganz gewöhnlich war. Wobei man allerdings wissen muß: Landgerichtsrat Hagen Wienand war in unserem Priesnitz ein überaus bedeutender Mann; geschätzt, anerkannt, gewürdigt; auch von mir. Hier zumindest auf gleicher Stufe wie Bürgermeister, Schulrektor und Garnisonskommandeur.

Bei dieser dann mit meiner Hilfe stattfindenden Geburt im Hause Wienand wirkte dessen Frau Elisabeth ungemein erschöpft – da wohl eben nicht robust genug für ein urtümliches Leben; sie kam aus Berlin. Doch sonderliche Komplikationen gab es dabei nicht; was ich dem bei einer Flasche Rotwein auf das Resultat wartenden Landgerichtsrat mitteilen konnte.

Der reagierte durchaus männlich, fragte also nicht: ›Ist alles gut überstanden – wie geht es meiner Frau?‹ Der wollte zuerst wissen: ›Ist es – ein Junge?‹

Was ich ihm bestätigen konnte; was ihn beglückte. Er eilte treppaufwärts – er bewohnte zwei Stockwerke mit allerbester Adresse: Marktplatz 5. Dort angekommen umarmte er seine bleich daliegende Frau und rief ihr zu: ›Ich danke dir! Für diesen meinen Sohn! Wir werden ihn, wie geplant, Erich nennen – nach dem Bruder meiner Mutter, dem Forstmeister.‹

Dann erst betrachtete er diesen, seinen nun zweiten Sohn, den ich erstmals gebadet hatte: ein rosig verquollenes Geschöpf mit Triefaugen und Sabbermund – wie das eben zu allen aus dem Mutterleib gekrochenen Wesen gehört. Und seine Frau meinte bei heftiger Erschöpfung dennoch munter: ›Ist er nicht wunderschön – und so unsagbar zart.‹

›Wohl zu zart‹, stellte nun dieser Vater fest. ›Vielleicht sogar schwächlich.‹ Er war spürbar besorgt. ›Den sollten wir wiegen.‹

Was dann auch geschah. Das allerdings mit einem Resultat, bei dem unser Landgerichtsrat mißbilligend feststellte: ›Der besitzt ein Untergewicht von nahezu vierhundert Gramm! Das gefällt mir aber gar nicht.‹«

Dabei war durchaus anzunehmen, daß er hiervon schnell und wirksam abgelenkt wurde. Denn dieser Tag, eben der 18. Januar, war sozusagen ein historisch bedeutsamer: Auch der deutsche Kaiser war an einem 18. Januar geboren worden. Was konnte vielversprechender und zugleich verpflichtender sein!

2.

Der nächste Tag – zur Aprilmitte jenes Jahres 1945 – leuchtete frühlingshaft, besaß angenehme Temperaturen und verlieh umliegenden Wiesen ein frühglänzendes Grün. Es war, als wolle die wie unberührt anmutende Natur nichts von dem zur Kenntnis nehmen, was um sie herum geschah.

Hier war nun die Fieberkurve dieses ›Krieges aller Kriege‹ steil beschleunigt angestiegen; um dann, alsbald, wie schnell verendend, in sich zusammenzufallen. Die Fronten brachen zerflatternd zusammen, als wären sie nichts als ein hochgebautes Kartenhaus gewesen. Die einstmals so gnadenlos glänzende großdeutsche Wehrmacht begann sich nahezu kläglich aufzulösen – immer enthemmter zu flüchten; in jedes irgendwie noch aufzuspürende Versteck.

Wobei sich einer dieser noch anbietenden Unterschlupfwinkel hier befand, im südlichsten Deutschland, auch ›Bollwerk‹ genannt, oder eben ›Festung Oberbayern‹. Hier gruppierten sich Armeereste um den Bunker ihres Führers, Reichskanzlers und Obersten Befehlshaber der Wehrmacht – auf dem Obersalzberg bei Berchtesgaden.

In diesem Randkessel des Infernos waren alle erdenklichen Spielarten letzter Möglichkeiten zu finden. Ums nackte Überleben Ringende ebenso wie dahinvegetierende ahnungslose Dummköpfe; also auch entschlossene Endsiegkämpfer. Sie alle verteilten sich auf restliche, noch als einigermaßen intakt zu bezeichnende Einheiten wie die Flakbatterie des Oberleutnant Warnhagen. Hier zunächst eingesetzt im Rahmen eines weitverstreuten Regiments, doch so gut wie auf sich selbst gestellt, zwecks Abschirmung von Luftangriffen auf die Führerfestung.

Weiterhin tauchten hier sich zurückziehende Stäbe auf, mit angeblich enormem Geheimmaterial, auch verlegte Verpflegungslager, versprengte Truppenteile, ausgelagerte Lazarette und Forschungsabteilungen, sich absetzende Kriegsschulen und Spezialeinheiten. Und zwischen ihnen allen hilflos herumstreunende Gefängnisinsassen, Fremdarbeitergruppen, Kriegsgefangene und ehemalige KZ-Häftlinge.

Doch zugleich mit diesen wie ausgespuckten Restgebilden eines Großdeutschland hatten sich hier auch wieder erste Zugvögel eingestellt. Unbeirrbar hatten sie den Weg heimwärts gefunden, sich in den Bäumen und unter den Dächern niedergelassen. Und mit ihnen, wie ersehnt vereint, kamen die Singvögel, die im Land überwintert hatten, freudig zum Vorschein – sie flöteten, jubelten, jauchzten, gurrten, zwitscherten.

Und diesen wundersam vereinten Bekundungen des unzerstörbaren Überlebens trotz Kälte und Nacht, Schnee und Eis, Regen und Nebel, lauschte nun Erich Wienand nach.

Er stand bei einem der zwei kleinen Fenster seines Kellers. Er hatte die von ihm angebrachten Säcke wieder entfernt und das Fenster weit geöffnet. Schließlich war es ihm gegeben, die Stimmen der Vögel unterscheiden zu können – etliche seiner wundersam webenden Naturschilderungen basierten darauf.

Freudig-hoffnungsvoll blinzelte er nun in das Sonnenlicht dieses auf ihn zuflutenden Frühlingstages. Wobei er unmittelbar vor sich einen kleinen, grauen, überaus munteren, nahezu verwegen anmutenden Vogel erblickte – einen Spatzen. Und für den krümelte er die Reste einer Brotscheibe in seine Hand und hielt sie ihm entgegen. Der Vogel pickte sie auf, um dann plötzlich alarmiert davonzufliegen.

Denn er hatte, wie Erich Wienand auch, ein gewiß dezent gedachtes, doch unüberhörbares Klopfen an der Kellertür vernommen. Mithin begab Erich Wienand sich wieder, scheinbar schnell ergeben, in das Halbdunkel seines Verließes hinein. »Ja – bitte«, rief er entgegenkommend und vorsichtig zugleich.

Er vernahm die Stimme seiner Frau Elvira. »Darf ich dich schon stören, Erich?«

»Du störst mich niemals«, versicherte er.

Sie schritt ihm entgegen – über die schmale Holztreppe, die zu seinem Keller gehörte. Mit sorgfältig gesetzten Schritten; offenbar war sie schwer beladen. Sie trug eine gefüllte Wasserkanne sowie einen Stapel Kleidungsstücke: Anzug, Oberhemd, Pullover, Socken, Schuhe. Die legte sie vor ihm ab.

»Hast du eine gute Nacht gehabt?« wollte sie anteilnehmend wissen.

»Eine sehr gute Nacht!« sagte er unverzüglich. »Da ich ja nun endlich wieder zu Hause bin.«

Er sagte das, obwohl es eine überaus fürchterliche Nacht gewesen war, wie alle in seinen letzten Monaten. Angefüllt von Fieberträumen, heimgesucht von flackernder Angst, gezeichnet von Schweißausbrüchen. Bis hin zu jenen Augenblicken, in denen er sich aufzubäumen, von seinem Lager zu flüchten versuchte, sich irgendwohin verkriechen wollte.

Diesmal jedoch hatte er sich wie erlöst gefühlt, als er erkannt hatte, daß er sich in seinem eigenen Haus befand. In seinem Keller. In Nähe der Kiste mit seinen Werken. Unter der, wie geborgen, sein Christus lag.

Elvira schritt behutsam auf ihn zu. Sie legte ihre Hände auf seine Schultern und machte den Versuch, ihn dezent zu umarmen. Was er mit ergebener Dankbarkeit geschehen ließ.

»Ich habe dir ein Bad bereitet, Erich«, sagte sie dann. »Doch zunächst wartet ein Essen auf dich – in der Küche.«

Bei diesem ersten Essen würden allein sie beide anwesend sein; aber später dann auch, wenn er erlaube, ihre Tochter. »Elfie verlangt danach, dich zu sehen. Sie ist sehr aufgeregt, nachdem sie vernommen hat, daß du nun wieder bei uns bist. Ist sie dir willkommen?«

»Aber selbstverständlich ja – jederzeit! Wie geht es unserem lieben, guten Kind?«

»Im Grunde unverändert, Erich.« Was also hieß: Elfie war nach wie vor kränklich, zumeist apathisch, aber auch leicht erregbar; sie litt unter Störungen der Verdauung, aber auch der Herzfunktion. Und ihre Kurzsichtigkeit hatte vermutlich noch zugenommen. »Man muß ihr sehr viel Liebe geben.«

»Welch ein herrliches Wort, Elvira – Liebe!« erwiderte er. »Das vernehme ich mit Ergriffenheit. Zumal ich mir jetzt vorkomme – wie neu geboren. Und alle anderen sollen es mit mir sein.«

Nachdem sich Erich Wienand erneut, bemüht gründlich, gewaschen hatte, begann er sich zu bekleiden. Wobei er dankbar erkannte, daß seine Frau einen jener Anzüge für ihn zurechtgelegt hatte, in denen er einst seine langen Spaziergänge unternommen hatte. Ein jägerhaft-bäuerliches Lodengewand; graugrün, strapazierfähig, von schlichter ländlicher Art. Wohltuend unauffällig.

Darin gekleidet, schritt er dann kaum noch zögernd die Kellertreppe hinauf, durch den Vorraum und in die Küche. Um dann, wie vorwärtsgetrieben, an dem für ihn gedeckten Küchentisch vorbeizulaufen, zu dem breitflächigen Fenster hin.

Dort angekommen, starrte er hinaus – in eine Welt, seine Welt, von der er während der langen KZ-Monate ausgesperrt, ausgeschlossen gewesen war. Doch nun existierte sie auch für ihn wieder. »Nur noch ein Frühjahr, mein Gott!« hatte er oftmals in seinen verzweifelten Gebeten gefleht. Sie waren ihm offenbar erhört worden.

»Schau dir das an!« rief er seiner Frau beglückt zu. »Die Blätter der Obstbäume muten bereits ungemein kräftig an, Knospen beginnen sich in Blüten zu verwandeln – und das schon jetzt, im frühen Frühling. Eine gute Ernte deutet sich an.«

Wobei er dann, im hinteren Teil seines Obstgartens, einen Menschen in Uniform erblicken mußte. Der stand zunächst wie versonnen da, als vermöge auch er die Schönheiten dieser Natur zu erkennen, sogar bereit zu sein, sie zu würdigen. Um dann seine Hose aufzuknöpfen, sie herabzulassen und sich hinzuhocken. Erich Wienand wandte sich ab.

Sein Blick fiel auf den gedeckten Küchentisch. Darauf befand sich frisch gebackenes Weißbrot, goldgelbe Butter, eine Schale mit Honig, eine weitere mit Marmelade aus den Früchten seiner Obstbäume. Dazu drei Kannen: Mischkaffee, Fruchttee, Milch. Letztere stammte, wie Elvira versicherte, von Edda, seiner Lieblingskuh.

»Wie schön«, sagte er, vor sich hinlächelnd, »daß es meine Edda noch gibt.« Doch er wagte es nicht, nach weiteren Lebewesen aus seiner einstigen Welt zu fragen. Da er dazu auch nicht ermuntert wurde; vermochte er schnell zu erkennen, warum nicht – weil es sie nicht mehr gab. Auch Lottchen nicht mehr, sein geliebtes Dackeltier.

Er war stets bemüht gewesen, so gut wie alle Tiere seines Hauses gleich Weggefährten um sich zu versammeln. Mit ihnen wollte er leben, solange sie zu leben hatten. Niemals wollte er ein Viehzüchter sein, und schon gar nicht ein Schlachthoflieferant. Eine von ihm oft und deutlich demonstrierte Erkenntnis, die ihm dann frühzeitig bei einigen benachbarten Landwirten den ›Ruf‹ eingebracht hatte: er wäre vermutlich gar kein ›bäuerlicher Mensch‹, vielmehr ein ›sentimentaler Spinner‹, ein ›verhinderter Zoowärter‹ – und ähnliches.

Elvira verwies ihn, ebenso ablenkend wie einladend, auf die für ihn bereitgestellten Speisen. Sie habe, um vorsorglich nichts außer acht zu lassen, mit Dr. Gans, dem Arzt in Schoenau, telefoniert, der ihn gelegentlich behandelt hatte. Der wäre übrigens sehr erfreut gewesen zu vernehmen, daß sein verehrter Patient nun wieder daheim sei; er lasse herzlichst grüßen und werde alsbald vorbeikommen.

Dr. Gans hatte gemeint: Ein Glas frischer, möglichst nicht allzu fetter Milch könne gewiß nicht schaden. Auch Honig, darin verrührt, dürfe als empfehlenswert gelten. Zumal jener von den Blüten der Lindenbäume, welche zum Welpenhof gehörten. Davon trank Erich Wienand nun; in kleinen Schlucken – mit versonnener Genußbereitschaft. Doch von dem frisch gebackenen Weißbrot aß er nichts; er griff lediglich nach zwei Scheiben davon, beroch sie, um sie dann in eine seiner Rocktaschen zu stecken. Seine Frau betrachtete ihn aufmerksam, jede seiner Bewegungen.

Dann erschien Elfie, ihre Tochter. Sie öffnete die Küchentür und stand da – gehüllt in ein sackartiges, grobgewebtes Leinenkleid; ihr sanftes Vollmondgesicht glänzte heftig gerötet. Sie atmete mit offenem Mund und machte Anstalten, sich auf ihn zu stürzen.

»Bitte, Kind, irritiere Vater nicht«, forderte Elvira vorsorglich.

Doch das war offensichtlich unnötig. Erich Wienand erhob sich, breitete seine Arme aus und zog Elfie wie beschützend an sich. Sie schmiegten sich aneinander. Dann bat er sie, ohne sie aus seinen Händen zu lassen, neben ihm Platz zu nehmen.

Er war nicht ihr Vater. Denn Elvira, seine zweite Frau, hatte Elfie mit in ihre Ehe gebracht – vor etwa zwölf Jahren.

Doch eben diese Elfie liebte Erich Wienand vom ersten Augenblick an. Denn dieses blütenzarte, ungemein krankheitsanfällige Kind war ein Wesen, das seine oft fatal genannte Zuneigung zu den armen Außenseitern dieses Daseins forderte; herausforderte. Sie war ein ewig heimgesuchtes Mädchen – mit unruhigen Bewegungen, unreiner Haut, einer wie blechern klingenden Stimme. Auch ohne jede Anziehungskraft der Gestalt: Flache Brust, kaum ausgeprägte Konturen zwischen Beinen, Becken und Bauch.

Doch eben deshalb, wahrlich nicht zuletzt deshalb, war sie für Erich Wienand ein Geschöpf Gottes, das seiner Hilfe, seiner Verständnisbereitschaft, seiner Menschenliebe beständig bedurfte. Wobei dann noch hinzukam, daß es diesem seltsamen Kind gegeben war, ungemeine Schönheit auszustrahlen; die Augen waren wie Spiegel ihrer Seele – rein, sauber, hoffnungsvoll, ausdrucksstark!

Und dieses, ihm ungemein liebenswert erscheinende, betreuungswürdige Geschöpf schien jetzt nur eine Antwort zu begehren: »Was geschieht denn hier, Vater?«

»Das, mein Kind«, bekannte er, »weiß ich nicht.«

»Wenn selbst du das nicht weißt – wer sonst soll es wissen?« fragte sie verwundert. »Schließlich existieren Menschen, die an dich glauben – überall in der Welt; aber auch hier. Und für die bist du, wie für mich erst recht, ein absolut einzigartiger Mensch, der über allen Fragwürdigkeiten steht – und dem es gegeben ist, so gut wie alle Fragen beantworten zu können, die an ihn gerichtet werden.«

»Ich vermag nichts dergleichen, mein liebes Kind – jetzt nicht mehr.«

»Bitte, belaste Vater nicht noch zusätzlich mit derartigen Problemen«, forderte Elvira ihre Tochter auf; ebenso behutsam wie dringlich.

Elfie jedoch schien nicht bereit, der Mahnung zu folgen. Sie schmiegte sich an ihren Vater – und er war das einzige männliche Wesen, bei dem sie sich bisher zu derartigen Gesten vertraulichster Zärtlichkeit hatte hinreißen lassen. »Weißt du wirklich nicht, was hier geschieht – oder willst du es nicht wissen?«

Erich Wienand trank ein weiteres Glas mit Honig vermischter Milch; wohl in dem heftigen Verlangen, seinen rebellierenden Magen zu betäuben. Danach atmete er schwer, um dennoch deutlich vernehmbar zu sagen: »Was mich nunmehr recht häufig beherrscht, ist das furchtsame Gefühl, dieser mein Gott könnte sich von uns abgewendet haben! Und hinter seinem Rücken tummeln sich die Teufel.«

Dann erhob Erich Wienand sich ungemein mühsam. »Mir ist übel«, gestand er. »Ich fühle mich dem Erstickungstod nahe. Doch keine Sorgen, bitte, meine Lieben; so etwas gehört neuerdings zu meinem Alltag. Auch damit werde ich schon fertig werden.«

Er wies jede Begleitung von sich und wankte allein zur Toilette beim unteren Vorraum hin. Dort brach er zusammen.

Als Erich Wienand wieder in den Küchenraum seines Hauses zurückkehrte, war er sehr blaß; dennoch wirkte er ruhig, fast gelassen. Auch taumelte er nicht mehr. Doch in der Küche erblickte er nun einen weiteren Menschen.

Es war Oberleutnant Horst-Heinz Warnhagen, jene ihm bereits seit der vergangenen Nacht bekannte Person. Nunmehr in eine Luftwaffenuniform mit roten Spiegeln gekleidet. Warnhagen hielt sich, betont dezent, in unmittelbarer Türnähe auf.

»Herr Oberleutnant Warnhagen«, klärte ihn Elvira vorsorglich auf, »war stets ungemeim entgegenkommend und bemüht um uns. Was du wohl wissen solltest, Erich.«

Der betrachtete seine Frau ein wenig genauer. Um erkennen zu müssen: ihre Zuneigung zu diesem Oberleutnant war deutlich spürbar. Dann blickte er zu seiner Tochter hin, aber auch dieses schönäugige, ungemein gefühlsbetonte Wesen, schien diesen Warnhagen beglückt anzustarren.

Den sich ein wenig näher anzusehen, hielt Erich Wienand nun für zwingend angebracht. Dieser Warnhagen wirkte, bei hellem Tageslicht besehen, ungemein sportlich, war vermutlich auch sehr belastbar, daseinsentschlossen dazu. Ein Heldengesicht; ein fast verblüffend typisch ›deutsches‹, unter kurz geschorenem Blondhaar.

Dieser Heinz-Horst Warnhagen vermochte jedoch auch entgegenkommender Höflichkeit fähig zu sein. »Verehrter Herr Wienand«, begann er nun. »Ich begrüße Ihre Anwesenheit in Ihrem Hause, auf Ihrem Welpenhof. Lassen Sie mich bitte wissen, was ich tun kann, um Ihren Aufenthalt so angenehm wie nur möglich zu machen.«

»Sollten Sie etwa, Herr Oberleutnant, sich diesbezüglich bereits gewisse Vorstellungen gemacht haben?«

»Ich habe hier, Herr Wienand, mit meiner Batterie befehlsgemäß Stellung beziehen müssen; wobei sich Ihr Haus als zentraler Punkt zwingend angeboten hat. Ich bin jedoch stets bemüht gewesen, zumal nachdem ich Ihre verehrungswürdige Familie kennenlernen durfte, die hier bestehenden Rechtsverhältnisse zu respektieren. Diese sogar zu pflegen – um sie zu erhalten.«

»Was ich nur bestätigen kann!« rief Elvira zustimmend aus.

»Und ich auch!« versicherte Elfie. Sie betrachtete den Oberleutnant, als wäre er eine Art Erscheinung – nahezu eine Art höheres Wesen.

Warnhagen unterbreitete nunmehr wohlüberlegte, höchst entgegenkommende Vorschläge: Er selbst könnte das von ihm bezogene Arbeitszimmer des Herrn Wienand alsbald räumen; wenn er sich dort persönlich aufgehalten habe, so nicht zuletzt sozusagen treusorgend-verantwortungsbewußt. Auch der große Wohnraum, in dem sich derzeit die Schreibstube seiner Flakbatterie befinde, ließe sich unverzüglich frei machen. Sodann weiter: Verlagerung der Feldküche, des Verpflegungsdepots, der fahrzeugtechnischen

Gruppe – ›Schirrmeisterei‹ genannt – bis in die hintersten Teile der Stallungen.

»Habe ich Ihnen nun dankbar zu sein?« hörte sich Wienand fragen.

»Nicht mir«, versicherte Warnhagen unverzüglich. »Dank gebührt vielmehr der verehrten gnädigen Frau und dem von mir überaus geschätzten Fräulein Tochter.«

Erich Wienand hatte erhebliche Mühe, auf diese verschwenderisch anmutenden Angebote angemessen zu reagieren. »Ich weiß jedoch nicht recht, ob derartige Vorschläge wirklich sinnvoll sind. Eben im Hinblick auf meine Person; mein derzeitiges Leben.«

»Was befürchten Sie denn?« wollte Warnhagen unverzüglich wissen. »Was schlagen Sie vor?«

»Es erscheint mir kaum angebracht, keinesfalls als ratsam, mich gleich wieder in den Vordergrund zu drängen. Etwa als erklärter Besitzer des Welpenhofes. So etwas könnte in dieser Zeit ein gravierender Fehler sein.«

»Das ist, glaube ich, absolut richtig gedacht«, stimmte Frau Elvira zu, nach kurzem Blick auf Warnhagen. »Offenbar, Erich, ist es dir gegeben, einige der sich hier nun leider anbahnenden Zusammenhänge zu durchschauen.«

»Was Herr Warnhagen auch kann«, bestätigte Elfie mit Eifer.

Der Oberleutnant fühlte sich gewürdigt, wenn nicht gar vielfach anerkannt; mithin sehr dankbar gestimmt. »Eine wahrlich heikle Situation, aus der wir nun das Beste machen müssen. Zumal anzunehmen ist, daß sich die hier derzeit herrschenden Verhältnisse jederzeit ändern können – von einem Tag auf den anderen. Doch selbst dann bin ich bereit, mich einzusetzen – für Sie; für Sie alle. Falls gewünscht.«

Ein Angebot, das Wienand zu überhören schien. Er meinte lediglich: »Nach meinen neuerlichen Erfahrungen weiß ich zumindest dies: Unnötiges Aufsehen sollte vermieden werden – also keine irgendwie herausfordernden Maßnahmen, die zu irgendwelchen Komplikationen führen können. Mithin gedenke ich zunächst einmal in meinem Keller zu verbleiben.«

»Wenn du das für richtig halten solltest, Erich...«

»Für derzeit angebracht, Elvira. Zumal das gewiß nicht ausschließen muß, daß ich mich inzwischen ein wenig in der näheren Umgebung umsehe.«

»Ihre Familie, Herr Wienand, wird Sie betreuen«, stellte der Oberleutnant fest. »Ich jedoch werde bemüht sein, Sie zu beschützen.«

»Beschützen? Na, wie schön! Doch vor wem denn wohl, Herr Warnhagen?«

»Einfach vor allem, was nun auch immer auf Sie zukommen mag.«

»Das«, ließ Erich Wienand nun hören, mit lauernd prüfendem Blick auf die ihn Umgebenden, »könnten, und zwar jederzeit, zumindest zwei Sorten von Menschen sein. Einmal jene der Polizei; dann die der Gestapo, der SS. Wenn die jedoch hier auftauchen sollten, selbstverständlich bewaffnet – was, bitte, dann?«

Eine Frage, die unbeantwortet blieb. Sie starrten ihn besorgt an. Was er, irgendwie, zu genießen schien.

Danach unternahm Erich Wienand einen ersten Spaziergang in der näheren Umgebung seines Hofes; er allein. Jede ihm vorsorglich angebotene Begleitung hatte er dankend abgelehnt. Ungemein vorsichtig, dennoch fast kindlich erwartungsvoll, schritt er dahin.

Er betrat zunächst den Stall, der sich unmittelbar neben dem Haus befand. Dort sah er die Kuh Edda, eines seiner Lieblingstiere – und nahezu feierlich ging er auf sie zu. Sie schien ihn wiederzuerkennen; ihre wundersamen Augen signalisierten sanfte Freude. Sie verströmte Wärme, als er seine Hände auf ihren Kopf legte; ihr Gesicht war seidig, zart und glatt.

Doch die Plätze neben Edda waren leer. Seine weiteren zwei Kühe, Olga und Emma, gab es nicht mehr. Und von seinen fünf Schweinen lebten auch nur noch zwei; Geschöpfe von völlig unerwarteter Klugheit, hatte er herausgefunden. Er hatte ihnen Namen gegeben, auf die sie prompt reagierten. Als er diesen letzten beiden nunmehr zurief: »Willibald –

Kunigunde!« –, trotteten sie ihm freudig schnüffelnd entgegen; sie wollten von ihm über der Nase und hinter den Ohren gekrault werden. Was er auch tat. Sie grunzten ihn mit wohligem Behagen an.

Tiere, und welche auch immer, waren für ihn urbäuerliche Daseinsgefährten, ohne die kein weiterzeugendes Leben auf die Dauer möglich war. Hunde waren Bewacher, Katzen betätigten sich als Haus- und Hofpolizei, Kühe gaben Milch, Schafe ließen Wolle, Ziegen mähten Gras. Und Schweine? Große, letzte Essensverwerter; damit nichts umkam, weggeworfen werden mußte. Nahrung war heilig. Und sie alle machten Dung, ließen Gemüse wachsen, Getreide sprießen, Blumen erblühen!

Doch hier nun keine Katze mehr, kein Schaf, keine Gans – nur noch einige wenige Hühner, die beim Anblick eines Menschen angstvoll davonzuflattern versuchten. Und auch Lottchen, sein Dackel, bellte nicht mehr, stürzte sich ihm nicht mehr freudig entgegen – er brauchte nicht zu fragen, niemand mußte es ihm sagen: sein Freund, der kleine Hund, war tot.

Als Erich Wienand seine Stallungen verließ, wirkte er gebückt, als müsse er schwere Lasten tragen. Das war jedoch das körperliche Zeichen bedächtiger Versonnenheit; er lauschte in sich hinein. Und dann war es, als beginne er sein Haus behutsam zu umkreisen. Bis hin zu einem Punkt, der sich genau unter den Fenstern seines Arbeitszimmers befand – das er bisher noch nicht zu betreten gewagt hatte.

Doch auch von hier aus sah er nun das, was ihm einst oftmals, bei schöpferischen Ruhepausen an seinem Schreibtisch, zu erblicken vergönnt gewesen war: Hügelketten in Formen verschwenderisch schwebender Vielfalt; nun wieder eingebettet in aufleuchtende Grüntöne von Wiesen, Sträuchern, Bäumen. Dazwischen der Kocher, der brodelnde Wildwasserfluß; freudig aufschäumend in seiner herrlichen Unberechenbarkeit. Dahinter: die Berge! Flirrend im Frühlingssonnenlicht; sie leuchteten, wenn auch nur fahl, doch zwingend deutlich auf; als wären sie der endgültige Horizont aller Horizonte.

Ein Anblick, von dem sich Erich Wienand nur mühsam zu lösen vermochte. Offenbar beherrscht von dem Verlangen: er müsse weiter! Weiter, um noch einiges mehr von dem zu erkunden, was einstmals, vor nun etlichen Monaten, doch eben viele schöne Jahre lang seine ureigene Welt gewesen war. Damit begab er sich dem Grundstück seines südlichen Nachbarn entgegen – einem Bauern, der Leitmann hieß.

Und es war, als habe der bereits auf ihn gelauert; wie seit Jahren, unentwegt. Es war ein behäbiger, kantig-gedrungener Mensch; mit verwittertem Viehtreibergesicht und rauhkehliger Biertrinkerstimme. Seine erklärte Gemütsträchtigkeit gebot eine gewisse Vorsicht.

»Da sind Sie ja wieder!« rief der Bauer freudig. »Respekt, Mann – Herr Nachbar! Wie haben Sie denn das geschafft? Da hat man doch immer gesagt: denen entkommt keiner; nicht einmal eine Maus! Sie aber doch? Wie denn so was?«

»Das weiß ich nicht, Herr Leitmann«, sagte Wienand; nicht ganz frei von mäßigem Vergnügen. »Die haben mich einfach laufenlassen.«

»Was denn – einfach so, Herr Nachbar?« Der blockierte mit breiter Neugier den Weg des Erich Wienand. »Soweit ich gehört habe, lassen diese Kerle keinen aus den Klauen, den sie sich einmal geschnappt haben. Es sei denn, man kriecht ihnen in den Arsch, macht Zugeständnisse, nennt gewisse Namen und so weiter. Haben Sie aber nicht gemacht – was?«

»Ich weiß nicht, Herr Leitmann, wovon Sie da reden«, wehrte Erich Wienand ab. Seine Höflichkeit besaß nun einige warnende Untertöne.

»Nun ja«, stellte der beharrliche Leitmann abschätzend fest, »sonderlich wohlgenährt sehen Sie nicht aus. Doch irgendwie krank waren Sie ja wohl schon immer – zumindest in letzter Zeit. Aber immerhin haben Ihnen diese Leute nicht gleich die Visage zertrümmert – doch könnten die Ihnen vielleicht sonstige sogenannte edle Körperteile beschädigt haben, was man nicht gleich sehen kann? So was soll, sagt man, eine Spezialität von denen sein.«

»Nach derartigen Einzelheiten, Herr Leitmann, sollten Sie

mich, bitte, lieber nicht fragen«, warnte Wienand ihn fast vorsorglich. »In Ihrem eigenen Interesse nicht.«

Leitmann blieb hartnäckig-mißtrauisch; was bei ihm nichts Neues war. »Also – wie ist denn das nun: sind Sie eigentlich dagegen oder dafür?« Womit er unverkennbar die Nazis meinte. »Dafür vermutlich – was? Wohl neuerdings. Denn warum haben die Sie sonst laufenlassen?«

»Erkundigen Sie sich bei denen danach, falls Sie unbedingt Verlangen danach haben.«

Der kastenbreite Leitmann nickte fast anerkennend. Denn als saudumm, wußte er, konnte dieser Wienand kaum bezeichnet werden. Wenn der auch alles andere als ein gewachsenes bäuerliches Wesen war, so doch gewiß kein Idiot – eher wohl eine Art Spinner.

»Na schön – da gehen Sie hier nun also wieder spazieren, wieseln durch die Gegend, wollen nur mal so hören wie die Vögel singen, das Gras wächst, was? Oder sollten Sie dabei nach jenen suchen, die Sie in diese KZ-Scheiße hineingebracht haben? Ahnen Sie etwa schon, wem Sie das zu verdanken hatten?«

»Möglicherweise auch Ihnen, Herr Leitmann? Will ich aber nicht gleich annehmen. Kann ich mir kaum vorstellen – oder sollte ich das doch?«

Leitmann überwand sein spürbares Erschrecken schnell. Denn schließlich, glaubte er zu wissen, war dieser Wienand alles andere als ein scharfer Hund! Der pflegte sich hier als Tagträumer und Spaziergänger aufzuspielen – ein Tatmensch war der nicht. Der konnte, obgleich er behauptete, ein erklärt bäuerliches Wesen zu sein, keinen Pflug führen, nicht einen Eimer Milch melken, geschweige denn Zentnersäcke stemmen.

»Immerhin«, meinte Leitmann erleichtert, »besitzen Sie noch Humor. Können Sie sich, mir gegenüber, jedenfalls auch getrost leisten – schließlich bin ich ein christkatholisches Wesen.«

Was wohl tatsächlich zutraf – einigermaßen. Denn dieser Bauer Leitmann, Viehzüchter und Gemüselieferant, hatte stets Wert darauf gelegt, eine erklärt unpolitische Person zu sein. Das gelegentlich sogar mit der augenzwinkernden Erklärung:

»Für das sogenannte Höhere bin ich wohl einfach zu dämlich!«

»Ich jedenfalls«, versicherte er nun geradezu behaglich gestimmt, »sehe Sie gerne hier – so wie Sie mich ja wohl auch. Mich mit Ihnen zu unterhalten macht hoffnungsvoll – so etwa über Ihre Südwiese beim Moor. Diese, Herr Nachbar, sollten Sie mir endlich überlassen – wofür ich Ihnen dankbar wäre.«

»Was verstehen Sie denn darunter – wenn Sie von Dankbarkeit sprechen?«

»Nun – dann würde ich Sie rühmen, in aller Öffentlichkeit; auch im Kirchenrat, dem ich neuerdings wieder angehöre. Rühmen als einen guten, entgegenkommenden Nachbarn. Obwohl Sie ein Zugereister sind, werde ich sagen, so doch stets voller Verständnis für einheimische Belange; darum bemüht. Na – das wäre doch was?«

»Verbindlichen Dank für soviel schöne Worte, Herr Leitmann. Aber leider kann ich Ihnen diese Südwiese nicht überlassen. Denn die benötige ich – für meine Kühe.«

»Mann Gottes – Sie haben doch jetzt nur noch ein einziges Exemplar davon. Und selbst wenn noch weitere hinzukommen – für dic rcicht Ihr Obstgarten doch völlig.«

»Ach, verehrter Herr Leitmann – wer kann denn schon wissen, was jetzt noch kommt?«

»Ihre Südwiese beim Moor jedenfalls sollten Sie endlich abstoßen. Zumal sich dort diese Flakbatterie breitgemacht hat – also auch dort; nicht nur in Ihrem Hause, bei Ihren Angehörigen. Diese angeblichen Verteidigungskerle haben den Wiesenboden aufgerissen, Deckungslöcher und Verbindungsgräben angelegt. Nichts wie ein Trümmerfeld! Überlassen Sie also dieses total versaute Gelände mir. Zum nachbarlichen Freundschaftspreis.«

Leitmann wollte diese Wiese haben; das bereits seit etlichen Jahren. Keine Gelegenheit, darüber zu reden, hatte der ausgelassen. Jetzt tat er das erst recht nicht.

»Ich kann nichts versprechen«, sagte Wienand nun entgegenkommend-ausweichend. »Wohl nur das: Ich werde über Ihr Angebot nachdenken.«

»Tun Sie das, tun Sie das – Herr Nachbar! Denn schließlich sind Sie, wie man so sagt, eine Art Denker. Doch das sollten Sie diesmal nicht allzusehr übertreiben. Denn in einer Zeit wie dieser braucht man Freunde. Dringend. Und ich bin einer.«

»Na – wie schön, Nachbar Leitmann. Da behaupten Sie nun also, mein erklärter Freund zu sein. Doch was wäre dann, wenn ich eine solche Versicherung nicht nur registrieren – sondern auch öffentlich verkünden würde. Also – Sie und ich! Nichts wie Freunde!«

»Drohen Sie mir nicht gleich damit«, erwiderte der Nachbar, erneut bestürzt. »Mann Gottes, Wienand, Sie sind ja ein ganz hinterhältiger Typ!«

Erich Wienand zog sich zurück, durchaus bereit, die Begegnung in Gedanken weiter auszukosten. Er schritt dem nahe gelegenen Dorf Martinshausen entgegen, das sich nach knapp einem Kilometer Weg erreichen ließ. Ein Ort von großer Schlichtheit: geduckte Häuser, stattliche Misthaufen davor, verrottende Landmaschinen dahinter.

Dort gab es eine Hauptstraße, die nun jedoch unendlich strapaziert aussah: randlos, voller Schlaglöcher, dick verstaubt. Jedes Fahrzeug, das darüber hinwegschaukelte, wirbelte nebeldichte Staubwolken auf, und die legten sich wie Schleier über das Dorf, das unter ihnen zu versinken schien.

In dieser schäbig anmutenden Gemeinde gab es einen einzigen Gasthof – genannt ›Zum schwarzen Bock‹. Ein langgestreckter, farblos gewordener, verwitternder Stall, befallen von einer krebsartigen Wandflechte. Doch nun umstellt, eng eingekreist, von Wehrmachtsfahrzeugen – die leblos verdreckten Blechkühen glichen. Dabei war kein Mensch zu sehen; doch zahlreiche waren zu hören: Aus dem Inneren dieses Bedienungsschuppens tönten Stimmen auf die Straße.

Doch war das hier, wie Wienand wußte, keinesfalls der wahre Mittelpunkt des Dorfes Martinshausen. Nur dessen Kirche konnte so bezeichnet werden. Ein Gotteshaus, ein

Haus Gottes. Äußerlich glattwandige, hoch aufragende Mauern, von einem Glockenturm gekrönt. Im Inneren kräftige Farben in feierlichen Tönen: kalkiges Weiß, dunkelbraunes Holzgestühl, goldbepinselte Heiligengestalten in Nischen.

Aber dann der Altar – lichtumwobener Mittelpunkt. So als wären alle Fenster dieses Gebäudes allein auf ihn ausgerichtet worden, um für ihn allererste und auch allerletzte Strahlen der Sonne einzufangen – Tag für Tag, an denen sie leuchtete. Dort befand sich eine Madonna mit Kind – erdigbraun, aus Rotbuchenholz geschnitzt und von großer, bestürzender Einfachheit. Und stets einige Blumen darunter; ausgebreitet auf einem Tuch aus weißer Seide.

In diese Kirche begab sich Erich Wienand. Das Hauptportal war weit offen gewesen; der zentrale Raum menschenleer. Er ließ sich in der hintersten Bank nieder, um dann seine Hände wie zum Gebet zu falten; ohne beten zu können. Er starrte die Madonna mit dem Kind an, als erwarte er von ihr eine bewegende Offenbarung, die ihn erlösen könnte.

Diese herrlichen Figuren waren einst von Riemenschneider geschnitzt worden; oder eben von einem seiner ihm nächsten Schüler. Was einen Erich Wienand immer wieder verzaubern konnte: Geheimnis und Schönheit, Innigkeit und Ruhe, Verkündung und Erlösung.

In seiner andächtigen Betrachtung blieb er jedoch nicht lange allein. Denn neben ihm ließ sich bald ein schwergewichtiger Mensch nieder; bekleidet mit dem Gewand eines Priesters. Das war Geisberger, der Pfarrherr dieser kleinen Gemeinde, der Hirte dieser einzigartigen Kirche.

Er hatte ein wachsbleiches Rundgesicht, eisgraue Haare und eine sanft zitternde Greisenstimme. Ihm entströmte ein milder, doch deutlich wahrnehmbarer Geruch, wie zusammengebraut aus Weihrauch, Wein und Schweiß. Ein beharrlicher Angstschweiß, glaubte Wienand zu erkennen; wie der sich äußerte, hatte er lernen müssen.

»Gott grüße Sie, mein lieber Herr Wienand.« Der Priester beugte sich ihm vertraulich entgegen. »War es – schlimm?«

»Ich habe es, wohl zunächst, überstanden«, sagte Wienand ergeben. »Doch ich weiß nicht, was nun noch alles auf mich zukommt. Ich muß gestehen, daß mich Furcht erfüllt.«

»Sich fürchten zu müssen, ist nun mal der Menschen Los. In Zeiten wie diesen wird das überdeutlich. Woran jedoch niemand verzweifeln muß, weil es die Hoffnung im Herrn gibt.« Geisberger war ein erklärter Prediger; und das nicht nur, wenn er auf seiner Kanzel stand. Dann aber wollte er spürbar dringlich, allein dies wissen:

»Gibt es ihn noch?« Womit er seinen, ihren Christus meinte.

»Ja – es gibt ihn immer noch.«

Ihr Christus war eine menschengroße Figur aus Bronze; einst in Italien gegossen, Ende des 18. Jahrhunderts, in einer der Meisterwerkstätten von Florenz. Ein sogenannter ›leidender Christus‹. Mit einem Antlitz, das von Qualen gezeichnet war, aus dessen Augen blutige Tränen flossen.

Eine ›Figur‹, die einstmals von österreichischen Soldaten aus Italien verschleppt worden war. Sie geriet dann nach Innsbruck, wo sie jahrelang zum Verkauf angeboten wurde. Um dann schließlich 1862, von dem damaligen Grafen von Schoenau, Maximilian, erworben zu werden – als Gelegenheitskauf.

Und der hatte ›dieses edle Gebilde‹ der Kirche von Martinshausen geschenkt – wahrlich nicht zufällig. Denn dort war er einstmals vor Riemenschneiders Madonna mit Kind getraut worden; mit einer Markgräfin von Ansbach. Vielleicht war er deshalb mit drei Kindern gesegnet worden; alle männlichen Geschlechts.

Seit dieser Zeit befand sich der ›leidende Christus‹ aus Florenz vor der Kirche von Martinshausen, war dort jahrzehntelang zu sehen gewesen – wie ergeben daliegend auf einem Fundament aus schweren Steinen. Und niemand, der fortan diese Madonnenkirche betreten wollte, konnte ihn umgehen. Denn vor diesem Leidenschristus gabelte sich der Hauptweg zum Gotteshaus, um sich erst dahinter wieder zu vereinigen. Also war eine Begegnung mit diesem Christus für alle, die die Kirche aufzusuchen gedachten, unvermeidlich.

Dann jedoch war eine neue Zeit angebrochen. Bereits 1942 angekündigt, wurde dann 1943 immer dringlicher gefordert: Wichtige, wertvolle Metalle würden für die Rüstungsindustrie, also zum Wohle des Vaterlandes und zu dessen feierlicher Verteidigung unbedingt benötigt. Sie waren deshalb zwecks Einschmelzung unverzüglich anzuliefern. Etwa eiserne Glocken, bronzene Kupferdächer, sonstige Gegenstände aus Silber, Blei oder Zinn. Was sich auch für den erstrebten Endsieg irgendwie verwerten ließ – und eben dieser Christus sollte unbedingt dazugehören.

Geisberger, der Pfarrherr, hatte damals einen beschwörenden Bittbrief an den ehrenwert gebliebenen Kardinal Faulhaber in München gerichtet. Und der hatte nicht gezögert, sich an die Gauleitung zu wenden; mit dem höflich-mahnenden Ersuchen, die Anforderung dieser Bronzestatue wohlwollend zu überprüfen, die Ablieferungsanordnung zu revidieren. Eine Überprüfung dieser Angelegenheit wurde ihm zugesagt; mit kühler Obrigkeitshöflichkeit.

Worauf dann in Martinshausen ein sogenannter Kulturbeauftragter eintraf, der zugleich wohl ein maßgeblicher Bevollmächtigter der Gauleitung war. Ein gewisser Dr. Gernot Großer; ein vorgeblicher Musenmensch und Kunstliebhaber. Noch dazu fühlte er sich, wie sich herausstellen sollte, mit ausgeprägtem Literaturverständnis ausgestattet.

Und der kam, sah und siegte – weltanschauungsbewußt. Mithin entschied er also: »Diese Figur ist wohl kaum als ein Kunstwerk zu bezeichnen, nicht einmal als ein sakraler Gegenstand.« Der ›leidende Christus‹ mußte also, basierend auf seinen großen, nun maßgeblichen Kulturkenntnissen, als purer, peinlicher Glaubens- und Gefühlskitsch eingestuft werden. »Nichts als ein Produkt, welche es zu Dutzenden gibt; einstmals geschäftstüchtig angefertigt.« Was im Klartext, reichlich eindeutig, hieß: völlig wertlos, absolut unwichtig; mithin zu vereinnahmen; zwecks Einschmelzung.

Doch dann verschwand dieser Christus. In irgendeiner Nacht. Er war einfach nicht mehr da; unauffindbar.

Nach der Figur wurde unverzüglich gefahndet. Eine Gestapo-Gruppe brach in Martinshausen ein. Hochnotpeinliche Vernehmungen fanden statt; wobei auch erprügelte Wahrheitsfindungsversuche erfolgten, von denen Hochwürden Geisberger nicht verschont blieb. Er nicht – wohl aber Wienand.

So was geschah keinesfalls zufällig. Denn diese Greifer hatten sich vermutlich gesagt, scharfsichtig, wofür sie sich hielten: Dieser Wienand, wenn auch gewiß ein literarischer Armleuchter, ist dennoch ein erklärt evangelischer Mensch. Also konnte er kaum irgend etwas mit solchen katholischen Machenschaften zu tun haben.

Aber der Christus blieb unauffindbar.

»Fürchterlich«, bekannte jetzt Geisberger, neben dem Erich Wienand hockte, mit erstickter Stimme, »war hier einfach alles.«

Womit er nicht nur seine ›blutige Vernehmung‹ meinte, auch nicht die intensive Verprügelung seines Kirchendieners, dann sogar jene des gesamten Kirchenrates in der Sakristei. Diese jedoch waren bei offener Tür im Anblick von Madonna und Kind erfolgt, was ein Fehler gewesen war. »Aber selbst jetzt sind wir wohl noch nicht am Ende angelangt.«

»Fühlen Sie sich verfolgt, oder beobachtet, Herr Geisberger?«

»Sogar belauert! Auf schäbige Weise. Und wer weiß, von wem nicht alles? Gewiß nicht gleich von meiner Haushälterin, doch durchaus von der Polizei, vom Bürgermeister allemal. Selbst etliche von mir zum Gebet gerufene Pfarrkinder kommen mir neuerdings vor, als wären sie entschlossen, auf jede meiner Bewegungen zu achten, auf jedes Wort – auch auf jene, die ich nicht sage. Und schließlich gibt es dann auch noch Sie – ein evangelischer Mensch, der sich hier aber mit einem katholischen Priester trifft. Schreit denn so was nicht geradezu nach scharfer Verdächtigung?«

»Das träfe vielleicht zu«, meinte Erich Wienand überaus bedächtig, »wenn sich lediglich zwei Menschen verschiedener Glaubensrichtungen zusammengefunden hätten. Hier verlangt aber ein suchender Gläubiger, also ich, seinem Priester zu begegnen.«

»Reichlich verwegen, Herr Wienand, sind Sie mir schon

immer vorgekommen. Womit gedenken Sie mich diesmal heimzusuchen?«

Worauf Erich Wienand, offenbar sehr überlegt, erklärte: »Wohl ist Ihnen bekannt, daß ich ein evangelischer Mensch bin; von Geburt an. Doch in meinen fürchterlichen letzten Monaten mußte ich etliche wie oberflächlich anmutende Unzulänglichkeiten dieser Glaubensrichtung erkennen. Dabei hat es keinen mich begleitenden Geistlichen meiner Kirche gegeben. Wohl aber einige der Ihren, die mit mir leiden mußten und mir sehr nahe waren. Dazu noch einen Juden – der mir ebenfalls eng vertraut war. Sollte Sie das nun entsetzen – irgendwie?«

»Nein, lieber Herr Wienand. Schließlich weiß ich, daß auch unser Christus ein Jude gewesen ist.«

»Und eben die gesegnete Überzeugungskraft Ihrer Mitpriester – bis hin zum Tod – hat mich ungemein bewegt. Auch wenn ich erkennen mußte: ein Jude zu sein, war mir nicht gegeben – dafür fühlte ich mich zu schwach. Doch immerhin könnte ich nun versucht sein, wenigstens zu begehren, zu Ihrer Kirche zu gehören.«

»Wenn das tatsächlich zutreffen sollte, Herr Wienand – dann habe ich Sie auch im Namen Gottes willkommen zu heißen. Aber sonderlich wohl ist mir dabei nicht; nicht bei einem Menschen von Ihrer Eigenwilligkeit.«

Hochwürden Geisberger resignierte dennoch nicht. Jedenfalls nicht gleich.

Inzwischen suchte Elvira Wienand Horst-Heinz Warnhagen auf. In seinem Zimmer angekommen, schloß sie die Tür hinter sich – blieb dann stehen, vorsichtig und vorsorglich zugleich. Sie sah ihn groß an.

Worauf er unverzüglich, bekleidet mit seiner ihm gutsitzenden Uniform, in glänzenden Stiefeln dazu, hinter dem Schreibtisch des Erich Wienand hervorkam. Er schritt mit gewinnendem Lächeln auf Elvira zu, um sie zu umarmen, sie an sich zu ziehen. »Wie schön, daß du gekommen bist – zu mir.«

Dabei hielt sie es für angebracht, eine Art Abwehr zu demonstrieren; auch das sogar mit einer gewissen Entschlossenheit. »Ich bin hier, Horst-Heinz«, erklärte sie betont bedeutsam, »um dir dies zu sagen: was da, zuletzt gestern nacht, zwischen uns geschehen ist, was mich wie maßlos überwältigt hat, das müssen wir nun wohl vergessen. Das darf sich niemals wiederholen!«

Er lächelte sie weiter an, ohne sie aus seinen Armen zu lassen, die gewiß überwältigend stark, aber zugleich auch lässig besitzergreifend waren. »Ach weißt du, meine Liebe – was sich da auch immer ereignet haben mag – das war wohl schicksalhaft; unvermeidbar. Du hast es gewollt – und ich habe es auch begehrt – nichts mehr.«

Er suchte ihren Mund, den sie ihm nicht verweigerte. Ihre Körper prallten aufeinander. Nur mühsam gelang es Elvira, sich ihm zu entziehen. »Du bedeutest mir sehr viel – doch du weißt sehr wenig von mir.«

»Immerhin, geliebte Elvira, glaube ich einiges und zwar sehr Entscheidendes von dir zu wissen. Bestimmt, daß du eine ungemein prächtige Person bist, in gewisser Hinsicht allemal. Was ich übrigens geahnt habe, vom ersten Augenblick an. Du bist ein wunderbares, mit niemandem sonst vergleichbares weibliches Wesen.«

»Bitte, nicht, Horst-Heinz – noch nicht. Zunächst mußt du noch ein wenig mehr von mir wissen. Setzen wir uns.« Sie wies auf das Ledersofa. »Aber berühre mich, bitte nicht; nicht bevor ich dir alles gesagt habe, was ich dir, gerade dir, wohl nicht verschweigen darf.«

Sie fühle sich, versicherte sie sodann, Erich Wienand gegenüber ungemein verpflichtet. Der habe sie einst mit einzigartiger Vorbehaltlosigkeit geheiratet; und dabei auch ihr Kind, Elfie, bei sich aufgenommen. Ein gewisser Altersunterschied zwischen ihnen von etwa siebzehn Jahren habe sich nicht sogleich als störend, behindernd, erwiesen. Vielmehr wären ihnen einige erste, durchaus erfreuliche Jahre beschieden gewesen. Wahrlich auch nicht ungenossene – wenn auch wohl ohne allerletzte Erfüllung.

»Denn so etwas habe ich erst jetzt, mit dir, erlebt.«

»Nicht zum letzten Mal – wenn du nur willst.«

»Doch dann«, bemühte sich Elvira weiterhin zu erklären, »kam es zwischen uns – sagen wir zu Störungen.«

Anscheinend hatte sich Erich Wienand, nach 1933, seelisch völlig überfordert gefühlt; politisch mißbraucht, brutal beiseitegedrängt, auf scheußliche Weise verfolgt und gequält. Worauf er sich zurückzuziehen, abzuschließen begann – vieles von dem vernachlässigte, was einst zu seiner Welt gehört hatte: sein Haus, seinen Hof und seine Familie. Nahezu wie versessen darauf, sich nur noch auf sein sogenanntes ›Lebenswerk‹ zu konzentrieren; auf seine Arbeit. Sein Schreibtisch mutete wie ein letzter Fluchtort an.

»Und sein KZ-Aufenthalt«, fügte sie überzeugt hinzu, »scheint ihn völlig erledigt zu haben. Er ist«, erklärte sie, »wie ein schwerverwundetes Tier.« Aber – vermögen denn nicht gerade diese ungemein gefährlich zu sein?

»Im Grunde, meine liebe Elvira, ist doch eine solche Konstellation nur günstig – für uns. Denn was wir auch immer miteinander tun – dabei stören wir doch seine Kreise nicht im geringsten. Wir nehmen ihm also nichts weg, da er nichts zu verlieren hat. Und du kannst nur gewinnen.« Und zwar ihn – was sie gewiß wollte. Und er auch.

Elvira war offenbar bestrebt, nun noch weitere Argumente vorzubringen; doch ohne sonderliche Anstalten zu machen, sich seinen Zugriffen zu entziehen. Doch seinen Versuch, sie auf intimere Weise zu ertasten, duldete sie diesmal nicht; nicht gleich. »Was auch immer, Horst-Heinz, zwischen uns geschehen sollte – so wird das doch nichts daran ändern, daß ich ihn zu betreuen habe; wie eine Frau ihren Mann. Wir sind dennoch eine Familie – verpflichtende Dankbarkeit gebietet das.«

»Das geht ganz gewiß in Ordnung. Sogenannte eheliche Besitzansprüche stellt er nicht. Außerdem ist sogar zu vermuten, daß er klug und großzügig veranlagt ist – das läßt sich sogar aus seinen Büchern herauslesen.«

»Liebst du mich, Horst-Heinz?«

»Habe ich dir das denn nicht bewiesen, Elvira?«

»Und wie lange wird das andauern?«

»So lange wir dazu irgendwie Gelegenheit haben! Die wir

uns schaffen müssen, und das werden wir auch. Uns wird da schon etwas einfallen.«

Sie erhob sich wie erfüllt von hastiger Unruhe, doch ohne ihn zurückzustoßen. Sie begab sich, wobei sie ihre Kleidung nur flüchtig ordnete, zu einem der Fenster des Zimmers. Dort lehnte sie sich gegen den Rahmen und hielt Ausschau. »Wo mag er jetzt sein?« fragte sie.

»In der Kirche von Martinshausen, soweit ich informiert bin.« Er beugte sich über sie. »Ich habe meinen Unteroffizier Tümmler sozusagen beschützend auf ihn angesetzt, und der hat ihn dort hineingehen sehen – vor einer knappen Stunde. Er hat mich telefonisch unterrichtet. Wenn dein Mann dort wieder aufbricht, dürfte er erfahrungsgemäß den Südweg nehmen. Und den kannst du, von diesem Fenster aus, ziemlich gut übersehen.«

»Das will ich«, sagte sie. Worauf sie heiß-verhaltend hinzufügte: »Um nicht gleich von ihm überrascht zu werden – mit dir! Und wenn er auch überaus großzügig veranlagt ist – so halte ich ihn doch, auch das ist ein Wesenszug von ihm, für völlig undurchschaubar. Darauf müssen wir achten.«

»Nur keine unnötigen Bedenken, meine Liebe. Er soll sein Leben haben – wir das unsere! Und wir sollten nicht immer nur an ihn denken – sondern auch an uns!«

Elvira, an das Fenster gelehnt, und dicht hinter ihr Horst-Heinz, erblickten etwas in kilometerweiter Entfernung: Einen gebückt einherschreitenden Menschen; dunkel gewandet, mit schleppenden Schritten, umflirrt vom späten Frühlingssonnenlicht – Erich Wienand. Sie kannte seine Bewegungen – als versuchte er, einem Sämann gleich, diese seine Erde befruchtend zu beschreiten; dabei umgeben von gutmütigen Tieren, denen er freundlich zuzunicken schien.

Horst-Heinz atmete genießerisch in Elviras zu einem dikken Knoten geflochtenen Haar hinein. Dann begann er es zu lösen und auszubreiten, über ihre schwungvollen Schultern, ihren breiten glatten Rücken. Fast reichte das Haar bis zu ihrem stattlichen Hintern hinunter, den sie, sich vorbeugend, hochgereckt hatte, ihm entgegen.

Und den begann er sich nun zu ertasten – um erneut festzustellen: prall gerundete, feste Fleischlichkeit, die unter seinen kraftvoll zupackenden Händen willig erbebte. Nicht einmal ein Rubens hätte so etwas überzeugender malen können.

»Was machst du da mit mir?« jauchzte sie auf, als sie ihn in sich fühlte.

»Nur das, was du willst – und ich auch!« versicherte er ihr.

Der Lebenslauf des Erich Wienand
Zweiter Teil

1896 war er zehn Jahre alt geworden, ohne seine Geburtsstadt Priesnitz in Pommern bis dahin auch nur für Tage verlassen zu haben. Denn Vater Hagen war ein ungemein heimatbewußter Mensch. Jeden Wochentag verbrachte er in seinem Landgericht; von acht Uhr vormittags bis sechs Uhr nachmittags. Seine Sonn- und Feiertage gehörten der Familie und der Kirche.

Dabei schritt er mit Frau Elisabeth festlich gekleidet voraus, die Söhne Hermann und Erich hatten sich wohlgesittet hinter ihnen her zu bewegen. Zumeist in Matrosenanzüge gekleidet – in solche von weißer Farbe, Leinen, jeweils ab 1. Mai jedes Jahres; in jene von blauer Farbe, Wolle, ab 1. Oktober.

Ihre Ferien pflegten sie gemeinsam in einem Sommerhaus vor den Toren der Stadt zu verbringen, am Priesnitzer See. Dort befand sich auch ein Ruderboot, das sich für die körperliche Ertüchtigung der Söhne, unter direkter Aufsicht ihres Vaters, recht gut eignete. Ihre Prüfstrecke betrug zunächst einhundert, dann dreihundert, alsbald fünfhundert Meter.

Die dabei erreichten Zeiten wurden vom Vater auf die Sekunde genau registriert; anhand seiner goldenen Taschenuhr, die einen Sprungdeckel besaß. Um dann in einer Leistungstabelle verzeichnet zu werden, welche an die Innenseite der Haustür geheftet wurde. Bei erkennbaren Sonderleistungen erfolgten sinnvoll erdachte ›Belohnungen‹ – wie etwa Lagerfeuer mit Gesang und Bratwürsten sowie Kartoffeln in Schale.

Wobei sich allerdings bald herausstellte, daß Erich wohl als ein ungemein schwieriges, eindeutig problematisches Kind bezeichnet werden mußte; leider Gottes! Offenbar mangelte es ihm an klarem Willen, sich der Gemeinschaft, welcher auch immer, einzuordnen, sich also unterzuordnen. Woraus sich beständig Konflikte zu ergeben drohten – das alles jedoch nur mit ihm, allein mit ihm. Der zwei Jahre ältere Bruder Hermann hatte sich, vielfach anerkannt, zu einem ganz prächtigen Jungen entwickelt. Der schon.

Zu diesem Komplex hat jedoch Konstanze Reibert, die spätere Biographin des Wienand, einen Briefwechsel aufgespürt. Ausgehend von der Mutter, Frau Elisabeth Wienand, geborene Goldack, gerichtet an ihre Mutter Emma in Berlin:

›Mein Erich, mußt du wissen, ist ein wunderschönes, ungemein liebenswertes Kind; recht zart, überaus anschmiegsam, und gewiß auch sehr klug. Doch wohl eben deshalb hat er hier erhebliche Mühe, sich zurechtzufinden. Wohl versuche ich, ihm dabei behilflich zu sein, doch leider muß ich befürchten, mit recht unzulänglichem Erfolg. Mein Gott, liebe Mutter – wie dieser Junge mich manchmal anschaut! Dabei komme ich mir unendlich hilflos vor.‹

Woraufhin dann ein wohl sehr direktes, sich dennoch vorsichtig-freundlich besorgt anhörendes Gegenschreiben abgeschickt wurde. An den Priesnitzer Landgerichtsrat, von seiner Berliner Schwiegermutter. Und der antwortete darauf – sozusagen postwendend.

›Ich darf Sie sehr darum bitten, liebe, verehrte Frau Schwiegermutter, mein stets gutfundiertes Gerechtigkeitsverlangen, meine erklärt verständnisvolle Großzügigkeit niemals anzuzweifeln. Wobei jedoch dieser Junge‹ – er meinte Erich – ›mein väterliches Entgegenkommen immer wieder verkannt, es sogar beharrlich herausgefordert hat. Erlauben Sie mir dabei nur ein Beispiel herauszugreifen – nur eines unter leider zahllosen anderen. Als ich ihm etwa angeraten habe, sich bei unserem deutsch-völkisch-gemischten Chor zu betätigen – erlaubte er sich mir gegenüber einige höchst fatale Bemerkungen.

Zunächst einmal diese: ‚Ich will kein Mitbrüller sein!' Nun ja – dafür war ich bemüht, Verständnis zu entwickeln. Um ihm zugleich zu bedenken zu geben: ‚So ein Chor jedoch, mein Sohn, will dirigiert sein! Empfindest du kein Verlangen danach, dort alsbald der Erste unter Gleichen zu sein?' Doch was, meine liebe, verehrte Frau Schwiegermutter, erlaubte sich der mir zu entgegnen? ‚Diese Sorte von Musik interessiert mich nicht im geringsten – dabei bin ich nur allzu bereit, als völlig unmusikalisch zu gelten.'‹

Hinzu kamen dann noch Auskünfte von Erichs Bruder Hermann. Auch diese wurden später von Konstanze Reibert aufgespürt. Der Bruder war zu allen gewünschten Auskünften großzügig bereit. Ein ungemein überlegen anmutender Mensch von erklärt deutschem Wesen: Hochdekorierter Frontkämpfer, Offizier im Ersten Weltkrieg; dann Major in der Reichswehr; schließlich General im Dritten Reich – erst unter, dann angeblich gegen Hitler. Ein erklärter Stratege, selbst noch im familiären Bereich. Von ihm für prächtig-deutlich-deutsch gehaltene Formulierungen gehörten wohl dazu.

»Dieses kleine, verpißte, reichlich fragwürdige Kerlchen«, womit er tatsächlich seinen lediglich zwei Jahre jüngeren Bruder Erich meinte, »glaubte da offenbar erkannt zu haben, und das reichlich frühzeitig, nichts wie Arschlöcher um sich zu erblicken!« Dabei lachte er schallend auf; ungemein männlich, selbst jetzt noch, nahe dem Greisenalter. »Nun ja – der mag ein Spinner sein – er ist dennoch mein Bruder. Mithin von mir geliebt, wie sich das gehört – jawohl! Wenn auch letzten Endes wohl vergeblich. Was schon damals erkennbar war; irgendwie.«

»Damals jedoch, Herr Wienand, scheint irgend etwas ganz Besonderes geschehen zu sein.« Konstanze Reibert erwies sich als sehr gründlich. »Jedoch – was war es?«

»Einiges – ich versuche mich zu erinnern. Nun, zumindest verweigerte damals mein dennoch stets sehr geliebter Bruder weitere Ruderwettleistungen in Gegenwart unseres Vaters.

Doch hatte er auch ziemlich schäbige Schulzeugnisse – etwa Religion sehr gut, Rechnen jedoch völlig ungenügend; Deutsch mittelmäßig, Geschichte und Erdkunde übrigens auch. Der war eben nicht ergeben genug veranlagt, nur zu lernen. Vielmehr gefiel er sich darin, Fragen zu stellen – wohl um dadurch von seinen fragwürdigen Leistungen abzulenken. Was niemals gutgehen konnte.«

Weiter der ehrenwerte, zwei Jahre ältere Bruder Hermann: »Darüber hinaus wurden dann bei Erich, bei einer hochnotpeinlichen Untersuchung seiner Regale und Schubläden, überaus fragwürdige, angeblich literarische Bücher gefunden. Dann aber auch noch etliche von ihm selbst verfaßte Gedichte – von einem Zehnjährigen, ich bitte Sie! Geradezu unsittliche. Womit die Katastrophe perfekt war.«

»Welche Katastrophe denn bereits schon damals?« wollte Konstanze Reibert wissen.

Es ergab sich folgendes: Der sich wahrlich absolut im Recht fühlende Vater hatte seinen Sohn Erich zu sich zitiert. Um ihm dann ebenso klagend wie anklagend zuzurufen: »Wozu zwingst du mich!«

Dann war Erich notgedrungen ›gezüchtigt‹ worden. Der Vater schlug ihn grün und blau. Das geschah kraftvoll, wenn auch mit vielfach erklärtem Widerwillen. »Mein Gott, mein Gott – was muß ich denn da tun; dieses Sohnes wegen!«

Doch unmittelbar danach verschwand Erich Wienand aus Priesnitz. Ohne irgend etwas mit sich zu nehmen, ohne ein Wort hinterlassen zu haben. Und etliche Tage lang blieb er verschwunden. Niemand wußte, wo er sich aufhielt.

Als Erich Wienand in jenem Frühjahr 1945 nach seinem ersten Spaziergang wieder ›daheim‹ angekommen war, glaubte er sich ungemein erleichtert fühlen zu dürfen. Und zwar darüber, daß offenbar niemand im Hause von seiner Anwesenheit Kenntnis zu nehmen begehrte. In der Küche stand ein Abendessen für ihn bereit.

Dort ergriff er einige Scheiben Brot, eine Karaffe mit Edda-Milch und etliche Stück Würfelzucker. Um sich dann damit die Holztreppe hinunter, in seinen Keller zu begeben. Dort angekommen, blieb er zunächst einmal stehen – zu einigem Staunen veranlaßt.

Denn was er nun in dieser Höhle erblickte, war eine gute Ordnung und gepflegte Sauberkeit – in seiner Abwesenheit hergestellt; da waren die sicheren und geschickten Hände seiner Frau am Werk gewesen. Wollene Decken auf seinem Feldbett, frische Handtücher bei der Waschschüssel – und neben dem Leuchter seines Knut Hamsun auf seiner Schreibplatte lagen zwei zusätzliche Kerzen und eine Schachtel Streichhölzer. Dazu einige seiner Schreibblocks, daneben eine anlockende Menge sorgfältig gespitzter Bleistifte.

Und davor stand ein Stuhl – doch eben nicht nur irgendeiner, vielmehr sein persönlicher Schreibtischsessel aus seinem Arbeitszimmer; ein englisches Möbelstück von einiger Pracht, erheblicher Stabilität und großer Bequemlichkeit. Auch wenn der hier nun alle Dimensionen zu sprengen drohte, gleichsam wie ein Hochthron in einer niederen Höhle wirkte – so ließ er sich dennoch darauf nieder; mit weit ausgestreckten Beinen, wohltuend erschöpft.

Von diesem Platz aus blinzelte er verlangend zu jener Kiste hin, unter der sich der Christus befand – sie war erkennbar nicht verrückt worden. Doch auf dieser Kiste lag nun eine grüne Leinendecke und auf der befanden sich einige seiner Lieblingsbücher: Kant, ›Zum ewigen Frieden‹; Krauß, ›Die letzten Tage der Menschheit‹; und auch sein vielgeliebter ›Henri IV‹ von Heinrich Mann. Dazu Werke von Seneca, Homer, Ovid, Stendhal, Heine und Fontane. Daß Knut Hamsuns ›Segen der Erde‹ ganz oben lag, war für ihn von großer Selbstverständlichkeit. Und diesen Büchern reckte er, wie sie segnend, beide Hände entgegen.

Sodann erblickte er auf dem Tisch zwischen den Kellerfenstern eine Flasche Rotwein; bereits entkorkt. Dazu jenes Trinkgefäß, das er stets mit Vorliebe benutzt hatte: ein kelchartiges, handgeschliffenes Kristallglas, ein schweizerisches Einzelstück aus dem 18. Jahrhundert; einst von ihm selbst erstanden bei Bernheimer in München.

Das zog er nun, nach nur kurzem Zögern, an sich; und dort hinein goß er ein wenig von dem für ihn bereitgestellten

Wein – wobei er die Flasche vorsorglich, wohl um nicht zu zittern, mit beiden Händen hielt. Es war ein schwer duftender Barolo aus Italien, von dem er hier in glücklicheren Zeiten etliche Flaschen eingelagert hatte. Und obgleich er wußte, daß alkoholische Getränke, auch nur kleine Mengen davon, seine körperliche Verfassung völlig aus dem Gleichgewicht bringen konnten, trank er dennoch davon. Sogleich schien sonnige Wärme seinen Körper zu durchfluten.

Danach rückte er sich, nahezu wie automatisch, seinen Arbeitssessel zurecht; er griff nach einem der bereitliegenden Schreibblocks und einem der gespitzten Bleistifte. Offenbar wollte er nun schreiben. Wie verführt, angetrieben von dem Verlangen, nun endlich einiges zu verdeutlichen – von seinen unendlich vielen bedrückenden, qualvollen Erlebnissen und erlittenen Erfahrungen.

Was jedoch war dabei das wirklich Wichtige? Womit also sollte er beginnen? Wie dann enden? Damals, als er im Konzentrationslager gelandet war, hatte er versucht, Skizzen für ein ›Tagebuch der Heimsuchungen‹ zu entwerfen. Das zunächst auf einigen Blatt Briefpapier, auch auf deren Umschlägen. Dann auf den Rändern und zwischen den Zeilen eines Buches, das man ihm gerade noch gelassen hatte. Und listig wie er zu sein glaubte – wahrlich nicht ganz unberechtigt – hatte er sich zu diesem Zweck die ›Heidegeschichten‹ eines Löns ausgesucht, eines Vorläufers der völkischen Barden.

An solchen Versuchen hatte er allein seinen Freund, den Juden Jacob Werner, Anteil nehmen lassen. Worauf der jedoch ungemein betrübt reagierte. »Eine etablierte Hölle, Erich, erlaubt keine Dokumente über sich. Papier, beschriebenes, ist dabei verdammt, zu Asche zu werden. Halte dein Hirn dafür frei!«

Erkenntnisse, die zutrafen. Denn derartige Versuche wurden herausgefunden, das Geschriebene ihm weggenommen. Dann vor seinen Augen zerrissen und verbrannt. »Was soll denn solch ein Seich, du Kretin! Damit kannst du uns doch nicht kommen, du Arschloch, literarisches.«

Dann war Erich Wienand nach längerem Grübeln dem Einfall erlegen, seine ihn beharrlich heimsuchenden Gedanken auf Toiletten- und Packpapier zu schreiben. Um beides anschließend als Einlagen für seine Schuhe zu benutzen. Ein Versteck allerdings, das auch nur halbwegs erfahrenen KZ-Wächtern hinreichend bekannt war. Doch nun lachten sie nicht mehr – sie schlugen ihn zusammen. »Wisch dir mit diesem Scheißdreck den Arsch aus, du versauter Kerl. Du kannst aber auch dein Blut damit abtrocknen.«

Und hier nun, im Kerzenlicht dahockend, begann Erich Wienand bestürzt zu erkennen: Das zu beschreiben, dem er ausgeliefert gewesen war, würde nicht nur mühsam sein, vielmehr schien es völlig vergeblich. Allerletzte Demütigungen hatten dazu gehört; und selbst ein Mensch wie er konnte seiner letzten Würde beraubt werden. Wie unsagbar wenig hatte im Grunde dazu gehört, ein sich für gefestigt haltendes Lebewesen in ein winselndes Wrack zu verwandeln. Friß das, Wienand – oder stirb!

Und sein lieber Jacob hatte dazu gesagt: »Körper lassen sich zerstören – Hirne nicht immer. Nur ein Funke Leben – und man ist nicht krepiert.« Solche Sprüche waren dem gegeben – und mit ihm daran zu glauben, fühlte sich Erich Wienand immer wieder versucht.

Zunächst jedoch schob er jetzt seinen Schreibblock von sich, warf den Bleistift hinterher, um dann von seinem Wein zu trinken, der ihn wohltuend betäubte. Ein Glas – dann noch ein zweites. Schließlich legte er sich auf sein Feldbett, wie in sich zusammengefallen. Wobei er vor sich hinsagte: »Wenn alles auch nur einigermaßen wäre wie einst – dann würde jetzt Lottchen auf mich zukommen, um mich zu beschnuppern, um erkennen zu wollen, wie es mir geht.«

Seine geliebte Hündin, die wohl aufmerksamste, verständnisvollste Begleiterin seiner Spaziergänge; aber auch eine beharrlich freundliche Gefährtin seiner nächtlichen Arbeitsstunden. Niemals lag sie zu seinen Füßen – vielmehr stets in einiger Entfernung von ihm. Sie wollte ihn sehen, und auch von ihm gesehen werden – wie Auge in Auge mit dem Freund.

Warum es nun dieses Lottchen nicht mehr gab, mußte dann Erich Wienand, nur wenig später, erfahren. Sein Dakkeltier war von irgendeinem geschützschleppenden Raupenfahrzeug überrollt worden – das zur Flakbatterie des Oberleutnant Warnhagen gehörte. Diesem herausfordernden Kriegsmonstrum hatte sich sein Hund, vermutlich entschlossen-verteidigungsbereit, in den Weg zu stellen versucht.

Doch was hatte sein Freund Jacob gesagt: Wenn es nur ein Wesen in einem Leben gibt, das geliebt hat und geliebt wurde – das ist Erfüllung genug.

3.

Am nächsten Tag schien Erich Wienand sich nur überaus mühsam von seinem Lager erheben zu können. Längere Zeit hockte er gekrümmt und keuchend auf dem Rand seines Feldbettes und starrte vor sich hin. Dann begann er sein Gesicht nach nächtlichem Schweiß abzutasten, wobei er blinzelnd zu den Fenstern blickte. Und dort sah er die Sonne.

Er streckte ihr seine Hände entgegen. Dabei wurde die eine Hand ganz leicht, doch spürbar fordernd berührt. Er erblickte, von heftiger Freude erfüllt, jenen kleinen grauen Vogel vom Vortage wieder und krümelte ihm das bereitgelegte Brot hin. Zugleich hüpfte ein weiterer Spatz herbei, offenbar von dem ersten Besucher mitgebracht.

Nun lächelte Erich Wienand; ein scheues Glücksgefühl durchlief ihn – hielt jedoch nicht an. Er überprüfte sein Gesicht, sichtlich ungern, in einem Spiegel, begann sich zu waschen, kleidete sich abermals schlicht bäuerlich, um sich dann nach oben zu begeben – in die Küche des Hauses, wo Frau und Tochter bereits auf ihn warteten.

»Hast du eine gute Nacht gehabt?« wollte Elvira wissen.

»Eine sehr gute Nacht«, versicherte er. »Ich habe sanft und traumlos geschlafen – angenehm betäubt von dem herrlichen Wein, den ich fast zur Hälfte getrunken habe.«

»War das nicht – zuviel?« wollte Elfie wissen.

»Sicherlich zuviel des Guten – doch sonderlich scheint mir das nicht geschadet zu haben.«

»Unser Arzt, Dr. Gans«, sagte Elvira zu ihm, »hat am Telefon gemeint, du solltest nun wieder möglichst regelmäßig zu essen versuchen. Mehrmals am Tag, doch lediglich kleine Portionen, leichte Speisen – das wäre zunächst die Hauptsache.«

»Wobei der jedoch wohl kaum den Wunsch geäußert haben dürfte, mich zu untersuchen«, vermutete Erich Wienand sanft.

Was das heißen sollte, verstand Elvira sofort: »Sobald wir jetzt von ihm ein Attest verlangen über deine augenblickliche körperliche Verfassung, dann könnte das den Doktor, möglicherweise, äußerst verunsichern. Denn er will und muß sich wohl davor bewahren, sich irgendwie – vielleicht sogar gegen die Nazis – festzulegen. Haben wir dafür Verständnis?«

»Müssen wir wohl«, meinte Erich Wienand, wobei er seine Schüssel Milchbrotsuppe bedächtig leer aß. Um dann zu verkünden, daß er sich nach Schoenau zu begeben gedenke.

»Darf ich dich begleiten, Vater?« bot sich Elfie an.

»Nein, mein Kind. Wir sollten bemüht sein, unsere Schicksalsgemeinschaft nicht unnötig zu betonen. Deine Mutter weiß, was ich damit meine. Denn es gibt zwischen uns eine zwar niemals ausgesprochene, dennoch verbindlich existierende Vereinbarung. In etwa beinhaltet sie folgendes: Was ich jemals getan, geschrieben oder gesagt habe, ist allein meine ureigene Angelegenheit und ausschließlich von mir zu verantworten.«

»Daß du das so siehst, Erich, habe ich immer gewußt«, bestätigte Elvira. »Und danach habe ich mich gerichtet, auch wenn mir das nicht immer leicht gefallen ist. Doch wohl nur wegen unseres stillschweigenden Übereinkommens ist es uns gelungen, immer noch auf unserem Hof zu wohnen.«

»So kann, so muß man das wohl sehen«, erklärte Erich Wienand. »Wohl niemand vermag einer Hölle zu entrinnen, um unmittelbar danach in einem Paradies zu landen. Entscheidend dabei könnten die Übergänge, die Zwischenstationen sein. Jedoch welche? Versuchen wir das herauszufinden.«

Erich Wienand schritt jener Stadt Schoenau am Kocher entgegen. Dieser eher kleine, doch berechtigt als idyllisch bezeichnete Ort, war erstmals 1246 urkundlich erwähnt worden. Mithin stand er nun kurz vor seinem 700. Gründungsjubiläum.

In dieser Stadt gab es eine Kreis- und Ortsgruppenleitung der NSDAP, einen Bürgermeister, der ebenfalls für die inzwischen eingemeindeten Dörfer zuständig war, dann selbstverständlich auch eine stets präsente Polizei! Und neuerdings noch eine Ortskommandantur der Wehrmacht. All diese Institutionen waren gedrängt auf engstem Raum – dabei stets bemüht, sich weiter auszudehnen.

Als dann Erich Wienand mitten in diesem Städtchen angelangt war, begab er sich zum sogenannten ›Ballenhaus‹. Nunmehr war es Polizeizentralstation und Untersuchungsgefängnis. Der Vorraum dort war bevölkert von wartenden, lauernden, unruhigen Menschen. Sie hockten auf den wenigen Bänken, auf Koffern oder einfach auf dem Fußboden. Und wer konnte wissen, warum sie sich hier eingefunden hatten. Ob nun wegen einer Anmeldung oder Abmeldung, wegen einer Ausweiserneuerung, einer Quartierzuweisung oder um einen Gefangenen zu besuchen.

Erich Wienand stieg angestrengt behutsam über Körbe, Kartons und Kinder hinweg; wobei er versuchte, keinen derartigen Menschen zu berühren, schon gar nicht beiseitezudrängen. Bis es ihm dann gelang, jene Schranke zu erreichen, welche Obrigkeit von Untergebenen trennte.

Dahinter hockte ein gutgenährter Polizist, froschmaulgesichtig gähnend. Wie unendlich müde und zugleich maßlos überfordert. »Jeder will hier was – und was wollen Sie?«

»Herrn Straßner sprechen.«

»Mensch – das kann jeder sagen!«

»Ich glaube jedoch annehmen zu dürfen, daß mich Herr Straßner erwartet. Mein Name ist Wienand. Darf ich Sie bitten, ihn von meinem Kommen zu unterrichten?«

Was hier wohl eine völlig ungewöhnliche, hochgedrechselte Höflichkeit war. Diese jedoch veranlaßte den staunenden Beamten, seinen Reviervorsteher zu verständigen. Was dann auch mit absolut unerwartetem Erfolg geschah. Denn dieser Ortsgewaltige aller Ordnungshüter erhob sich unverzüglich und eilte hinaus, um Erich Wienand zu begrüßen.

»Herzlich willkommen«, rief der Straßner ihm zu, wenn auch gedämpft. Das vermutbar wegen der anderen Anwesenden, die jedoch weiter wie dumpf ergeben dahockten. Diesen Besucher jedoch zog er einladend mit sich, in sein Büro hinein.

»Ich bin gekommen, Herr Straßner«, erklärte der, »um mich bei Ihnen, sozusagen offiziell, zu melden.«

»Aber ich bitte Sie, Herr Wienand!« meinte der Polizeigewaltige von Schoenau geradezu sanft. »So etwas doch nicht gleich zu Anfang! Doch immerhin bin ich Ihnen dankbar, daß Sie mich aufgesucht haben – was ich als einen ungemein entgegenkommenden Vertrauensbeweis werte. Doch auch ich hätte Sie aufgesucht – im Laufe dieses Tages. Nur, um mich danach zu erkundigen, wie es Ihnen geht. Vergleichsweise gut – darf ich annehmen?«

»So ungefähr, Herr Straßner!« versicherte Erich Wienand höchst vorsichtig.

Das nun jedoch nicht gleich mit der ihm beigebrachten Ergebenheit eines gelernten KZ-Häftlings. Denn sein Instinkt sagte ihm, daß der andere offenbar gar nicht darauf aus war, jedenfalls zur Zeit nicht, sich als Jäger zu betätigen – vielleicht sogar eher als eine Art Heger und Pfleger.

»Ich stelle also fest«, bestätigte ihm der Straßner mit aufmerksamer Freundlichkeit, »daß es Ihnen gut geht, einigermaßen; was mich freut. Denn Sie müssen wissen, Herr Wienand, daß ich bereit bin, Sie hier unter meinen ganz besonderen, ganz persönlichen Schutz zu stellen.«

»Wofür ich Ihnen gewiß zu danken habe, Herr Straßner.«

»Ich werde für Sie tun, was ich kann, Herr Wienand. Zumal es mir gegeben ist, mich Ihnen völlig unbelastet nähern zu können. Denn damals, als Sie hier verhaftet wurden, habe ich irgendwo in Ostdeutschland Dienst getan. Mithin ist mir also nicht das geringste von dem anzulasten, was Ihnen geschehen ist.«

»So, Herr Straßner, sehe ich das auch – gern.«

»Ich bin erst vor einigen Wochen in diesem Schoenau gelandet, ganz einfach hierher abkommandiert worden. Mithin kann ich auch nicht wissen, was hier alles in Ihrem Fall vorgekommen sein könnte, welche Zusammenhänge es gegeben hat. Doch eben das nun herauszufinden, halte ich nicht nur für meine Pflicht, sondern auch für notwendig – für Ihre Sicherheit. Ich muß wissen, Herr Wienand, wem gegenüber ich Sie in Schutz zu nehmen habe.«

»Ach, Herr Straßner – manchmal ist es besser, man weiß möglichst wenig.«

»Entspricht nicht meiner Denkweise – als polizeilicher Mensch. Ich gehöre nun mal nicht zu jenen, die ausweichen und gerne ein Auge zudrücken – oder gleich beide. Ich will sehen, um durchschauen zu können – worauf oder eben auf wen wir zu achten haben. Wer also, bitte, ist dafür verantwortlich gewesen, daß Sie in dieses Konzentrationslager eingeliefert worden sind? Oder – sollten Sie noch immer nicht bereit sein, sich mir anzuvertrauen?«

»Warum sollte ich Ihnen denn nicht vertrauen?« meinte Erich Wienand bedächtig. Womit er eine Frage mit einer anderen beantwortet hatte. Das hatte er von seinem geliebten Freund Jacob Werner, dem Juden, gelernt; seinem Weggefährten in endlos qualvollen KZ-Stunden. Und es war, als wäre der noch immer dicht neben ihm – für ihn lebte er, würde er immer leben; auch wenn es ihn nicht mehr geben sollte.

»Ich weiß nur soviel, Herr Straßner – damals wurde ich verhaftet, abtransportiert, eingeliefert. Dabei erfolgte keine nähere Begründung; keinerlei Papiere wurden mir vorgelegt – und somit auch kein Name genannt. Und mehr ist dazu nicht zu sagen.

»Wären Sie bereit, Erich Wienand, sich darüber mit unserem Bürgermeister zu unterhalten? In meiner Gegenwart?« Das wurde zwar höflich gefragt, aber hörte sich doch gleichzeitig wie eine unmißverständliche Forderung an. »Denn auf eine derartige Unterredung scheint er Wert zu legen – was wir ihm gönnen sollten. Meinen Sie nicht auch?«

»Wenn Sie es wünschen, Herr Straßner«, fast lauernd-neugierig sagte Erich Wienand das, »warum sollte ich es dann nicht tun?«

Der Bürgermeister von Schoenau, den sie anschließend gemeinsam aufsuchten, war ein gewisser Breisgauer, Alfred. Und wenn der sich auch in fast genau dem gleichen Alter befand wie Erich Wienand, mithin so an die Sechzig war, erwies er sich doch als ungemein beweglicher, wohlgenährter

Mann von robuster Gasthofherrlichkeit. Auch sein Büro mutete wie ein gepflegter Nebenraum eines Wirtshauses bester Klasse an – ›Nur für Honoratioren‹.

»Ich habe vernommen, Erich Wienand, daß Sie sich mit mir zu unterhalten wünschen.«

»Wie Sie das auch immer auszudrücken belieben, Herr Bürgermeister.«

»Selbstverständlich stehe ich Ihnen, gerade Ihnen, stets zur Verfügung, Erich Wienand. Auch wenn ich hier alle Hände voll zu tun habe – in dieser immer scheußlicher werdenden Zeit.«

Nach herzhaft gedachtem Händedruck zog er persönlich für seine Besucher Stühle herbei und setzte sich zu ihnen. Er widmete sich Wienand – betont vertraulich, Vertrauen erheischend. Sein rosiges Gesicht signalisierte stadtväterliches Entgegenkommen. »Also, mein Lieber – worüber wünschen Sie sich denn mit mir zu unterhalten?«

Was eine völlige Umkehrung der Erich Wienand angekündigten Gegebenheiten war – wozu er schwieg. Um zu vernehmen, daß nun an seiner Stelle Straßner antwortete: »Vermutlich wünscht Erich Wienand zu wissen, wie es zu seiner Verhaftung, seiner Einweisung in ein KZ kommen konnte? Wer daran unmittelbar beteiligt war?«

»Ein überaus fürchterlicher Vorgang! Von mir stets bedauert – ich war ehrlich entsetzt, als ich davon hörte. Jedenfalls hatte ich damit nicht das geringste zu tun. Oder sollten Sie da etwa«, es klang fast entsetzt, »anderer Ansicht sein? Lieber, verehrter Herr Wienand, so etwas auch nur im entferntesten zu vermuten...?«

»Glaube ich nicht, Herr Bürgermeister – kann ich nicht. Will ich auch gar nicht.«

Worauf sich Breisgauer sichtlich erleichtert zeigte. Er blinzelte zu seinem Polizeichef hin, und der nickte ihm ermunternd zu. Was den Bürgermeister dazu beflügelte, unverzüglich einige seiner derzeitigen ›Wahrheiten‹ auszubreiten. Und die sahen so aus:

Er, Breisgauer, wäre hier in Schoenau schon immer, und zwar bereits seit 1930, Mitglied des Gemeinderates gewesen;

damals abgeordnet von seiner deutsch-kirchlich-katholisch orientierten Partei – ›Zentrum‹ genannt. Als er 1939 zum Bürgermeister gewählt wurde, habe er sich jedoch heftig gesträubt, dieses Amt anzunehmen. Wenn er sich ihm dennoch nicht entzog, so deshalb, um nicht leichtfertig einem der sich herandrängenden Nazikretins das ›Ruder‹ zu überlassen, also das Steuer seines sozusagen in Stürme geratenen Gemeindebootes.

»Meine Gesinnungs- und Glaubensfreunde bedrängten mich. Und deren Verlangen gab ich nach; notgedrungen.«

Dabei habe er jedoch, erklärte er sich weiter, einfach alles in seiner bescheidenen Macht Stehende zu tun versucht, hier in Schoenau und Umgebung eine gute bayerische, oberbayerische Ordnung aufrechtzuerhalten. Also sich stets bemüht, die Einflüsse von Religion und Kirche nicht eindämmen zu lassen, die Pflege und Erhaltung von Heimatverbundenheit und Brauchtum zu fördern – gegen den Ungeist der Zeit. Was wahrlich niemals ganz leicht gewesen wäre.

Bei soviel tönendem Gesinnungsseich einigermaßen Gelassenheit zu bewahren, war Erich Wienand bemüht. Auch wenn er dabei einen seiner schweren Schweißausbrüche kommen spürte. Er wollte nur noch in seinen Keller zurück.

Jedenfalls bastelte Breisgauer weiter an seinen Entlastungspodesten. Er wäre beständig bemüht gewesen, hier ein gewisses Gleichgewicht der Kräfte zu erhalten. Also Amtsanmaßungen zu mindern, auch verfolgte Menschen zu schützen.

»So habe ich mich auch mehrmals vor diesen ahnungslosen, armseligen, stets gefährdeten Pfarrherrn von Martinshausen gestellt. Aber dann auch vor Sie, Herr Wienand! Na – was sagen Sie nun?«

»Wenn Sie das so sehen, Herr Bürgermeister, dann wird dem wohl auch so gewesen sein.«

»Ich bin ungemein erfreut darüber, lieber Herr Wienand, daß Sie mir das bestätigen.« Breisgauers Ungeniertheit war nicht nur in dieser Hinsicht ziemlich grenzenlos – und sollte alsbald noch grenzenloser werden.

»Dabei sollten wir nun wohl, der Ordnung halber, um

nichts auszulassen, ein paar Realitäten ein wenig verdeutlichen«, mischte sich nun Straßner geradezu sachverständig ein. »Sie also, Herr Wienand, sind damals, Anfang oder Mitte Juni 1944...«

»...am 25. Mai«, wurde er höflich korrigiert.

»...also am 25. Mai 1944 verhaftet worden. Und das, wie Sie mir anvertraut haben, ohne irgendeine nähere Begründung dafür erhalten zu haben. Sie werden aber dennoch irgendwann einmal verhört worden sein. Worum ging es dabei?«

»Allein um meine literarischen Arbeiten, soweit ich das zu erkennen vermochte.«

»Wobei jedoch weder Namen oder Personengruppen und Dienststellen genannt wurden – welche Sie angezeigt haben?«

»Nichts dergleichen!« versicherte Erich Wienand bereitwillig. Vielleicht – ein wenig zu bereitwillig, mußte er wohl erkennen. Auch Füchse machen Fehler. Denn nun begann ihn dieser Straßner mit lauernder Aufmerksamkeit zu betrachten.

Bürgermeister Breisgauer jedoch zeigte sich ungemein erfreut. »Na also!« rief er aus. »Da ist also eine Verhaftung erfolgt, die jedoch nicht das geringste mit irgend jemandem von uns in Schoenau zu tun hatte – mit mir schon gar nicht.«

Worauf er noch hinzufügte: »Ich jedenfalls, Herr Wienand, bin stets bestrebt gewesen, Ihnen nachsichtig entgegenzukommen, Ihnen eine Art Eigenleben zu ermöglichen. Fragwürdige Urteile oder eben Vorurteile, etwa geäußert von dem einen oder anderen Ihrer Nachbarn – von einem wohl in Besonderheit –, habe ich stets abgelehnt. Wiederholt habe ich erklärt, daß sie, wenn auch nicht auf unserem Urgrund geboren, doch zu uns gehören. Sie sind einer unserer Besten!«

»Eine erfreuliche Ansicht, bin ich versucht zu sagen, Herr Breisgauer.«

»Womit wir uns nun also verstehen, Herr Wienand. Doch damit könnte es uns nun gelingen, hier nun einiges, wohl gar nicht Unerhebliches, gut und sicher ins reine zu bringen. Worauf ich Wert lege – Sie gewiß auch. Oder?«

Selbst so etwas zu bestätigen, schien Erich Wienand nicht zu zögern. Um sich dann zu entfernen – wie fliehend. Heimgesucht von heftigen Magenkrämpfen.

Die Zurückgebliebenen sahen diesem Erich Wienand nach – dann sich an, nachdenklich. Sie ließen sich Zeit.

»Was«, fragte dann der Bürgermeister mit leichter Verächtlichkeit, »hat man von diesem Menschen zu halten?«

»Welch eine Frage«, meinte der Polizeigewaltige bedächtig. »Schließlich kennst du ihn seit geraumer Zeit; seit fast fünfzehn Jahren. Doch was weißt du von dem – wirklich?«

Sobald diese beiden ganz unter sich waren, aber auch nur dann, pflegten sie sich vertraulich zu duzen. Sie hatten versucht, sich schnell aufeinander einzustellen – kamen sich vermutlich vor wie zwei Brüder im Geiste. Sie beabsichtigten offenbar, noch einiges miteinander zu tun.

»Dieser Wienand«, versuchte Breisgauer zu erklären, »gehört nun mal zu dieser Gegend – jedenfalls so gut wie. Den haben wir uns nicht ausgesucht, der ist zu uns gezogen; bereits 1930, glaube ich. Ein Mensch, der Bücher schreibt – an denen er wohl gar nicht schlecht verdient hat. Ansonsten wanderte er durch die Gegend, versuchte auch noch zwischendurch seinen Hof zu bewirtschaften – völlig unrentabel, aber bestaunenswert großzügig; so was konnte er sich leisten. Von dem wurde gesagt: er ist ein armer, abseitiger, aber ungefährlicher Spinner. Oder etwa nicht?«

»Oder etwa nicht«, sagte Straßner echohaft, mit nicht unbesorgten Untertönen. »Schließlich ist dieser Wienand ein hochintelligenter Mann. Und selbst wenn er nun auch mehrfach gebrochen scheint, fast wie zerbrochen anmutet – so könnte er doch einiges, wenn nicht gar ganz Erhebliches wissen. Was er jedoch nicht sagt, weil er offenbar erkannt hat, daß so etwas geradezu leichtfertig sein könnte. Der – kann sich denken, was wir uns denken.«

»Der ist also gefährlich – meinst du das?«

Worauf es nunmehr Polizeichef Straßner für angebracht hielt, einige seiner konstruktiven Bedenken zu erklären. »Darüber, daß hier alsbald so gut wie alles in die Binsen geht, sind wir uns einig. Vermutlich in einer Woche, spätestens aber in einem Monat; falls da noch irgendwelche großdeutschen Wunder geschehen sollten, woran aber kaum jemand glauben kann, der da noch alle Tassen im Schrank hat. In dieser Zeitspanne jedenfalls, haben wir beide verbindlich vereinbart, sollte hier noch möglichst viel geregelt oder eben bereinigt werden.« Ihrer Zukunft wegen. »Geregelt oder eben – beseitigt.«

»Und dieser Wienand, meinst du, könnte dazugehören?«

»Wobei es wohl darauf ankommt, daß du nichts, nichts direktes, nichts offizielles, mit seiner KZ-Einweisung zu tun gehabt hast.«

»Habe ich nicht, mein Wort darauf! Zumindest kann dabei nichts Schriftliches gefunden werden – bin ich sicher; ziemlich.«

»Was nicht ausreicht! Wir müssen nun, um uns absichern zu können, in möglichst allen Einzelheiten wissen, was damals zu seiner Verhaftung geführt, wer sie veranlaßt hat – und warum. Dabei sollten wir so gut wie nichts auslassen – also auch bei der Gestapo und der KZ-Lagerleitung um Auskunft ersuchen. Was deinem Freund, dem Kreisleiter, ziemlich mühelos gelingen könnte.«

»Läßt sich leider nicht machen«, mußte der Bürgermeister mit geradezu verlegener Unruhe berichten. »Denn der Kreisleiter hat es als dringend notwendig erachtet, sich einer Krankenhauskur zu unterziehen; eines langjährigen Leberschadens wegen. Doch wohin er sich diesbezüglich begeben hat, wurde mir nicht gesagt. Zuvor jedoch hat er mich noch zu seinem Stellvertreter ernannt.«

»Ach, du dicker Hund!« Straßner blieb mitten im Raum stehen, als wäre er plötzlich gegen eine Wand geprallt. »So was hat uns hier gerade noch gefehlt!«

»Was sollte ich denn da tun, Mensch! Dem konnte ich schließlich nicht gut sagen: ›Leck mich am Arsch‹; oder ganz schlicht ›nein‹.«

»Erstens«, Straßner reagierte unverzüglich, ganz vielerfahrener Polizeipraktiker; und so als gedenke er eine Art Zusatzschreiben zu ihrem Generalpakt zu diktieren, »du mußt unbedingt den Anschein erwecken – einen womöglich später nachweisbaren –, daß du dieses Amt als Kreisleiter praktisch gar nicht angetreten hast. Weshalb du dich, und dies zweitens, in diesem Hoheitsträgerstall möglichst nicht blicken läßt. Drittens dann: Unterschreibe diesbezüglich nichts; lasse so etwas irgend jemand für dich unterschreiben, etwa den Kreisorganisationsleiter; doch nicht in deinem Namen. Viertens: Falls dennoch irgendwelche Anordnungen von dir gefordert werden sollten, dann laß dich darauf höchstens unter vier Augen ein; am sichersten nur telefonisch. Fünftens: Veranlasse dennoch, daß von dieser Kreisleitung aus, aber eben nicht in deinem Namen, Erkundigungen über Wienand eingeholt werden.«

Dabei fiel weiter kein Wort darüber, daß sich der Kreisleiter offenbar fluchtartig abgesetzt hatte – sich damit intensiver zu beschäftigen, wäre wohl auch pure Zeitverschwendung gewesen. Entscheidend allein, von Straßner klar erkannt, die in Schoenau dominierende Funktion Breisgauers. Der war hier aufgewachsen, besaß inzwischen zwei Gasthöfe in der Gegend, eine Lagerhalle, eine Transportfirma, ein Bauunternehmen; aber auch Anteile der Schoenauer Brauerei, einer überaus sprudelnden. Mithin mußte er so unbeschadet wie nur möglich das alles überleben, und mit ihm Straßner – verstand sich von selbst. Ihre erklärte Zukunftsgemeinschaft war ziemlich perfekt.

»Reichlich scheußlich – das alles, womit wir hier zu rechnen haben – was?« Der Bürgermeister verzagte dennoch nicht. »Dabei könnte also dazukommen, daß wir diesen Wienand sogar ausschalten müssen.«

»Falls sich das als unbedingt notwendig erweisen sollte – ja. Aber auch nur dann. Doch rechnen müssen wir mit so gut wie allem.«

Der ›Hintergrund‹ dieser Vorgänge ließ sich bereits jetzt ziemlich deutlich erkennen: Erste plündernde, zersprengte Soldatenhorden traten in Erscheinung – raubten Häuser aus, vergewaltigten Weiber, legten Brände an. Sodann kreuzten herumstreunende Einheiten auf, mit Resten der von ihnen zu betreuenden Elemente: sowjetische Kriegsgefangene, mitgeschleppte KZ-Insassen, sonstige angebliche Kriminelle. Sich denen zu entledigen, wurde immer wieder versucht; etwa durch Verkauf an Bauern als billige Arbeitskräfte. Ballast war abzuwerfen!

Das nicht selten mit dem Ergebnis, daß diese für ›überflüssig‹ Gehaltenen ganz einfach zurückgelassen wurden – an Straßenrändern, in Waldstücken, in verlassenen Bunkern.

Unter die Erde geschaufelt, in einen See geworfen, in einem Sumpf versenkt, Leichen gab es hier alsbald weit mehr als Grenzsteine.

»Geradezu verschwenderisch ablenkende Möglichkeiten!« glaubte der Bürgermeister zu erkennen. »In deren Dunstkreis läßt sich einiges machen – wenn nicht so gut wie alles.«

»Eine Einsicht«, meinte nun Straßner einfühlsam, »auf die aber auch inzwischen schon ganz andere gekommen sind. Denn warum, muß ich mich fragen, hat man denn diesen Wienand aus dem KZ freigelassen – gerade noch im letzten Augenblick? Vielleicht nur deshalb, weil sich da für ihn einige sogenannte Lebensretter zusammengefunden haben. Keinesfalls zufällig – ist anzunehmen.«

»Na – warum denn nicht, mein Lieber! Das sind schließlich Bestrebungen, denen wir uns getrost anschließen können.«

»Könnte sein. Oder eben auch nicht!« Straßner wirkte ungemein nachdenklich. »Denn ich bin bisher bei meinen mehr als reichlichen Polizeierfahrungen noch niemals einem Menschen begegnet wie dem. Den halte ich für ziemlich undurchschaubar, nicht zu berechnen. Dazu auch für verdammt klug. Was aber eine Hoffnung sein kann für uns; oder auch nicht.«

Auch an diesem Tag hatte Elvira den Oberleutnant aufgesucht – abermals in dem von ihm belegten Arbeitszimmer ihres Mannes. Der erhob sich freudig, sie stürzte sich ihm entgegen. Sie umarmten einander, um dann dahinzusinken – sicherer Beglückung entgegen.

Was beide als herrlichste Leidenschaft empfanden. Und wenn es diesmal auch kaum länger als fünfzehn Minuten dauerte, so war doch dabei eine wundersame Erfüllung kaum auszuschließen. Ihre heißen Körper, glaubten sie zu erkennen, Elvira in Besonderheit, muteten alsbald wie eng ineinander verschmolzen an.

Als dann Elvira wieder ihre Augen öffnete, sah sie ihren Horst-Heinz neben sich liegen; sie beugte sich zu ihm und sagte dankbar: »Das, mein Geliebter, war unsagbar beglükkend.«

»Wie schön, wenn du das so empfindest«, erwiderte er. »Denn so empfinde ich es auch.«

»Doch wie – soll das weitergehen?«

»Noch kann niemand sagen«, meinte er mit behutsamer Bedächtigkeit, »wie sich hier alles entwickeln wird. Ich weiß nur, daß ich dich liebe, meine Elvira – und das mit einer Leidenschaft, wie ich sie noch niemals zuvor empfunden habe. Um mir dieses wunderbare Gefühl zu erhalten, bin ich zu allem bereit, einfach zu allem.«

Elvira zeigte sich für seine Bereitschaft ›zu einfach allem‹ unverzüglich dankbar und entgegenkommend. Und er zögerte nicht, erneut darauf einzugehen. Nachdem sie dann übereinander zusammengesunken waren, in wonniger Erschöpfung dalagen, löste er sich noch nicht gleich von ihr.

»Ach, meine herrliche Geliebte«, flüsterte er ihr zu, »mich beherrscht nichts so sehr wie das Verlangen, bei dir zu sein; bei dir bleiben zu dürfen. Denn bei dir ist nun der Mittelpunkt meiner Welt. Und ich würde sehr wünschen, mir den erhalten zu können.«

Nun drehte sich Elvira wieder auf den Rücken, um in sein Gesicht zu blicken – in dieses ihr männlich, herrlich erscheinende, heldenartige Antlitz, dessen Anblick sie immer wieder entzückte. »Mein geliebter Horst-Heinz, auch ich würde mir nichts sehnlicher wünschen als ein ungestörtes Leben mit dir. Das wäre einfach wunderbar! Doch wie könnte sich das ermöglichen lassen?«

»Das weiß ich noch nicht, meine Elvira – aber ich habe da so eine Idee. Wir sollten, denke ich mir, nach einer Möglichkeit suchen, um einigermaßen ungestört so weitermachen zu können – was wir ja wollen; beide. Eine Möglichkeit, die es mir sozusagen offiziell erlaubt, mich hier aufzuhalten – in diesem Haus, sogar im Kreis deiner Familie.«

»Ach, mein Horst-Heinz, wenn so etwas vorstellbar wäre, würde ich alles dafür tun. Das weißt du, das spürst du, nicht wahr?« Zum drittenmal loderten ihre Gefühle auf – und das in früher Mittagsstunde.

Doch bevor es noch dazu kam, klärte er sie weiter auf – über seine Zukunftsvorstellungen. »Als Chef meiner Flakbatterie werde ich hier nicht ewig bleiben können; schon gar nicht als eine Art Freund des Hauses, aber als so etwas wie ein Beschützer deiner Familie könnte ich es. Dennoch aber scheint sich da etwas anzubieten, könnte ich mir vorstellen, was erhebliche Schwierigkeiten aus dem Weg zu räumen vermag.« Seine suchenden Hände glitten tiefer an ihr hinab.

»Woran denkst du?« fragte sie, sich willig fallenlassend.

»Nun – da gibt es deine Tochter Elfie; die ja auch dein Mann voll als seine Tochter anerkennt. Und was wäre – frage ich mich und damit auch dich – wenn ich mich ihr nun sozusagen offiziell widmen würde, wie man so sagt? Das allein jedoch versteht sich, deinetwegen; unseretwegen. Doch eben damit – meinst du das nicht auch – ließen sich hier sozusagen verbindliche Verhältnisse schaffen, durch welche ich dann, und zwar ganz direkt, zur Familie Wienand gehören würde. Wozu ich bereit wäre – unseretwegen; wenn du es auch willst.«

»Selbst das noch«, keuchte sie nun erkenntnisschwer auf, bereits wieder unter ihm, »willst du für mich tun?«

»Warum denn nicht! Zumal das die denkbar vielversprechendste Lösung wäre – noch dazu eine, die sich fast mühelos bewerkstelligen ließe. Denn offensichtlich mag mich deine Elfie; sogar sehr. Also könnte ich ihr, wie man so sagt, offiziell den Hof machen. Selbstverständlich nur pro forma. Wenn auch etwa bis hin zu einer Verlobung, damit es gewissermaßen amtlich wird – doch allein in unserem Interesse. Was sagst du dazu?«

Elvira, nun wieder in herrlichster Hinsicht voll abgelenkt, rief schweratmend aus: »Ja! Ja! Ja! Mach das. Alles was du willst!«

Als sich Erich Wienand wieder auf den Heimweg begab – von Schoenau zu seinem Welpenhof hin –, gedachte er einen kleinen Umweg zu unternehmen. Und zwar zur Kirche von Martinshausen, um den Priester erneut zu besuchen. Zur Tarnung hatte er – konnte man wissen, wer sie möglicherweise zu überraschen versuchte – in der Tasche etliche Notizzettel, auf welchen Fragen über die Heilige Messe verzeichnet waren.

Doch bevor er noch zu Hochwürden Geisberger gelangte, mußte er weitere Signale der Zerstörung, der wuchernden Verendung erkennen. Das waren zunächst noch recht bescheiden anmutende Spuren letzter Vernichtungen, seiner bisherigen Erfahrungen nach. Denn schließlich hatte er Berge von Leichen erblicken müssen – ineinander verfilzt, dann mauerartig hochgestapelte, schließlich verheizt. Alsbald nichts wie Asche – zentnerweise.

Was hier zum Vorschein kam, war lediglich ein ferner Abglanz von jenem Inferno. Er erblickte keinen Hund, keine Katze – die schienen total ausgerottet, weggestorben; auch sie besaßen offenbar keine Daseinsberechtigung mehr. Doch immerhin sah er ein Pferd, angebunden an einen Torpfosten, mit hervortretenden Knochen und unendlichem Ergebenheitsblick; dem Krepieren nahe.

Einige Fahrzeuge lagen wie blecherne Gerippe im Straßengraben – geplündert, ausgeweidet, angebrannt. Reste von Kisten und Kartons befanden sich daneben – aufgerissen, zerrissen, zertrampelt. Und dazwischen Haufen von Kot, Aschenreste, verwesende Speisen. Bei einem verschimmelten Brotstück kniete sich Erich Wienand nieder, um darauf Sand zu schütten, um es andächtig zu vergraben. Schließlich war er ein Gefangener gewesen, und denen war Brot heilig.

Während er nun der Kirche entgegenschritt, verspürte er ein trockenes heftiges Durstgefühl – woraufhin er sich entschloß, den gleichfalls nahen Gasthof von Martinshausen aufzusuchen. Dabei erblickte er etliche Wehrmachtsfahrzeuge, die abseits abgestellt worden waren – in die schmalen Schatten kleinerer Häuser hinein. Der vordere Schankraum jedoch, den er nun betrat, war dicht gefüllt mit Menschen in Uniform – verschwitzte, verstaubte, hektisch muntere.

Durch diese schweißigen Gestalten schob er sich hindurch dem Ausschank entgegen. Hinter dem stand der gedrungene Wirt wie verteidigungsentschlossen. Der erkannte Wienand, auch wenn der früher alles andere als ein erklärter Wirtshausgänger gewesen war. Dennoch erhielt Wienand, ohne erst darum bitten zu müssen, ein vergleichsweise gut gebrautes, mittelstarkes Bier. Es wurde wortlos vor ihm hingestellt.

Was unverzüglich zu lautstarken Protesten der Anwesenden führte. »Was denn, was denn! Da kreuzt hier ein Zivilist auf – und der bekommt ein richtiges Bier. Wir aber nicht! Uns gibt man gefärbtes Wasser zu saufen!«

»Leichtbier genannt«, erklärte ihnen der Wirt unbeeindruckt, »gebraut nach den neuen offiziellen Bestimmungen. Ein halbwegs anständiges Bier jedoch, nach alter Machart, besitzt Seltenheitswert. Denn dabei handelt es sich um letzte Restbestände, die ihren Wert haben; somit auch ihren Preis. Doch so was gibt es bei mir nicht auf Schuldscheine oder auf Wehrmachtsmarken – allein gegen Barzahlung. Schließlich unterhalte ich hier keine Tränke – schon gar nicht für Zugvögel.«

Die nach einem guten Bier lechzenden Soldaten reagierten drohend. »Sollen wir dir nun mal deine Bude kurz auseinandernehmen?«

»Versucht das lieber nicht, Leute.« Der Gastwirt zeigte sich auch weiterhin ziemlich unbeeindruckt. »Denn einmal habe ich eine geladene Schrotflinte mit abgesägtem Doppellauf stets griffbereit liegen – und die zerfetzt sogar Ochsen. Dann aber befindet sich, gleich zwei Häuser weiter, eine ständig besetzte Filiale unserer Feldgendarmen, zu denen ich ganz brauchbare Beziehungen besitze. Legt ihr Wert darauf, mit diesem Verein nähere Bekanntschaft zu machen?«

Das jedoch wollten sie offensichtlich nicht. Aber auch nicht ein Erich Wienand; nicht unbedingt. Mithin hörte er sich sagen: »Wie wäre es denn mit einer Lokalrunde – auf meine Kosten?«

Der Wirt blickte nicht unbedenklich Wienand an. Dann nickte er und schenkte das ein, wonach es alle heftig verlangte: richtiges, schäumendes, wohlschmeckendes Bier. Von der Breisgauer-Brauerei stammend. Unverzüglich kam eine freudig-hoffnungsvolle Stimmung auf; der Spender wurde umringt. Diverse Sanitäts-, Transport- und Verwaltungssoldaten prosteten ihm zu.

»Wer bist denn du?« wurde er gefragt.

»Ich lebe hier – in dieser Gegend; neuerdings wieder. Und was – macht ihr bei uns?«

Keine direkte Antwort darauf. Sie umringten ihn immer enger, bedrängten ihn, atmeten ihn scharf an, ohne daß er auszuweichen vermochte. Währenddessen gähnte der Wirt erwartungsvoll vor sich hin.

Doch diese Männer wollten nun von Wienand geschäftig wissen: »Kannst du Eier liefern? Oder Hühner?«

»Kann ich leider nicht.«

»Doch wie ist es mit Butter – oder Schmalz. Würste, Fleisch, Kartoffeln, Mehl oder Rauchspeck?«

»Habe ich nicht.«

»Hast du nicht?« Sie schlugen ihm verlangend-ermunternd auf Arme, Schultern und Rücken; vermutlich durchaus volksgenossenhaft gedacht. »Mann, so was sagt hier zunächst jeder! Dabei wollen wir doch gar nichts geschenkt haben – wir können prima Gegenleistungen bieten. Etwa Benzin, Autoreifen, Medikamente, Unterwäsche und Schuhzeug – sogar Teppiche. Na – was ist? Willst du – oder willst du nicht? Du hast doch nicht etwa was gegen uns?«

Derartig ansteigenden Bedrohlichkeiten versuchte sich Erich Wienand zu entziehen. Er blinzelte dem Wirt zu, der weiterhin nahezu gelangweilt tat – denn so etwas war für ihn immer mehr zum Alltag geworden. »Ich schreibe auf, was Sie hier spendiert haben. Doch Sie verschwinden jetzt wohl lieber.«

Nahezu gehorsam entfernte sich Erich Wienand, versuchte sich ins Freie zu flüchten. Doch einige dieser Typen der von ihm freigehaltenen Meute folgten ihm – vermutlich von seiner mangelnden Gemeinschaftsbereitschaft überzeugt. Sie stellten ihn auf dem Vorplatz, fielen ihn dort an.

Sie stürzten sich auf ihn, zwangen ihn in den Staub, betasteten ihn mit vielen rauh zugreifenden Händen; leerten seine Taschen. Wobei lediglich zum Vorschein kamen: einige Blatt Papier, ein Bleistift, ein Kamm, zwei Taschentücher. Jedoch: kein Geld, keinerlei Wertgegenstände; er trug nicht einmal eine Uhr mit sich.

Also entfernten sich seine Heimsucher enttäuscht; nahezu verächtlich. »Mit dem ist nichts anzufangen!« Als Wienand wieder aufblickte, sah er vor sich den Wirt des Gasthofes stehen.

»So, das nun bei uns«, sagte der, als rede er lediglich vom Wetter. »Eine ganze Menge versauter, sich herumtreibender Mistkerle.« Worauf er dann erstaunt feststellte: »Aber offenbar sind Sie, Herr Wienand, gar nicht sonderlich aufgeregt über das, was diese Sauhunde mit Ihnen angestellt haben.«

»Warum sollte ich?« Erich Wienand erhob sich aus dem Staub der Straße, schüttelte sich wie ein nasser Hund, begann seinen Anzug abzuklopfen. »Diese Leute haben sich doch – vergleichsweise – human benommen. Sie haben mich weder geschlagen noch nach mir getreten, mich nicht einmal verletzt – mich nur hingeworfen und durchsucht.«

»Ich könnte aber, wenn Sie wollen«, erbot sich der Wirt, »die Militärpolizei verständigen – die würden der Sache nachgehen.«

Wienand lächelte ihn an. »Und mit Ihnen als Zeugen?«

»So was natürlich nicht, Herr Wienand!« wehrte er prompt ab. »Schließlich bin ich nicht lebensmüde.«

»Und genau das bin ich auch nicht. Womit wir uns wohl einig sind.

Im Hof des Gasthauses nahm Erich Wienand eine erste Waschung von Gesicht und Händen vor; auch versuchte er, seinen Anzug zu reinigen. Doch das Wasser im Trog roch penetrant, war auch von leicht bräunlicher Färbung. Gerne entfernte er sich – hügelabwärts dem Kocher entgegen, auf seinen Welpenhof zu.

Dort wurde er bereits im Freien erwartet; diesmal von Elfie, der Tochter seiner Frau. Deren beständige Bereitschaft, wenn nicht sogar erkennbare Entschlossenheit, ihn zu lieben, dazu aber auch seine Arbeiten, seine Bücher, vermochte ihn immer wieder zu beglücken. Als er ihr nun entgegensah – gelang ihm ein Lächeln der Freude.

Sie stürzte sich auf ihn zu, ein wenig atemlos. »Ich freue mich immer wieder, daß es dich gibt, mein lieber Vater!« Als sie dann dicht bei ihm angekommen war, vermochte sie zu erkennen, daß Teile seiner Kleidung naß waren. »Ist irgend etwas geschehen?«

»Aber nein, mein Kind«, versicherte er ihr. Wobei es ihm durchaus einigermaßen glückte, sich heiter zu geben. »Ich habe mich versucht gefühlt, ein kurzes Bad im Kocher zu nehmen – aber dafür ist es leider noch zu kalt. Also habe ich lediglich mein Gesicht schnell mal in den Fluß getaucht, dabei aus Unachtsamkeit auch Teile meiner Kleidung; was ja aber weiter nicht schlimm ist. Jedenfalls fühle ich mich nun erfrischt. Ich habe inzwischen sogar ein wenig Appetit bekommen.«

Er legte einen seiner Arme um Elfies schmale, knochige Schultern. Wobei nicht ganz eindeutig erkennbar wurde, ob er sie nun beschützen wollte oder bei ihr Halt zu finden suchte. Doch eine Harmonie zwischen ihnen war unverkennbar.

»Zunächst einmal, lieber Vater – wenn dir das recht ist – sollten wir uns in den Obstgarten begeben. Dort grast deine Kuh Edda; seitdem du hier bist, frißt sie wieder – ganz gewaltig. Die hat gestern zwei Liter Milch mehr als sonst gegeben. Die Küche suchen wir dann später auf. Denn dort müssen zunächst noch die in unserem Haus stationierten Soldaten abgespeist werden.«

Worauf dann Elfie, ohne erst weiter aufgefordert werden zu müssen, freudig erklärte:

»Das sind an sich alles recht nette Leute; wenn auch vielleicht ein wenig primitiv, so doch stets höflich und entgegenkommend. Dafür hat Oberleutnant Warnhagen gesorgt – ein überaus nobler Mensch! Ungemein zurückhaltend, auch seinen Mannschaften gegenüber. Ein ungewöhnlicher Mann.«

Erich Wienand hörte zu – genau sogar. Er hockte, scheinbar unendlich geduldig, auf seiner Bank im Obstgarten. Dabei blinzelte er zu Edda hinüber, seiner stattlich-trägen, schwarz-weiß gefleckten Kuh mit den geduldigen Augen. Und die trottete alsbald sanft muhend herbei, ohne erst gerufen werden zu müssen. Vor ihm blieb sie stehen, um ihm dann ihr seidenweiches Gesicht entgegenzustrecken. Und das berührte er nun.

Ein Vorgang, den Elfie durchaus richtig deuten zu können glaubte. »Noch ist hier nicht alles verloren; von dem, was einstmals zu unserer, zu deiner Welt gehört hat.«

»Noch nicht alles«, bestätigte er ihr.

»Und manches kann sogar noch jetzt sehr hoffnungsvoll sein – nicht wahr, lieber Vater?«

»Sollte ich nun etwa anzunehmen haben, meine liebe Tochter«, wollte er aufhorchend wissen, »daß du dir darunter etwas ganz Bestimmtes vorstellst?«

»Und wenn, dann gewiß nur das, was dich zugleich mit mir erfreut.«

Bevor Erich Wienand das für ihn überaus sorgsam zubereitete Mittagessen genießen konnte, vergingen noch einige Viertelstunden in seinem Obstgarten. Dabei schoben sich an ihm, seiner Tochter und seiner Kuh, diverse Uniformträger vorüber – einige der auf seinem Hof stationierten Soldaten.

Das geschah wie eingelernt höflich, mit großdeutschem Gruß; von einigen wurde dabei sogar eine angedeutete Verbeugung produziert. Erkennbar neugierig waren sie alle. Offenbar bereit, diesen Wienand als ein reichlich kurioses Wundertier zu betrachten. Vielleicht nicht ganz unähnlich einer monströsen, in einer Schaubude ausgestellten Mißgeburt. Kennwort: Großer Dichter!

Zumindest vermochte sich Wienand vorzustellen, erblickten sie nun einen alten, faltenreichen, sich dem Greisenalter nähernden Mann – dem hier jedoch mit einem gewissen Respekt zu begegnen war. Und neben dem befand sich eine träge Milchkuh, aber dann auch diese Elfie – ein plump-puppenartiges Geschöpf.

Ein freundlich herumhüpfendes Mädchen, dem es jedoch niemals gegeben war, die oft wild wuchernde Fantasie dieser Soldaten zu erregen; nicht einmal ihre nächtlichen. So etwas gelang schon weit eher dieser Elvira – das war ein Weib! Wenn auch nicht gerade taufrisch, so doch ausgestattet mit Kuhtitten und Stutenhintern, den sie fleißig-wirksam zu schwenken verstand; und zwar gleich so, daß sich hier so manche Männerhose verlangend straffte.

Aber dennoch – für diese sieggewohnten Krieger waren das alles nichts wie letzte, vergleichsweise schäbige Angebote; und selbst die nur noch vereinzelt anzutreffen. Wo waren sie denn geblieben, diese schönen, willigen, erfahrenen Mädchen der Freude aus dem Frankreichfeldzug? Was war aus den sehnsüchtigen polnischen oder russischen Frauen ihrer so glänzend begonnenen Siegerkriegszeit geworden? Und wohin waren sie entschwunden, diese einst so überaus willig heldentrostbereiten großdeutschen Beglückungsgeschöpfe? Noch vor Monaten jederzeit erreichbar; in Kneipen, Hauseingängen, Luftschutzkellern, Nebenstraßen, Eisenbahntoiletten.

Doch nun – nichts mehr dergleichen! Jetzt waren sie ›im Arsch der Welt‹ gelandet. Kaum noch ein herumgeilender Bauerntrampel, keine streunende Kriegerwitwe, nicht einmal mehr halbwegs bezahlbare Nutten. Die einstig so ungemein florierende Geschlechtsbereitschaft in wahrhaft großen deutschen Zeiten schien jetzt wie total abgestorben. Eine Elfie war dabei kaum mehr als ein kleiner Spatz auf einem hohen Dach. Und diese Elvira – na eben nichts wie ein erklärtes Offiziersobjekt.

Oberleutnant Warnhagen näherte sich Wienand und dessen Tochter. In voller Uniform, eine keck anmutende Feldmütze auf dem Heldenschädel, einen schwergewichtigen Stahlhelm in der linken Hand. Vor ihnen angekommen, machte er Anstalten zu grüßen – gereckt stand er da, als habe er einen General vor sich.

»Darf ich mir erlauben zu fragen, Herr Wienand, ob Sie irgendeinen Wunsch haben? Ich stehe stets zu Ihrer Verfügung.«

»Kein diesbezügliches Verlangen, Herr Warnhagen.«

»Dann erlauben Sie mir, bitte, daß ich Ihnen Ihr Fräulein Tochter entführe – selbstverständlich nur vorübergehend.« Bester Kasinostil, immer noch gepflegt. »Denn das gnädige Fräulein hat den Wunsch geäußert, den neben unserer Feuerstellung von meinen Soldaten errichteten Sport- und Fußballplatz zu besichtigen. Sie gestatten?«

»Falls Elfie das will«, hörte sich nun Erich Wienand sagen, mit erheblicher Aufmerksamkeit. »Willst du das?«

»Sehr gerne, Vater – wenn du erlaubst.«

Wobei er erkannte, erkennen mußte, daß hier nun gar nicht mehr eine Art Zustimmung von ihm erhofft, vielmehr erwartet wurde. Diese seine Tochter blickte den Oberleutnant freundlich entgegenkommend an – wenn nicht gar, irgendwie, ergeben. Ihre quellwasserklaren Augen begannen aufzuleuchten, diesem Mann entgegen. Was Erich Wienand nahezu sprachlos machte, doch nur vorübergehend.

Dann nickte er vor sich hin, was als Zustimmung ausgelegt wurde. Elfie und der Oberleutnant entfernten sich, doch er sah ihnen nicht nach.

Er ging mit schleppenden Schritten auf sein Haus zu.

Der Lebenslauf des Erich Wienand
Dritter Teil

Als der zehnjährige Junge 1896 aus Priesnitz verschwunden war, war sein Vater zunächst empört – über den mißratenen Sohn. Als dann aber, nach zwei Tagen Erich immer noch nicht reumütig heimgekehrt war, erfaßte den Landgerichtsrat heftige Besorgnis, vermutlich seines gewiß guten Rufes wegen. Ein höchst ehrsamer Bürger wie er, und dann ein Sohn, der ausreißt? Das durfte es nicht geben! Und am dritten Tag schien er sogar entschlossen, sich vertraulich, höchst vertraulich, an die Polizei zu wenden.

Doch dieser schwere, peinliche Gang blieb ihm erspart. Seine Frau Elisabeth – so später Konstanze Reibert – war vergleichsweise gefaßt, nahezu gelassen geblieben; das jedoch nicht ohne stumm anklagend auf den Hausherrn zu blicken und dann zu sagen: sie könne sich vorstellen, wohin der Junge gegangen ist. Und zwar zu ihrer Mutter Emma nach Berlin.

Da die Schwiegereltern kein Telefon besaßen, schickte er ein Telegramm; mit dem Wortlaut: ›Befindet sich Erich bei euch, Rückdepesche, zehn Worte, bezahlt. Grüße Wienand, Landgerichtsrat.‹ Die Antwort darauf erfolgte einen Tag später: ›Erich hier.‹ Ohne Grüße, ohne Unterschrift. Vater Wienand hierauf: ›Komme sofort.‹

Wie sich dann herausstellte, hatte sich Erich Wienand tatsächlich direkt nach Berlin zu seiner Großmutter begeben. Auch wenn er sie nicht persönlich gekannt hatte, bis dahin jedenfalls nicht. Doch war ihm von seiner Mutter einiges über sie erzählt worden. Die Fahrt muß für den Jungen wahrlich kein kleines Abenteuer gewesen sein. Dabei hatte er, mittellos wie er war, lange Strecken zu Fuß zurückgelegt, in Scheunen geschlafen, sich von Feldfrüchten ernährt, sich schließlich an die Trittbretter einiger Züge gehängt. Reichlich verhungert, wohl auch leicht verwahrlost, hatte er nach drei Tagen sein Ziel erreicht.

In Berlin wurde er dann von seiner Großmutter Emma herzlich aufgenommen. Denn sie war schon ein Leben lang darin geübt, sich auf alles Erdenkliche einzustellen. Das Dasein mit ihrem Mann Alfred hatte das so mit sich gebracht – von beiden wahrlich nicht ungenossen. Sie hatten miteinander sieben Kinder gezeugt.

Sie alle waren längst erwachsen: eine Krankenschwester, ein Gefängniswärter, ein Berufssoldat, eine Verkäuferin, mal für Bekleidung, dann wieder für Lebensmittel, ein sozialdemokratisch orientierter Journalist, eine deutsch-völkisch ausgerichtete Lehrerin. Aber eben dann noch ihre älteste Tochter Elisabeth, die nunmehr mit einem erklärten Vertreter des Gesetzes verheiratet war, nachdem er in Berlin studiert hatte – von den Goldacks als Untermieter aufgenommen.

Diese Wohnung von ›Urmutter‹ und auch ›Urvater‹, so wurden sie alsbald genannt, befand sich in der Steinstraße, nahe dem Kurfürstendamm. Dort gab es fünf hohe, große Räume. Drei davon gehörten der Familie. Der vierte wurde regelmäßig vermietet – an jeweils drei bis vier Studenten; wobei für jeden von ihnen ein Arbeitstisch, ein Regal, ein Bett bereitstanden.

Doch der wohl wichtigste Raum war der fünfte, eigentlich der erste: eine gemütlich-geräumige Wohnküche. Mitten darin ein Großherd – umgeben von Sitzbänken und Tischen. Und das war der allabendliche Treffpunkt aller, die zu dieser Großfamilie gehörten, dazu gehören wollten. Dort tranken, speisten und redeten sie. Es gab herrlich genossene, wenn auch streitbare Stunden – hier durfte jeder seine Eigenwilligkeiten pflegen; dazu fast beständig herausgefordert.

Das alles, diese vergleichsweise Großzügigkeit, diese stets genossene streitbare Harmonie, wurde ermöglicht durch Alfred, den Großvater von Erich. Ein kleiner, oft vor sich hinlächelnder, ungemein bescheiden anmutender Mensch, jedoch eine Art Genie – im Hinblick auf seine einzigartige Spezialbegabung: den Bau von Lokomotiven.

Mit ihm hatte seine Firma, wie man so sagt, einen ›ganz großen Fang‹ gemacht. Seit bereits dreißig Jahren mit der Bezeichnung ›Werkmeister‹ versehen, erarbeitete er für sein Unternehmen eine Anzahl von internationalen Patenten; Beschleunigungsventile, Schnellbremsen, Feuerungsverkürzungen, Sicherheitskupplungen, Güterwagenverteilungssysteme. Was ihm einige Anerkennung einbrachte; schließlich auch solche finanzieller Art.

In dieser Welt erschien der Landgerichtsrat Wienand, um seinen Sohn Erich zu holen. Was dabei auch immer vorgefallen sein mag und zur Sprache gebracht wurde an Forderungen, Aufrechnungen oder eben Deutlichkeiten, gleich welcher Art, das Endergebnis war, daß Erich bei seinen Großeltern Goldack in Berlin bleiben durfte.

Möglicherweise ausschlaggebend könnte dabei ein wohl sozusagen einzigartiges Dokument gewesen sein. Dabei handelte es sich um ›ein höchstpersönliches Handschreiben

Seiner Majestät‹, also um eines von Kaiser Wilhelm II. Wozu auch ein Orden gehörte, wenn auch nur einer der mittleren Klasse. So was jedoch, höchst anerkennend und würdigend: ›Sie haben sich‹, das anläßlich eines 50. Berufsjubiläums, ›um unser deutsches Volk verdient gemacht. Darauf Sie stolz sein dürfen.‹

Somit wurde also Erich Wienand, sozusagen mitbestrahlt von kaiserlicher Huld, in Berlin gelassen. Mit folgendem Abkommen: dort werde er ein Gymnasium besuchen; sodann Studien, möglichst juristische, betreiben; dabei auch im engsten Kontakt bleiben mit seinen lieben Eltern, seinem guten Bruder. Alle seine Ferien, gleichfalls verbindlich vereinbart, werde er ausschließlich in Priesnitz in Pommern verbringen – sozusagen im Schoße seiner Familie.

Das wurde zugesichert. Schriftlich vereinbart. Der Landgerichtsrat bestand darauf.

In der großen Wohnküche des Welpenhauses wurde Erich Wienand von seiner Frau Elvira erwartet. »Du mußt endlich wieder gesunden – wir brauchen dich! Und nicht nur wir.« Möglicherweise meinte sie damit seine Welt der Literatur.

Er versuchte zu essen. Zunächst äußerst vorsichtig, dann mit schnell steigendem Genuß. Dabei wollte er wissen: »Wem, glaubst du, habe ich für solche uns noch verbliebenen Köstlichkeiten zu danken – außer dir?« Instinktsicher vermochte er zu erkennen, daß es genau diese Frage war, die sie zu vernehmen begehrte.

»Uns ist es in jenen Monaten ohne dich nicht sonderlich gut gegangen. Wir mußten uns wie ausgeliefert vorkommen, konnten nichts dagegen machen, daß uns ein Großteil des Viehbestandes weggenommen wurde; offiziell beschlagnahmt. Dazu dann fast noch die letzten Reste der vorjährigen Ernte. Wir haben nun mal keine guten Nachbarn, Erich.«

»Mein Gott – wer hat das schon?«

»Sie sind hier immer wieder eingedrungen – zumeist sogenannte zur Partei gehörende Bauernschaftsbeauftragte – begleitet von uniformierten Nazis oder Polizeibeamten. Einige von denen kenne ich; bei anderen ist es mir gelungen, den

Namen herauszufinden – und die habe ich mir gemerkt. Und die sage ich dir, wenn du willst.«

»Gehört ein Straßner dazu?«

»Nein. Schließlich hält der sich hier noch nicht allzulange auf. Aber er hat sich dennoch bereits zweimal auf unserem Hof eingefunden. Das aber angeblich nur, um mich zu fragen, ganz sachlich, keinesfalls unhöflich, ob ich irgendwelche Beschwerden vorzubringen gedenke, eine Art Meldung beabsichtige.«

»Hast du aber nicht.«

»Ich werde mich hüten, Erich! Wir kennen doch diese Leute. Aber die werden uns auch noch kennenlernen – nicht wahr? Denn das läßt sich doch wohl kaum vergessen, was die uns zugemutet, angetan haben. Dir in Besonderheit.«

»Tauchen sie hier immer noch auf – um zu kontrollieren, wie sie das nennen? Also um zu requirieren?«

»Das eben in letzter Zeit nicht mehr!« verkündete sie ihm nicht ohne Genugtuung. »Denn als hier, vor fast drei Wochen, Oberleutnant Warnhagen mit seiner Flakbatterie erschien, änderte sich so gut wie alles schlagartig. Wohl mußte er, kriegsbedingt, einen Großteil unseres Hauses belegen, für etliche seiner Leute, seinen sogenannten Troß; und die Südwiesen noch dazu, für seine vier Geschütze. Doch dann stellte er sich vor uns, begann uns abzuschirmen, erklärte gewissermaßen diesen Hof zum unantastbaren Wehrmachtsbereich. Was uns wohl vor weiteren schlimmen Anmaßungen bewahrt hat.«

Erich Wienand aß ruhig weiter. »Habe ich ihn nun – meinst du das – als eine Art Wohltäter zu betrachten?« Das wurde ohne jede erkennbare Ironie gesagt, hörte sich vielmehr entgegenkommend und verständnisbereit an.

»Oberleutnant Warnhagen«, erklärte sie ihm eindringlich, »ist ein überaus bemühter, ungemein verständnisvoller Mensch. Wie er sich, nahezu unbedenklich, für uns eingesetzt hat – das war fast so, als gehöre er zu uns, zu unserer Familie.«

Nun allerdings hörte Erich Wienand zu essen auf – er schien sich gesättigt, wenn nicht gar übersättigt zu fühlen.

Doch er ließ nicht im geringsten erkennen, in welch einem Ausmaß ihn derartige Würdigungen zu beunruhigen vermochten. Er hörte sich fragen: »Wie, hast du da soeben gesagt, kommt er dir vor? So, als gehöre der zu unserer Familie?«

Er sah sie nicken, sie bestätigte also seine Frage. »Und zu welchem Teil unserer Familie in Besonderheit, fühlt der sich hingezogen?«

»Nun – zu mir gewiß nicht«, behauptete Elvira denkbar ungeniert. »Denn schließlich könnte ich fast schon seine Mutter sein.«

Erich Wienand überhörte nichts – selbstverständlich auch nicht dieses ›fast schon‹. Immer noch vermochte er, wenn er sich anstrengte, feinste Unter- und Zwischentöne zu vernehmen; und diesmal schien er sich anzustrengen. Er schwieg, ließ sie reden.

»Oberleutnant Warnhagen kommt wohl, soweit ich weiß, aus vergleichsweise sehr einfachen Verhältnissen, darf aber dennoch als recht gebildet bezeichnet werden. Zu seinem Gepäck gehören Werke von Kant, Hölderlin und Goethe. Der weiß auch, ziemlich genau sogar, wer du bist.«

»Nun, ich jedenfalls bin weder Kant noch Hölderlin und schon gar nicht Goethe.« Eine Feststellung, die Wienand mit sanfter Bescheidenheit traf. Eine solche Zurückhaltung wurde von ihm geradezu gepflegt; nicht ganz ausgeschlossen, daß er dabei nicht abgeneigt war, Widerspruch zu vernehmen. Jetzt allerdings interessierte ihn anderes wesentlich mehr.

»Da kaum anzunehmen ist, daß er hier die zeitgenössische Literatur zu pflegen gedenkt, du fast schon seine Mutter sein könntest, es sich dennoch hier um unsere Familie handelt, bleibt jetzt eigentlich nur noch eine dritte Möglichkeit übrig. An die zu glauben fällt mir gar nicht leicht – muß ich das aber nun, daran glauben? Habe ich nun tatsächlich anzunehmen, daß dieser Horst-Heinz Warnhagen an deiner, an unserer Tochter Elfie irgendwie interessiert sein könnte?«

»Das allerdings, Erich, scheint zuzutreffen. Wäre das schlimm?«

»Inwieweit zuzutreffen, Elvira?«
»Nun – er bemüht sich um sie! Und unsere Elfie scheint durchaus bereit, ihm entgegenzukommen.«
»Wie weit?«
»Aber ich bitte dich – so ganz genau kann das niemand wissen? Doch sie sind nun mal einander begegnet, und sie empfinden, ganz offensichtlich, eine große, auf Gegenseitigkeit beruhende Zuneigung. Ist dir das nicht aufgefallen?« Was sich anhörte wie: selbst dir nicht?
Worauf dann Elvira nahezu fordernd feststellte: »Wenn aber dem so sein sollte, wenn bei ihnen aus Zuneigung Liebe entsteht, dann müssen wir ihnen das auch gönnen. Wozu du gewiß bereit bist – bei deiner stets erklärten humanen Großzügigkeit.«
»Ich fühle mich nun unendlich müde«, sagte er.
»Ein paar Stunden Schlaf«, ermunterte sie ihn, »werden dir sicherlich guttun. Dich stärken für das, was heute nachmittag noch auf dich zukommt.«
Worum es sich dabei handelte, erklärte sie ihm unaufgefordert: »Die Gauleitung in München hat sich gemeldet. Deren Kulturbeauftragter, dieser Dr. Großer, war persönlich am Telefon, er gedenkt dich aufzusuchen. Das aber hat er ungemein freundlich gesagt.«
»Es gibt nun mal freundliche Henker«, stellte Erich Wienand fest, bevor er sich endgültig in seinen Keller begab, um sich dort zu vergraben, neben seinem Christus, bestrahlt von den Kerzen im Leuchter seines Freundes Knut Hamsun.

4.

Der Versuch des Erich Wienand, nach diesem Mittagsmahl einige Stunden zu schlafen, war vergeblich. Mit geschlossenen Augen lag er auf seinem Feldbett im Keller, ausgestreckt auf dem Rücken, die Beine eng aneinandergelegt, die Hände über der Brust gefaltet. Wie oftmals in diesen Tagen schien er zu beten – ohne sich ein Gebet zu erdenken.

Abermals lieferte er sich dem Verlangen aus, wie durch Raum und Zeit zu schweben, um dann erneut auf seinem Holzgestell im KZ zu liegen zu kommen. Umbrodelt vom Gestank der Verwesung, erzeugt aus Schweiß, Urin und Erbrochenem – verfolgt von dem würgend süßlichen Geruch verbrennender und verbrannter Menschen. Dabei jedoch beugte sich das gütige Totengesicht des Jacob Werner über ihn.

»Versuche, nicht zu denken, Erich. Vermeide es, dich deinen Fantasiegebilden auszuliefern. Wenn sie dich zu stark zu bedrängen drohen, sage ein Gedicht auf, erinnere dich an Melodien. Oder beginne ganz einfach zu zählen – stelle dir eine Gänseherde vor, ein Bienenvolk, einen Ameisenhaufen.«

Wobei sich nun Erich Wienand, der leichenartig steif auf seinem Feldbett lag, ein Bild aufzwang: das seiner Elfie. Sie war damals fünf Jahre alt gewesen, als sie von Elvira mit in die Ehe eingebracht wurde. Ein zärtliches, verträumtes, vor sich hinspielendes Kind; von sanft leuchtender Schönheit. Dann wurde sie jedoch mit sieben Jahren von einer seltsamen, lang andauernden, fiebernden Krankheit befallen.

Es war unergründbar, um welche Krankheit es sich dabei handelte. Ihr Arzt, schon damals Dr. Gans aus Schoenau, rätselte viel herum. Als dann, auf Verlangen von Wienand, ein weiterer Arzt, eine sogenannte Kapazität, hinzugezogen wurde, bot dieser die Erklärung an: Vermutlich handelt es sich um eine Infektion; zugezogen beim Umgang mit Tieren.

Mit Tieren – mit seinen Tieren! Was konnte für ihn quälender sein?

Von dieser Krankheit vermochte sich Elfie niemals wieder völlig zu erholen. Ihr Körper verlor sichtlich an Grazie, die Schmerzen in ihren Gliedern schwanden nicht, unregelmäßige Fieberanfälle kamen hinzu, auch ihr Magen revoltierte oftmals. Es war, als wäre sie verdammt dazu, unter lebenslänglichen Beschwerden zu leiden.

Nach dieser Krankheitsgeschichte wurde Elfie für Erich Wienand zu einem jener ganz wenigen Menschen, für die er sich zutiefst verantwortlich fühlte.

Ein anderer war inzwischen noch hinzugekommen – ein Freund. Vermutlich der einzige, den er jemals finden sollte – in seinen bittersten Stunden. Ein Mann mit einem Kinderkörper, einem Greisengesicht, einer flüsternden Warnstimme: Jacob Werner, der Jude.

Der hatte sich seiner im Konzentrationslager angenommen, ihn neben sich gezogen, ihn betreut – medizinisch geschult und versehen mit seinen langjährigen Erfahrungen in der Last des Dennoch-überleben-Müssens. Ihm allein, seinem Jacob, hatte er es zu verdanken, daß er diese Hölle zu überstehen vermochte. Ihre nächtlichen Gespräche, eng beieinander liegend, waren wie Beschwörungen gewesen – sich unter keinen Umständen aufzugeben.

»Mein Gott, mein lieber Jacob«, stöhnte nun Erich Wienand vor sich hin. »Wie mag es dir jetzt gehen? Gibt es dich noch?«

Die ersehnte Stimme jedoch vernahm er nicht – vielmehr jene seiner Frau: klar, deutlich, von höflicher Bestimmtheit. Elvira stand oben auf der Kellertreppe und rief ihm zu: »Nun ist es soweit, Erich. Nach dir wird verlangt.«

Erich Wienand erhob sich von seinem Feldbett mit fast straffen, entschlossenen Bewegungen, wie sie ihm in seiner KZ-Zeit beigebracht worden waren. Er wurde gerufen, also hatte er zu erscheinen. Befehl war Befehl.

Er begab sich, wenn auch leicht schwankend, nach oben; wobei er sich wenigstens doch erlöst fühlte von seinen quälenden Gewaltträumen. Elvira betrachtete ihn prüfend, um dann mit schnell zunehmender Erleichterung zu erkennen, er hatte sein Gesicht zwar in besorgte Falten gelegt, doch die Augen darin waren von klarer, fast heller Aufmerksamkeit.

»Dr. Großer – wie angekündigt«, erklärte sie ihm. »Er hält sich im Obstgarten auf.«

»Sendungsbewußt – wie üblich?«

»Wohl nicht mehr ganz so wie einst«, ermunterte Elvira ihn. »Der scheint nun geradezu bemüht zu sein, sich verständnisvoll zu geben.« Sie blinzelten sich zu; zumindest in dieser Hinsicht verstanden sie sich immer noch, sogar recht gut.

Worauf Erich Wienand zu seinem Besuch ging: Dr. Gernot Großer, so an die fünfzig Jahre alt, Kulturbeauftragter seiner Gauleitung, München. Ein den sogenannten schönen Künsten gegenüber angeblich höchst aufgeschlossener Mensch. Bevorzugt mit dem wohl feierlich gedachten Bekenntnis: »Was wären wir denn – ohne unsere Kultur!«

Dieser Dr. Gernot Großer, gehüllt in eine samt-seidig braun schimmernde Parteiuniform, war ein kleiner, doch dynamischer Mensch. Was nicht ausschloß, daß er dennoch sanfter, nahezu poetischer Töne fähig war, priesterlichen Absegnungsgesten gleichfalls. Sein Gesicht, von ihm gemeinhin auch als ›mein Antlitz‹ bezeichnet, wirkte erstrebt durchgeistigt-versonnen, nahezu würdig heldentenorhaft, mithin hoch künstlerisch geprägt. Das glaubte er zumindest.

Er wäre, pflegte er oft und gern zu versichern, am liebsten Lyriker geworden; angesiedelt zwischen Himmel und Erde, stets den Sternen entgegenstrebend. Doch dann habe er Gelegenheit erhalten, sich nicht nur den schönen Künsten, sondern auch den schöpferischen Menschen, Künstlern also, widmen zu dürfen. Sein persönliches, leidenschaftliches Verlangen nach der Poesie dafür zurückstellen zu müssen, pflegte er als Verantwortungsbewußtsein auszugeben – dem großen Ganzen stets zu erstrebenden gegenüber.

Was dennoch eine Machtgewaltigkeit nicht unbedingt ausschließen mußte. Das demonstrierte schon sein Fahrzeug, ein großer, sargschwarzer Mercedes 300, der im Hintergrund stand. Darin saß ein Chauffeur mit gelangweilter Maultreibervisage; und unmittelbar daneben hielten sich, lässig dastehend, zwei ganz scharfe Eintreibertypen auf.

»Mein lieber, verehrter Herr Wienand«, rief Dr. Großer ihm zu, »wie schön, Sie hier wieder zu erblicken.« Doch da Erich Wienand ihm nicht entgegenkam, bewegte er sich auf ihn zu. »Ich hoffe sehr, es geht ihnen gut. Doch sonderlich blühend, meine Bester, sehen Sie nicht gerade aus.«

»Sollten Sie das etwa erwartet haben, Herr Gauamtsleiter? Bei mir?«

»Unternehmen wir, zunächst einmal, einen kleinen Spaziergang«, schlug er einladend vor. »Wir beide allein ganz unter uns; absolut vertraulich.«

Sie durchschritten gemeinsam den Obstgarten – an der angstvoll flüchtenden Kuh Edda vorbei, dann hügelabwärts, dem brodelnden Kocher entgegen. Wobei es war, als wären sie lediglich Wanderer, die sich zufällig getroffen hatten.

Nach etwa einer Viertelstunde gemeinsamen Weges wies Großer auf eine Bank, die in der Nähe stand. Nahezu ein halbes Dutzend davon hatte Erich Wienand einst in seinem Bereich errichten lassen; für sich, für seine geruhsamen Stunden in dieser sich auftürmenden Vorgebirgslandschaft. Dort also ließen sie sich nun nieder.

Worauf der Gauamtsleiter aufklärerisch werbend seinem Erich Wienand, dem Dichter, zu erklären versuchte: »Haben Sie eigentlich inzwischen herausgefunden, mein Verehrtester, in welchem Ausmaß ich – dennoch, dennoch! – Ihr erklärter Freund und Beschützer bin?«

»Sollten Sie das tatsächlich sein, Herr Großer?«

»Das bin ich – an sich schon immer gewesen, lieber Herr Wienand. Wenn auch ohne es jemals aufdringlich demonstriert zu haben. Doch eines Tages werden Sie schon noch erkennen, wer es gewesen ist, dem es schließlich gelang, Sie aus diesem KZ herauszubringen.«

Erich Wienand staunte nun ehrlich. Der meinte damit offenbar sich selbst! Anzeichen jedoch glaubte er erkannt zu haben, ohne es zwingend beweisen zu können, daß es genau dieser Dr. Großer gewesen war, der ihn in das KZ hineingebracht hatte.

»Aber so ist das nun mal, mein Lieber! Sie sind der von mir zu betreuende Mann – ich bin Ihr freundschaftlich entschlossener Betreuer. Fordern Sie von mir was auch immer. Ich wünsche nichts so sehr, als daß Sie endlich wieder arbeiten, sich erarbeiten können – Ihre Weltliteratur!«

Er wehrte ein solches Angebot gekonnt-bescheiden ab. »Aber schließlich, Herr Großer, sind wir ja nicht allein in dieser Welt. Da gibt es, immer noch, Vollzugspolizisten, Gestapobeamte – oder auch sogenannte lauernde Nachbarn.«

»Nun ja«, gestand er bedächtig ein. »Allmächtig bin selbst ich nicht; leider auch nicht stets gegenwärtig. Aber ich werde Ihnen meine Adresse und Telefonnummer geben, die amtliche und die private. Unter denen können Sie mich stets erreichen; worauf ich dann sofort, falls nötig, für Sie in Aktion treten werde.«

»Was jedoch, möglicherweise, ziemlich gefährlich sein könnte – für Sie?«

»Unter Umständen sogar, wenn wir da nicht geschickt genug vorgehen – für uns beide. Aber das nehme ich in Kauf. Wobei Sie ganz beruhigt sein dürfen, Herr Wienand. Noch besitze ich hier erheblichen Einfluß; und Sie gehören nun mal zu meinen bevorzugten Schützlingen. Um Sie weiestgehend abzuschirmen, gedenke ich einiges zu tun. Das mit angebrachter Vorsicht, versteht sich von selbst. Leichtfertig veranlagt jedenfalls bin ich niemals gewesen – Sie verstehen?«

»Und eben deshalb bin ich auch«, Dr. Großer weiter, »ganz offiziell, gar nicht Ihretwegen hier – bei Ihnen bin ich lediglich zufällig vorbeigekommen. Mein eigentliches Ziel ist ein ganz anderes.«

»Welches?« wollte Wienand ahnungsvoll wissen.

»Geisberger, dieser Pfarrer von Martinshausen. Dessentwegen bin ich hier. Denn der hat mir, leider, immer noch nicht eine Frage beantwortet, die ich ihm mehrmals gestellt habe. Einer verschwundenen Christusfigur wegen.«

»Nein!« rief nun Erich Wienand aus; nahezu ohne jede

Vorsicht, wie alarmiert. »Nicht gleich das bitte – so was nicht! Versuchen Sie keinerlei Ablenkungen von meiner Person – nicht auf Kosten dieses Priesters!«

»Und warum nicht?« wurde ungemein lauernd gefragt.

»Weil Herr Geisberger ein guter, ein völlig ahnungsloser Mensch ist – fast schon als betörend naiv zu bezeichnen! Dem, bitte, dürfen Sie nichts antun – und so etwas schon gar nicht, um damit, wie Sie angedeutet haben, meine Person auslassen zu können. Das müssen Sie mir ersparen.«

»Glaube zu verstehen«, sagte der andere mit kaum verborgener Freude. »Mithin, mein Lieber, verspreche ich Ihnen gern, daß ich diesen von Ihnen offenbar hochgeschätzten Geistlichen sozusagen mit Samthandschuhen anfassen werde. Doch den einfach auslassen kann ich nicht. Nicht nur Ihretwegen.«

»Falls es Ihnen gelingen sollte, Herr Großer, diesen armen Priester vor dem Schlimmsten zu bewahren – wäre ich Ihnen dankbar, sehr dankbar.« Wienand signalisierte ein weitgehend uneingeschränktes Entgegenkommen. »Dann könnten Sie meiner bereitwilligen Anerkennung sicher sein – Ihrer Funktion gegenüber.«

»Ein mich ungemein erfreuendes Angebot, Herr Wienand.« Der Gauamtsleiter jedenfalls gab sich nahezu beglückt. »Machen Sie das, mein Verehrtester! Etwa in Form einer schriflichen Bekundung. Gedenken Sie so was selbst zu entwerfen? Oder wünschen Sie, daß ich es für Sie formuliere?«

»Wie auch immer, Herr Großer! Ich bitte Sie lediglich darum, diesen Geistlichen zu verschonen – meinetwegen.«

»Darum werde ich mich bemühen, da Sie das wünschen, und wir beide uns ja nun in guter Übereinstimmung befinden. Was seine Früchte tragen wird. Was diesen Ihren Geistlichen anbelangt, so kann ich nur hoffen, daß er nicht nur ein guter, sondern auch ein ehrlicher, aufrichtiger Mensch ist.«

»Ich bitte sehr, ihn so zu sehen.«

»Ich hoffe, daß sich das herausstellen wird, ohne daß sonderliche Komplikationen von ihm ausgehen. Doch selbst wenn – vertrauen Sie auf mich. Aber denken Sie auch an sich

– also daran, daß wir nun in einer Zeitspanne leben, in der sich jeder selbst der Nächste ist. Aber eben einer der dennoch Nächsten für Sie, bin nun ich. Achten Sie darauf, empfehle ich Ihnen. Sehr.«

Erich Wienand hatte etliche Stunden nach diesem Gespräch ein wenig ablenkenden Trost von seiner wuchernden Unruhe bei seinen ihm noch verbliebenen Tieren gesucht.

Erst danach wagte er es, sich zur Madonnenkirche in Martinshausen zu begeben. Dabei schleppte er ein ziemlich dikkes, uraltes, heftig zerlesenes Buch mit sich; von kirchenväterlichen Erkenntnissen angefüllt. Darein hatte er etliche Merkzettel gelegt, um damit dem Geistlichen sein Interesse an dessen Arbeit zu bekunden; was den gewiß erfreuen würde.

Doch zunächst einmal suchte er das Gotteshaus auf. Dort schien er beten zu wollen; und diesmal war es, als könne ihm das sogar gelingen – als wäre es jetzt unbedingt notwendig. Und diesmal wagte er sich schon etliche Bänke weiter vor – dem Altar entgegen. Dort kniete er auf seinem mitgebrachten Buch.

Sodann suchte Wienand das Pfarrhaus auf, um dort auf Geisbergers Wirtschafterin zu prallen, eine Frau namens Renate Busch. Und bei dieser Person handelte es sich sozusagen um ein hellwaches Kind aus dem bayerischen Volke. Klug und robust zugleich; breit, rosig und streitbar.

Und dieser kompakte Erzengel vor der Pfarrhaustür reagierte auf diesen Besucher mit ziemlich entschiedener, geradezu feindseliger Ablehnung: »So einer wie Sie hat uns hier gerade noch gefehlt! Mußten ausgerechnet auch Sie uns heimsuchen? Konnten Sie nicht dort bleiben, wo Sie gelandet waren?«

»In einem KZ?« fragte Erich Wienand bestürzt. »Aber das meinen Sie doch nicht wirklich?«

»Genau das meine ich!« erklärte ihm die Busch unbeirrbar; ihr vollmondartiges Rundgesicht glänzte vor Empörung. »Schließlich werden Sie sich wohl an derartige Zustände allmählich gewöhnt haben. Aber warum mußten Sie unbedingt auch noch andere in diesen Todesdreck hineinziehen? Ausgerechnet ihn, der keiner Fliege was zuleide tun kann.«

»Sollten Sie damit unseren Herrn Geisberger meinen?« Wienand zeigte sich ehrlich bestürzt. »Wie können Sie so etwas auch nur andeuten! Denn er und ich – wir sind Freunde!«

»Ach, Mann – was heißt das schon – Freunde! Sogenannte! Auch zeitbedingte Armleuchter nennen sich jetzt so, zwecks Absicherung. So sind hier nun mal diese Freundschaften – bis auf den Tod. Den des anderen.«

»Mein Gott, Frau Busch«, verlangte Wienand zu wissen, zunehmend verwirrt, »wovon reden Sie denn da?«

»Bisher schon war hier alles reichlich fragwürdig – unvermeidlich, oder eben üblich in einer solch versumpften und verendeten Zeit. Doch nachdem nun auch Sie hier noch zum Vorschein gekommen sind, hat sich dieser Misthaufen in eine Jauchengrube verwandelt.«

»Das ist doch Unsinn!« Erich Wienand reagierte mit einer bei ihm ungewohnten energischen Deutlichkeit. »An sich mag ja das, was Sie da glauben feststellen zu können, durchaus zutreffen. Das jedoch keinesfalls für mich; und schon gar nicht im Zusammenhang mit Ihrem Herrn Geisberger. Er selbst wird das, sicherlich gern, bestätigen. Gehen wir zu ihm – und er wird Ihnen sagen, wie wir zueinander stehen. Und danach dürfte es keinerlei Mißverständnisse dieser peinlichen Art mehr geben.«

»Sollten Sie tatsächlich so abgrundtief einfältig sein, wie hier gewöhnlich behauptet wird? Oder gehören nun sogar auch Sie zu denen, die einfach über Leichen gehen – nur, um Ihre schäbige, zerfaltete Greisenhaut zu retten?«

»Sagen Sie mir endlich, wo sich Herr Geisberger aufhält!«

»Wer weiß wo? Er ist abgeführt worden. Einfach so!«

»Wer hat das getan?«

»Irgendein höheres Tier von der Gauleitung München. Begleitet von zwei Greifern. Und dagegen war wohl nichts zu machen.«

»Und diese Schweine«, er verbesserte sich sofort, er wollte die Tiere nicht beleidigen, »diese Untermenschen haben es gewagt, meinen Geistlichen zu ergreifen – ihn sogar abzuführen? Mit welcher Begründung – das würde ich nun wissen wollen, Frau Busch.«

Das wußte sie. Die spürbare Erregung von Wienand vermochte sie ein wenig milder zu stimmen. »Nun, diese Kerle haben ihn intensiv befragt. Das konnte ich bei halboffener Tür mithören; wollte ich auch, versteht sich. Sie befragten ihn wieder und immer wieder nach dem verschwundenen Christus. Nur danach.«

»Worauf er was gesagt hat?«

»Nichts. Was haben Sie denn gedacht, Herr Wienand? Was mein Geistlicher nicht sagen will, sagt er nicht. Auch dann nicht, wenn man versucht, ihn zu Brei zu schlagen.«

»Haben die das getan?«

»Nicht gleich hier. Die haben lediglich gedroht und gelockt – dabei sogar von Freunden getönt, die er hier habe; und die sich um ihn Sorgen machen. Und solchen Scheiß!«

»Doch immerhin geschlagen haben die ihn nicht!«

»Um dann einen blutenden Mann abschleppen zu müssen, womöglich sogar vor Zeugen? Sie müssen doch eigentlich die Methoden dieser Kerle kennen, oder wollen Sie so etwas nicht mehr wissen? Wie ist denn das, wenn man wieder und immer wieder geschlagen wird? Redet man dann? Kotzt man aus, was irgendwie verlangt wird? Und – ist es das, was Sie befürchten? Etwa gar zu befürchten haben?«

Erich Wienand fühlte sich nun völlig entkräftet, einem Zusammenbruch sehr nahe. Er ließ sich auf den Treppenstufen vor dem Pfarrhaus nieder, um dort dann zusammengesunken dazuhocken. Sein schweißüberströmtes Gesicht war der Erde zugeneigt.

»Kommen Sie herein!« forderte die Frau ihn nun fast nachsichtig auf. Sie packte ihn unter den Schultern, zog ihn zu sich hoch, führte ihn in das leere Zimmer des Geistlichen, wo sie ihn auf dessen Stuhl setzte.

»Wein vermischt mit Wasser«, stellte sie fest, »dürfte auch Ihnen guttun. Denn so etwas trank auch Hochwürden, wenn er sich nicht sonderlich wohl fühlte – also in letzter Zeit sehr oft. Ermöglicht von einigen vorläufig noch ausreichenden

Beständen an Abendmahlsweinen, für die ich rechtzeitig gesorgt habe.«

Dieses Getränk setzte sie nun Erich Wienand vor. Und der ergriff es, schlürfte davon wie dem Verdursten nahe. Wobei sie ihn, obgleich sie wesentlich jünger war als er, mit geradezu mütterlicher Besorgnis betrachtete.

Und dann sagte Renate Busch: »Nein – sie haben sich nicht an ihm vergriffen; ihn nicht einmal angerührt. Sie haben ihn lediglich gebeten, sie zu begleiten – zumindest hörte sich das so an. Freiwillig. Wobei es sich, wurde ihm versichert, möglicherweise um nur wenige Stunden handeln könnte.«

»Und er ging mit, ohne noch irgendein Wort zu sagen.«

»Er griff nach einer seiner zwei stets bereitstehenden Tragetaschen. In der einen befand sich das, was er zu einer letzten Aussegnung benötigt, falls er zu einem Sterbenden gerufen wird. In die andere hatte er Wäsche, Waschzeug und Zahnbürste eingepackt. Wie vorsorglich, als habe er so was vorausgesehen. Dabei habe ich dann jedoch noch eine Bemerkung von ihm gehört.«

»Welche?«

»Er hat gesagt, bevor er abgeführt wurde, wie allein zu mir: Nehmen Sie bitte zur Kenntnis, daß ich völlig freiwillig mitgehe. Und notieren Sie sich das Motto für meine nächste Predigt, um dann diesen Merkzettel auf meinen Schreibtisch zu legen: Der Tod ist unvermeidbar. Und ein Grab ist ein Grab – es gebietet verpflichtendes Schweigen.«

»Welch ein unvergleichlicher Mann!« rief Wienand mit kaum gedämpfter Bewunderung aus. Eine Erkenntnis, die ihn jene umlauernde Angst vergessen ließ. Vorübergehend – schnell vorübergehend.

»Habe mir doch gedacht, daß Sie damit irgend etwas anfangen können«, stellte nun die Busch beinahe lauernd fest. »Aber täuschen Sie sich da nicht, so ein angebliches Geheimnis könnte weit bekannter sein, als Sie vermuten.«

Nördlich von Schoenau, etwa drei Kilometer entfernt, befand sich eine elitäre Ausbildungsschule für Heeresflugzeugabwehrartillerie – abgekürzt H-Flak. Deren derzeitiger und vermutbar wohl auch letzter Kommandeur war ein Oberst Wonnegut. Ein Offizier der sogenannten guten alten deutschen, wenn nicht gar preußischen Schule: würdig, gebildet, um Souveränität bemüht; von gerechter Strenge und strenger Gerechtigkeit. Er wäre wohl gerne gleichsam ein Vater seiner Soldaten gewesen.

Doch nunmehr in diesen immer fürchterlicher werdenden, sich drohend herbeidrängenden Tagen des Kriegsendes fühlte sich der Oberst Wonnegut ungemein heimgesucht und unangenehm überfordert. Noch vor nur wenigen Wochen hatten in seinem Bereich ganz normale Zustände geherrscht. Doch was er nun auf sich zukommen sehen mußte, waren sich alsbald nahezu überschlagende Fragwürdigkeiten: herbeigekarrte Einheiten von Versprengten, Flüchtenden, sich Absetzenden, Umdirigierten, Hinzukommandierten. Kaum abzuweisen. Zumal eine Anweisung gelautet hatte: Truppenteile ohne festen Befehlsbereich sind aufzufangen, neu zu formieren, sodann auf Anforderung feindwärts in Marsch zu setzen.

Doch diese sich herandrängenden Haufen waren kaum noch zu kontrollieren. Die störten seine ganzen, schön gepflegten Kriegsausbildungsbemühungen; drohten sie sogar zu zerstören. Denn nun mußten die Steinhäuser und Holzbaracken seiner einst so gepflegten Heeresflakschule das Dreifache der geplanten Belegungsstärke verkraften. In den Lagerstraßen stauten sich die Fahrzeuge; Soldaten wimmelten beklagenswert unübersichtlich herum; die Verpflegung drohte knapp zu werden. Selbst der ansonsten von ihm wohlbetreute Kasinobetrieb ließ sich kaum noch wirksam aufrechterhalten; vielleicht gerade noch für die Offiziere seines Stabes.

Was hier jedoch wohl noch lange nicht das Schlimmste war, vermochte dieser vielfach geforderte, nun wohl überforderte Oberst zu erkennen. Denn was er dabei vermutlich als wirklich fürchterlich zu empfinden hatte, war die hier nunmehr zu registrierende Anwesenheit von drei Nationalsozialistischen Führungsoffizieren – abgekürzt NSFO. Gleich drei von dieser Sorte – in seinem Bereich! Mithin also wohl: eine wohl kaum wirksam zu kontrollierende Bedrohung hoch drei, welche also schnellstens auseinanderdividiert werden mußte.

Doch immerhin hatte Oberst Wonnegut, wie gleichfalls andere Truppenführer mit ihm, herausgefunden: so ein Kommandeur, wie eben auch er, konnte sich seinen NS-Führungsoffizier selbst aussuchen – entsprechend seinen Absichten, Neigungen, Ansichten.

Dabei mußte er sich nun wohl eingestehen, daß er sich bei dem zunächst von ihm Erwählten beklagenswert verkalkuliert hatte. Denn dieser, ein Leutnant namens Himmlinger, ein einstiger Hitlerjugendführer, drohte selbst hier noch eine Art heiligen Hitlerkrieg zu proben. Ab mit dem – hin zur nächsten Front; wer auch immer es war!

Aufmerksam beraten durch Offiziere seines Stabes, dabei in erster Linie durch Oberleutnant Rabe, einer seiner besten, ersetzte er diesen unbeirrbar Endsieggläubigen durch einen der zwei weiteren angereisten NSFO. Das war ein Oberleutnant namens Kersten. Der besaß keine erkennbare Parteivergangenheit, entwickelte vielmehr eine erklärte Vorliebe für die Kultur. Was erfahrungsgemäß kaum sonderlichen Schaden anzurichten vermochte.

Doch als sein ganz besonderes Problem sollte sich dann alsbald der in seinen Bereich gelangte NSFO Nummer drei erweisen – ein Hauptmann namens Abendrot. Und der drohte sich sehr schnell als ungleich gewichtiger zu erweisen, als die beiden anderen.

»Ich stelle mich Ihnen uneingeschränkt zur Verfügung, Herr Oberst. Und ich bitte Sie, mir die Nationalsozialistische Führung und damit weltanschauliche Betreuung der hier versammelten Einheiten anzuvertrauen.«

»Ich danke Ihnen für Ihr Angebot, Herr Hauptmann – sehr. Doch wir verfügen hier nun bereits über einen Offizier dieser Gattung – einen gewissen Oberleutnant Kersten.«

»Wobei ich wohl aber, bitte erlauben Sie mir das zu bemerken, Herr Oberst, rangordnungsgemäß der Höhere bin – und ganz gewiß auch der Erfahrenere.«

»Darf ich Ihre Papiere sehen?« fragte der Oberst; lediglich um Zeit zu gewinnen.

Und die sah er dann auch. Dieser Hauptmann Abendrot, ergab sich daraus, war ein Parteigenosse von ganz erheblicher Größenordnung. Einst stellvertretender Kreisleiter in Tilsit, dann Gauamtsleiter in Schlesien, auch bei der Reichsleitung Rosenberg tätig gewesen. Ein Super-Nazi mithin.

»Respekt!« verkündete der Oberst. »Aber eben deshalb kann ich Sie leider, leider nicht bei meiner Dienststelle beschäftigen. Denn für meinen Bereich sind Sie ganz offenbar um mindestens eine Nummer zu groß.«

»Heißt das, Sie wollen nicht?« Und das klang nun reichlich bedrohlich.

»Aber selbstverständlich will ich, doch ich kann nicht. Nicht ohne eine dementsprechende Bewilligung von der mir vorgesetzten Dienststelle eingeholt zu haben. Was allerdings seine Zeit braucht. Inzwischen jedoch könnten Sie sich anderweitig vielleicht wesentlich intensiver betätigen. Mit einer Aufgabe, welche möglicherweise Ihrer erkennbaren Größenordnung weitaus angemessener wäre.«

Hauptmann Abendrot schnappte sofort zu. »Und wo, meinen Sie, ließe sich das ermöglichen?«

»Nun etwa, wenn ich sie etwas anregen darf, bei der Kreisleitung von Schoenau. Zwar haben wir bisher, mit den dortigen Parteidienststellen, durchaus gute, sogar sehr angenehme Erfahrungen gemacht. Eine ziemlich weitreichende Zusammenarbeit war die erfreuliche Folge davon. Das allerdings scheint in letzter Zeit leider nicht mehr der Fall zu sein.«

»Was denn, was denn – wollen die etwa nicht?«

»So was will ich nicht gleich sagen, keinesfalls behaupten, lieber Hauptmann Abendrot. Dennoch fühle ich mich versucht festzustellen, daß inzwischen unsere bisher so gut funktionierenden Wehrmachts-Partei-Verbindungen erheblich gestört zu sein scheinen. Doch immerhin könnten Sie der Mann sein, mit erheblichen Erfahrungen ausgestattet, der so was bereinigen kann.«

»Ein mich verpflichtender Hinweis, Herr Oberst, dem ich unverzüglich nachzugehen bereit bin.«

»Tun Sie das«, stimmte ihm Oberst Wonnegut zu. Wohl reichlich ahnungslos über das, was er damit in Gang gebracht hatte. Zunächst war wohl Hauptsache für ihn: Den werde ich los! Wieder einen von dieser Sorte.

Doch was dann auf die kleine Stadt Schoenau und Umgebung zukommen sollte, auf deren Bewohner, zu denen auch Erich Wienand zählte, durfte bald als beängstigend bezeichnet werden. Es war eine neue Veranstaltung in diesem Staatsschmierentheater. Doch eben dabei sollte sich noch so mancher seine zu weit vorgestreckten Pfoten einklemmen.

Denn bei diesem Abendrot handelte es sich um eine exemplarische Zeiterscheinung.

Erich Wienand begab sich mit müden Schritten wieder heimwärts. Er gedachte seinen letzten Zufluchtsort aufzusuchen – seinen Keller. Das war am schnellsten durch den Obstgarten und die Hintertür möglich. Doch dabei erblickte er seine Frau Elvira; noch dazu Oberleutnant Warnhagen.

Die hatten sich auf jener Bank niedergelassen, die ansonsten allein er zu benutzen pflegte. Dort schienen sie auf ihn gewartet zu haben, von dort aus sahen sie ihm entgegen. Sie – prüfend-freundlich; er – aufmerksam-höflich. Sie hielten einigen Abstand voneinander – sehr bewußt offenbar.

»Geht es dir gut?« wollte Elvira ermunternd wissen. »Könnte ich irgend etwas für dich tun?«

»Danke, nein«, versicherte er, nun bei ihnen angekommen – dabei gleichfalls um Abstand bemüht. »Mir geht es an sich recht gut. Sagen wir – zeitgemäß.«

»Fein!« registrierte seine Frau erfreut. »Dann wird es dir wohl auch nichts ausmachen, dich noch ein wenig mit Herrn Warnhagen zu unterhalten.«

Der Oberleutnant hatte sich erhoben, stand gereckt da. Das keinesfalls irgendwie fordernd, doch nicht ohne eine gewisse Feierlichkeit. »Auf ein Wort, Herr Wienand – wenn Sie erlauben.«

»Habe ich Ihnen denn hier irgend etwas zu erlauben?«

hörte er sich fragen; mit leichtem, kaum erkennbarem Augenzwinkern.

»Haben Sie, verehrter Herr Wienand, jederzeit.«

»Worum es sich dabei handelt, wird Herr Warnhagen versuchen, dir zu erklären, Erich«, versicherte ihm seine Frau werbend-vertraulich.

Elvira zog sich zurück. Und Erich Wienand sah offenbar keine Möglichkeit, sich einer derartigen wohlvorbereiteten Einladung zu entziehen. Mithin folgte er den einladenden Gesten von Warnhagen und begab sich mit ihm ins Haus, ins obere Stockwerk, in jenen Raum, der einmal sein Arbeitszimmer gewesen war.

Und diesen Raum erblickte er nun erstmals wieder – seit vielen Monaten. Er sah den rotleuchtenden Teppich auf dem Fußboden, dicht gefüllte Bücherregale an den Wänden, Tüllgardinen vor den Fenstern, die sich gegen jedes Sonnenlicht zu sperren schienen. Alles mutete äußerlich völlig unverändert an. Doch so gut wie nichts davon schien nun noch ihm zu gehören.

Erich Wienand setzte sich in eine der beiden geräumigen Ledersessel bei den Mansardenfenstern. Er fühlte sich darin gar nicht sonderlich wohl und begehrte diese Begegnung – in diesem Raum – möglichst schnell hinter sich zu bringen; das jedoch auf seine Weise. »Also, bitte – was gedenken Sie mir mitzuteilen?«

»Lediglich, zunächst, eine Art Andeutung, eine allerdings sehr bedeutsame – wenn Sie erlauben, Herr Wienand.« Warnhagens bergsteigerische Sicherheit, seine absolute Bereitschaft dazu, keinerlei Hindernisse anzuerkennen, wurde immer deutlicher erspürbar. »Und zwar eine Andeutung auf sich hier anbahnende Verhältnisse, über die ich Sie nicht im unklaren lassen darf; Sie in allererster Linie nicht.«

»Was oder wen betreffend, Herr Warnhagen?«

»Irgendwie uns alle, muß ich wohl bekennen – Ihre verehrte Gattin ebenso wie Sie; aber auch mich. Doch speziell wohl, in erster Linie, Ihr Fräulein Tochter. Und zwar im Zusammenhang mit mir.«

Wienand zeigte nicht, daß ihn eine solche Äußerung kaum

sonderlich überraschte. Er gab sich bedenklich – zurückhaltend. »In welcher Hinsicht, bitte?«

»Wohl nur soviel«, Warnhagen weiter, »glaube ich dazu bereits feststellen zu können: Eine gewisse, doch sehr offensichtliche Sympathie, die wir für einander empfinden – Ihr Fräuleine Tochter und ich –, darf wohl als unverkennbar bezeichnet werden.«

Mein Gott, mußte sich Erich Wienand abermals fragen, was wurde ihm da nicht alles zugemutet! Diesmal allerdings eine Vorstellung, die selbst seine Fantasie erheblich zu strapazieren vermochte: Ein großdeutscher Prachtkerl – und neben dem, wie dicht an ihn geschmiegt, ein scheues, verinnerlichtes, von Krankheit heimgesuchtes Mädchenkind. Gleichsam ein verschüchtertes Stallkaninchen; doch eben ausgeliefert einem prall prächtig wohlgenährten Schäferhund; bester Sonderklasse.«

»Sie behaupten, Elfie zu lieben?«

»Nicht unbedingt gleich das, Herr Wienand! Zumal Sie selbst irgendwo geschrieben haben: Liebe ohne Echo ist tot. Oder so ähnlich. Etwa auch: Nur der kann wahrhaft lieben, der wirklich geliebt wird! Ich jedenfalls habe meine ungemeine Verehrung, Ihrem Fräulein Tochter gegenüber, nicht zu verleugnen vermocht. Was sich jedoch daraus ergeben könnte, müßte sich wohl noch herausstellen.«

»Und was – meint meine Frau dazu? Ist Ihnen das bekannt?«

»In gewisser Weise – durchaus. Ihrer verehrungswürdigen Gattin ist unser Interesse füreinander nicht entgangen – und ihre Zustimmung, glaube ich, darf als möglich angenommen werden. Das allerdings gewiß unter der Voraussetzung, daß auch Sie, verehrter Herr Wienand, einer derartigen Verbindung nicht abgeneigt wären.«

»Nichts, einfach nichts«, bekannte Erich Wienand nun mit fast geschlossenen Augen, »was ich meiner Elfie nicht zu gönnen bereit wäre. Wenn es sie glücklich macht! Sie ist ein ungemein liebenswertes, überaus wertvolles, aber auch zutrauliches Geschöpf. Doch eben deshalb würde sie es nicht verdienen, enttäuscht zu werden.« Er hatte zunächst ›getäuscht‹ oder gar ›mißbraucht‹ sagen wollen, das jedoch nicht vermocht; er war nun mal kein Mensch drohender Deutlichkeiten.

»Dabei dürfen Sie sich voll und ganz auf mich verlassen – auf mein erklärtes Ehr- und Taktgefühl, auf meine Verehrung Ihnen und Ihrer Familie gegenüber. Darf ich also annehmen, daß Sie diese meine Bestrebungen bejahen? Denen zumindest nicht abgeneigt sind?«

»Da kann ich weder zustimmen noch ablehnen. Die letzte Entscheidung in dieser Hinsicht liegt ausschließlich bei Elfie. Falls diese mit notwendiger Eindeutigkeit erfolgen sollte, würde ich sie hinzunehmen haben.«

Das, glaubte Warnhagen zu erkennen, war sehr höflich, mit nahezu verbindlicher Freundlichkeit gesagt worden. Wienand schien sogar genickt zu haben. Wenn auch nicht gerade dem Oberleutnant zu – mehr vor sich hin.

Nachdem sich Erich Wienand aus seinem ehemaligen Arbeitszimmer entfernt hatte, erschien dort Frau Elvira. Sie stürzte sich Horst-Heinz entgegen, fühlte sich umfangen, hauchte ihn heiß bereitschaftswillig an. Um zunächst jedoch wissen zu wollen: »Nun, wie ist es gelaufen?«

»Gut, glaube ich.« Er begann ihre Rückenpartie abwärtszutasten.

Wobei er verspürte, daß sich ihr Körper unter seinen Händen versteifte, sich ihm jedoch nicht entzog. »Gut – sagst du? Das hört sich aber gar nicht sonderlich erfreulich an. Hat er irgendwelche Schwierigkeiten gemacht? Traue ich ihm zu!«

»Nun – Schwierigkeiten kann man da wohl kaum sagen – keinesfalls direkte.«

»Also doch! Er hat irgend etwas gefordert, irgendwelche Bedingungen gestellt; was ihm ähnlich sieht. Bei ihm muß man stets auf einige Überraschungen gefaßt sein; das gehört zu seinen Spezialdarbietungen. Was – diesmal?«

»Das wesentlichste, was dabei zum Vorschein kam, war seine Bedingung, daß er eine alleinige Entscheidung von Elfie als für ihn maßgeblich hält. Diese, hat er gesagt, wird er hinnehmen. Was meinst du, kann man sich auf das, was er sagt, verlassen? Oder ändert er seine Meinung von einem Tag auf den anderen?«

»Nein. Was er sagt, das gilt auch. Dabei muß man allerdings stets ganz genau hinhören – auf seine Wortwahl kommt es dabei an. Aber, wenn das tatsächlich seine einzige Forderung war...«

»Er hat keine andere gestellt.«

»Dann allerdings«, versicherte sie ihm, »dürfte das, was nun zu erfolgen hat, kaum ein sonderliches Problem sein.« Sie ließ sich unter ihn in seine starken Arme gleiten; diesmal mitten auf dem rotleuchtenden Teppich. »Dann – machen wir das!«

Sie hatten eine überaus genußreiche, erfüllte Viertelstunde – die sich sogar noch um fast zehn Minuten verlängerte. Als sie sich trennten, trennen mußten – ihre Pflichten riefen! –, waren sie von hoffnungsvollen Gefühlen beherrscht. Alles lief, glaubten sie zu erkennen, gut; wie geplant.

Nachdem sich Elvira entfernt hatte, tauchte in Wienands ehemaligem Arbeitszimmer der Unteroffizier Thomas Tümmler auf, als habe er dezent auf den Abgang der Dame des Hauses gewartet. Ein rundlich wohlgenährtes Wesen in Uniform, schweinsrosiger Haut und mit katerhaft anmutenden Laueraugen. Dieser Tümmler hatte lediglich dreimal kurz angeklopft, um sich dann, ohne eine Aufforderung zum Eintreten abzuwarten, in den Raum zu schieben.

»Nun also«, stellte er vertraulich munter fest, »hast du es der wieder einmal gezeigt – was? Und wie macht die sich dabei? Sicherlich ganz gut – wie? Hunger ist nun mal der beste Koch.«

Reichlich rüde Bemerkungen, welche sich dieser Unteroffizier jedoch ohne weiteres leisten konnte – sogar bei seinem Oberleutnant und unter vier Ohren allemal. Denn schließlich war Tümmler bereits seit drei Jahren Warnhagens erklärter verläßlichster Betreuer und Besorger; gleichsam zu einem Schatten von ihm geworden; und das auch in schwierigsten Stunden. Gemeinhin zuständig für Fressalien, Alkohol und Weiber sowie den dazugehörigen Medikamenten für Verdauung, Kopfschmerzen und Verhütung. Beste Gemeinschaftsgefühle entstanden daraus.

»Erspare dir deine schleimigen Bemerkungen, Thomas«, empfahl ihm Horst-Heinz gutgelaunt. »Denn was ich hier so alles unternehme, das geschieht schließlich nicht zuletzt auch deinetwegen. Damit wir beide aus diesem Schlamassel mit einigermaßen heiler Haut herauskommen können.«

Ein Thema, das sie oft miteinander durchgesprochen hatten, in langen Stunden und bei vielen Flaschen: Vorbeugende Maßnahmen für den ›Endsieg‹, der nun kläglich zu verenden drohte. Denn dabei irgendwie Sieger zu sein, hatten sie erkannt, war nicht drin. Doch dumm-dumpfe Verlierer wollten sie auch nicht sein. Zumindest in diesem Punkt durften sie als absolut einig gelten.

Tümmler ließ sich in jenen Ledersessel nieder, in dem eine knappe Stunde zuvor noch Erich Wienand gesessen hatte. Von dort aus musterte er seinen Oberleutnant, um dem zunächst einmal anzuraten, verständnisvoll-augenzwinkernd, er möge seinen Hosenschlitz möglichst korrekt schließen. »Jedenfalls scheint es dir zu gelingen, hier dein Nest zu bauen.«

»Und wie weit bist du gekommen mit deinen speziellen Bemühungen?«

»Gleichfalls ziemlich planmäßig«, berichtete Tümmler. »Denn inzwischen bin ich mit Wienands Nachbar, diesem Leitmann, einigermaßen einig geworden. Der ist vermutlich ein Saukerl sondersgleichen, doch eben deshalb recht entgegenkommend.«

»Freut mich, Thomas. Denn damit werden wir nicht voneinander getrennt; befinden uns vielmehr weiter sozusagen in Rufweite.«

»Das freut mich, Horst-Heinz – wenn auch dich das freut. Doch so ganz problemlos ist das leider nicht.« Tümmler besaß ein ziemlich sicheres Gespür für Komplikationen. »Wohl hat auch dieser Leitmann eine Frau – doch die zu besteigen ist kaum zumutbar; nicht für mich. Und die dortige Magd hat er bereits für sich reserviert; mich sogar davor gewarnt, ihm dabei in die Quere zu kommen.«

»Hat er nicht auch, wie ich gehört habe, eine Tochter?«

»Na – und was für eine! Eine schöne Kuh; bestens im Fleisch, noch dazu mit entsprechenden Eutern ausgestattet. Doch auch bei der hat sich dieser Leitmann jeden Annäherungsversuch vorsorglich verbeten. Die, hat der mir erklärt, ist nicht zum Vernaschen da – die ist seine Erbin, will also geheiratet werden. Aber doch nicht von mir, Mensch!«

»Kommt Zeit, kommt Rat«, empfahl ihm Warnhagen einfühlsam. »Zunächst einmal solltest du bei dem auf sogenannte höhere Werte spekulieren. Was sich gewiß ermöglichen lassen wird – bei den von uns gehorteten Vorräten.«

»Ziemlich bequem sogar. Der ist bereit, mich liebend gerne bei sich aufzunehmen, und zwar offiziell als Stallknecht. Das, versteht sich, mit einwandfreien, vordatierten Entlassungspapieren; wie du das angeregt hast. Jedenfalls haben wir einen gepflegten Aufenthalt von zunächst sechs Wochen vereinbart – und in dieser Übergangszeit dürfte dann hier der große Dreck vorbei sein. Dafür hat er folgendes Angebot akzeptiert: Zehn Kilo Butter, dreißig Fünfhundertgramm-Konserven mit Schmalz, Schweine- oder Rinderfleisch, zwölf Flaschen Cognac oder Branntwein – und dann noch zweihundert Liter Benzin.«

»Kleine Fische – für dich«, wußte Warnhagen.

»Zumal ich jetzt sogar noch größere Teile eines weiteren hier gestrandeten Vorratslagers in Aussicht habe. Das gegen Lieferung von Entlassungspapieren; also mit Stempel und Unterschrift in Soldbüchern oder Wehrpässen.«

»Wobei du«, reagierte Warnhagen ganz sachverständig, »auf möglichst einwandfrei aussehende ärztliche Gutachten achten solltest.«

»Dafür habe ich bereits einen Stabsarzt ausgemacht – in dieser völlig überfüllten Heeresflakschule bei Schoenau. Und der ist sogar gewillt, einigermaßen preiswert zu arbeiten – pro Gutachten eine Flasche möglichst französischen Cognac, aber auch Asbach-Uralt oder so was.«

»Mache das«, ermunterte ihn Warnhagen anerkennend. »Lassen wir nun möglichst nichts aus. Achten wir dabei auf alles, was sich uns eventuell in den Weg stellen könnte – was rechtzeitig erkannt wird, läßt sich auch rechtzeitig bereinigen. Wenn die Amerikaner kommen, müssen wir bereits im richtigen Boot sitzen.«

»Du bist ja ein ganz schlauer Fuchs, Horst-Heinz! Aber eben auch mein Freund – wohl deshalb, nehme ich an.«

»Nun ja, wir sind nun mal befreundet«, bestätigte der Oberleutnant. »Doch was sich damit wirklich veranstalten läßt, muß sich erst noch herausstellen.«

Der Lebenslauf des Erich Wienand
Vierter Teil

1899 war er 13 Jahre alt. Und die letzten drei Jahre davor – mit Ausnahme aller Ferien und Feiertage – hatte er bei seinen Großeltern in Berlin verbracht. Das jedoch nicht in deren sogenannter ›Studentenbude‹. Vielmehr hatte Urmutter Emma für ihn, ›ihren lieben Kleinen‹, ein Bett in jenem Zimmer aufstellen lassen, das sie mit Großvater Alfred bewohnte.

Von diesem Raum existierte eine Fotografie, welche von Konstanze Reibert nahezu ein halbes Jahrhundert danach bei Erich Wienand aufgespürt worden war. Das Foto hatte in irgendeiner Ecke gelegen, in einem schmalen Karton mit wenigen uralt anmutenden Dokumenten. Es zeigte einen nahezu saalartig anmutenden Raum, mit einem mächtigen Tisch in der Mitte; die Wände waren vollgestellt mit Regalen, in denen sich Legionen von Büchern befanden. Die Betten, in drei Ecken gestellt, wirkten dagegen schmal und klein.

Ein weiteres Foto zeigte einen Kellerraum: vollgestellt mit Geräten, Apparaturen, Versuchsanordnungen, Meßinstrumenten, Rechentafeln. Das war ›Die Werkstatt‹ eines geborenen Erfinders; und bei aller scheinbar verwirrenden Vielfalt existierte dennoch eine ganz bewußte Ordnung. Jedenfalls erwies sich, daß der seltsame Großvater offenbar in seinem Wohnbereich gleich über zwei stattliche Räume verfügte: ein Studierzimmer und ein Experimentalstudio.

Darüber hinaus hatte diese gewiß tüchtige Konstanze Reibert mit dem ihr eigenen sicheren Instinkt für alles Brauchbare ein kleines, schmales Bändchen aufgespürt, welches den Titel trug: ›Aus großer Zeit. Erinnerungen eines deutschen Ingenieurs.‹

Der Verfasser war ein gewisser Professor Doktor Emanuel Merker, der sich als Erbauer von stattlichen Eisenbahnbrükken in aller Welt einen guten Namen gemacht hatte. Doch eben der hatte während seiner Studienzeit in Berlin zu jenen von der Familie Goldack betreuten Studenten gehört.

»Goldack, Steinstraße, beim Kurfürstendamm, galt, mit Recht, als eine allerbeste Adresse für Studierende, welche wie ich aus einfacheren Verhältnissen kamen: gediegen, solide, mit Familienanschluß und Vollpension; für Reichsmark sechzig monatlich. Es war niemals ganz leicht, an einen jener vier bis sechs zur Verfügung stehenden Plätze heranzukommen. Doch wer dann dort gelandet war, wollte auch dort bleiben. Und das wahrscheinlich nicht wegen der Preiswürdigkeit.

›Mutter Emma‹, wie sie mit gebotenem Respekt genannt wurde, doch gewiß auch nicht ohne herzliche Zuneigung, behandelte uns wie ihre eigenen Kinder; also ebenso liebevoll wie streng, doch stets gerecht. Sie achtete auf Sauberkeit, sorgte für Ruhe, verköstigte uns geradezu verschwenderisch. Sie war gleichermaßen von gemüthafter Herzlichkeit, wie aber auch von mütterlicher Kraft. Sie vermochte dabei mindestens ein Dutzend Menschen, welche sie stets umwimmelten, fröhlich souverän zu bändigen.

Deren Mann jedoch, Alfred Goldack, ›der Werkmeister‹, war im Vergleich zu ihrer robusten Entschiedenheit ein eher kleiner, fast zierlicher Mensch. Ungemein wortkarg; das selbst dann noch, wenn er nach einem herzhaften Abendessen bei uns in der großen Küche saß – dabei zumeist vor sich ein Viertelliter Frankenwein. Doch er erblühte, sobald wir Studenten ihn um seinen Rat baten; in Besonderheit jene, die sich der Technik verschrieben hatten. Denn für die, mithin also auch für mich, erwies er sich als eine wahre Fundgrube praktischer Erkenntnisse – speziell in Physik, Mathematik, Meßtechnik. Von ihm habe ich wohl weit mehr gelernt, als von so manchen der Professoren an unserer Unversität. Denn sein Vermögen, so gut wie alles deutlich zu vereinfachen, auf die klarste Grundformel zu bringen, war absolut einzigartig.

Dort existierte dann auch, damals um die Jahrhundertwende, erinnere ich mich, ein Knabe namens Erich. Vermutlich ein Enkelkind der verehrten Goldacks, welches dann, wenige Jahrzehnte später, als eine Art Dichter in Erscheinung treten sollte. Ohne zu dessen Werken irgendwie Stellung beziehen zu wollen, kann ich nur sagen, damals war er ein kleiner, bescheidener, sich sehr zurückhaltender Junge. Zumeist saß er nur da, wenn auch stets aufmerksam; doch wohl am liebsten unmittelbar bei seinem Großvater. So was gewiß, ohne dessen technisches Genie zu begreifen vermögen. Denn nicht das geringste davon war später, soweit mir bekanntgeworden ist, in dessen Büchern irgenwie vorzufinden.«

Damals besuchte Erich Wienand das Kaiser-Wilhelm-Gymnasium in Berlin-Charlottenburg. Wohl schien er sich auch dort als recht eigenwilliger Schüler zu erweisen, seine Noten jedoch glichen sich langsam an. Seine Zeugnisse, vermutbar auch zur Befriedigung seines Vaters, erwiesen sich als brauchbarer Durchschnitt. Und in einem der letzten war nachzulesen:

›Der Schüler E. W. darf sehr wohl als recht begabt bezeichnet werden, wenn es ihm auch an beständiger Konzentration mangelt. Auch ist sein Gemeinschaftsgefühl als nicht ausgeprägt genug festzustellen. Er neigt dazu, sich abzusondern; speziell bei körperlichen Ertüchtigungsübungen. Doch abgesprochen darf ihm ein intensives Bemühen, sich anzugleichen, nicht werden.‹

Soweit und wohl nicht ganz ungut. Selbst Landgerichtsrat Wienand zeigte sich bereit, solche Ergebnisse durchaus für einen Erfolg zu halten. Den er dann auszubauen und zu vertiefen beabsichtigte – bei allen günstigen und auch genutzten Gegebenheiten: die Ferien – Ostern, Pfingsten, Sommer, Weihnachten und Neujahr. Denn diese hatte der Junge Erich, vereinbahrungsgemäß, in seiner Familie zu verbringen. Also – in Priesnitz in Pommern.

Hierzu glaubte dann, Jahrzehnte danach, sein gewiß sachverständiger zwei Jahre älterer Bruder Hermann, nun mehr bereits General a. D., einiges von seinen Erkenntnissen von sich geben zu müssen.

»Nicht etwa, daß ich nun gleich sagen will, daß mir damals unser so schön-sanftes Muttersöhnchen irgendwie verwandelt vorgekommen ist. Doch immerhin gab er sich ganz erhebliche Mühe; er gebärdete sich geradezu familienfreundlich, legte nahezu angestrengt Wert darauf, nicht zu mißfallen. Das sogar mit einigem Einfallsreichtum. Er durchstöberte alle irgendwie erreichbaren Bücher, sogar Vaters Gesetzbücher und dessen juristische Fachzeitschriften.

Wahrlich nicht ungekonnt, wie er sich etwa damals an Vater heranwieselte. Er besuchte dessen Landgerichtsverhandlungen, saß dort aufmerksam da, mit geradezu stundenlanger Ausdauer. Um dann Erklärungen zu erbitten; Aufklärungen. Was mit Wohlgefallen zur Kenntnis genommen wurde – ein lieber, aufmerksamer Sohn kam zum Vorschein. Hinzu kam aber noch, daß er auch, bei jeder sich bietenden Gelegenheit, um Mutter herumflankierte, für sie Wasser trug, Holz hackte, ihr beim Kochen aufmerksam zusah. Er schien sich sogar darum zu bemühen, an meiner Welt einigen Anteil zu nehmen.

Das etwa dann, als mir die ehrende Aufgabe zuteil wurde, ein vorbildliches Völkisches Jungendheim einzurichten. Auf dessen Wänden waren – neben Reichskriegsflagge, Wimpel und Wappen – auch sehr deutsche, gewissermaßen kerndeutsche Sprüche anzubringen. Mir diesbezüglich behilflich zu sein, brauchte ich Erich erst gar nicht sonderlich zu bitten. So was lieferte der mir, wie im Handumdrehen; und durchaus wirkungsvoll, muß ich wohl feststellen.

Kernsprüche wie diesen: ›Deutsche Jugend – deutsche Tugend – niemals verneint – stets vereint.‹ Weiter dann so was: ›Ein Deutscher fragt nicht – er weiß – sein Herz ist klar und heiß.‹ Schließlich auch dies: ›Diese Welt wird genesen – am deutschen Wesen.‹

Und so weiter in dieser Preislage! Wenn auch von mir schöpferisch angeregt, so doch von ihm formuliert – überaus brauchbar damals. Seine Parolen jedenfalls brachten mir erhebliche Anerkennung ein – und er lächelte über meine Freude. Reichlich hinterhältig – habe ich nun wohl zu vermuten.«

Als sich Erich Wienand wieder einmal in seinem Keller aufhielt, erschien bei ihm der Polizeimensch Straßner aus Schoenau. Unangekündigt.

Er stieg zu ihm hinunter. Stufe um Stufe, die Kellertreppe abwärts – wobei er besänftigend ausrief: »Bitte, Herr Wienand, keinerlei Beunruhigung meinetwegen! Ich gedenke Ihnen lediglich einen kleinen, freundschaftlichen Besuch abzustatten.«

Was dabei Straßner zunächst allein zu interessieren schien, war dieser Kellerraum. In dem begann er sich umzusehen; mit verschleierten, doch scharf beobachtenden Augen. Um dann nahezu anerkennend festzustellen: »Gut so, Herr Wienand! In diesem Raum sind Sie einigermaßen sicher. Denn zu dem führt ein Hintereingang; außerdem existiert hier auch noch ein Notausgang – durch die Kellerfenster ins Freie. Haben Sie den bereits ausprobiert?«

»Hätte ich das sollen, Herr Straßner?«

»Unbedingt!« stellte der fest; ganz erfahrener Fachmann. »In einer Situation wie der Ihren kann so was lebensnotwendig sein. Sie müssen hier jederzeit, und so gut wie uneingesehen, kommen und gehen, auftauchen und verschwinden können. Und so was sollten Sie sogar üben.«

»Nun, wenn Sie meinen...«

Der Polizeichef nickte lediglich – er schien sich gründlich in diesem Raum umzusehen, betrachtete Gegenstand nach Gegenstand. Worauf er dann weiterhin feststellte: »Eine recht gute Unterkunft, Herr Wienand. Sie erlaubt Ihnen eine gewisse Unauffälligkeit. Und hier sollten Sie auch bleiben.«

»Genau das, Herr Straßner, ist meine Absicht.«

»Das sagen Sie so«, stellte der nun fast streng verweisend fest. »Doch kaum sind Sie hier, beginnen Sie auch schon herumzuwandeln – kreuz und quer durch die Gegend.«

»Nur um mich ein wenig umzusehen – weiter nichts. Ein paar Gespräche mit einigen Nachbarn…«

»Dabei haben Sie aber auch, Herr Wienand, einen sogenannten direkten Kontakt aufgenommen – und zwar mit dem hier örtlichen Geistlichen, Breisgauer. Den haben Sie mehrmals besucht, mit dem offenbar längere Gespräche geführt. Warum?«

»Dabei hat es sich lediglich um Glaubensfragen gehandelt. Ich gedachte, als evangelischer Mensch, die Positionen der katholischen Kirche ein wenig näher zu ergründen. Das vielleicht mit der Absicht, mich dieser Institution möglicherweise anzunähern.«

»Ein Argument«, stellte der Polizeimensch fest, »das sich derzeit aber gar nicht gut anhört. Wußten, ahnten Sie denn nicht, daß dieser Geistliche scharf überwacht wurde? Aber eben damit auch Sie beide; gleichzeitig.«

»Ist das – schlimm?« fragte Wienand gekonnt naiv.

»Das könnte sogar reichlich fürchterlich sein – oder werden«, stellte Straßner unnachsichtig fest. »Zumal dieser Geistliche inzwischen einkassiert und abgeführt worden ist. Wissen Sie, warum?«

»Nein«, leugnete Erich Wienand, einigermaßen tapfer, was ihm jedoch gar nicht leichtfiel. Er wußte um seine Schwächen.

Der Polizeichef von Schoenau und Umgebung verengte nun seine klugen Augen spaltbreit; wohl um darin keine bedrohliche Forderungsentschlossenheit erkennbar werden zu lassen. »Doch immerhin dürfte Ihnen bekannt sein, wer den vereinnahmt hat.«

Mit dieser Auskunft mußte da wohl Wienand dienen. »Dabei könnte es sich vermutlich um Gauamtsleiter Dr. Großer, München, handeln. Der hatte auch mich aufgesucht.«

»Um was von Ihnen zu wollen?«

»Der behauptete lediglich wissen zu wollen, wie es mir geht. Dabei zeigte der sich sogar ungemein hilfsbereit; doch ich fühlte mich nicht veranlaßt, seine Hilfe irgendwie in Anspruch zu nehmen.«

»Dabei nichts, was Sie unterschreiben sollten? Keine direkte Bedrohung – etwa im Zusammenhang mit Geisberger? Nein? Klingt nicht unglaubhaft, eben irgendwie zeitgemäß. Für den sind Sie jetzt möglicherweise ein vergoldetes Kalb – aber irgendeinen Sündenbock mußte er vermutlich einbringen.«

Dabei krochen in den Kellerraum letzte Sonnenstrahlen des Tages hinein, auf sie zu, erreichten alsbald nur noch ihre Füße. Die schnell anschleichende Dämmerung hüllte ihre Gesichter wie in Schleier ein, die ihnen die klare Sicht aufeinander zu nehmen drohte.

Straßner stellte eine Frage: »Weiß womöglich dieser Geistliche irgend etwas von Ihnen, was für Sie irgendwie gefährlich werden könnte?«

»Nichts, was mir bekannt wäre«, hörte sich Wienand sagen. Er war wie hin und her gerissen zwischen bereitwilliger Verpflichung, ergebener Absicherung, ersehnter Hoffnung. Aber diesmal weigerte er sich, das zu sagen, was er wußte.

»Verdammt noch mal, Mann!« rief nun Straßner mit ehrlich klingender Empörung aus. »Ich will nicht gleich vermuten, daß Sie mich anlügen. Doch daß Sie mir dabei etliches zu verschweigen versuchen, spüre ich; instinktiv. Aber wie kann ich Sie abschirmen, absichern, wenn Sie mit mir derartige Ausweichspiele zu betreiben versuchen!«

»Vielleicht, Herr Straßner, bin ich lediglich darum bemüht, Ihnen einiges zu ersparen.«

»Sie – mir? Absurd! Vermögen Sie denn nicht die Gefahr zu erkennen, die da auf Sie zugekommen ist? Denn Geisberger, der bereits uralte, ungemein schwächliche Geistliche, wird unter massiven Druck gesetzt, dem er wohl kaum gewachsen sein dürfte. Mithin wird er einfach alles ausspucken, vermischt mit Blut, was man von ihm wissen will – darunter auch einiges, ist anzunehmen, das auch Sie belasten könnte. Was dann bedeutet: Ihre erneute Vereinnahmung, Abtransport in Richtung KZ. Wollen Sie das?«

»Nein.«

»Dann gibt es noch eine andere Möglichkeit: Dieser Geistliche läßt sich zusammenschlagen, zu Brei verarbeiten, friedhofsbereit machen. Wollen Sie das?«

Wienand verstummte. Abermals. Lange anhaltend.

Polizeichef Straßner begab sich nunmehr zur Kellertreppe. Doch bevor er sie hinaufstieg, sagte er fast befehlend: »Falls hier jemand einzudringen versucht, dann flüchten Sie – tauchen Sie unter. Suchen Sie sich bei Ihrem nächsten Spaziergang ein geeignetes Versteck. Lassen Sie sich von Ihrer Frau meine Telefonnummer geben. Und nun – viel Glück.«

Erich Wienand brauchte nicht einmal mehr zu nicken. Der Chefpolizist von Schoenau entschwand, während er sich beeilte, die dicken, bereitwilligen Verdunklungsvorhänge an seinen Kellerfenstern anzubringen.

Nun war es, als wäre Nacht um ihn.

5.

In den Abendstunden dieses Tages, Mitte April 1945, traf in Schoenau eine Art Ablieferungskommando ein. Es wurde angeführt von einem Leutnant des Heeres namens Schwarzdorf; den begleiteten ein Feldwebel, ein Unteroffizier, zwei Gefreite. Sie transportierten in einem klappernden Lastwagen zwölf Menschen durch die Gegend. ›Hochwichtige Fracht!‹ war ihnen bedeutet worden.

Diese sogenannte ›Fracht‹ bestand aus Noch-Lebewesen, welche in sträflingsähnliche Anzüge gehüllt waren. Sie hockten auf den nackten Planken des verdeckten Fahrzeuges, dicht aneinandergedrängt. Ihnen war strengster Befehl erteilt worden, nicht hinauszuschauen, auch nicht durch die Ritzen der Zeltplane. Das waren für kriegswichtig erklärte KZ-Insassen – unter ihnen auch Juden; vermutbar dringend benötigte, also zum Einsatz zu bringende Wissenschaftler für elektronische Luftwaffenzielgeräte – als solche zu überstellen an eine Forschungseinheit im Raum von Nürnberg.

Doch der Zielort für diesen Transport, Nürnberg-Süd, zumindest der Raum darum, war inzwischen bereits von den Amerikanern besetzt oder eben abgeschnitten worden; ließ sich also nicht mehr erreichen. Somit begannen für dieses als kriegswichtig bezeichnete Unternehmen etliche immer unangenehmer, unbequemer werdende Irrfahrten. Wobei dessen Transporteure alsbald nur noch darum bemüht, nahezu wie versessen darauf waren, diese ihnen heikel-fragwürdig gewordene Fracht irgendwo loszuwerden. Um sich dann abzusetzen, aufzulösen, zu verschwinden.

Nunmehr waren sie in Schoenau angekommen, wo der verantwortliche Transportführer Leutnant Schwarzdorf erneut ›sein Glück‹ versuchte. Dabei wandte er sich zunächst einmal, was er für einfallsreich hielt, an die örtliche Polizeistation – um der seine Fracht, listenreich gedacht, als ›zu überstellende Strafgefangene‹ anzudrehen. Doch dabei war er ausgerechnet an einen Straßner geraten – und der meinte lässig abwimmelnd: »Aber ich bitte Sie, Herr Leutnant – bei uns ist so was nicht zu machen! Denn einmal sind wir völllig überfüllt und außerdem für einen militärischen Transport nicht zuständig.«

»Wer aber dann?«

Ratschläge gab Straßner immer gern, zumal dann, wenn sie ihn nichts kosteten. »Da Sie zur Wehrmacht gehören, Herr Leutnant, sollten Sie sich an den Stadtkommandanten wenden; neuerdings haben wir hier einen von dieser Sorte, vielleicht fühlt er sich zuständig. Na, und wenn nicht, dann könnten Sie ja Ihr Glück bei der Heeresflakschule versuchen. Irgend jemand wird da schon anbeißen – wir jedenfalls nicht.«

Als sie dann mit ihrer Fracht nach einigen Kilometern beim Ausbildungslager von Schoenau angekommen waren, wurden sie nicht hineingelassen. Am Tor erschien ein wachhabender Offizier; er musterte den Transport und die dazugehörenden Papiere. Worauf er dann mit höflichem Bedauern, doch sehr entschieden erklärte:

»Tut mir sehr leid, Herr Kamerad, aber wir sind völlig überfüllt. Bei uns stauen sich, bereits seit Tagen, jede Menge von Einheiten; sogar Turnhalle, Keller- und Kantinenräume sind voll belegt. Möglicherweise könnten wir Sie, Ihre Männer und Ihr Transportfahrzeug gerade noch aufnehmen. Doch die von Ihnen Mitgebrachten nicht; unter keinen Umständen.«

Als danach dieses Frachtunternehmen bei der Standortkommandantur ankam, belehrte sie ein Schild, daß dieser Verein offiziell geschlossen war – Dienststunden von 09.00 bis 12.00 und von 15.00 bis 18.00 Uhr. Doch nun begann sich dort der Leutnant Schwarzdorf Zugang zu ertrommeln; reichlich übermüdet und gereizt, empört über diese verständnislosen Zumutungen, denen er sich seit Tagen schon ausgeliefert fühlte. Worauf dann der Stellvertreter des Stellvertreters erschien. Gleichfalls ein Leutnant.

Und der erklärte betrübt verweisend: »Offenbar wissen Sie gar nicht, Herr Kamerad, was hier wirklich los ist! Wir sind absolut überfordert; dennoch bemühen wir uns, stets hilfsbereit zu sein. Bei uns jedoch können wir Ihren Haufen nicht aufnehmen. Denn hier müssen nun selbst schon Offiziere und manchmal sogar drei im gleichen Raum übernachten. Doch immerhin – eine gewisse Verpflegung könnte sich ermöglichen lassen.«

»Na, wenigstens doch etwas! Verpflegung für wie viele Tage?«

»Aber ich bitte Sie, Herr Kamerad – unsere Vorräte gehen mit rapider Schnelligkeit zu Ende! Doch entgegenkommend wie wir sind, gedenke ich Ihnen eine gute, große Tagesration anzubieten. Sagen wir mal, und ich will da nicht kleinlich sein, pro Mann: 200 Gramm Brot, 20 Gramm Butter, eine halbe Dose Schweinefleisch, also 125 Gramm. Dazu dann noch eine Flasche Rum – diese aber, versteht sich, allein für Sie und Ihre Soldaten; keinesfalls für die von Ihnen transportierten Leute. Doch das ist wohl schon das Höchste an Kameradschaft, was ich Ihnen zuzuschanzen vermag. Gegen Quittung, versteht sich. Ansonsten jedoch läuft hier nichts.«

»Keine Übernachtungsmöglichkeit?«

»Keine! Kampieren Sie, empfehle ich Ihnen, irgendwo im Freien, etwa in Nähe einer Scheune oder so. So was ist schließlich inzwischen durchaus zumutbar, in dieser Jahreszeit, wo die Nächte immer milder werden. Doch dabei erlaube ich mir Ihnen zu raten, Sumpfgebiete zu meiden. Dort bilden sich heimtückische Nebel, die sich auf die Lungen schlagen können. Sieg Heil also, Herr Kamerad – oder eben viel Glück, damit Sie ihren Ballast endlich loswerden.«

Leutnant Schwarzdorf begab sich danach mit seinen Männern – welche die zwölf von ihnen transportierten Leute scharf beobachteten – angeregt in das südliche Gelände von Schoenau. Dort ließen sie sich bei einem Schuppen am Rande einer Wiese nieder. Der Transportführer ordnete an, ein mäßiges Holzfeuer zu entzünden, um die Konserven zu erwärmen; Wasser für einen Tee auch. Doch dabei wurden sie von einer Streife gestört.

Vor ihnen bauten sich zwei Mann auf, hochbewaffnet mit

Maschinenpistolen. Massig standen die da und versuchten offensichtlich bedrohlich zu wirken. Sie verkündeten: »Hier werden keine Eindringlinge geduldet. Dieser Bereich ist allein uns zugewiesen. Befehl vom Chef!« Von irgendeinem; wovon es wohl unendlich viele gab.

»Richten Sie Ihrem Chef aus«, reagierte Leutnant Schwarzdorf abwehrend erregt, »er kann mich mal – am Arsch lekken!«

»Das werden wir ihm ausrichten, Herr Leutnant – genau!«

»Er soll sich hier gefälligst nicht einmischen – sagen Sie ihm das auch! Oder sollte er unbedingt scharf darauf sein, einige Leichen auf seinem Gewissen zu haben? Doch wohl kaum anzunehmen – was?«

Als dann dieser verdoppelte Streifenposten, nicht ohne bedrohliches Gemurmel von sich gegeben zu haben, verschwand, hockte sich der Leutnant Schwarzdorf ein wenig abseits auf einen Baumstumpf. Nachdenklich betrachtete er seine Soldaten, in Besonderheit seinen Feldwebel. Sodann die zwölf von ihnen antransportierten Gestalten – eingehüllt in sackartige Gewänder; zitternd, verstört, unendlich ergeben zugleich; kaum noch fähig, irgendeinen Bissen zu sich zu nehmen. Sie froren entsetzlich; wie aber der Leutnant ja auch – entgegen den Ansichten von behausten Soldaten waren diese Nächte immer noch sehr kalt.

Schwarzdorf erhob sich, wie in dem Verlangen, sich die steifgewordenen Füße wieder locker zu treten. Sein Feldwebel – er hieß Krüger, Adolf, wie dann in späteren, gerichtsartigen Protokollen festgestellt wurde – folgte ihm. Ohne eine Aufforderung dazu erhalten zu müssen.

Sie begaben sich bedächtig über die Wiese zu einem Birkenwaldrand hin. Doch unmittelbar davor befand sich ein tiefes mooriges Gewässer; dunkel glänzend. Und in das pinkelten sie zunächst einmal, dicht nebeneinanderstehend, hinein.

»Die müssen wir loswerden«, stellte der Feldwebel behutsam überzeugt fest. Womit er, völllig unverkennbar, diese ihre ›Fracht‹ meinte. »Denn anders kommen wir hier einfach nicht weiter.«

»Könnte sein«, stimmte Schwarzdorf dunkel ergeben zu. »Aber – wie?«

»Sie brauchen doch da nur zu befehlen, Herr Leutnant – was auch immer. Und das machen wir dann; ich mit meinen Männern.«

»Muß wohl sein«, bestätigte der, dunkel schicksalsbewußt.

Was alsbald danach, da eben für unvermeidlich gehalten, tatsächlich stattfand. War wohl im Grunde nichts wie dies: die Erledigung von Überflüssigen, die nirgendwo sonst unterzubringen waren.

Diese armseligen Kreaturen landeten dann auch in einem tiefen teichartigen Sumpf. Mitten in einer überaus idyllisch anmutenden Landschaft: frisch belaubte Birken in zierlichen Formen dahinter, davor eine sattgrüne Wiese, die wie ein dicker Teppich war. Und darüber, am klaren Frühlingshimmel, leuchteten die Sterne; gruppiert um den Großen Wagen, der in all seiner Pracht deutlich erkennbar war.

Dabei brauchten sich diese hier Erledigten ihr Grab nicht selbst zu graben, wie das oftmals gemeinhin üblich war. Diese zwölf Menschen sanken ein. Wortlos gingen sie im Moor unter.

Unter ihnen befanden sich jedoch – wie sich dann später herausstellen sollte – einige sogenannte ›Leuchten der Wissenschaft‹. Dabei auch ein ehemaliger Assistent von Albert Einstein, dem es sogar gegeben gewesen war, dessen ›Feldtheorie‹ fast mühelos und auch einleuchtend zu erklären. Weiter zwei von dessen Schülern, ein nobelpreisverdächtiger Chemiker sowie ein Ballistiker von Weltruf. Eine Elite sondersgleichen, die hier nun ihr Ende fand.

Der Feldwebel hatte ein Maschinengewehr in Stellung gebracht und es auch persönlich bedient. Die anderen Soldaten brauchten sich nur noch als Leichentransporteure zu betätigen; moorgrubenwärts. Dabei aber waren jene, die noch zu leben schienen, drei, durch Genickschuß zu erledigen. Dazu entschlossen sein zu müssen, fühlte sich der Leutnant Schwarzdorf verpflichtet.

»Das«, sollte er dann später hochüberzeugt sagen, »war

ein Vorgang von zwingender Notwendigkeit, welcher ganz gegen seinen Willen erfolgte, doch aufgrund von Anregungen und Anordnungen von Offizieren, in Besonderheit der Ortskommandantur. Wenn ich so was nach längerem Zögern dann auch ausgeführt habe, dann wohl nicht zuletzt, weil ich das als eine Art Gnadenakt angesehen habe. Allein deshalb, damit diese armen Menschen nicht noch länger leiden mußten.«

Doch dieser Ort der Tötung und Versenkung befand sich in unmittelbarer Nähe des Welpenhofes; zwischen dessen Grenze und jener des Nachbarhofes – des Bauern Leitmann.

Doch immerhin: Das alsbald aufglühende Morgenrot des nächsten Tages mutete geradezu prächtig an. Es beleuchtete auch diesen Schauplatz, der nun ungemein friedlich erscheinen wollte. Denn er war frei von Menschen.

Am frühen Vormittag des nächsten Tages begab sich der Oberleutnant Horst-Heinz Warnhagen – von Frau Elvira liebevoll und alsbald ungemein befriedigend geweckt – in die großräumige Küche des Welpenhofes. Dort stand ein Frühstück für ihn bereit. Und dazu Elfie, die ihn sichtlich erwartete.

»Wie schön, Sie zu sehen«, rief er bei ihrem Anblick mit freudiger Munterkeit aus. »Damit beginnt dieser Tag gut; sehr gut sogar. Nichts was erfreulicher wäre, hätte ich mir wünschen können, gnädiges Fräulein; liebe, verehrte Elfie.«

Sie blinzelte ihn mit ihren rehsanften sehgeschwächten Augen beglückt an; noch keinesfalls voll entgegenkommend, vielmehr zurückschreckend. »Ich habe mich bemüht, von meiner lieben Mutter dazu angeregt, Ihnen ein gutes Frühstück zu bereiten. Und ich hoffe sehr, daß mir das auch gelungen ist.«

Davon, versicherte er, wäre er überzeugt. Sie setzten sich nebeneinander auf jene Bank, die um den Tisch bei den Fenstern gruppiert war. Wobei er es wohl für angebracht hielt, eine ihrer Hände zu berühren. Doch Elfie zog sie fast hastig zurück, als habe sie ein glühendes Eisen ertastet.

»Ich bitte Sie!« bekannte sie nun wonnig erschaudernd, »wer bin ich schon?«

»Aber genau diese Frage, meine liebe Elfie, gedachte auch ich Ihnen zu stellen. Wer bin ich denn schon?«

»Sie sind, für mich, ein absolut ungewöhnlicher Mensch!«

»Leider bin ich das nicht«, versuchte er Elfie mit einigem Eifer aufzuklären. »Mein Gesicht weist keinerlei Besonderheiten auf, auch meine Gestalt will mir alles andere als irgendwie stattlich anmuten – ich komme mir ziemlich mittelmäßig vor.«

Sie blickte ihn anhimmelnd an. Denn für sie war er Siegfried, der Reine, zugleich auch Lohengrin, der mit dem Schwan; beides wie in einer Person. So wollte sie ihn sehen; und so sah sie ihn auch.

»Auf angebliche Äußerlichkeiten, meine Liebe, kommt es doch dabei gar nicht an. Das ist bereits schon in den Büchern Ihres verehrten Herrn Vaters nachzulesen: Nicht das ist wichtig, was ein Mensch zu sein scheint – allein entscheidend, was er in sich bedeutet.«

»Vater weiß gewiß sehr viel von menschlichen Möglichkeiten.«

»Und eben deshalb hat er auch festgestellt: Letzten Endes allein entscheidend sind innere Werte – nur diese sind zeitlos.«

»Und das, Horst-Heinz – vermuten Sie bei mir?« wollte sie von ihm wissen. Von unaufhaltsamen Glücksgefühlen wie überrannt.

»Dem ist so«, versicherte er ihr. »Wir verstehen uns.« Wobei er sie sehr behutsam an sich zog, also nicht gleich besitzergreifend-männlich, mehr freundschaftlich-herzlich. »Und das, Elfie, empfinde ich als beglückend, als überaus vielversprechend. Empfindest du das auch?«

»Ja«, gestand sie ein. »Irgendwie.«

Dabei verspürte er deutlich, ohne dafür sonderliche Feinfühligkeit zu benötigen, was sie nun behrrschte – eine sie verwirrende Vermischung aus Scheu und Entgegenkommen, Fluchtbereitschaft und Zuneigung. Mithin hielt er es für verfrüht, sie jetzt schon innig besitzergreifend zu umarmen; das konnte erst später kommen; vielleicht beim Abendspaziergang, den er bereits geplant hatte.

»Wir müssen nun bemüht sein, das denkbar Beste aus unseren Gefühlen füreinander zu machen. Daß auch du dazu bereit bist, meine liebe Elfie, empfinde ich nun – sehr stark.«

Nunmehr gedachte der Chef jener beim Welpenhof in Stellung gebrachten Flakbatterie, also Oberleutnant Heinz-Horst Warnhagen, seinen Soldaten in der Feuerstellung entgegenzuschreiten, aufmunternd. Er kam von seiner als wahrhaft idyllisch zu bezeichnenden, ungemein vielversprechend anmutenden Frühstücksbegegnung mit dieser kleinen Elfie – erfüllt von nachgenossener Zufriedenheit.

Dabei prallte er jedoch gleich im Obstgarten auf Unteroffizier Tümmler. Und der schien ziemlich besorgt, stand den Weg blockierend da, einem Warnsignal gleich.

»Versuche mir da nichts zu vermiesen!« rief ihm Warnhagen ahnungsvoll zu. »Denn so siehst du aus – wie ein Unglücksrabe! Dabei läuft hier doch einfach alles bestens; wie von uns besprochen, geplant. Oder etwa nicht?«

»Oder etwa nicht«, sagte der mit dunklem Echo. »Hast du denn nicht in der vergangenen Nacht in unserer näheren Umgebung Schüsse gehört? Von einem Maschinengewehr, in schneller Folge; wenn auch kaum mehr als eine Minute lang? Unmittelbar danach hat noch irgend jemand ein ganzes Pistolenmagazin leergeballert.«

»Na, wenn schon«, stellte Warnhagen fest; zunächst weder verwundert oder gar beunruhigt. »Vermutlich hat sich da irgendeine Einheit in der Nachbarschaft bemerkbar gemacht. Dort möglicherweise ein total Besoffener, der völlig durchgedreht in die Gegend geballert hat. So was kommt schon mal vor; in letzter Zeit sogar öfter. Die Hauptsache jedoch wohl, von uns war keiner daran beteiligt.«

»Doch immerhin könnte es sich bei dieser nächtlichen Knallerei – vielleicht aber auch nicht, wer weiß – um einen ganz dicken Hund gehandelt haben. Möglicherweise sogar um einen, der uns unser schönes, wohlgeplantes Konzept versaut.«

»Nun werde mal sachlich, Mensch, Thomas!«

Worauf dann Tümmler, während sie freundschaftlich nebeneinander einherschritten, berichtete: »Kurz vor Mitternacht wurde von der Geschützstellung aus ein kleines Feuer gesichtet, eine Art Lagerfeuer, in einiger Entfernung – dann dem ›kleinen Karlemann‹ gemeldet. Worauf der zwei seiner Leute in Marsch setzte. Nur um sich abzusichern – zumindest so was hat der inzwischen gelernt.«

Bei diesem Karlemann handelte es sich um einen frischgebackenen Leutnant, der erst kurz zuvor eine Luftwaffenkriegsschule hinter sich gebracht hatte. Doch nun war er hier gelandet und prompt als Offizier für die Feuerstellung eingesetzt worden. Er kampierte in einem Zelt; während ein Warnhagen, vom Welpenhof aus, mehr über dem großen Ganzen schwebte.

»Na, und was glaubte denn da wohl unser kleiner Karlemann erkannt zu haben?«

»Eben nichts – so gut wie gar nichts. So dämlich ahnungslos ist der tatsächlich!«

»Das aber, Thomas, bist du nicht. Also weißt du vermutlich, ahnst zumindest, was dort geschehen ist – sein könnte. Was?«

»Möglicherweise die Liquidierung einiger Menschen – kurz vor oder nach Mitternacht. Das aber in unmittelbarer Nähe von unserem Bereich. Doch eben damit könnte hier nun die geradezu denkbar dickste Scheiße direkt vor unserer Tür liegen.«

»Langsam, nur langsam, Freund Tümmler! Von solchen Vorgängen wissen wir sozusagen offiziell nichts; nichts dergleichen ist uns gemeldet worden. Nichts davon« – er meinte mögliche Leichen – »kann gesehen werden.« Das stellte der Oberleutnant anweisend fest. »Schwierigkeiten, darüber müssen wir uns im klaren sein, und zwar solche jeder erdenklichen Art und Abart, wird es immer wieder geben. Doch eben diese darf man niemals unnötig oder gar leichtfertig ausweiten, vergrößern wollen. Wenn wir uns diesbezüglich einig sind, Freund Tümmler, kommen wir garantiert weiter.«

Wer hier nunmehr in Schoenau in Aktion trat, war dieser gewichtig große, sich unbeirrbar für bedeutsam haltende, davon auch überzeugte NS-Führungsoffizier, ein Hauptamtlicher, also Hauptmann Abendrot. Der suchte die Kreisleitung auf oder eben heim. Ein erklärter Politmensch, mit allen erdenklichen Wassern oder eben Abwassern seiner Weltanschauung gewaschen – was er für gesegnet hielt.

Hier angekommen begehrte er, mit forschtönender Forderung, den Kreisleiter zu sprechen – von dem er inzwischen wußte, daß er gar nicht mehr anwesend war. Was ihm ein Parteiverwaltungsmensch, beide Hände hebend, mit geradezu beschwörendem Bedauern bestätigte.

»Das darf doch ganz einfach nicht wahr sein!« schnaufte Maximilian Abendrot verächtlich auf. Doch immerhin war er ein Mann, der kaum noch sonderlich zu überraschen war; der mithin also wußte: Jede erdenkliche Sorte von elendiglichen, pflichtvergessenen Saukerlen gab es immer und überall. Auch in den eigenen Reihen; zu allen Zeiten, nun erst recht. Solche Mistviecher aber mußte man erledigen, falls irgendwie noch möglich; oder eben unverzüglich zur Tagesordnung übergehen.

»Wer ist als dessen Stellvertreter eingesetzt?«

»Zunächst ich, Herr Hauptmann. Der offizielle Stellvertreter des Herrn Kreisleiter ist jedoch der Herr Bürgermeister, unser Parteigenosse Breisgauer. Und der amtiert auch als stellvertretender Ortsgruppenleiter; da der Herr Ortsgruppenleiter selbst zum Wehrdienst eingezogen worden ist.«

»Das hier«, witterte Abendrot bereitwillig ahnungsvoll, »ist eine Stadt in alsbald unmittelbarer Frontnähe, doch ohne jede wirksame politische Führung. Wenn das aber tatsächlich zutreffen sollte, dann handelt es sich um einen Schweinestall sondersgleichen, der schleunigst ausgemistet werden muß.« Von ihm – wurde eindeutig suggeriert. Das sehr glaubhaft.

Worauf Hauptmann Abendrot unverzüglich Bürgermeister Breisgauer aufsuchte. Zu dem drang er energisch vor, stellte ihn in seinem Arbeitszimmer, knallte ihm die Papiere auf den Tisch. »Sehen Sie sich die mal an! Ganz genau – empfehle ich Ihnen!«

Was der tat, mit ihn alsbald beunruhigendem Erstaunen.

Denn da hatte er nun vor sich, vermochte er zu erkennen, einen der ganz großen Großdeutschen. Darauf wiesen dessen Papiere plakativ hin. Lebensgefährlich, jetzt wohl erst recht, so etwas nicht zu respektieren.

»Was also, bitte«, fragte daher der sich ungemein bedroht fühlende Bürgermeister entgegenkommend höflich, »kann ich für Sie tun?«

»Für mich – nichts. Für unsere Sache – einiges! Jedenfalls ungleich mehr, als bisher – soweit ich das jetzt schon übersehen kann.«

Der Bürgermeister fühlte sich wie gestellt, kam sich vor wie ein schwer angeschossenes Stück Wild, das in aufgespannte Netze hineingerannt war; einem letzten Käfig oder eben dem Verenden sehr nahe. »Ich will ja gern alles tun oder zu tun versuchen, was hier noch irgendwie getan werden könnte.«

»Wobei ich Ihnen gern behilflich sein werde; sozusagen von Parteigenosse zu Parteigenosse. Dafür ließe sich«, Abendrot unbremsbar weiter, »eine parteiinterne Vollmacht von der Gauleitung in München mühelos einholen. Und zwar dahingehend, daß ich hier nun sozusagen kommissarisch diese Kreisleitung übernehme.«

»Aber ja, ja – von mir wird das begrüßt. Doch was dann, Herr Hauptmann, Parteigenosse Abendrot, wäre hier zu erwarten – zu erhoffen?«

»Das Bemühen um eine totale Verteidigung! Hier werden wir Barrikaden errichten, uns feindlich gesonnene Elemente aufspüren, verläßliche Volksgenossen mobilisieren. Weiterhin werden wir mit allen in diesem Raum erreichbaren militärischen Einheiten zusammenarbeiten; sie dazu veranlassen, mit uns zusammenzuarbeiten. Diese kleine verschlafene Stadt werden wir in eine überzeugende Endsiegfestung unseres Führers verwandeln. Kapiert?«

»Jawohl«, bestätigte Breisgauer würgend.

»Gut, damit sind wir uns einig. Worauf Sie nunmehr veranlassen sollten, beschleunigt, daß mir hier zunächst einmal ein angemessenes Quartier zur Verfügung gestellt wird. Für mich; sowie einen Kraftfahrer und zwei Begleiter. Dafür könnte sich die Wohnung des bisherigen Kreisleiters anbieten. Ein vermutlich ziemlich stattliches Haus, was?«

»Das – geht in Ordnung.«

»Danach könnte ein Mittagessen erfolgen, ganz unter uns. Wobei ich Ihnen erlaube, mich einzuladen; zwecks besserem Kennenlernen. Doch unmittelbar danach hat dann eine erste Grundsatzbesprechung stattzufinden. Mit allen hier noch vorhandenen aktionsfähigen Kräften von Landratsamt und Stadtverwaltung sowie Kreis- und Ortsgruppenleitung; einschließlich Polizei. Klar?«

Breisgauer nickte nun bereitwillig. Er glaubte sogar einigen Anlaß zu haben, sich heimlich die Hände reiben zu können. Denn von seinem Amt als Stellvertreter des Kreisleiters war er nun erlöst worden zu seiner Erleichterung. Aber gewiß auch zu jener Straßners. Oder etwa doch nicht?

Denn dieser offenbar unbremsbare Abendrot webte unentwegt weiter an seinen Endsiegverteidigungsnetzen: »Zwei Grundziele: Scharfes Vorwärtsdenken und großes Reinemachen zugleich! Wir verwandeln Schoenau in eine Festung und spüren mögliche Feindgestalten auf, um uns den Rükken völlig freizuhalten.«

»Feindgestalten?« erlaubte sich Breisgauer fast ahnungsvoll zu fragen.

»Jede erdenkliche Sorte davon! Feige gewordene Parteigenossen ebenso wie volksfremde Elemente oder notorische Drückeberger. Dazu jene fragwürdigen Intellektuellen, denen stets und jetzt erst recht mißtraut werden muß. Etwa Ärzte, Erzieher, Geistliche. Wer sich nicht voll und völlig überzeugend zu uns bekennt – den legen wir fest oder eben um. Um ermunternd-abschreckende Exempel zu statuieren.«

Wobei Breisgauer den fatal-verwirrenden Eindruck hatte: Der schien damit solche von der Sorte Erich Wienand zu meinen! Was im Grunde gar nicht ungefährlich war. Wie, bitte, hatte er denn auf so etwas zu reagieren? Oder eben – Straßner.

Aus dessen nächsten Jahren – etwa bis 1902, als er inzwischen sechzehn Jahre alt geworden war – ließ sich nicht sonderlich viel nachweisen. Dazu existierten allerdings einige Aufzeichnungen von Gesprächen, die Konstanze Reibert mit der jüngsten Angehörigen der Goldack-Familie geführt hatte, mit einer gewissen Irene, der vielseitigen Verkäuferin. Diese hatte sich übrigens später mit einem Weltkrieg-Eins-Offizier verheiratet, der dann zur SA ging und dort Gruppenführer geworden war.

Nach den fleißig gesammelten Ansichten von Irene, geborene Goldack, verwitwete Quandt-Burgenländer, war ihr Mann noch im letzten Kriegsjahr an einer ›schweren Krankheit‹ gestorben. Wenn dabei nicht nur geflüstert worden war, daß der sich zu Tode gesoffen hatte – so war das wohl eine zutreffende Verleumdung mehr. In dessen Todesanzeige jedenfalls war nachzulesen: ›In aufopfernder Pflichterfüllung... für Volk und Vaterland... den Führer und das Reich...

Soweit, so gut – oder auch nicht. Keinesfalls uninteressant dabei waren einige weitere Bemerkungen dieser Irene. Speziell über Erich:

»Ein kleiner, an sich sehr liebenswürdiger, ungemein zurückhaltend anmutender Junge, den wir zunächst für außerordentlich bescheiden hielten. Er hockte zumeist in irgendeiner Ecke; fast immer mit einem Buch aus Vaters Bibliothek. Denn es war ihm erlaubt worden, alle dort vorhandenen Bücher zu benutzen; während wir anderen, in jedem Einzelfall, dafür um Sondergenehmigung ersuchen mußten.

Doch alsbald war erkennbar, daß dieser Kleine nicht nur allen Gesprächen um sich aufmerksam lauschte, er machte sich sogar seine Gedanken darüber. Offenbar entging ihm so gut wie nichts, was uns, die Menschen seiner Umgebung, beschäftigte. So etwa hatte uns Mutter Emma ausdrücklich erlaubt, wenn nicht gar fordernd angeregt, daß wir Kinder, Mädchen wie Jungens, jederzeit jemanden mitbringen konnten, der uns irgendwie nahestand, der uns beschäftigte, mit dem wir uns zu beschäftigen gedachten: Freunde oder Freundinnen, Arbeitsgefährten oder Bekanntschaften.

Wobei sich dann Erich – speziell in meinem Fall, vermute ich – alsbald einzumischen begann in meine privatesten Verhältnisse. Nun ja, ich war wohl nur wenige Jahre älter als er; dabei auch, wie ich glaube, von einer gewissen Ansehnlichkeit. Möglicherweise fühlte er sich zu mir hingezogen – zu mir als weiblichem Wesen, falls Sie verstehen, was ich damit sagen will. Dieser Junge war, irgendwie, frühreif.

Denn Erich pflegte die von mir mitgebrachten Freunde mit großer Aufmerksamkeit zu betrachten. Um dann sogar Urteile über sie abzugeben – nicht selten sehr deutliche. Wenn auch allein, vertraulich, mir gegenüber.

So erinnere ich mich noch ziemlich genau daran, daß er einen meiner Freunde, einen Volksschullehrer, etwa mit der Bemerkung bedachte: ›Das ist ein Chorsängertyp, mit Entschlossenheit zum Chorleiter – der will alles dirigieren, was ihm vor die Pfoten gerät.‹ Und einen weiteren meiner sogenannten ›Verehrer‹, einen Bankangestellten, verwertete er ungefähr so: ›Wohl trägt er stets weiße Hemden, auch schwarze Schlipse und gesteifte Kragen – doch irgendwie riecht er nicht gut. Hast du dir schon mal, Irene, dessen Unterwäsche näher angesehen? Solltest du tun.‹

Bei all dem handelte es sich wohl um Ausflüsse einer verfrühten Pubertätsüberwindung; vielleicht auch einer gewissen Zuneigung zu meiner Person; was mir manchmal schmeichelte, mich aber nicht selten auch belästigte. Doch als ich dann in unserem Familienkreis meinen späteren Mann einführte – damals noch einfacher Soldat, doch ersichtlich dafür ausersehen, höhere, höchste Ränge zu erreichen, Konstantin Quandt-Burgenländer –, fragte ich Erich: ›Nun, was sagst du zu dem?‹ Worauf der meinte: ›Bei dem fehlen mir einfach die richtigen Worte.‹«

Was sich Konstanze Reibert auch immer bei diesen von ihr aufgezeichneten Gesprächen gedacht haben mag – offensichtlich war es ihr dabei nicht gegeben, etwas vermutbar ganz Wesentliches zu erspüren: die möglicherweise erste, ganz große, intensive Hinneigung des Erich Wienand zu einem weiblichen Wesen – eine gewiß unerfüllbare, doch wohl hingebungsvoll durchlebte.

Was Wienands erklärter Biographin als weit vordringlicher erschien – in gewisser Weise auch durchaus berechtigt –, war dessen Verhältnis zu seinem Großvater. Der war wohl einer der ganz Stillen im Lande. Was er wirklich dachte, wußte wohl niemand – außer Mutter Emma. Und dieser Junge, Erich, schien dann noch hinzuzukommen.

Diesbezüglich existierten drei Fotografien, überaus verblichene, aber gerade noch kenntliche. Die eine davon: Erich stehend neben seinem Großvater; bei einem ihrer gemeinsamen, oftmals sonntags stattfindenden Ausflüge in die Mark Brandenburg – wie dicht auf den Spuren eines Theodor Fontane. Das nächste: sie beide, leicht aneinandergelehnt in einem Boot, den Spreewald durchquerend; selbst jetzt noch erkennbar umglänzt von klarem Wasser; überflutet von flirrendem Sonnenlicht. Das dritte sodann: der Großvater hatte einen Arm um die Schultern des sich wie an ihn schmiegenden Enkels gelegt – von Nebeln umwallt, in glänzender Nässe; unter einem Schild, das besagte: Goetheweg. Sie hatten eine gemeinsame Harzreise unternommen.

In der Nacht nach dem 1. Mai 1902 starb dann dieser von Erich wohl ungemein geliebte, überaus verehrte Großvater still, wie er gelebt hatte. Am Abend zuvor war er wie üblich gegen zehn Uhr zu Bett gegangen – mit einer Flasche Rotwein und einem Buch. Um nicht mehr aufzuwachen.

An diesem Vormittag des späten April 1945 tauchte Erich Wienand erst reichlich spät aus seinem Keller auf. Dabei schien er einigermaßen ausgeschlafen – wie nach einer vergleichsweise angenehm verbrachten Nacht. Auch hatte er sich sorgfältig rasiert; seine sanft-klugen Augen blickten klar.

Er begab sich in die große Wohnküche seines Hauses, wo seine Tochter Elfie auf ihn wartete. Er nickte ihr väterlich ermunternd zu, um dann das für ihn bereitgestellte Frühstück zu betrachten. Und das mit einer gewissen Genußbereitschaft.

Vor dem ließ er sich nieder. Um dann fast wie nebensächlich, doch keinesfalls desinteressiert, nach seiner Frau Elvira zu fragen. »Wie geht es denn deiner lieben Mutter – was macht sie?«

»Sie ist unentwegt tätig«, versicherte ihm Elfie. »Sie betreut das Haus, den Stall, den Obst- und den Blumengarten, auch versorgt sie alle Tiere. Wobei wir ihr alle zu helfen versuchen – auch unser Herr Warnhagen.«

»Na, wie schön«, stellte Erich Wienand fest. Er griff nach einer Scheibe Roggenbrot, die er ziemlich dick mit Butter bedeckte, um dann darauf einen vollgefüllten Eßlöffel Honig zu träufeln. »Ein angenehmer Mensch also, dieser Oberleutnant – deiner Ansicht nach?«

»Ungemein angenehm sogar, lieber Vater!« bestätigte sie ihm unverzüglich. »Von höflichstem Wesen, stets entgegenkommend, auf geradezu ritterliche Weise bemüht verständnisvoll.«

»Mithin empfindest du also, habe ich nun wohl zu vermuten, eine gewisse Zuneigung – diesem Herrn Warnhagen gegenüber.«

»Ja, Vater, was doch wohl nichts Schlimmes, Schlechtes ist, nicht wahr? Oder hast du irgend etwas dagegen einzuwenden?«

»Diese Welt«, glaubte dann Erich Wienand erklären zu müssen, »ist voller Spiegel. In sie hinein blicken gar nicht wenige. Doch eben dabei kommt eine seitenverkehrte Wirklichkeit zum Vorschein. Hast du dir etwa vorzustellen versucht, meine liebe Elfie, dich in einem solchen Spiegel zu betrachten? Um dort dann nicht nur dich allein zu erblicken – auch noch ihn dazu. Ganz dicht neben dir?«

»Das versuche ich immer wieder, lieber Vater. Wenn auch wie vergeblich – was ich jedoch nicht will.«

»Also gut«, erkannte er schwer. »Gehen wir also einfach davon aus. Nehmen wir es als Tatsache hin. Gefühlen gegenüber, welchen auch immer, ist jeder Mensch so gut wie machtlos. Und mächtig – irgendwie – habe ich mich niemals gefühlt.«

»Danke dir, mein lieber Vater. Ich war ganz sicher, daß du

so, nur so, darauf reagieren würdest. Deine Güte gebietet dir das.«

In der nahen Mittagsstunde dieses Tages begab sich Erich Wienand ins Freie; zunächst zu seinem Obstgarten. Dort ersehnte er die Anwesenheit seiner geliebten Kuh Edda; keinesfalls vergebens. Denn dieses Tier trabte ihm mit träger Freundlichkeit entgegen, stellte sich vor ihm auf; atmete ihn an.

»Mein geliebtes Tier«, sagte er zu seiner Edda. »Im Grunde bist du wohl noch weit ausgelieferter als ich. Doch du bist nun einmal in den Bereich von Menschen hineingeraten; hast also gar keine andere Wahl, als denen zu trauen. Die können dich streicheln, was ich gerne tue, sobald ich die Möglichkeit dazu habe. Andere jedoch zapfen dir Milch ab. Wieder andere wollen dich verkaufen, schlachten lassen. Wobei es jedoch, mein geliebtes Wesen, Zeiten gibt, in denen so was auch mit Menschen geschieht. Einfach so – und nicht anders.«

Er begab sich an den Rand seines Obstgartens, von wo aus er verlangend über den Zaun blickte – in die sanfte, wie menschenleere Hügellandschaft hinein. Die Kuh Edda war ihm gefolgt, gleich einem riesenhaft-gutmütigen Hund blieb sie dicht neben ihm stehen. Er erspürte ihre dunkelglühende Wärme und fühlte sich irgendwie geborgen.

Dabei erblickte er jedoch, in einer Entfernung von etwa zweihundert Metern, ein weibliches Wesen. Ein ungemein zierliches Geschöpf, wie er zu erkennen glaubte; offenbar noch sehr jung, rehhaft scheu anmutend. Das hatte er, da war er sicher, noch niemals zuvor gesehen; jedenfalls nicht hier.

Doch dieser junge, mädchenhaft-frauliche Mensch stand nun da – blickte zu ihm hinüber. Regungslos. Nahezu verlangend.

Worauf dann abermals den so oft heimgesuchten Erich Wienand das würgende Gefühl überkam, einer erneuten Bedrohung gegenüberzustehen – einer unerklärbaren mehr.

Fast zur gleichen Stunde versuchte der Kommandeur der Heeresflakschule bei Schoenau, Oberst Wonnegut, nun auch noch seinen neuesten NS-Führungsoffizier abzuwimmeln; möglichst wirksam. Denn dieser, ein Oberleutnant Kersten, begehrte offenbar intensiv Kulturelles zu veranstalten. Etwa klassische Kammerkonzerte, Streichquartette, auch Klavier mit Geige sowie großdeutsche Dichterlesungen, etwa mit Werken von Weinheber, Binding und Hölderlin.

»Lassen Sie, kann ich Ihnen nur empfehlen, soche Geister ruhen«, riet der Oberst nahezu dringlich. »Doch falls Sie sich unbedingt selbst jetzt noch truppenbetreuend zu betätigen wünschen, lieber Kersten, dann sollten Sie sich wohl weit wirksamer mit der Verpflegung und den Unterkünften unserer Soldaten beschäftigen. Vonwegen: Gesunder Geist in gut genährten Körpern.«

»Doch nur noch wenige Tage, Herr Oberst, und dann ist hier der 20. April.« Was bedeutete: der Geburtstag des Führers. Und den denkbar würdig zu begehen war selbst jetzt noch angebracht. »Eine entsprechende Feier, zumindest eine Feierstunde, sollte dafür vorbereitet werden.«

»Ach, mein lieber guter Mann«, sagte nun der Oberst mit lässiger Hoffnungslosigkeit. »Da scheinen Sie nun bereits um zwei oder drei Tage vorauszudenken. Doch selbst ich wage es nun nicht einmal mehr, mir auch nur die nächsten unserer Stunden vorzustellen. Doch immerhin – tun Sie, von mir aus, was Sie offenbar nicht lassen können.«

Dabei begannen, in jenem Sumpfgebiet beim Birkenwäldchen, zwischen den Anwesen von Wienand und Leitmann, zwölf Leichen zu modern. Doch nichts davon war dort, sozusagen an Ort und Stelle, jetzt schon irgendwie erkennbar. Ein letzter nasser Morgennebel hatte mögliche Blutspuren in den Boden gespült. Vögel zwitscherten; das junge Grün der Birken mutete idyllisch an. Die Sonne glänzte.

Dem Oberleutnant Warnhagen gelang es erneut, Frau Elvira zu erfreuen. Das zunächst einmal mit der Nachricht: Die liebe kleine Elfie wäre nunmehr, sichtlich vielversprechend, wenn nicht gar ziemlich eindeutig, auf seine Linie eingeschwenkt. Doch damit des Beglückenden noch nicht genug – er war nun mal ein tüchtiger Mensch.

»Du bist so einzigartig!« versicherte sie ihm. »Gemeinsam werden wir es schaffen.«

Wovon auch er überzeugt war.

Zur gleichen Zeit gelang es dem Unteroffizier Tümmler, einige weitere, ein wenig erweiterte Überlebensbedingungen auszuhandeln; mit überzeugenden Argumenten. Er bot dem sogenannten guten Nachbarn zusätzlich einen halben Zentner Vollfettkäse an, von allerbester Qualität aus dem Allgäu – und das für ein Federbett mit zwei Schlafdecken. Dazu jeden Morgen anzuliefernde garantiert frische Milch, etwa ein Liter. Für tägliches Brot plus Butter sowie Eier, drei, war der Gegenwert erst noch festzulegen.

»Wir werden uns da schon einig«, versicherte Leitmann gemütlich. »Wenn du nur nicht anfängst, kleinlich zu werden.«

Zur gleichen Zeit bemühte sich Dr. Gernot Großer, der Kulturmensch der Gauleitung, in einem Keller in München den Geistlichen Geisberger zu bearbeiten. Oder eben: ihn bearbeiten zu lassen.

»Nun werde endlich mal aufrichtig und deutlich, du quergelagerter Kirchenkerl! Bekenne dich zu dem, was du getan hast, nenne deine Helfershelfer, wenn du hier heil davonkommen willst.«

Der Geistliche versuchte sich das aus seinen Lippen hervorquellende Blut aus seinem bleichen, doch nun verschmierten Gesicht zu wischen. Wobei er fragte: »Worum geht es denn hier? Um einen verschwundenen Christus? Um mein Amt? Oder etwa um irgendeinen anderen Menschen – einen ganz bestimmten anderen?«

»Ich bin es, der hier Fragen stellt, Hochwürden«, erkärte ihm Dr. Großer mit gelassener Unbarmherzigkeit. »Du hast lediglich zu antworten – und zwar alles, was ich hören will. Muß. Versuche nicht, uns immer wieder zu täuschen, uns zu belügen – so was hat bisher noch jeder bereut; und zwar schwer.«

Worauf sich dann dieser vielgequälte Priester zu einer Handlung hinreißen ließ, die wohl kaum als sonderlich hochchristlich bezeichnet werden konnte. Denn er spuckte nun Speichel und Blut aus; direkt auf diesen Kulturhoheitsträger. Auch wenn das sein Ende sein sollte – den speite er an!

Inzwischen streunten und vegetierten mitten in dieser vergleichsweise kleinen Stadt Schoenau und rings um sie herum erheblicher werdende Reste von Großdeutschlands Armee umher. Sie hockten in Baracken, in Kellerräumen, in Schuppen und Scheunen; vereinzelt auch in Häusern. Sie hatten sich als abgeschrieben vorzukommen, verstreut wie Sandkörner in heftigem Wind, einer nahen Erledigung ausgeliefert. Ob dies auch eine Befreiung sein könnte, wagten sie sich kaum vorzustellen.

Denn derzeit war es ihnen lediglich gegeben zu registrieren: ein immer karger werdendes Fressen – das eingenommen werden mußte in einer zu stinken beginnenden Kleidung. Das erzeugte anschleichende Verächtlichckeit, die sie füreinander zu empfinden begannen. Wonach sie jetzt nur noch suchten, war ein möglicher letzter Haltepunkt, ein sich anbietender Schlupfwinkel; vielleicht ein Erdloch mitten im Wald, fern der Hauptstraßen, wo sie sich verkriechen konnten.

Denn die Front kam, mit schnell zunehmender Geschwindigkeit, immer näher. Inzwischen war Nürnberg eingenommen worden – von diesen klotzigen Materialüberlegenheitsmenschen, den Amerikanern. Auch München galt als eingekreist. Und nun rollten sogar erhebliche Mengen von diesen fabrikneuen Ami-Panzerfahrzeugen auch noch diesem Raum entgegen. Auf jene sogenannte ›Führerfestung‹ im Voralpenland zu, die von einer angeblich waffenstarrenden Präsenz war. Doch davon ließ sich hier kaum etwas bemerken.

Worauf sich bei diesen nun lebensgefährlich bedrängt Fühlenden ganz kraß real zu nennende Erkenntnisse herauskristallisierten. Da sie sich, entschlossen, einen Platz für das Überleben zu schaffen, sichern mußten, waren somit Kleinkriege der Verlassenen und Versprengten unvermeidlich – jeder gegen jeden! Geführt um notwendige Unterkünfte, Absicherungsräume, Verpflegungsüberschüsse.

Dabei kam es in einem Haus am Stadtrand von Schoenau zu einer Schießerei mit zwei Toten. In der Nähe von Martinshausen wurde ein Brot-, Butter- und Fleischtransport überfallen – die Transporteure abgeknallt, die Fahrzeuge geleert und in Brand gesteckt. Auch wurde eine Vergewaltigung bekannt, mit Todesfolge – diese allerdings verübt an einer östlichen Fremdarbeiterin; was mithin nur mäßige Aufregung zur Folge hatte.

Indessen nahm Hauptmann Abendrot das ihm nunmehr zugewiesene Quartier in Besitz, das Haus des Kreisleiters. Wahrlich nicht zufällig als ›Villa‹ bezeichnet. Dieses Prachtgebäude lag nahe dem Marktplatz von Schoenau; in einer Seitenstraße, bei der ehemaligen Ringmauer aus immer noch dekorativ anmutenden mittelalterlichen Zeiten. Von dort aus hatte man einen schönen Blick auf den wild dahinströmenden Kocher.

Einige, durchaus als notwendig zu bezeichnende, Maßnahmen waren kaum zu vermeiden. So mußte die von diesem wohl panikartig geflüchteten Kreisleiter zurückgelassene Frau notgedrungen verdrängt werden. Und mit ihr zugleich deren drei Kinder, zwei Mädchen und ein Junge; zwischen sechs und dreizehn Jahre alt. Für nun unwesentlich gehaltene Geschöpfe, die sich dann auch alsbald wie aufgescheuchte Hühner treppaufwärts flüchteten; über das obere Stockwerk hinaus, in die ausgebauten Dachräume hinein.

»Was sein muß, muß sein!« hatte dazu der NS-Offizier Abendrot festgestellt. »Hier treten nun endlich wieder geregelte Verhältnisse ein.« Worunter er auch gewiß verstand, daß es ihm nun, de facto, endlich gelungen war, das derzeit wohl höchste seiner wahrhaft großdeutschen Lebensziele zu erreichen: Jetzt war er ein Kreisleiter geworden – so gut wie.

Diese gute Stimmung schien alsbald erfreulich bestärkt zu

werden – und zwar durch den Anblick der sogenannten Sekretärin dieser Kreisleitung. Das war Waltraut; Waltraut Degenhard. Etwa Mitte Zwanzig; ein ausgewachsenes germanisch-bajuwarisches Prachtexemplar von Weib. Sichtlich entgegenkommend noch dazu.

»Stehe voll und ganz zu Ihrer Verfügung, Herr Hauptmann!« versicherte sie vielversprechend.

»Na – das freut mich aber, Fräulein Degenhard.«

»Sie können ruhig Waltraut zu mir sagen«, ermunterte sie ihn weiter.

»Alles zu seiner Zeit, meine Liebe«, versicherte er mit freundlichem Augenzwinkern. »Doch zunächst einmal bin ich hier, um überzeugende Taten anzustreben. Dazu gehört auch die Ausschaltung von notorischen Feindkräften, welchen auch immer. Die müssen aufgespürt werden. Was mir als erfahrenem Parteistrategen dabei vorschwebt, ist ein richtungweisendes abschreckendes Exempel. Denn jede überzeugende Erledigung eines irgendwie erkannten Feindes, nach dem gesucht werden muß, stärkt unsere Position, macht uns den Rücken frei.« Womit er, ohne das ahnen zu können, ziemlich genau auf Wienand gezielt hatte.

»Auch dabei stelle ich mich Ihnen gern zur Verfügung.«

Seine Amtsübernahme – er endlich ein Kreisleiter, wenn auch nur in Schoenau – begann ihm zunehmend zu gefallen.

Wobei jedoch Breisgauer, der Bürgermeister, nicht umhin kam, sich mit seinem Polizeichef zu konfrontieren. Und dem versuchte er nun mit den allerneuesten auf sie zugekommenen Gegebenheiten vertraut zu machen; also mit diesem Hauptmann Abendrot. »Der könnte hier, fürchte ich, eine ganze Menge schäbigster Schwierigkeiten produzieren.«

Straßner hörte sich das an, schien jedoch nicht sonderlich beeindruckt zu sein. »Nichts wie ein Haufen zeitgemäßer Scheiße mehr – mit so was muß man rechnen.«

»Ich weiß ja nicht, was dieser losgelassene Parteihengst tatsächlich zu veranstalten gedenkt – jede Sorte von Vollmachten scheint er zu haben oder sich besorgen zu können. Und zuzutrauen ist dem einiges, sogar daß er uns, womöglich gleich beide, an die Wand stellt. Vielleicht, was meinst du, sollten wir dem entgegenkommen, dem einen guten Köder in seinen großen Rachen werfen? Und zwar einen, den selbst der kaum verdauen kann. Der ihn also wirksam abzulenken vermag – von uns.«

»Du meinst doch nicht etwa damit Erich Wienand?«

»Den habe ich, selbstverständlich, nicht gemeint, Freund Straßner. Wie käme ich denn auch gleich darauf! Doch nun, da du mich darauf aufmerksam gemacht hast, könnte ich mir vorstellen: Das ist gar keine schlechte Idee.«

»Diesen Einfall, Freund Breisgauer«, empfahl ihm der Polizeichef nun geradezu energisch, »solltest du dir schnellstens wieder abschminken. Damit läßt sich nicht einmal ein Blumentopf gewinnen. Die Folge davon könnte lediglich eine Art radikaler, nicht mehr gutzumachender Kahlschlag sein. Vermagst du denn nicht zu erkennen, was hier dieser Wienand für uns darstellt – eine Überlebensversicherung allerersten Ranges!«

»Das hast du schon mehrfach angedeutet, Freund Straßner; was ich dir ja auch glaube. Doch mit diesem auf uns zugekommenen Menschen, diesem Hauptmann Abendrot, muß man auch rechnen.«

»Aber rechnen«, und da war nun Straßner absolut sicher, »muß der schließlich auch – und zwar mit uns! Denn was will der hier anfangen – ohne uns? Und genau darin könnte unsere Chance liegen. Vielleicht eine unserer letzten.«

»Wenn ich dich also richtig verstehe, dann gedenkst du diesen Erich Wienand unter keinen Umständen zu opfern?«

»Nur im alleräußersten Notfall!«

6.

Nach einem kurzen, doch wohl notwendigen Kellernachmittagsschlaf tauchte Erich Wienand sichtlich gestärkt wieder auf. Wobei er offenbar bemüht war, weiteren Begegnungen mit den Menschen in seinem Hause zu entkommen. Er begab sich, über die Hintertreppe, in seinen Obstgarten. Und dort wartete bereits sein geliebtes Tier, die Kuh Edda, auf ihn.

Er lehnte sich an sie, betastete ihr Fell, das glatt, geschmeidig und glänzend war. Edda war also, wie man so sagt, gut im Fleisch. Dann kniete er sich nieder, um den Euter eines Tieres zu berühren: Er war sauber, straff, gut gefüllt; noch nicht prall ausgeweitet.

Edda wurde also, stellte er mit dankbarer Zufriedenheit fest, regelmäßig und offenbar mit gutem Sachverständnis gemolken. Das vermutlich von seiner Frau Elvira; der er gewiß, und nicht nur speziell in diesem Fall, sehr dankbar zu sein hatte. Das auch sein wollte; auf seine Weise.

Ein geruhsames Idyll schien sich breitzumachen – Mensch und Tier lehnten sich aneinander; wie vereint. Was ihnen jedoch, auch diesmal, nicht sonderlich lange vergönnt war. Denn nunmehr war es Frau Busch, die Wirtschafterin des Priesters, die hier einbrach.

Sie stellte sich vor ihm auf, musterte ihn streng, um ihm zunächst zu versichern: »Da gehört nun zu Ihnen eine ganz besonders prächtige Kuh, Herr Wienand. Doch die sollten Sie lieber nicht in aller Öffentlichkeit herumlaufen lassen – verstecken Sie die möglichst ganz hinten im Stall. So was ist jetzt angebracht.«

»Ach, wissen Sie, liebe Frau Busch«, sagte er, ganz Dichter, »Tiere brauchen nun mal die Natur, die Frühlingssonne und das frische Gras. Das sollten wir ihnen gönnen.«

»Aber so was nicht jetzt! Ist Ihnen denn nicht aufgefallen, daß unsere prächtigen Tiere bei gewissen, immer zahlreicher werdenden Leuten als ein ganz großes Fressen beliebt sind?

Haben Sie denn niemals in die blöden, gierigen, raffgierigen Augen dieser Gewaltkerle geblickt?«

»Will ich gar nicht. Was mich ungleich weit mehr bewegt, ist die Frage: Besitzen Sie Nachrichten von unserem Herrn Geisberger?«

»Leider nicht, Herr Wienand.« Sie setzte sich zu ihm auf die Gartenbank. »Wohl habe ich unverzüglich den zuständigen Bischof verständigt, doch der hat gesagt, wie nun schon seit zwölf Jahren gemeinhin üblich und wohl auch angebracht: Alles liegt in Gottes Händen; wir können da nur beten. Ist das nun schlimm – oder gut?«

»Erwarten Sie darauf von mir eine Antwort – ich weiß keine.«

»Sie wollen keine wissen, Herr Wienand. Doch nun sollten Sie wohl zur Kenntnis nehmen, daß ich immerhin, wie wohl kein anderer Mensch sonst, einiges von meinem Geistlichen weiß. Aber eben damit auch von Ihnen. Das zumindest in einem ganz bestimmten Fall, um den es hier aber zu gehen scheint.«

»Was Sie aber, falls das zutrifft, liebe Frau Busch – ich bitte Sie sehr – möglichst schnell wieder vergessen sollten.«

»Was ich aber nicht vergessen kann, Herr Wienand. Denn ich weiß, nicht ganz zufällig, was Sie beide miteinander in einer gewissen Nacht im vorigen Jahr unternommen haben. Leider – muß ich nun wohl hinzufügen.«

»Ich will nicht wissen, wovon Sie da reden, liebe Frau Busch«, sagte Wienand nahezu beschwörend.

»Ich rede, wovon ich nun reden muß, weil ich es gesehen habe, Herr Wienand – und zwar von diesem verschwundenen Christus. Denn mein Geistlicher und Sie haben gemeinsam diese Figur vor unserer Kirche entfernt, abgeschleppt. Nächtlich, mit einem Handkarren. Jedoch – wohin?«

»Genau das, ganz genau das, verehrte Frau Busch, ist es, worüber Sie sich nicht die geringsten Gedanken machen dürfen«, empfahl ihr Wienand immer eindringlicher. »Davon wissen Sie nichts. Bitte!«

»Doch was dann, wenn mein armer, kranker, geplagter und vielleicht sogar gequälter Geistlicher jenen Ort nennen sollte, an dem Sie beide diesen Christus verborgen haben. Was dann?«

»Dann«, bekannte Wienand ergeben, »habe ich das hinzunehmen. Ich allein. Sie jedenfalls, verehrte Frau Busch, geht das nichts an.«

»Müssen wir denn aber unbedingt nur so darauf reagieren? Könnten wir nicht vielmehr versuchen, nunmehr wir beide gemeinsam, diesen Christus irgendwo hinzubringen. An einen anderen halbwegs sicheren Ort – wo ihn die Gestapo nicht finden kann?«

»Danke! Danke Ihnen sehr, liebe, verehrte Frau Busch!« versicherte er ihr, nicht ohne ehrliche Freude. »Doch etwas Derartiges darf und will ich Ihnen nicht zumuten. Lassen Sie das, bitte, allein mein Risiko sein – denn ich begehre, unseren Christus zu behalten. Doch Sie wissen nicht, wo er sich nun befindet.«

»Ach, ihr alten, ungemein eigensinnigen Kerle! Wißt ihr, wie ihr mir vorkommt – wie Traumtänzer Gottes!« stellte die Busch fest. »Fürchterlich unbelehrbar! Ihr steigert eure für heilig gehaltenen Gefühle hoch, wie das ansonsten nur Kinderfantasie mit puppenartigen Gebilden versucht.«

»Um zu überleben. Mit einigem Anstand, wenn irgendwie möglich.«

»Lebt ihr denn überhaupt noch?« fragte die Busch mit der ihr eigenen Robustheit. »Oder bildet ihr euch das nur ein?«

An diesem Nachmittag fand in Schoenau eine erste große, zur Koordination gedachte Konferenz statt, geleitet vom kommissarischen Kreisleiter Abendrot.

Dazu hatte er in der Kreisleitung um sich versammelt beziehungsweise versammeln lassen: den Organisationsleiter, jenes fragwürdige, doch erkennbar benutzungswillige Männchen, nunmehr in Parteiuniform; der wurde flankiert von zwei weiteren, hauptamtlichen Funktionären, einer davon zuständig für Land- und Forstwirtschaft, der andere für Finanzen und Verwaltung; dazu dann aber auch Waltraut, die Kreisleitungssekretärin, von geradezu großdeutschem Zuschnitt: Germaniaarsch und Walkürentitten; und weiter dann noch, zunächst lediglich wie am Rande, ein SA-Untersturmführer.

Worauf der überaus entschlossen erscheinende Kreisleiter weiter registrierte: Unmittelbar vor ihm befand sich Bürgermeister Breisgauer; und gleich rechts neben dem einer von dessen Stellvertretern, ein beamteter, offenbar beamtenneutraler Stadtverwaltungsdirektor von kugelrundem Wesen und beweglichem Entgegenkommen. Doch unmittelbar links von Breisgauer hielt sich eine sich überaus höflich gebende Person auf; mausgrau, zurückhaltend, jägerhaft lauernd. Und das war der derzeitige Polizeichef von Schoenau, Straßner. Und mit dem, erkannte Abendrot instinktiv, war vermutlich zu rechnen. Alle anderen durften wohl eher als unter ›ferner liefen‹ bezeichnet werden.

Dabei bemühte sich Hauptmann Abendrot, souverän überlegen zu bleiben. Doch er versäumte nicht mit erprobter Vorgesetztentaktik nach einer möglicherweise schnell erkennbaren Schwachstelle in diesem Unternehmen Ausschau zu halten. Um dann sozusagen an einem solchen Objekt eine erste wirkungsvolle Lektion seiner entschlossenen Machtübernahme demonstrieren zu können.

So etwas herauszufinden, nicht dazu mit bemerkenswerter Sicherheit, war ihm gegeben. Das glaubte zumindest Straßner unverzüglich wittern zu können. Denn dieser sich hier ganz als Kreisleiter fühlende Mensch wandte sich nunmehr an jenes SA-Wesen, das betont straff dazusitzen bestrebt war – ein klotziger Kleinkerl mit Schafsvisage.

Von dem wollte Abendrot nun wissen, mit Schärfe: »Ist Ihnen denn nicht ausgerichtet worden, daß es sich hierbei um eine erklärt dienstliche Parteibesprechung handelt? Doch Sie erscheinen in ziviler Kleidung, mithin nicht in Uniform; worüber ich mich doch sehr wundern muß. Schließlich sind Sie hier ein SA-Führer, was Sie doch auch sein wollen. Oder?«

»Bitte sehr um Entschuldigung, Herr Hauptmann«, versicherte der, offenbar ungemein bemüht darum, den Eindruck zu erwecken, er sei ein stets gehorsames Wesen. »Aber ich bin lediglich SA-Untersturmführer – ohne dazugehörende SA-Männer; denn die sind fast alle eingezogen worden. Und was meine Uniform anbelangt, so ist sie derzeit leider nicht verwendungsfähig. Denn meine Frau hat beim Bügeln, erst gestern, ein großes Loch in sie hineingebrannt – wegen eines plötzlich vorbeibrausenden Tieffliegers.«

»Eine Sauerei – eine mehr, bin ich versucht zu sagen!« behauptete Abendrot gekonnt empört. »Aber ob Sie hier nun ein Ober- oder Unterführer sind, das ist doch jetzt im Grunde scheißegal! Denn nun haben Sie zu führen. Und was Ihre angeblich versengte SA-Uniform anbelangt, so will ich doch nicht hoffen, daß es sich dabei um eine billige Ausrede handelt – besorgen Sie sich also schleunigst eine neue. Das spätestens bis zur nächsten Besprechung; morgen um diese Zeit. Verstanden?«

»Jawohl«, versicherte der gemaßregelte SA-Mensch wie zerknirscht; doch nun mit nur mühsam zusammengebissenen Zähnen.

Sodann Abendrot, wie beschwingt weiter: »Diese unsere Stadt ist unmittelbar der Führerfestung Berchtesgaden vorgelagert, was allein schon als ungemein verpflichtend zu empfinden ist. Sie erweist sich dennoch offensichtlich nicht als wehrbereit, abwehrbereit genug, also keinesfalls als überzeugend verteidigungsentschlossen. Da Feinde unter uns sind, müssen die auch aufgespürt werden. Wozu sind Exempel da – um statuiert zu werden! Warum sind Galgen da – damit dort irgend jemand abschreckend baumelt.«

Abendrot fühlte sich mächtig angestaut – was gewiß auch zutraf. Er zog Papiere hervor, breitete die vor sich aus, um dann befehlsentschlosssen zu verkünden:

»Erstens. Eine dringend notwendige Zusammenarbeit aller hier vorhandenen Abwehrkräfte muß schnellstens erstrebt und erreicht werden – und zwar zwischen allen in diesem Raume stationierten Wehrmachtseinheiten wie etwa Heeresflakschule und Ortskommandantur. Das mit dem Ziel und Zweck, eine einsatzbereite, kampfstarke Eingreifeinheit aufzustellen, was ich als meine persönlich Aufgabe betrachte.

Zweitens. Alle erreichbaren Verpflegungbestände sind unverzüglich zu registrieren, beziehungsweise schnellstens sicherzustellen. Ab sofort besteht im Bereich Schoenau eine amtliche Genehmigungspflicht für Schlachtungen jeglicher Art; selbst Hühner und Kaninchen müssen angemeldet werden. Verantwortlich dafür: der vom Bürgermeister benannte Land- und Forstwirtschaftsexperte, welcher nunmehr unmittelbar der Kreisleitung unterstellt wird.

Drittens. Alle in Stadt und Umgebung noch vorhandenen wehrfähigen Bewohner männlichen Geschlechts sind amtlich zu erfassen. Jene im Alter zwischen sechzehn und sechsundzwanzig Jahren; Abweichungen darunter oder darüber könnten durchaus denkbar sein. Die Hauptsache dabei, daß hier nun eine gewisse überzeugende Verteidigungsfähigkeit erkennbar wird. Federführend für diese Aktion: der Kreisorganisationsleiter.

Viertens. Aus diesen so Erfaßten sind unverzüglich zwei Einheiten zu bilden. Einmal eine Art Bürgerwehr. Diese gedacht für alltägliche Bereinigungen, etwa für nächtliche Streifengänge; mithin also eine Hilfstruppe der örtlichen Polizei; dieser somit auch zu unterstellen. Bei der zweiten Einheit handelt es sich um ein Volkssturmaufgebot. Die dafür auszusuchenden Männer sind zu bewaffnen und unverzüglich militärisch auszubilden; im Schnellverfahren. Wofür ich den SA-Führer verantwortlich mache. Wobei er altgediente, also bereits bewährte ehemalige deutsche Soldaten in führender Position einsetzen kann.

Fünftens. Alle sich daraus ergebenden Vollzugsmeldungen, alsbald hoffentlich positive, gehen direkt an die Kreisleitung; also an mich. Diese gedenke ich dann mit meinen nächsten Mitarbeitern unverzüglich in allen Einzelheiten durchzusprechen. Das koordinierende Verbindungsglied dabei ist unsere Kreisleitungssekretärin.

Damit, meine Partei- und Volksgenossen, ist wohl zunächst schon so gut wie alles gesagt. Jetzt wünsche ich endlich nichts wie Taten zu sehen. Also – ans Werk!«

Die nicht zu erahnenden Heimsuchungen eines Erich Wienand drohten nun abermals recht seltsame Ausmaße anzunehmen. Denn als er erneut in seinem Obstgarten zu verweilen gedachte, tauchte dort Leitmann auf, der sogenannte gute Nachbar. Und das war ein Anblick, dem er sich nach kurzem Gruß zu entziehen trachtete.

Doch Leitmann verfolgte ihn hartnäckig – bis in den Keller hinunter. Dort angekommen, sah sich Leitmann erstaunt um. Denn was er da erblickte, war ein leuchtend rosenroter Luxusteppich über zerstampftem Lehmboden. Und vor den schäbigen Kleinfenstern hingen prächtig herabwallende Tüllgardinen. Ein primitives Feldbett war mit seidigen Steppdecken belegt. »Mann, das ist ja geradezu eine Prunkhöhle!« stellte er nahezu anerkennend fest.

»Ich vermag mir vorzustellen, Herr Leitmann, daß es ratsamer wäre, wenn wir uns derzeit nicht auf Gespräche einlassen. Oder sollten Sie, einmal mehr, meiner Südwiesen wegen hier sein?«

»Diesen nun geradezu himmelwärts stinkenden Moorsumpf überlasse ich Ihnen gerne, Herr Nachbar – jedenfalls vorläufig.« Leitmann setzte sich breit auf Wienands Bett. »Doch wie Sie mir gewiß bestätigen können, bin ich Ihnen gegenüber stets entgegenkommend gewesen; habe immer gern für Sie getan, was ich konnte. Und – nicht wahr – eine Hand wäscht nun mal die andere.«

Leitmanns urwüchsige Ungeniertheit war groß. Diesmal jedoch war bei ihm zusätzlich eine ziemlich heftige Besorgnis zu spüren. »Jetzt nämlich, Herr Wienand, können Sie auch mir mal behilflich sein – so von Nachbar zu Mensch.«

»Was, bitte, Herr Leitmann, glauben Sie denn ausgerechnet von mir erwarten zu können? Für so etwas bin ich doch wohl derzeit hier die denkbar falscheste Adresse.«

»Sagen Sie das nicht, Herr Nachbar – es scheint da schon wieder einige zu geben, die auf Sie hören. Was mir jetzt nur recht sein kann. Denn Sie wissen, daß ich ein völlig unpolitischer Mensch bin; nichts wie ein guter katholischer Christ, erklärter Familienvater, ein bemühter Bauer.«

»Na – was wollen Sie mehr? Das weiß hier jeder.«

»Dennoch«, bekannte der, »hat es da wohl in meinem Leben einen sogenannten wunden Punkt gegeben – einen angeblichen. Doch eben den gedenkt man mir, ausgerechnet jetzt, anzuhängen.«

»Tatsächlich?« fragte Erich Wienand nahezu freudig aufhorchend.

Leitmann nickte grimmig vor sich hin; verwundert wohl auch, vermutlich über den Lauf dieser Welt. »Da bin ich doch damals im Ersten Weltkrieg Unteroffizier gewesen, dann sogar Feldwebel und Zugführer; Infanterie. Dabei ausgezeichnet mit dem EK – und so was. Wenn auch erst ganz kurz vor dem damaligen Toresschluß.«

»Worauf Sie eigentlich sozusagen stolz sein könnten – als deutscher Mensch. Oder etwa nicht mehr?«

»Der Teufel soll mich holen, wird er auch, wenn es mir hier nun nicht ganz schnell und scharf gelingt, dabei die Kurve zu kratzen. Mann Gottes, lieber Herr Nachbar – was heißt denn da schon stolz? Doch nicht unter diesen Umständen! Ich bin doch kein Idiot.«

»Sind Sie gewiß nicht«, stellte Wienand fest. »Dennoch begreife ich nicht, was Sie so sehr aufzuregen vermag?«

»Weil da irgendein Arschloch aus Richtung Kreisleitung, und zwar der dortige SA-Heini, mir einen ganz dicken Hund anzuhängen versucht. Denn nun verlangt der von mir, ausgerechnet von mir, daß ich – eben als altgedienter Soldat – hier eine Art Volkssturm aufzubauen habe.«

»Aber warum sollten Sie denn das nicht tun?«

»Weil ich das nicht will, Nachbar Wienand! Eben weil ich, wie gesagt, kein Vollidiot bin. Und weil Sie das gewiß auch nicht sein wollen.«

»Sollten Sie Anlaß haben, so was bei mir zu vermuten?«

»Aber ja, Mensch, ja – wenn Sie hier so traumtänzerisch weitermachen! Erkennen Sie denn nicht, was hier los sein wird, sobald Sie zulassen, daß ich hier nun zum Volkssturmführer werden muß?«

»Was habe ich denn damit zu tun?«

»Dann – ziemlich viel. Ich vereinnahme Sie.«

»Mich?« fragte Wienand ungläubig. »Aber ich bitte Sie – irgendwann einmal bin ich voll dienstuntauglich geschrieben worden – auch im Ersten Weltkrieg. Was also sollte ausgerechnet ich bei einem derartigen Verein?«

»Weil ich mich absichern will. Klar, Mann? Wenn also ich

muß, müssen Sie auch mitmachen – sozusagen als eine Art Garantie für mich, aus dieser Scheiße einigermaßen heil herauszukommen. Sind Sie unbedingt wild darauf?«

»Bin ich nicht«, bestätigte ihm Erich Wienand nicht unbeeindruckt. Die Unberechenbarkeiten dieser Zeit drohten immer ausufernde Ausmaße anzunehmen. »Doch was, meinen Sie, könnte dagegen getan werden. Etwa durch mich.«

»Eine ganze Menge, Mann – bei Ihren speziellen Beziehungen, von denen man hier flüstert.«

»Habe ich die?«

»Na – und ob, Herr Nachbar! Unser Bürgermeister, habe ich gehört, leckt Ihnen glatt die Füße; und dessen Polizeichef Straßner soll sogar bereit sein, Ihnen in den Hintern zu kriechen. Der jedenfalls soll verkündet haben: Hände weg von Wienand – der gehört allein mir! Doch das kann der kaum noch sagen, wenn man mich nun zwingt, Volkssturmführer zu werden. Mit Ihnen als ortskenntnisreichem Volkssturmmann.«

»Unter normalen Umständen«, meinte Wienand bedächtig, »könnte man so was als Erpressung bezeichnen.«

»Richtig, Herr Nachbar – unter normalen Umständen! Doch jetzt ist so was pure Notwehr.«

»Erlauben Sie mir, darüber nachzudenken«, empfahl sich Erich Wienand.

»Vergeuden Sie aber nicht allzuviel Zeit damit, verehrter Herr Nachbar«, wurde ihm dringlichst geraten.

Leitmann, dieser gute Nachbar, verließ ihn; wahrlich nicht unhoffnungsvoll gestimmt. In der sicheren Erkenntnis, daß dieser Wienand wohl nichts wie ein armer, alter, faltenreicher Arsch war. Dessen Bedarf an Schwierigkeiten mußte wohl als reichlich gedeckt gelten.

Wobei jedoch Erich Wienand in seinem Keller nicht dazu kam, über diese neueste örtliche Konstellation intensiver nachzudenken. Denn unmittelbar nach Leitmann suchte ihn Elfie auf. Sichtlich erglüht.

»Horst-Heinz liebt mich«, verkündete sie ihm. »Bei einem Sparziergang heute nachmittag hat er um meine Hand angehalten – wie man so sagt.«

»So – hat er das? Und was glaubst du, will der darunter verstanden wissen – deiner Ansicht nach?«

»Horst-Heinz«, bekannte sie sanft, »will sich mit mir verbinden! Das möglichst bald; gleich morgen oder übermorgen. Und dabei hat er zu mir gesagt: Welches Datum auch immer dein verehrter Vater wünschen, bestimmen sollte – es soll mir recht sein.«

Erich Wienand gelang es nicht gleich, hierauf die richtige Antwort zu finden; doch begann er nachzurechnen. Denn heute, stellte er fest, war der 18. April 1945, morgen würde der 19. Tag dieses Monats sein, aber übermorgen der 20. April; ausgerechnet. Denn das war der Geburtstag dieses Führers.

»Doch diesbezüglich, nehme ich an, hast du auch deine Muttter verständigt?«

»Sie hat nicht das geringste dagegen einzuwenden, lieber Vater. Doch auch sie hat gemeint: Eine letzte endgültige Entscheidung liegt ausschließlich bei dir.«

»Laß mich noch ein wenig darüber nachdenken«, sagte er mit lähmender Bedächtigkeit.

»Aber worüber denn wohl noch – was meinst du?«

»Nun, etwa über die mögliche Zukunft einer derartigen Verbindung. Zum Beispiel: Welche Zielsetzung ist beabsichtigt, wie sehen die näheren und weiteren Pläne aus, welche Zeitspannen sind dafür vorgesehen? Mithin schlage ich vor, daß wir alsbald, vielleicht schon heute abend, ein gutes, klärendes Gespräch im kleineren Familienkreis führen. In Anwesenheit deines zukünftigen Verlobten; nennen wir ihn mal so. Um möglichst alles zu regeln – in deinem Sinne.«

»Du bist so einzigartig, mein lieber Vater«, versicherte sie; gleichermaßen beglückt wie aber auch ahnungslos voreilig.

Erich Wienand hatte es nun sehr eilig, sich von seiner Elfie zu verabschieden. Wichtiger Besprechungen wegen. Er begab sich unverzüglich nach Schoenau, wo ihn Polizeichef Straßner sofort empfing.

»Was kann ich für Sie tun, Herr Wienand? Haben Sie Probleme?« Das sah er ihm an. »Welche, bitte?«

Der Besucher schilderte nunmehr ohne Umschweife jene

Situation, in die er durch Leitmann, den ›guten Nachbarn‹, hineinzugeraten drohte, falls der Volkssturmführer werden sollte. Er berichtete über dessen Reaktionen, Anregungen, Forderungen. Er fand einen aufmerksamen, geduldigen Zuhörer.

Dann sagte Straßner, ohne sonderlich nachdenken zu müssen, mit der ihm eigenen Bedächtigkeit: »Das, Herr Wienand, ist an sich keine leichtzunehmende Drohung – aber auch kaum eine sonderlich gefährliche. Eben deshalb nicht, da ich nun um sie weiß. Doch auch das wird sich bereinigen lassen. Danke, für Ihr Vertrauen.«

»Mithin wird also der gute Leitmann genau das erreichen, was er beabsichtigt hat?«

»In diesem Fall, Herr Wienand, durchaus. Denn das ist tatsächlich ein ganz cleveres Kerlchen. Und ob nun diese Idee auf seinem Mist gewachsen oder ihm zugeflüstert worden ist – eins jedenfalls hat er ziemlich klar erkannt: Sobald er zum Volkssturmführer ernannt worden ist, kann er tatsächlich, wie angekündigt, etliche Schwierigkeiten machen – erst Ihnen, dann auch uns. Vermeiden wir das also.«

»Und wie lange noch, Herr Straßner, könnten diese fatalen Unsicherheiten andauern?«

»Hier brodelt, erkennbar, ein Hexenkessel sondersgleichen. Doch immerhin – bis der völlig zum Platzen kommt, dürften noch zwei, drei vergleichsweise geruhsame Tage vergehen. Ein Zeitspanne, die genutzt werden will, in der sich dann allerdings noch eine Menge Mist hochstapeln wird. Aber erst danach dürfte hier die Hölle los sein.«

»Jedoch – was dann, Herr Straßner?«

»Dabei sollten Sie zunächst einmal allein auf sich achten, Herr Wienand. Sobald etwa der Versuch gemacht wird, Sie zu kassieren, hauen Sie einfach ab. Sie flüchten – wohin wissen Sie vermutlich inzwischen.«

»Einen ersten Fluchtpunkt, wie von Ihnen angeregt, habe ich mir bereits ausgesucht; bei einem Sparziergang. Und zwar eine Torfscheune, in der Nähe meiner südlichen Moorwiese.«

»Schlecht«, stellte Straßner fest; mit schneller Reaktion,

was jedoch absolut sachlich klang. »Diese Gegend, rate ich Ihnen, sollten Sie fortan meiden. Suchen Sie sich also bitte einen anderen ersten Schlupfwinkel aus; möglichst weit davon entfernt.«

»Und warum das, bitte?« Erich Wienand war nun mal, auch das oft ganz gegen seinen Willen, ein ungemein hellhöriger Mensch. »Mir ist nicht entgangen, daß da mein guter Leitmann eine Andeutung fallengelassen hat – die sich so anhörte wie Leichensumpf.«

»Sollte er so was tatsächlich gesagt haben?« fragte der Polizeichef mit lauernder Aufmerksamkeit. »Das allerdings wäre eine Bemerkung, über die ich mir wohl Gedanken machen muß. Sie jedoch sollten nichts dergleichen tun, empfehle ich Ihnen dringend. Nur dies: Sie suchen inzwischen nach einem anderen ersten Fluchtort. Schließlich kennen Sie sich hier in der Gegend aus wie kaum ein zweiter. Sie wissen um alle Kreuz-, Quer- und Zwischenwege in Ihrem Bereich; um versteckte Wiesen, abgelegene Heustadel, unzugängliche Wälder. Dort könnten Sie in Sicherheit sein.«

»Wenn aber selbst dort nicht – was dann?«

»Dann kommen Sie zu mir – möglichst unauffällig; wie in einer Nacht- und Nebelaktion. Ich werde dann persönlich für Ihre Sicherheit sorgen.«

Die nächsten zwei, drei Tage verliefen dann auch in Schoenau vergleichsweise ›normal‹; wie das ja auch von Polizeichef Straßner vorausschauend erkannt worden war. Zwar brodelte der Hochdruckkessel bereits heftig, aber noch drohte er nicht zu explodieren.

Dabei versuchte sich der kommissarische Kreisleiter Hauptmann Abendrot energisch fordernd durchzusetzen. Das jedoch nur mit einem als mäßig zu bezeichnenden Erfolg. Offenbar war er hier, wie er mit einer gewissen Deutlichkeit feststellen mußte, unter reichlich bornierte oberbayerische Bauerntölpel geraten.

Doch immerhin, dieser vom Bürgermeister angeschaffte Kreisbeauftragte für Landwirtschaft und Forsten schien zu funktionieren. Dem gelang es alsbald, erhebliche Verpflegungsbestände sicherzustellen und mit denen so was wie ein Depot für beschlagnahmtes Beutevieh zu errichten. Das allerdings in den Stallungen eines mit ihm und Breisgauer befreundeten, erklärt verläßlichen Parteigenossen. Immerhin führten solche Maßnahmen zu erfreulichen, fast festähnlichen Speisungen bei den örtlichen Endsiegkräften; ›Kreisleiter‹ Abendrot selbstverständlich eingeschlossen.

Auch gelang es diesem SA-Unterführer, der alsbald wieder in voller Uniform aufkreuzte, eine Art Bürgerwehr zu installieren. Wenn auch, wie der Kreisleitungshauptmann sarkastisch scherzend meinte, dieser Verein auf reichlich krummen Beinen stand.

Jedenfalls waren in Schoenau nun fordernd herumlungernde Doppelposten zu erblicken; an den beiden Toren der Stadt, vor der Kreisleitung, beim zentralen Verpflegungslager, vor dem Ballenhaus. Diese Leute trugen weiße Armbinden; dort aufgedruckt einen Hoheitsträgerstempel, dazu eine registrierte Nummer.

Ausgestattet war diese Bürgerwehr, die zunächst aus achtzehn Mann bestand, mit Gewehren 98 K – und das ›K‹ bedeutete Karabinerformat. Bei derartigen Instrumenten handelte es sich um leicht zu bedienende Schußwaffen. Diesbezüglich hatte der inzwischen einsatzfreudige SA-Führungsmensch gleich in der ersten Ausbildungsstunde anregend theoretisiert: Schlag mit dem Kolben auf den Arm – Knochen krachen; Stoß in die Magengegend – Volksfeind bricht zusammen; Hieb auf den Schädel – Kerl kratzt ab!

Soweit, so gut. Dann allerdings drohten bei den Aufstellungsplanungen für den Volkssturm unerwartete Schwierigkeiten. Vorsichtig als Bedenken geäußert. Und zwar vom Bürgermeister, hinter dem sich sein Polizeichef befand.

»Erlauben Sie, Herr Hauptmann«, regte Breisgauer an, »daß ich diesbezüglich einige Bedenken vorbringe. Und zwar aus meiner speziellen Kenntnis örtlich interner Zusammenhänge. Denn so, wie von Ihnen geplant, gewiß auch vorbildlich durchdacht, läßt sich das hier leider nicht machen.«

»Und warum nicht, Herr Bürgermeister?« Abendrot, ganz Kreisleiter, zeigte sich ungehalten. »Hier hat schließlich alles so zu gehen, wie wir es«, er meinte damit eindeutig sich, »für richtig halten.«

»Nicht unbedingt in diesem Fall«, wurde ihm höflich versichert. »Denn als Führer dieses Volkssturms ist ein gewisser Leitmann vorgesehen worden. Ein angeblich erfahrener Soldat, wenn auch einer aus dem Ersten Weltkrieg; doch ohne nachweisliche Führungsqualitäten, auch kein Offizier. Jedoch aber wohl zu bezeichnen als ein Mensch, bei dem nicht das geringste Interesse an unserer Weltanschauung, kein erklärtes Volksgemeinschaftsvertändnis anzunehmen ist. Vielmehr muß er als unbelehrbarer Querulant und außerdem noch als praktizierender Katholik eingestuft werden.«

»Mithin ist er wohl für eine solche Funktion abzulehnen«, bestätigte Straßner echohaft. »Notgedrungen.«

»Schweinerei!« rief Abendrot empört aus. »Mir so einen Kerl andrehen zu wollen! Ausgerechnet mir. Läßt sich denn wenigstens mit diesem Subjekt ein Exempel statuieren? Kann man den an die Wand stellen – als abschreckendes Beispiel? So was scheint hier dringend notwendig!«

»Das wohl kaum, nicht bei dem. Der ist ein Neutrum, ein Nichts. Der kommt lediglich aus Volkssturmführer nicht in Frage.«

»Muß ich denn hier alles alleine machen!« rief der kommissarische Kreisleiter klagend und anklagend. Doch er wäre wohl kaum ein erklärter Weltanschauungsmensch von erheblichen Graden gewesen, wenn ihn nicht alsbald ein sozusagen schöpferischer Einfall heimgesucht hätte. »Der SA-Führer zu mir!« Und der eilte freudig herbei – als habe er auf diese Aufforderung im Nebenraum gewartet.

»Du hast dich bewährt!« rief Abendrot ihm zu. »Was nicht ohne Folgen bleiben wird.« Dessen alsbaldige Ernennung zum Sturmführer lag in der Luft – hoffentlich kam sie noch rechtzeitig. »Dir vertraue ich, ab sofort, den Volkssturm an.«

»Jawohl, Kreisleiter!«

»Die Betreuung unserer Bürgerwehr«, erklärte der strategisch entfesselte Abendrot sodann, »deren weiteren Ausbau, zusätzliche Ausbildung, zielstrebige Verwendung, lege ich nunmehr in die Hände unserer örtlichen Polizeidienststelle, also in jene von Herrn Straßner – zu dessen alleiniger, voller Verantwortung.«

Worauf nun offenbar der Bürgermeister gedachte, zu einem weiteren seiner behutsamen Proteste anzusetzen. Doch Straßner kam ihm zuvor und meinte: »Das geht in Ordnung, Herr Hauptmann.«

»Na also!« rief der nicht unerfreut aus. »Und so muß es auch sein! Wir werden hier das Kind schon schaukeln, was? Ans Werk also, Kameraden Parteigenossen.«

Wie dabei ›sein Werk‹ in Besonderheit neuerdings aussah, hatte sich inzwischen im Flüsterton herumgesprochen. Denn Hauptmann Abendrot durfte sich überaus weitgehend – hoffentlich auch recht angenehm abgelenkt – betreut fühlen. Und zwar von der Kreisleitungssekretärin.

Denn Waltraut Degenhard glaubte nun endlich, und dessen war sie inzwischen sicher, einem Mann von Format begegnet zu sein. Das war kein gutbürgerlicher Parteikerl wie der verflossene Kreisleiter, kein aktenverstaubter Organisationshengst, kein kleinlicher Verwaltungsheini für Fressalien. Der war ein Kerl! Ein ganzer! Auf den sich einzustimmen, geradezu hingebungsvoll, war ihr Bedürfnis.

Der Lebenslauf des Erich Wienand
Sechster Teil

Auch aus den Jahren von 1904 bis 1908, in denen er um die zwanzig Jahre alt war, existierten kaum irgendwelche überzeugend greifbare Unterlagen, Berichte oder Erzählungen über ihn. Und so sehr sich dann auch später Konstanze Reibert diesbezüglich Mühen machte – selbst ihre Ausbeute mutete ungemein gering an. Dennoch ließen sich, für jene Zeitspanne, einige wohl nicht ganz unwichtige Vorgänge registrieren:

1. Erich Wienand hatte eine zweijährige Rekruten- und Ausbildungszeit im Kaiserlich-Preußischen Heer abzuleisten; Infanterie.

2. Es erfolgte der Tod seines Vaters Hagen, des Landgerichtsrates; unter wohl besonders tragisch zu bezeichnenden Umständen.

3. Mußten sich daraus ganz erhebliche Veränderungen seiner familiären Verhältnisse ergeben haben.

Hierzu erfolgte dann ein wohl ebenso mutiger wie vielleicht auch mutwilliger Versuch einer Erklärung – dennoch gewagt von Konstanze Reibert.

»Das immer mehr erkennbar werdende Fatale bei diesem Menschen – fatal für alle Bemühungen, dessen Leben genau und ausschöpfend zu erklären –, war eine gewiß als reichlich seltsam zu bezeichnende Tatsache: Er war offenbar stets darum bemüht gewesen, geradezu lebenslänglich wie versessen, sein privates Dasein niemals preiszugeben. Er hatte in keinem Fall, wie das ansonsten wohl jeder Schriftsteller gern tut, eine Art Tagebuch geführt, sich niemals persönliche Aufzeichnungen gemacht, keine Gedanken niedergeschrieben. Falls das doch geschehen sein sollte, hatte er später offenbar alles konsequent vernichtet.

Warum dem so war, ließ sich deuten; wenn auch nicht erklären. Denn in einigen dann auftauchenden Interviews, besonders in denen, die Erich Wienand als bereits erfolgreicher Schriftsteller gegeben hatte, kamen immer wieder Formulierungen vor wie etwa diese: ›Wie ich gelebt haben mag, was man auch immer darunter verstehen könnte, geht niemanden etwas an. Das war – mein Leben!‹ Weiter dann: ›Was ich bin, was oder wer ich sein will, ist ausschließlich in meinen Büchern nachzulesen. Diese allein sind mein Dasein. Nichts sonst zählt.‹

Damals jedenfalls, das zumindest ließ sich anhand der Fakten registrieren, hatte Erich Wienand eine zweijährige Militärdienstzeit abzuleisten – obligatorisch für alle jungen Männer des deutschen Volkes, soweit sie nicht Kretins oder Kriminelle waren. Sein ›Standort‹ war Bernau bei Berlin gewesen, ein dortiges Infanteriebataillon. Doch über diese Zeitspanne ließ sich nicht die geringste Äußerung von ihm auffinden. Er hat niemals gesprochen, auch nicht eine einzige Zeile geschrieben – nichts darüber kam jemals in seinen Büchern vor. Eine Welt, die er offenbar als nicht existierend sehen wollte.

Eine wenig, wohl auch nicht sonderlich greifbare Aussage über jene Jahre erfolgte dann später; von Hermann Wienand, dem um zwei Jahre älteren Bruder von Erich. Das, wie von dem zu erwarten gewesen war, in salopper Kürze, mit pauschalem Urteil.

›Nun ja, nun ja – ein sonderlich erklärter Soldat war Erich ja wohl nicht. Doch zumindest bemüht, wie sich das ja auch gehört. Er wurde dann, wie man so schön treffend sagt, zurechtgebogen; auch ihn bekamen die Kameraden in den Griff! Ob er irgendwie darunter gelitten hat? Was für eine dämliche Frage – pardon, wollte sagen: welch eine verfehlt humane Anwandlung! Eine nun wohl für zeitgemäß gehaltene – in dieser immer penetranter werdenden Versorgerwelt.

Damals jedenfalls wußte ich bereits um Weg und Ziel. Ich hatte mich voll und ganz für ein deutsches soldatisches Leben entschieden. Wir Brüder trafen dann nach langer Trennung wieder zusammen. Und zwar auf dem idyllischen Friedhof von Poenitz in Pommern, beim Begräbnis unseres verehrten Vaters. Beide in Uniform; er als Gemeiner, ich bereits als Unteroffizier; vorgesehen als Anwärter für die berühmte Militärakademie in Potsdam.

Unser Vater war damals – 1907 im Herbst – bei einer exklusiven Treibjagd auf Rotwild ums Leben gekommen. Eine große Strecke bei elitärem Aufgebot, zu dem ein Hohenzollernprinz, zwei Generale, ein Regierungspräsident, zwei Landräte sowie sonstige Honoratioren in Mengen gehörten. Dabei hatte sich Vater an einen besonders prächtigen Hirsch herangepirscht – um dabei jedoch abgeknallt zu werden. Und zwar er, der Landgerichtsrat, von seinem Oberlandgerichtsrat, welcher, offenbar kurzsichtig, ihn für ein Stück Rotwild gehalten hatte.

Doch das Begräbnis war ungemein würdig. Reden erfolgten, recht feierliche, sehr zahlreich, am offenen Grab. Dazu blies ein Jagdhornquartett melodisch, und der Männerchor des Soldaten- und Veteranenvereins ließ erlesen Vaterländisch-Feierliches ertönen. Auch der Geistliche war echt gut in Form. Großdominierend dabei der mächtige Kranz von Seiner Königlichen Hoheit, dem Prinzen. Auf dessen Schleife stand, erinnere ich mich genau: ›Ruhe in Frieden. Gehe ein ins Himmelreich der Jäger. Gott wird dich geleiten.‹

Soweit, so gut und wohl auch würdig. Doch unmittelbar danach hielt es Mutter Elisabeth für angebracht, eine Art Familienkonferenz einzuberufen. Wobei sie uns, also mir und Erich, erklärte, sie gedenke nunmehr diesen Haushalt in Priesnitz aufzulösen, um sich zu ihrer Mutter Emma nach Berlin zu begeben. ›Ihr könnt mir folgen, meine lieben Söhne, wenn ihr wollt. Dort werde ich dann weiter für euch sorgen.‹

Ein Angebot, das der kleine Erich bedenkenlos annahm – welches jedoch von mir höflich-reserviert abgelehnt wurde. Mit der Bemerkung, und das weiß ich noch genau: ›Meine Heimat, meine Familie, ist nun die Armee!‹

Wir hatten da nun wohl unsere Wege gewählt. Was jedoch keinesfalls ausschloß, daß wir dennoch bemüht waren, eine erklärte Familieneinheit zu bleiben. Somit verloren wir uns auch fortan niemals ganz aus den Augen. Das wahrlich nicht zuletzt deshalb, weil ich mich meinem kleinen Bruder gegenüber ein Leben lang verpflichtet gefühlt habe.

Dennoch, dennoch, dennoch!‹«

An jenem Abend um den 20. April 1945 versammelte Erich Wienand im Welpenhof die Mitglieder der Familie, auch künftige, um sich: Frau Elvira, Tochter Elfie, Horst-Heinz Warnhagen.

Worauf er mit sanft entgegenkommender Herzlichkeit wissen wollte: »Sollte meine Annahme berechtigt sein, daß hier nun der Entschluß besteht, eine Art Verbindung anzustreben – eine möglichst andauernde?«

Worauf Elfie, die er dabei ansah, unverzüglich versicherte: »Ja, lieber Vater.«

»Jawohl!« Warnhagen blinzelte sie dankbar ermunternd an.

»Und was – ist deine Ansicht dazu, liebe Elvira?« fragte er seine Frau.

»Die entspricht jener unserer Tochter, Erich.«

»Womit nun wohl wesentlichstes gesagt worden ist«, stellte Erich Wienand fest, wobei er lächelte; in Besonderheit zu seiner Elfie. »Doch nunmehr habe ich mich da wohl zu fragen: Was ist das schon – so eine Art Verlobung; in der jetzigen Zeit? Eine Übergangserscheinung, eine Notlösung, eine Kurzschlußhandlung? Schließlich ist dies eine Welt, in der sich geruhsame Zwischen- oder Vorausplanung wohl kaum ermöglichen läßt. Doch eben deshalb, Herr Oberleutnant, würde ich nun gerne wissen wollen, wie Sie sich das vorstellen – eine Zukunft mit unserer Tochter.«

»Nun – ich liebe Elfie. Und sie liebt mich auch. Besagt das nicht alles?«

»Nicht – für mich! Eine Verlobung ist an sich ein einander gegebenes Versprechen. Jedoch – wie weitgehend?«

Elvira zeigte sich nun sichtlich alarmiert, wohl ganz instinktiv.

»Worauf willst du hinaus?«

Erich Wienand vermied es, sie anzublicken, als er mit nahezu bedächtiger Versonnenheit sagte: »Warum sollten wir denn in einer solchen auf uns zugekommenen Zeit, in der nun fast jede Stunde zählt, lediglich halbe Sachen machen? Warum also nur eine Verlobung, warum denn nicht gleich – eine Heirat?«

»Aber – geht das nicht zu weit, ich bitte dich! Ist das nicht ein wenig überstürzt?« rief ihm seine Frau mit kaum zu verbergender Erregtheit zu.

»Es könnte ratsam und angebracht sein – den zeitbedingten Umständen entsprechend«, erklärte er mit seiner dringlichen Bedächtigkeit.

»Du solltest nichts überstürzen!« warnte Elvira.

»Nichts dergleichen. Ich habe ledglich einen Vorschlag gemacht, der mir sinnvoll vorkommt. Sogenannte große Zeiten zwingen große Entschlüsse auf.« Dabei blickte er Elfie ermunternd an: »Was ist denn deine Ansicht dazu?«

Sie sah zu Horst-Heinz hin; erst dann sagte sie: »Eine Entscheidung, die ich gern bejahen würde, mein lieber Vater – was jedoch nicht allein bei mir liegt.«

»Mithin kommt es dabei auf Ihre Stellungnahme an, Herr Warnhagen. Also – was meinen Sie?«

»Ihre Ansichten hierzu, Herr Wienand, empfinde ich als verbindlich. Und ich kann nur hoffen, dabei handelt es sich auch um die für mich gleichfalls maßgebliche Meinung Ihrer verehrten Frau Gemahlin. Dann allerdings bin ich durchaus bereit, Ihren Vorschlag zu bestätigen; mit Dankbarkeit.«

»Würde ich nicht ungerne bestätigt sehen – und zwar allein Elfies wegen.«

»Aber so was läßt sich doch nicht machen – nicht gleich von heute auf morgen.« Elvira hatte erhebliche Mühe, sich zu beherrschen. »Nicht in dieser fatalen Schnelligkeit, wenn ich bitten darf.«

»Das allerdings, meine liebe Elvira, sehe ich, wenn du erlaubst, ein wenig anders«, korrigierte sie ihr Mann mit nahezu vernichtungsbereiter Höflichkeit. »Eine Verlobung ist lediglich ein Versprechen ohne jede sonderliche juristische Bedeutung; eine Hochzeit jedoch besitzt, sobald vollzogen, vollrechtliche, vielfach verwertbare Gültigkeit. Aber eben das zu erreichen, halte ich nach Lage der Dinge für angebracht.«

Elvira starrte ihren Mann dunkel an: Da war er nun also wieder da; ganz da! Zumindest in diesem Fall. Ein scheinbar verträumt harmloser Biedermann, von tief bohrender Beharrlichkeit dennoch. Das zumal, wenn es darum ging, wie wohl jetzt auch, seine seltsamen Kreuz- und Quergedanken durchzusetzen; die er dann auch bereitwillig als humane Bemühungen auszugeben trachtete.

Und er erklärte nunmehr mit seinem sanften beharrlichen Forderungswillen:

»Eine standesamtliche Heirat ließe sich jederzeit ermöglichen, auch ohne große Vorbereitungen und Wartezeiten. Dabei brauche ich mich nur, was ich gleich morgen tun werde, an den Bürgermeister zu wenden. Mit dem kann ich gewiß rechnen. Eine kirchliche Trauung, falls möglicherweise gewünscht, könnte dann später erfolgen. Sobald sich der hiesige Geistliche, mit dem ich befreundet bin, wieder glücklich daheim befindet.«

Weiter dann Wienand entschlossen-suggestiv: »Angebracht ist dabei die Bereitstellung eines ersten sogenannten Heimes für die geplanten Eheleute; ein zeitgemäßes. Dafür schlage ich, zunächst einmal, das ziemlich geräumige Schlafzimmer im Obergeschoß vor, das zuletzt gemeinsam von Mutter und Tochter bewohnt worden ist; einstmals von mir und meiner Frau. Zugleich bietet sich dabei auch eine Art brauchbarer Platztausch an: Elvira könnte mein ehemaliges Arbeitszimmer beziehen, während der Oberleutnant, der sich bisher dort aufgehalten hat, sodann zu Elfie hinüberwechselt. Während ich selbst, und das sehr gern, auch weiterhin in meinem Keller zu verbleiben gedenke.«

Er fühlte sich angestaunt-bewundert von Elfie, überrascht angesehen von Horst-Heinz, überaus erregt mißtrauisch betrachtet von Elvira. Zustände, die er nicht sonderlich lange zu genießen gedachte. Seine vielfältigen Erfahrungen rieten ihm dazu, hier eine Art Festtagsbraten nicht allzulange schmoren zu lassen.

»Halten Sie ein derartiges Arrangement für sinngemäß, Herr Warnhagen?«

»Jawohl, Herr Wienand«, bestätigte der. »Wenn Sie – und Ihre Gattin – das für richtig halten.«

»Einverstanden, Elvira?« fragte Wienand seine Frau.

»Ich weiß wirklich nicht«, bekannte die nun fast schmerzvoll, »was ich davon halten soll?«

»Hierbei, meine Liebe«, versicherte nun Erich Wienand nahezu feierlich, »und das bekenne ich offen, geht es mir allein, ganz allein, um unsere Elfie. Und die will ich glücklich wissen.«

7.

Es war der 20. April 1945 – ein wahrlich nicht ganz unbedeutendes Datum. Das schon gar nicht für erklärt großdeutsche Menschen, von welcher Sorte hier in Schoenau und Umgebung immer noch stattliche Mengen existierten. Sie waren entschlossen, die Bedeutung dieses Tages nicht zu vergessen.

Denn an einem 20. April, und zwar im Jahre 1889, war einst in Braunau in Österreich ein gewisser Adolf Hitler geboren worden. Selbst jetzt noch bezeichnet als: der Führer und Reichskanzler, Oberster Befehlshaber der Wehrmacht. Dessen 56. Geburtstag galt es nunmehr zu feiern – oder eben zu begehen.

Doch lediglich kaum mehr als zehn Tage danach, am 3. Mai, sollte er sich selbst morden, durch Gift; um sich dann auch noch, gründlich wie er wohl war, zusätzlich mit Benzin übergießen und verbrennen zu lassen. Er gehörte jedoch noch lange nicht zu den letzten, die für sein Tausendjähriges Reich krepieren mußten. Hier jedenfalls, in diesem Schoenau, brach das großdeutsche Reich ein wenig schneller ein; erledigte sich und so gut wie alles sonst noch in nur wenigen Tagen.

Doch zunächst einmal war der Geburtstag zu feiern, Adolf Hitlers letzter. Ein unvermeidliches Ereignis – wahrlich ein Festtag ohne Beispiel.

In den frühen Morgenstunden dieses gewiß denkwürdigen Tages begehrte der derzeitige, wenn auch nur ›nebenamtliche‹ NS-Führungsoffizier der Heeresflakschule Schoenau, Oberleutnant Kersten, in Aktion zu treten. Er war entschlossen, eine gediegene, würdigende Feierstunde für seinen Adolf Hitler zu veranstalten; was wohl gewährt werden mußte. Zumal Oberst Wonnegut nicht den geringsten Wert darauf legte, sich jetzt noch, sozusagen in letzter Stunde, mögliche Schwierigkeiten einzuhandeln.

Mithin konnte der NS-Offizier feierentschlossen an sein Würdigungswerk gehen. Zu diesem Zweck ließ er zunächst einmal die völlig überbelegte Turnhalle räumen. »Das nur für wenige Stunden, Kameraden, um den Führer zu ehren; wofür ihr gewiß Verständnis haben werdet.«

Das hatten die Vertriebenen nicht, hüteten sich aber, das auszusprechen. Sie zogen sich zurück – ins Freie hinaus. Was ihnen ein sogenanntes ›Hitler-Wetter‹, zur allgemeinen Erleichterung, ermöglichte. Denn draußen war Sonnenschein, herrschten angenehme Temperaturen.

Worauf der Oberleutnant Kersten in der frei gemachten Turnhalle ein kleines Podium aufbauen ließ, dazu ein Stehpult. Und darauf legte er sein in fleißig-freudiger Nachtarbeit erstelltes Würdigungsmanuskript. Rechts und links davon standen Lorbeerbäume, Kasinobeständen entliehen. Dahinter plaziert war ein Streichquartett, das vor seiner Rede irgend etwas serenadenhaftes von Mozart zu fiedeln hatte; danach dann den 1. Satz aus dem Kaiserquartett von Haydn. Alles nicht unstimmungsvoll.

Diese wahrlich bemerkenswerte Veranstaltung eines erklärten Idealisten, der noch dazu wahrlich kein Dummkopf war, vielmehr als einigermaßen gebildet bezeichnet werden konnte, mutete – wohl eben deshalb – reichlich makaber an, gleichzeitig aber auch ziemlich komödiantisch. Sie fand sozusagen im zweimaligen Durchgang statt, damit jeder Gelegenheit erhielt, an dieser ungemein erhebend gedachten Feier teilzunehmen.

Gleich bei der ersten Gruppe um 07.00 Uhr in der Früh, also noch vor dem Kasinofrühstück, hatte sich auch der Kommandeur eingefunden – mit einigen Offizieren seines Stabes. Sie hatten sich auf die Stühle in der ersten Reihe gesetzt. Die anderen Reihen waren aus herbeigeschleppten, strapazierten Holzbänken gebildet worden. Wobei dann später behauptet werden sollte: Der stocksteif vorn dasitzende Oberst Wonnegut soll während der Rede, und zwar wie zustimmend, genickt haben.

Und das selbst bei dem, was der Oberleutnant Kersten vor sich hingeschwafelt hatte. Angeblich allerlei bedeutsam Gedachtes. Etwa von der Funktion, der Wichtigkeit, der Wirksamkeit eines Genies, womit dieser bemühte Kulturtrottel unverkennbar seinen Hitler meinte. Doch ohne dabei dessen Namen, also den des Geburtstagskindes, auch nur anzudeuten. Brauchte der auch gar nicht.

So ein Genie jedenfalls, eben das wahre, führte er betörend ahnungslos aus, wäre wohl in seiner absoluten Einzigartigkeit völlig unergründbar. Schon gar nicht zu erfassen von sogenannten Realisten, geblendeten Herdentieren, seelisch versauten Traumtänzern.

Jedoch zu begreifen von wahren, unzerstörbaren Idealisten, denen Höhenflug, erklärte Opferbereitschaft, Sonnensehnsucht gegeben war. Denen aber, welche das deutsche Volk verkörperten, wäre dieses einzigartige Genie von der Vorsehung zugeteilt worden. Und so etwas müsse man wohl Schicksal nennen. Was, an sich, gar nicht unrichtig war.

»Doch wer«, wollte er dann von der ihn anstarrenden Menge wissen, »vermag sich dem zu entziehen?«

Wenn dabei einer einen kräftig-knarrenden Wind sausen ließ, war das wohl das Produkt einer zufälligen Magenverstimmung.

Beim danach erfolgenden Frühstück im Kasino wirkte Oberst Wonnegut ungemein wortkarg. Er ließ sich, obgleich von seinen internen Stabsmitgliedern nahezu dezent-dringlich befragt, auf keine Äußerung zu diesen Vorgängen ein. Vielmehr gedachte er möglichst unabgelenkt zu speisen: Brot, Butter, Marmelade – letztere, was er bekanntermaßen bevorzugte, war aus Walderdbeeren zubereitet.

Danach jedoch ordnete er an: »Bitte zu einer Besprechung; in meinem Dienstzimmer.«

Dabei waren außer ihm anwesend sein stets bewährter Adjutant, ein graugesichtiger Hauptmann; weiter ein ihm ungemein vertrauter Ausbildungsleiter, ein Major mit starrem Puppengesicht; sodann noch ein Oberleutnant namens Franz-Jochen Rabe. Das war ein stämmiger, hellwacher Mensch, mit scharfem Blick und klarem Verstand – dazu noch gesegnet mit enormem Realitätsbewußtsein; der wußte fast immer, worauf er hinauswollte.

Diese ›Herren‹, die der Oberst zu sich gebeten hatte, gruppierten sich um seinen Schreibtisch. Nachdem das erwartungsvoll geschehen war, servierte ihnen der Adjutant zunächst einmal Schwarzwälder Kirschwasser. »Das haben wir uns wohl verdient«, meinte Wonnegut. Womit er wohl andeutete: Nach diesem Hintertreppenstaatsschauspiel.

Nachdem sie von diesem hochprozentigen Wässerchen getrunken, sich also wohl gestärkt hatten, fragte der Oberst: »Nun, meine Herren, wie haben wir uns nun, was meinen Sie, in dieser Situation zu verhalten; in die wir da hineingeraten sind?«

Worauf ihn seine Offiziere durchaus ergeben anblickten, doch kaum bereit waren, sich irgendwie festzulegen. Keinesfalls bevor ihnen ihr Oberst dafür ein Signal gegeben hatte. Doch Oberleutnant Franz-Jochen Rabe hielt da wohl die Gelegenheit für günstig, nun sozusagen Klartext zu reden.

»Herr Oberst«, sagte er, und das sogar mit einiger Überzeugung, »nun ist wohl, wie es gewöhnlich heißt, die Stunde der Wahrheit gekommen. Also jene, in der wir uns entscheiden müssen.«

»In welcher Hinsicht denn wohl, Rabe?« fragte Wonnegut bedächtig. »Also für wen oder eben für was, meinen Sie? Aber damit wohl auch – gegen wen?«

»Unsere derzeitigen Positionen, Herr Oberst, sind nun wohl einigermaßen klar. Jedenfalls für mich und einige meiner Kameraden.«

»Wer denn, Rabe, sind das – diese ›einige Ihrer Kameraden‹?«

Auf diese Frage schien der Oberleutnant vorbereitet zu sein. »Namen, Herr Oberst, wofür Sie gewiß Verständnis haben werden, möchte ich nicht gleich nennen – noch nicht. Denn schließlich will ich Sie damit nicht irgendwie belasten.«

»Verstehe«, erwiderte Wonnegut nach nur kurzem Nachdenken nahezu dankbar. »Also dann, bitte, Ihre weiteren Anregungen, Oberleutnant Rabe.«

»Wir müssen hier nun, und das möglichst bald, reinen

Tisch machen. Uns also von allen irgendwie fragwürdigen Elementen distanzieren – die sollten schnellstens fortgeschafft werden. So etwa dieser NS-Fabulierer Kersten; den müssen wir beschleunigt in die Wüste schicken.« Womit er wohl ›an die Front‹ meinte.

Der Ausbildungsmajor schüttelte bedächtig seinen puppenhaft-preußischen Soldatenschädel. »Aber ich bitte Sie – nicht gleich der! Bei dem handelt es sich doch um einen gefälligen, ahnungslosen, schöngeistig getönten Vorsichdahinschwätzer; welche erfahrungsgemäß niemals sonderlich gefährlich sind. Vielmehr sehr benutzbar. Wenn man das richtig anstellt.«

»Doch eben solche Typen könnten jetzt durchaus gefährlich werden!« Rabe begehrte ein weiteres Glas Kirschwasser, das ihm der aufmerksame Adjutant prompt einschenkte. »Denn schließlich haben wir nun damit zu rechnen, daß hier bald die Amerikaner aufkreuzen – in nur wenigen Tagen. Und was dann? Sollten wir uns dann etwa mit denen auf Endsiegkämpfe einlassen – was bei deren massiver Materialüberlegenheit absolut sinnlos ist! Wäre es denn nicht ungleich ratsamer, denen klug entgegenzukommen?«

»Denen entgegenzukommen? Aber wie denn wohl, Kamerad Rabe?« fragte der Adjutant, eindeutig voll auf seinen Kommandeur eingespielt. »Etwa indem wir weiße Fahnen schwingen? Oder eben schwingen lassen?«

»Indem wir hier, zunächst einmal, das Terrain säubern – also es von allen noch aktiven Nazis und restgroßdeutschen Blind- und Blödmännern befreien. Womit ich aber nicht nur unsere Waffenschule meine – denn ein solches Angebot würde wohl kaum ausreichen für diese Amerikaner, mit denen nun wohl Kontakt aufgenommen werden muß. Was wohl nur sinnvoll ist, wenn wir denen ganz dicke Brocken anbieten können – etwa gleich ganz Schoenau, einschließlich näherer Umgebung.«

»Rein taktisch absolut richtig gesehen«, stimmte der Ausbildungsmajor zu. »Doch inzwischen scheint sich diese Stadt ziemlich selbständig gemacht, also sich unserem Einfluß entzogen zu haben. Das, seitdem dort dieser Hauptmann

Abendrot residiert, den wir da wohl ein wenig voreilig aus unserem direkten Einflußbereich entlassen haben.«

»Selbst so etwas«, versicherte Rabe, »werden wir hier in den Griff bekommen. Schließlich haben wir hier, vorsorglich, eine Art Widerstandsgruppe aufgezogen – gegen Hitler. Etwa zu bezeichnen als National-Bayerische Front, als Kampfgruppe demokratisch orientierter Soldaten – wie auch immer! der Name spielt keine Rolle; auf die zu erreichende Wirkung kommt es an. Wofür Sie jedoch Verständnis empfinden, Herr Oberst – dessen bin ich sicher.«

»Nein«, sagte der ungemein mühsam. »Nicht gleich so etwas. Denn so sehr ich mich auch bemühe, Ihre Argumente anzuerkennen, Oberleutnant Rabe, diese sogar als zeitgemäß richtig empfinde – so ist es mir jedoch nicht gegeben, ihnen zu folgen; und zwar aus ganz persönlichen Gründen.«

»Ich vermag mir nicht vorzustellen, Herr Oberst, daß Sie dazu bereit sein könnten, uns alle einfach überrennen zu lassen!«

Der Oberst blickte bedeutungsschwer vor sich hin, auf seine Hände, die wie im Gebet gefaltet waren. »Ich habe da, entsinne ich mich dunkel, einstmals eine Art Eid geleistet. Und zwar auf diesen Hitler. Das mag eine Dummheit sondersgleichen gewesen sein, doch das ist nun mal geschehen; mithin Tatsache. Und was da auch immer auf uns, auf mich, zukommen sollte – zu meinem gegebenen Wort muß ich wohl stehen. Ich kann einfach nicht anders. Schließlich bin ich kein mutwilliger Rebell – ich bin ein erklärter Soldat.«

»Dennoch aber, glaube ich erkannt zu haben, Herr Oberst, lehnen Sie die von uns geplanten Maßnahmen nicht ab.«

»Ach, mein lieber Rabe, machen Sie von mir aus das denkbar Beste daraus – doch eben ohne mich. Also keinesfalls – tut mir leid, das sagen zu müssen – mit meinem direkten Einverständnis.«

An diesem Vormittag erhielt der Chef jener südlich von Schoenau eingesetzten Flakbatterie, Oberleutnant Warnhagen, genau jenen Befehl, den er vorausgesehen, auf den er seit Tagen bereits gewartet hatte. Er wurde gegeben von seinem Regimentskommandeur, der sich irgendwo im Raume Weilheim aufhielt. Mithin, von hier aus gesehen, weltenfern.

Dieser Befehl besagte: Die Batterie Warnhagen ist aufzulösen, hat sich in vier Einzelgruppen aufzuteilen – Schwerpunkte dabei die Geschütze von Kaliber 8,8 Zentimeter. Diese waren nunmehr acht bis zehn Kilometer südwärts von Schoenau einzusetzen, wohl angenähert dem angeblich mittleren Ring der Voralpenfestung. Deren Aufgabe: die Errichtung von Straßensperren gegen feindliche, mithin also amerikanische Panzer und deren gepanzerte Begleitfahrzeuge.

Ein Befehl, dem der Oberleutnant ungemein beschwingt nachkam. Wobei auch sein lieber Freund und engster Vertrauter, der Unteroffizier Tümmler, denkbar prächtig spurte. Sie ließen alles ab- und mitreisen, was am Ort irgendwie stören konnte. Wobei in Besonderheit Tümmlers Einfallsreichtum, von Warnemann beflügelt, so gut wie keinerlei Grenzen kannte – der hätte vermutlich sogar, wenn es denn hätte sein müssen, seine Großmutter verraten.

Wobei noch hinzukam, daß der Feuerstellungsoffizier, also Leutnant Karlemann, dieser tumbe Tor, das alles ungetrübt freudig mitmachte. Es war nur notwendig gewesen, ihm kurz mal klarzumachen, daß jetzt denkbar große kriegerische Chancen auf ihn zukamen: Panzer zum Abschuß! Worauf er dann glaubte, an seinem Horizont, der sich immer mehr verengte, schon das stets von ihm ersehnte Ritterkreuz erblicken zu können.

Doch das wohl allerwichtigste dabei: Der Oberleutnant Horst-Heinz Warnhagen blieb mit einer Resteinheit im Welpenhof zurück. Und damit konnte er sich seiner besonderen Konstellation, seiner Verlobungs- oder eben Heiratsabsichten ziemlich ungetrübt und ungestört hingeben. Alles lief gut.

An diesem Tag, dem 20. April 1945, gedachte auch Hauptmann Abendrot in Schoenau möglichst ganz groß in Aktion zu treten. Das als kommissarischer Kreisleiter; denn in dieser Funktion war er nun von den wohl gerade noch exestierenden Resten der Gauleitung München bestätigt worden. In eben dieser Eigenschaft beabsichtigte er jetzt, eine möglichst angemessene Führergeburtstagswürdigung zu veranstalten.

Wobei er zunächst einmal geplant hatte, eine freudig-festlich gestimmte Volksversammlung abzuhalten – etwa auf dem Marktplatz von Schoenau. Wovon ihm jedoch dringend abgeraten wurde. Sodann gab er vor, sich mit einer Feier im großen Rathaussaal zu begnügen. Doch selbst diese kleinere Freude wurde ihm nicht vergönnt.

Denn seine nächsten Mitarbeiter, wie etwa der Bürgermeister plus dessen unvermeidlicher Polizeichef, glaubten erhebliche Bedenken anmelden zu müssen. »Alles, so gut wie alles ist hier nun reichlich unübersichtlich geworden. Wir sollten es vermeiden, mögliche Fragwürdigkeiten herauszufordern; noch dazu völlig unnötigerweise.«

Wobei es dann lediglich im derzeitigen Kreisleiter-Abendrot-Wohnbereich zu einem Empfang am Nachmittag kam. Sozusagen im kleinen, doch vertrauten Kreise – veranstaltet für verdienstvolle Parteigenossen und deren Damen. An die sechs Dutzend von dieser Sorte waren geladen worden; doch kaum mehr als dreißig bis vierzig von ihnen waren erschienen.

»Alle notieren«, flüsterte Abendrot seiner Kreisleitungssekretärin zu. »Besonders jene, die nicht gekommen sind; mit welchen Begründungen auch immer. Die werde ich mir schon noch kaufen!«

Dennoch schien hier so gut wie alles ungemein harmonisch zu verlaufen. Der Hauptmann, als Kreisleiter persönlich, zerteilte diverse Torten. Verschwenderisch große Stücke davon häufte er auf die Teller seiner Volksparteigenossen. Und das nicht, ohne ihnen wohlwollend-ermunternd zuzulächeln.

Wobei er wohl kaum zu ahnen vermochte, daß etwa eintausend Kilometer von Schoenau entfernt zur fast genau gleichen Zeit nahezu das gleiche Schauspiel stattfand. Und zwar im bereits hart bedrängten Führerbunker bei der Reichskanzlei in Berlin. Auch dort hatte Hitler etliche seiner letzten Weggefährten um sich versammelt – um denen, zeremoniell gewichtig, wenn auch mit zitternden Händen, Kuchenstücke anzubieten.

Hier jedoch, bei diesem Hoheitsträgerempfang in Schoenau, kam es dann zu einem gewissen Höhepunkt. Das, als Abendrot sozusagen vor versammelter Parteigefolgsmannschaft den SA-Unterführer zu sich rief, um ihm zu verkünden: »Uns ist es schließlich noch gegeben, wahre Verdienste zu würdigen; was hier nun geschieht, aber auch weiterhin geschehen wird. Jetzt jedoch dies: Ich habe dir deine Ernennung zum SA-Sturmführer bekanntzugeben. Im Namen des Führers!«

Beifall, bereitwilliger, kam auf. Der so Ausgezeichnete fühlte sich außerordentlich gewürdigt; mithin gewiß auch zu neuen Taten beflügelt. Ungemein geschmeichelt nahm er zahlreiche Glückwünsche entgegen.

Dabei lächelte Hauptmann Abendrot lässig überlegen – auch zu Waltraut, seiner Sekretärin. Wobei er gleichfalls nur sehr kurz die ›Damen‹ seiner Parteigenossen betrachtete. Und das waren, mußte er feststellen, zumeist entsetzlich verbrauchte Geschöpfe: Abgeschlaffte Titten unter Hängeschultern, feiste Bäuche und wabbelnde Breitärsche, Visagen voller fader Faltennetze. Mithin wohl nicht gerade das, was als weitzeugend großgermanisch geprägt zu bezeichnen war. Doch nach dem Endsieg, dessen glaubte er sicher zu sein, würde alles anders werden.

Er begab sich zu Bürgermeister Breisgauer; neben dem sich, fast peinlich beharrlich, dessen Polizeichef Straßner aufhielt. So als wäre der die vom Stadtoberhaupt mitgebrachte Dame. Kleiner Scherz, dachte Abendrot – wenn auch wohl kein schlechter.

Er rief den beiden zu: »Ein schöner, festlicher Tag, meine Herren. Doch sonderlich glücklich kommen Sie mir nicht vor. Warum eigentlich nicht?«

»Weil wir so unsere Sorgen haben, Herr Hauptmann. Denn nun habe ich mich wohl zu fragen: Ist Ihnen bekannt, daß sich hier, also mitten in unserer Stadt, ein ziemlich umfangreiches Munitionslager befindet? Angefüllt mit Handgranaten, Sprengstoff und Waffen.«

»Das allerdings – ist mir nicht bekannt.« Abendrot wirkte nun sehr nachdenklich, doch nach wie vor entschlossen. »Immerhin – falls das zutrifft, dann muß es beseitigt, ausgelagert werden.«

»Von wem – was meinen Sie?«

Worauf Abendrot den neuernannten SA-Sturmführer zu sich rief. Der erschien unverzüglich, machte Männchen wie ein gutabgerichteter Kleinhund in braungoldig glänzendem Fasanengewand. »Zu Befehl, Herr Kreisleiter!«

»Sollte es tatsächlich zutreffen, Herr Sturmführer, daß sich mitten in unserer Stadt ein ziemlich umfangreiches Munitionslager befindet?«

»Jawohl, Herr Kreisleiter.«

»Nun, dann müssen Sie jetzt mal überzeugend als Anführer Ihres Volkssturmes in Erscheinung treten. Räumen Sie diesen gefährlichen Saustall aus! Also verlagern. Möglichst noch heute. Irgendwohin in der Umgebung; etliche Kilometer weg von uns. Das jedoch aber so, daß wir, falls nötig, stets darauf zurückgreifen können. Klar?«

»Das mache ich«, versicherte der Sturmführer bereitwillig. Dabei offenbar heimgesucht von einem freudigen Einfall. »Ich glaube auch schon zu wissen, wohin sich dieser angesammelte Sprengstoffmist wirksam transportieren läßt – auf Männer wie mich ist Verlaß!«

Dieser denkwürdige Tag begann auch an anderen Orten, soweit sich diese noch ›in deutscher Hand‹ befanden, ungemein führerfeierungsentschlossen. So etwa München.

Daß diese Stadt bereits so gut wie eingekreist war von amerikanischen Truppen, wünschten etliche der dort stationierten Dienststellen beharrlich nicht zur Kenntnis zu nehmen. Zu denen gehörte auch eine Gestapohorde, die sich im Führergebäude breitgemacht hatten; in Kellerräumen beim ehemaligen Königlichen Platz. Nicht nur in diesen Tagen mehr als voll beschäftigt.

Dort derzeit oberster Chef war ein SS-Brigadeführer Weidemann, der nicht versäumt hatte, seinen sichtlich entschlossenen Untergebenen aufmunternd zuzurufen: »Dies, meine Männer, ist ein denkbar großer Tag. Da werden wir feiern – doch ohne unsere besonderen Pflichten zu vernachlässigen.«

Nichts davon gedachten sie auszulassen. Zumal ihnen das auch bestens ermöglicht wurde. Denn gleich beim Frühstück hatte es Setzeier auf Saftschinken gegeben. Dazu einen starken, angenehmen Magenwärmer: Pflaumenschnaps in Wassergläsern. Sodann das Mittagessen: Erbsensuppe, sahnig dick, mit Bockwürsten und Eisbeinen. Ein Liter Bier dazu; Hofbräu. Alles allerbestens.

Dazu kam jedoch, wie gefordert, die Pflicht. Der war sich in diesem Bereich zumindest der im Untergeschoß dominierende SS-Sturm-Anführer namens Müller jederzeit bewußt. Er wurde scherzhaft auch ›Pluto-Müller‹ genannt, nach dem Höllenhund.

Dem unterstanden derzeit zwölf Wachmänner; überaus nette Leute, von großer Betätigungsbereitschaft. Und wohl sehr weit hergeholt wäre es gewesen, diese gleich, wie es dann bald gemeinhin üblich werden sollte, als ›Folterknechte‹ zu bezeichnen. Immer noch beherrscht von dem guten, großen ›Glauben an Deutschland‹, befolgten sie nichts als Befehle. Mal abgesehen davon, daß auch sie gelegentlich ihr ›Vergnügen‹ haben wollten; ein möglichst rauhmännlich kraftvolles.

Denn schließlich war ihr Dienst alles andere als ein Honigschlecken. Derzeit lagerten unter ihnen in den Kellergewölben, aufgeteilt in Einzelzellen, so an die drei Dutzend von ihnen zu Betreuende. Bei nahezu täglichen Zu- und Abgängen.

Bei den Zelleninsassen handelte es sich in ihrem Sprachgebrauch um ›asoziales Gesindel‹. Also um aufgegriffene hinterhältige Sozis, heimtückische Kommunisten, entgleiste Offiziere, verführte Volksgenossen, verdummte Pädagogen. Oder eben, wie diesmal auch noch zu registrieren, um einen vertrottelten, senilen Geistlichen, der provokative Gebete vor sich hinsabberte.

Nachdem sie sich durch weitere stattliche Biere und die fabelhafte Geburtstagsrede im Reichsrundfunk, gehalten von ihrem Dr. Goebbels, gestärkt hatten, spielten sie Skat. Wobei ihr verehrter Pluto-Müller erhebliche Summen gewann; was ihn wie stets überaus unternehmungsfreudig stimmte.

»Wie wäre es, Männer, wenn wir uns jetzt mal eine kleine gemütliche Zwischenfeier leisten?« Ein Vorschlag, für den sie stets zu haben waren, wie er wußte; was sie ihm also nicht extra zu bestätigen brauchten.

»Na – wie wäre es, Kameraden, wenn wir nun mal kurz, zur Feier des Tages, mit unserem Hochwürden plaudern – diesem fleißigen Weihrauchschwinger und Abendmahlsweinsäufer. Mal sehen, ob der nur an seinen geliebten Gott glaubt, und nicht auch noch an unseren zu verehrenden Führer.«

Worauf dann zwei Mann Geisberger, den Geistlichen, aus seinem Kellerloch transportierten, um ihn in diesen kantinenartigen Raum hineinzustoßen. Der stand dann reichlich verwahrlost vor ihnen: ungewaschen, unrasiert, ungekämmt – wenn er auch versucht hatte, sein spärliches Haar mit Hilfe seiner feuchten Hände straff zurückzuziehen. In den wissenden Augen seiner Peiniger war er nichts wie ein nasser, schlapper, elendiger Sack; angefüllt mit stinkenden Fäkalien.

Worauf der SS-Pluto-Müller wie wohlwollend ermunternd anordnete, daß dem Priester ein volles Glas Bier vorzusetzen sei. Als das geschehen war, sagte der Gestapokellerhauptgeist: »Heute ist der 20. April, Geisberger – der Geburtstag unseres, also auch deines Führers. Wie wäre es nun, wenn du auf unseren Adolf Hitler einen schönen, gefühlvollen Trinkspruch ausbringst? Sobald du das gemacht hast, darfst du dein Glas leersaufen und wieder von hier verschwinden – und das sogar mit einer Zusatzverpflegung. Nun, Nensch?«

»Bedauere sehr«, sagte der leise. »Aber – ich trinke kein Bier.«

»Was denn, was denn?« Der munter bedrohliche Pluto-Müller genoß das erwartungsfreudige Grinsen seiner Männer ungemein. »Du wirst doch nicht etwa mein großzügiges gastfreundliches Angebot ablehnen wollen? Aber so was, Menschenskind, du alter Sack, kannst du mir doch nicht antun?«

Er wartete nur wenige Sekunden auf eine Antwort, die

nicht kam. Worauf er, übergangslos scharf, befahl: »Gebt ihm zu trinken!«

Die beiden SS-Männer, die Geisberger hierhergeleitet hatten, bearbeiteten ihn nur kurz, doch wirksam. Der eine trat ihn in die Kniekehlen, der andere in den Bauch. Der Geistliche brach zusammen, wurde auf den Rücken gewuchtet und bekam das Bier übers Gesicht geschüttet. »Prost!« riefen sie ihm zu.

Hochwürden Geisberger verschluckte sich, lief blaurot an, vermochte nur noch mühsam zu keuchen. Danach wurde er wieder hochgerissen und festgehalten. Mit hängendem Kopf stand er da.

»Das ist aber gar nicht fein von dir«, meinte Pluto-Müller, was sich geradezu triefend betrübt anhörte. »Wozu willst du uns denn da zwingen – wo wir doch nur wollen, daß du ein wenig mit uns feierst. Aber du weigerst dich, was ja geradezu an schäbigste Undankbarkeit grenzt. So was haben wir doch wirklich nicht verdient!«

Als dann jedoch abermals keine Antwort erfolgte, zeigte sich der Gestapomensch erneut ganz scharf fordernd: »Gesoffen jedenfalls hast du. Worauf jetzt dein Trinkspruch fällig ist – auf den Führer.«

»Ich weiß keinen«, sagte Geisberger stöhnend.

»Du willst nicht – was?«

»Ich kann nicht«, bekannte er unendlich ergeben.

Was dann zu seinem Ende führte.

An diesem Tag, also dem 20. April 1945, gelang es dem Juden Jacob Werner, aus dem KZ zu entkommen. Das ermöglichte ihm eine alsbald in Volltrunkenheit ausartende Führergeburtstagsfeier seiner Bewacher. Im Bereich eines Hitlers war eben, wie von dem oft getönt, einfach nichts unmöglich.

Jacob Werner verkroch sich in einen stinkenden Abfallsack; und in dem vermochte er das Haupttor zu passieren. So an die fünfzig Meter davon entfernt befand sich eine Grube, in der sogenannter Schweinefraß deponiert wurde, an dem sich die Bauern der Umgebung großzügig bedienen durften. Und dort wurde er hineingeworfen.

Davon konnte er sich befreien. Alsbald kroch er, ungemein stinkend, doch mit luchsartiger Vorsicht, über den Rand dieser Grube ins Freie. Auf das nächste Waldgelände zu; dann weiter, wie gehetzt, durch dieses hindurch. In ein anderes hinein.

Bis er dann, nach durchkeuchten, durchwieselten Stunden, der völligen Erschöpfung nahe, endlich, endlich seine Befreier zu erblicken vermochte – US-Soldaten.

Denen taumelte er entgegen. Und die griffen ihn auf. Das geschah zunächst mit staunender Ratlosigkeit, als wäre da eine Art unheimliches Fabeltier vor ihnen aufgetaucht – ein ungemein verdrecktes, penetrant verwahrlostes, entsetzlich stinkendes noch dazu.

Dieses dennoch menschliche Wesen vermochte ihr heftiges Interesse zu erregen.

Sie versuchten, ihm Speisen und Getränke anzubieten – etwa Schokolade mit Nüssen und eine bräunliche Flüssigkeit. Er jedoch unterdrückte seine aufsteigende Gier danach und lehnte beides ab – das befahl ihm sein immer noch nicht zerstörter Verstand. Gleich einer elendiglichen Ratte, die Schutz gesucht und nun gefunden hatte, hockte dieser Jude Jacob Werner zwischen den ihn anstaunenden amerikanischen Soldaten.

Bis dann, nach einer knappen halben Stunde, bei ihm ein offenbar dringlich herbeigerufener Captain erschien. Und der stand zunächst da, betrachtete ihn – anteilnehmend, aufmerksam, erkennbar wohlwollend. Und dieser uniformierte Mensch war nicht nur bestaunenswert gut genährt; der sprach sogar, wie sich herausstellte, ein ausgezeichnetes Lesebuchdeutsch.

»Wer sind Sie, bitte – und woher kommen Sie?«

Das versuchte Jacob Werner diesem sichtlich anteilnehmend zuhörenden Captain zu erklären. Mit hastigen Worten. Ohne sonderliche Hoffnung, von ihm verstanden zu werden.

Der jedoch sagte: »Ich heiße Sie bei uns willkommen, Herr Werner. Dabei halte ich es für angebracht, daß Sie sich unverzüglich in das nächste unserer Feldlazarette begeben – wo man Sie, wie gewiß notwendig, angemessen ärztlich betreuen wird.«

»Das, Captain, muß nicht sein. Nicht gleich.«

»Nicht nur das muß sein, Herr Werner. Auch sollten Sie sich unseren Vernehmungsoffizieren zur Verfügung stellen. Denn unser Interesse daran, was in diesen Konzentrationslagern geschieht oder geschehen ist, darf als groß angesehen werden. Werden Sie uns diese Auskünfte geben?«

»Das soll geschehen, wenn Sie es wünschen, Captain. Jedoch bitte nicht gleich – das hat Zeit. Zunächst will ich zu meinem Freund! Der ist vor einigen Tagen möglicherweise auch jenem KZ entkommen, das nun auch mich ausgespuckt hat. Vielleicht kann ich ihm jetzt irgendwie behilflich sein. Er verdient es – wie kein anderer sonst. Wünschen Sie zu wissen, um wen es sich dabei handelt?«

»Ich bitte darum, Herr Werner.«

»Das ist ein Erich Wienand, Captain. Und da ich Ihnen durchaus zutraue, daß Sie sich mit der deutschen Literatur beschäftigt haben, werden Sie auch um dessen Bedeutung wissen.«

»Das allerdings«, bekannte der Amerikaner, »könnte sein – falls wir den gleichen Erich Wienand meinen.« Von dem zählte er unverzüglich einige Buchtitel auf – und sie stimmten. »Und den gibt es noch? Tatsächlich? Wo hält der sich derzeit auf?«

»Vermutlich auf einem Hof bei Schoenau! Und dorthin sollten Sie mich bringen.«

»Wie kommen Sie denn darauf, Herr Werner? Wie stellen Sie sich das vor?«

»Nun ja – könnte doch sein, glaube ich sogar annehmen zu dürfen, daß gerade ihr Amerikaner darum bemüht sein werdet, in den Trümmern dieses Großdeutschland nach Menschen zu suchen, für die sich dieser gigantische Einsatz gegen Hitler gelohnt hat. Eine gewiß schöne, weitzeugende Aufgabe für wahre Befreier. Meinen Sie das nicht auch?«

»Warum sollte ich denn so was nicht wollen«, sagte der Captain aufmerksam. »Nur eben, Herr Werner, daß ich mir, sozusagen rein praktisch, kaum vorzustellen vermag, wie Derartiges wirksam geschehen könnte.«

»Lassen Sie uns versuchen, Mister, Captain, solche Möglichkeiten herauszufinden. Gemeinsam. Was ich jedenfalls auch immer dabei tun kann, soll geschehen.«

»Und warum, Herr Werner, verlangt es Sie danach, das zu tun?«

»Weil Erich Wienand nicht nur ein bedeutender Mann ist, er ist auch ein ungewöhnliches Wesen. Ich habe etliche Monate neben ihm im KZ verbracht. Wenn einer es von diesen Deutschen verdient hat, betreut und beschützt zu werden – dann er! Wobei mich nun jedoch das Gefühl bedrängt, daß der in Gefahr ist – jetzt erst recht, da er wohl wieder mitten unter diese Endsiegnazis geraten ist. Er muß – befreit werden!«

»Nun gut, Herr Werner – ich fühle mich versucht, mir in dieser Hinsicht Gedanken zu machen.«

»Was ungemein verdienstvoll wäre«, ermunterte der luchsgesichtige deutsche Jude den sehr nachdenklich gewordenen amerikanischen Captain mit sanft suggestiver Stimme. »Denn dabei könnten Sie, bitte das zu bedenken, sozusagen als der Retter in großer Not in Erscheinung treten – als Retter eines weltweit anerkannten Dichters. Was Ihnen erhebliches Ansehen einbringen würde – falls es gelingt.«

Eine Aussicht, die dieser Captain zu begreifen vermochte, die ihn wahrlich nicht unbeeindruckt ließ. Sein Name war übrigens Singer; Siegfried Singer, geboren in Frankfurt; amerikanisch ›Sid‹ genannt. »Also gut – dann versuchen wir es.«

»Müssen wir denn unbedingt auch das noch tun?« fragte Bürgermeister Breisgauer wie angenagt von erheblichen Zweifeln; reichlich mutlos geworden auch. Denn alles verlief ungleich komplizierter als erwartet; am liebsten hätte er sich irgendwo verkrochen.

Straßner, sein Polizeichef, immer noch bemüht gelassen, mutete wie ein ausgekochter Pokerspieler an, der stets einige gute Karten in der Hand hatte. »Das läßt sich wohl kaum vermeiden. Da uns nun mal Herr Wienand darum gebeten hat, bei der Trauung seiner Tochter Elfie mit Oberleutnant Warnhagen anwesend zu sein, können wir uns dem wohl kaum entziehen.«

»Was aber zu ärgerlichen Mißverständnissen führen könnte – etwa bei diesem Abendrot?«

»Nicht unbedingt. Denn dabei wird dir eine sogenannte Öffentlichkeit gar nicht zugemutet. Da es bereits Abend, also dunkel ist, wird uns kaum jemand erblicken bei unserem Inspektionsgang, nennen wir das mal so, in Richtung Welpenhof. Also weder dich als amtierenden Standesbeamten noch mich als gebetenen Trauzeugen.«

»Dieser Wienand ist eine permanente Herausforderung, Mensch! Warum steckt der denn nicht seinen Kopf in den Sand und wartet ab?«

»Weil der reichlich naiv ist, hat es manchmal den Anschein. Oder eben überaus raffiniert sein will; was ziemlich auf das Gleiche herauskommt. Jedenfalls ist er leichtfertig genug, hier seine persönlichen Spiele zu veranstalten. Was er vielleicht nicht tun würde, wenn er weiß, was ich weiß.«

»Und was ist das, Straßner?«

»Mir ist da vor einer knappen halben Stunde«, erklärte der bedächtig, »ein Vorgang bekannt geworden, der mich ungemein bedenklich stimmt – nicht zuletzt Wienands wegen. Du kennst ja wohl meine diversen Kreuz- und Querverbindungen. Doch durch einen dieser internen Kanäle ist an mich die Nachricht gelangt, daß es diesen Priester von Martinshausen, mit dem sich unser Dichter offenbar innig befreundet fühlte, nicht mehr gibt. Geisberger ist heute am frühen Nachmittag abgekratzt; den haben sie erledigt.«

»Na, wie scheußlich«, stellte der Bürgermeister nicht unbeeindruckt fest. »Falls Wienand davon erfährt, verstehe durchaus, könnte ihn das erschüttern, womöglich durchdrehen lassen – ausgerechnet heute. Aber – muß er das unbedingt erfahren?«

»Absolut richtig erkannt!« nickte Straßner nachsichtig. »Diesen Abend sollten wir ihm noch gönnen.«

Was dann noch alles an diesem denkwürdigen Tag allein in Schoenau und Umgebung geschah, waren Darbietungen leider nicht nur letzter menschlicher Möglichkeiten; vielmehr war inzwischen alles alltägliche Gewohnheit geworden. Versprengte, abgesonderte, unkontrollierbar gewordene Truppenteile besetzten Häuser, ›quartierten‹ sich ein; sie ›beschlagnahmten‹ Vieh und Verpflegungsvorräte. Die so heimgesuchten Bewohner wurden in Ställe und Scheunen verwiesen, in Keller oder auf Dachböden gedrängt. Was hier nun ›Recht‹ war, bestimmten die derzeit ›Mächtigen‹.

Dabei kam es dann auch, gar nicht selten, zu sogenannten ›Schlachtfesten‹. Quiekenden Schweinen wurden Gewehrkolben auf die Schädel geknallt, aufblökenden Schafen die Hälse durchschnitten, Hühnern und Enten mit dem Seitengewehr oder mit Äxten die Köpfe abgehackt. Schließlich wollten die Soldaten ja leben, überleben. Und dabei vielleicht noch ein Fest zu feiern, schien ihnen zu gefallen – zu Ehren des Führers.

Wenn dabei auch das Begehren nach sogenanntem Lustgewinn aufkam, war das wohl nur selbstverständlich. Mithin also kaum was besonderes, wenn nun diese dem Endsieg ausgelieferten Resttruppen von dem heftigen Verlangen ergriffen wurden, angeblich geil gewordene Weiber zu stemmen. Zumal diese, wurde danach oft gesagt, sie völlig schamlos dazu herausgefordert hatten. Eine Kette von fatal fürchterlichen Vorgängen ergab sich daraus.

Immerhin nachweisbar, daß in Schoenau nahe dem Ballenhaus ein unterleibwärts stark strapaziertes Kind aufgefunden wurde – kaum vierzehn Jahre alt, doch bereits als werdende Mutter diagnostizierbar. In einem Haus beim Marktplatz konnte eine kaum noch als lebensfähig zu bezeichnende Greisin angetroffen werden, wobei diese jedoch nahezu glaubhaft behauptete, sich aufgeopfert zu haben – für Tochter oder Enkelkind. Und die Frau des Bäckers Garein, welcher die Torten für die Führergeburtstagsfeier der Kreisleitung geliefert hatte, versicherte, fast erlebnisfreudig, mehrfach brutal überfallen worden zu sein – von einer völlig entfesselten Horde; irgendeinen Einzeltäter jedoch vermochte sie nicht näher zu beschreiben. Und Straßner meinte: das wolle sie gar nicht.

Der schäumende Kocher hatte eine weibliche Leiche angeschwemmt – wobei bereitwillig angenommen wurde: Selbstmord, womöglich bedingt durch Lebensuntüchtigkeit, vielleicht auch aus Liebeskummer. Bei allen solchen Vorgängen durfte die sogenannte Dunkelziffer als ungewöhnlich hoch gelten. Tote waren hier wie Blätter, die von Bäumen fielen, mitten im Frühling.

An diesem Abend ging in der Gegend lediglich ein Gehöft in Flammen auf; und das brannte dann bis auf die Grundmauern nieder, mangels einsatzbereiter Feuerwehrkräfte. Denn diese waren von der Bürgerwehr vereinnahmt worden und hatten, auf Anordnung von Straßner, einen freien Tag, einschließlich der Nacht. »Damit ihr den Geburtstag eures Führers entsprechend begehen könnt!« Und der Volkssturm war noch immer nicht in überzeugender Funktion erstellt, also eingreifbereit.

Im Gasthof nahe der Madonnenkirche in Martinshausen lieferten sich aufeinanderprallende Infanterie- und Artillerieeinheiten eine Lokalschlacht von einigem Ausmaß. Dort wurden große Teile des Mobiliars zertrümmert, aber zugleich auch die Visage des Gastwirtes, der sich einzumischen gewagt hatte, doch wohl ohne in Reichweite seiner Schrotflinte gewesen zu sein.

Doch unmittelbar danach vereinigten sich die Gegner dieser Saalschlacht, mit freudig enthemmter Bereitschaft; geradezu kameradschaftswillig. Mithin spürten diese Reste von Infanterie und Artillerie, wieder traulich vereint, die geheimen Kellerbestände des Gasthofes auf, um diese zu vereinnahmen. Womit eine große, festliche, anhaltende Trunkenheit unvermeidlich verbunden war.

Alsbald sangen sie, volle Gläser schwingend, erhebende Weisen, von der herrlichen Heimat, dem deutschen Wald, den aufragenden Bergen. Worauf dann aber auch schöne Ferkelverse erklangen, von der bumsfidelen ›Wirtin an der Lahn‹, sowie auch etliches von ›Bonifatius Kiesewetter‹, dem wohl prächtig verrammelten Sauf- und Fäkalienhelden der großdeutschen Hintergrundkultur. Und weiter ließen sie gröhlend Gelegenheitsgereimtes im schunkelartigen Gemeinschaftsgesang ertönen. Wie etwa dies:

›Hitler ist ein großes Schwein –
großes Schwein!
Und größer kann kein andrer sein –
wie unser Hitlerschwein!‹

Wobei man wohl wissen sollte, daß so ein ›Schwein‹, in diesem Lande, eine Art Glückssymbol war.

Am späten Abend dieses Tages fand dann im Hause Wienand die geplante Trauungszeremonie statt. Dafür war der einzige freie Raum, die großzügig angelegte Wohnküche, geradezu festlich hergerichtet worden.

Dafür hatte Frau Elvira gesorgt; sie hatte Frühlingsblumen in Fülle gesammelt und in Glasvasen und Schalen dekorativ aufgestellt. Der Haupttisch war mit einem weißen Tuch bedeckt und mit zwei silbernen Kerzenleuchtern, dreiarmigen, geschmückt worden. Dahinter hatte sich der Bürgermeister Breisgauer niedergelassen, um dann fast feierlich das von ihm mitgebrachte Standesamtsregisterbuch aufzuschlagen.

Dabei erblickte er, vor sich sitzend, das zur Trauung entschlossen gemachte Paar: einen stramm-stattlichen Offizier in voller Uniform, versehen mit etlichen Dienst- und Kriegsauszeichnungen, und neben ihm, zärtlich-scheu, ein gewiß sehr liebes, wenn auch wohl nicht gerade als sonderlich attraktiv zu bezeichnendes weibliches Wesen, gehüllt in ein blauseidenes Kostüm. Rechts von den beiden der Trauzeuge der Braut, also Straßner, unendlich gelassen wie stets. Links jener des Bräutigams, ein Unteroffizier namens Tümmler, ein munterer, scharfgesichtiger Bursche.

Hinter denen, nahezu ergeben dastehend, die Eltern der Braut. Einmal der schmächtig anmutende, leicht gebückte, doch wahrlich nicht unwürdig wirkende Erich Wienand; mit klugen, wachen Augen im zerfurchten Gesicht unter immer weißer werdenden Haaren. Dann dessen Frau Elvira, gleichfalls pfauenblau bekleidet, von höchst ansehnlicher Stattlichkeit. Dabei sichtlich entschlossen, sich zu beherrschen.

Ein Prachtexemplar von einem Weib, besagte Breisgauers Anerkennungsblick. Worauf er bemüht ernst verkündete: »Kommen wir also nunmehr zur Sache.«

Dann sammelte Breisgauer alle erreichbaren Personalausweise ein – von Brautleuten und Trauzeugen. Das gehörte sich nun mal so bei einem volksgerechten Vorgang wie diesem. Die Namen und Daten übertrug er in sein Register. Dafür hatte er seinen eigenen amtlichen Federhalter mitgebracht; dazu auch noch ein verschraubbares Tintenfaß.

Und nunmehr erfolgte das eigentliche Zeremoniell. Knapp und bündig. »Willst du...«, fragte er den Bräutigam. Der wollte. »Willst du...«, fragte er die Braut. Und auch die zögerte nicht zu wollen.

»Dann erkläre ich euch nunmehr, kraft meines Amtes, für Mann und Frau.« Die dabei gemeinhin noch übliche Formulierung, ›im Namen des Führers und des deutschen Volkes‹, ließ er weg – Wienands wegen. Diesbezügliche nun noch notwendige Unterschriften in seinem Register erfolgten unverzüglich: Erst Horst-Heinz Warnhagen; dann die nunmehrige Elfriede Warnhagen, geborene so und so, adoptierte Wienand, Tochter von dessen Frau Elvira. Dazu die Namenszüge der Trauzeugen: Straßner mit kleiner, fast zierlicher Schrift; Tümmler überaus schwungvoll. Worauf Bürgermeister Breisgauer diesen nun vollzogenen Vorgang unterschrieb – leicht klobig, doch einigermaßen fest und ohne noch sonderlich zu zögern.

Nun durfte sich das Ehepaar küssen, wie die Standardformulierung lautete. Und das taten die beiden dann auch; mit durchaus innig anmutender, doch nicht sonderlich ausgedehnter Herzlichkeit. Worauf die Mutter ihre Tochter umarmte. Und Wienand reichte seinem nunmehrigen Schwiegersohn die Hand.

Worauf Champagner offeriert wurde.

Und nach dem schienen alle Anwesenden geradezu zu lechzen.

Auch die Zeitspanne 1908 bis 1914 vermochte wohl als einigermaßen übersichtlich erscheinen – sie war dennoch nicht frei von etlichen, für diesen Menschen wohl sehr typischen Unklarheiten.

Dennoch immerhin gelang es der beharrlich recherchierenden Konstanze Reibert, angeblich mit Wienands vorbehaltloser Zustimmung, dabei zumindest einige recht bezeichnende Einzelheiten zu registrieren.

»Die stattliche Großwohnung der Goldacks in der Steinstraße, Berlin-Charlottenburg, existierte weiter. Das wohl einmal ermöglicht durch eine Art ›lebenslänglicher‹ Leibrente, wenn auch vergleichsweise schäbiger, welche das Direktorium der Lokomotiv-Fabrik Spandau der Witwe ihres Werkmeisters ausgesetzt hatte. Hinzu kam dann wohl die staatliche, doch keinesfalls sonderlich stattliche Pension von Elisabeth, der verwitweten ›Frau Landgerichtsrat‹, wie sie gemeinhin genannt wurde.

Sie und ihre Mutter führten fortan ein gemeinsames Leben, bewohnten miteinander das große Zimmer. Und sobald ihr Erich ›zu Hause‹ war, hielt er sich bei ihnen auf. Wobei sich dann ein jüngerer Bruder seiner Schwester Elisabeth, ein Gefängniswärter, die wohl spaßhaft gedachte Bezeichnung leistete: »Dieses Kerlchen ist ein ›Liebling der Weiber‹.«

Diese beiden, alsbald offenbar außerordentlich respektierten ›Weiber‹ – also Urmutter Emma und Lieblingstochter Elisabeth – bauten diese Großwohnung einfallsreich aus. Sie ließen eine weitere Toilette einrichten und dazu einen umfangreichen Waschraum; was geradezu als ›neumodisch‹ bezeichnet wurde, aber von großer Zweckmäßigkeit war. Denn da die meisten der Töchter und Söhne dieser Großfamilie inzwischen verheiratet waren, konnten nunmehr gleich zwei stattliche Räume für Studenten nutzbar gemacht werden. Und alsbald lebten dort acht, und zwar sehr gerne, da vorzüglich betreut.

Dabei allerdings schienen sich, durch diesen Erich, unerwartete Schwierigkeiten zu ergeben. Denn der sonst so sanfte, aufmerksam entgegenkommende Junge weigerte sich, dem testamentarischen Wunsch seines Vaters zu entsprechen. Er wollte nicht Jurist werden, mithin in dessen ›Fußstapfen‹ treten. Vielmehr verkündete er, Lehrer werden zu wollen; noch dazu: ›Volksschullehrer‹. Und das nicht im Raum von Berlin, was ihm anhand seiner guten Zeugnisse mühelos möglich gewesen wäre; vielmehr im fernen Ostpreußen.

Warum Erich damals diese wahrhaft eigenwillige Wahl getroffen hatte, schien zunächst kaum erklärbar zu sein. Doch das wurde dann deutlicher – anhand von aufgefundenen Dokumenten –, als sich herausstellte: In jener Gegend lebte der jüngere Bruder seines geliebten Großvaters. Wenn auch mit dem Vornamen Friedrich-Wilhelm, so war er dennoch ein vermutbar höchst eigensinniger Mensch, nicht nur weil er sich Ferdinand oder Fritz oder August nennen ließ.

Dieser Mensch jedenfalls erwies sich – nach zahlreich eingeholten Auskünften – von nahezu barockem, erdigem, naturhaftem Zuschnitt. Er hatte Berlin einst fluchtartig verlassen, nachdem er das Dasein seines erfinderischen Bruders als ›schäbigste Kuliarbeit‹ bezeichnet hatte. Nach Ostpreußen geflüchtet, war er dort Bauer geworden und hatte sich mit einer taubstummen Polin verheiratet. Aber nicht nur, daß er sich dort als großartiger Feldbesteller und eifriger Tierzüchter erwies – er galt gleichzeitig als Gotteslästerer, Säufer und Weiberheld. ›Und zu dem, ausgerechnet zu dem, schien sich Erich Wienand wie magisch hingezogen gefühlt zu haben.‹

Als dann solche verdächtigen Ansichten, und nicht nur diese, einem Erich Wienand, etwa in einem Interview, vorgehalten wurden, versah er sie mit der nachsichtigen Anmerkung: »Jeder sieht mich so, wie er mich sehen will. Doch jedes Ding, ein Mensch erst recht, hat nun mal verschiedene Seiten. Vermutungen sind nicht gleich Tatsachen. Und wer will es sich anmaßen zu wissen, was Wahrheit wirklich ist?«

Damals jedenfalls stand zumindest fest: Erich Wienand wurde Lehrer, wie von ihm dringlich gewünscht – und zwar in Tannenwalde beim Mühlensee, im Landkreis Osterode.

Dort lebten etwa fünfhundert Einwohner in kilometerweit verstreuten Häusern. Es gab sechzig bis siebzig Schulkinder in drei Klassenräumen; einen Hauptlehrer, zwei Lehrer. Dazu ein Gasthof, Kühe in Mengen; auf der Dorfstraße bis zur Kirche hin herumwimmelnde Hühner und Enten, von zahlreichen Hunden aufmerksam bewacht.

Doch dann, nicht einmal zwanzig Kilometer von diesem ›Idyll‹ entfernt, mit einem Fahrrad in kaum mehr als einer Stunde zu erreichen: Geierswalde. Doch eben dort lebte der wohl erfolgreichste aller ostpreußischen Bauern. Manchmal aber auch, seiner herausfordernden Ansichten wegen, als der ›Schandfleck dieses Landes‹ bezeichnet. Was ihn jedoch ziemlich zu erheitern schien.

Doch selbst noch für diese Zeitspanne vermochte die unermüdliche Konstanze Reibert bestimmte Erkenntnisse aufzuspüren. Sie stammten von einem der damaligen ›Gefährten‹ des Erich Wienand – einem der zwei Lehrer. Und der behauptete dies versichern zu können:

»Wir kamen damals fast zur gleichen Zeit in Tannenwalde an. Dort meldeten wir uns bei Hauptlehrer Mischkoreit, der uns mit den Worten empfing: ›Ihr seid hier, um eure Pflicht zu tun – was also heißt: Ihr habt unmündige Kinder in hoffnungsvolle kaisertreue Staatsbürger zu verwandeln. Dabei werdet ihr bei meiner Schwester im Nebengebäude wohnen – dort ist stets für jeden von euch ein Zimmer bereit. Dabei erhoffe ich mir höchste Anständigkeit! So verbitte ich es mir, und zwar ganz entschieden, daß ihr etwa versucht, meiner Tochter Erika unsittliche Anträge zu machen. Denn diese ist mir sehr lieb und wert.‹

Mithin wohl unverkennbar, daß er sie verheiratet sehen wollte – mit einem von uns. Wobei jedoch nicht gleich deutlich wurde, mit wem. Er setzte uns sozusagen unter Druck, zweifelte alsbald unsere Leistungen an, machte bedrohliche Einwände gegen unsere Unentschlossenheit, stellte unsere Reife in Frage. Um dann sogar zu versichern, in uns klägliche Versager erblicken zu müssen. Im Hinblick auf seine Tochter, war zu vermuten.

Eine höchst präkere Situation, die dann monatelang anhielt. Dabei behauptete jedoch Erich, sich wurmhaft windend, daß für ihn bereits eine frühere Bindung existiere, zu der er sich verpflichtet fühlte – wenn ich da richtig gehört habe, einer Irene gegenüber. Doch immerhin erklärte er mir zugleich, daß diese Mischkoreit-Tochter von sehr würdigem Wesen, großer Attraktivität und ungemein liebenswert wäre.

Die also hat er mir zielstrebig aufgeschwätzt; da bin ich nun sicher. Ich habe sie dann voller Anstand und mit erklärtem Pflichtgefühl geheiratet. Während er in der Umgebung alle erreichbaren Weiber aufriß, die ihm gewissermaßen ›aus der Hand fraßen‹. Wenn er sich nicht gerade, wie an zahlreichen Wochenenden üblich, mit dem Bauern Goldack maßlos betrank. Um dann gewiß auch noch mit ihm gotteslästerliche Reden zu führen. So war er – veranlagt.«

Bürgermeister Breisgauer entfernte sich, gemeinsam mit seinem Polizeichef Straßner von dem Tatort der Eheschließung. Eine knappe Stunde danach wandelten sie wortlos ihrem Schoenau entgegen. Die Nacht war klar, doch wohl eben deshalb auch sehr kalt.

Dabei drohte ihnen ein Überfall – in der hier neuerdings üblichen Machart. Denn vor ihnen tauchten aus der Dunkelheit zwei Männer auf – gleich bedrohlichen Schatten. Vermutlich versprengte Soldaten, auf nächtliche Beute aus.

»Her mit der Aktentasche!« forderten sie. Die erschien ihnen verlockend aufgebauscht. Daß sich darin lediglich ein Standesamtsregister befand, konnten sie nicht wissen. »Alles wird beschlagnahmt! Da habt ihr Kerle wohl gehamstert – was? Bei uns nicht zu machen – Ordnung muß sein!«

Worauf Straßner, nahezu lässig, eine Pistole hervorzog und erklärte: »Verschwindet sofort von hier! Oder ich knalle euch Herumstreuner über den Haufen.«

Und sie verschwanden tatsächlich. Denn dieser Kerl, was sie da wohl erst zu spät erkannten, steckte in einer Polizeiuniform; und der würde vermutlich seine Drohung wahrmachen.

Bürgermeister Breisgauer zitterten die Beine. Schweiß bedeckte sein Gesicht. Er schnaufte schwer. Um dann wissen zu wollen: »Was war denn das, Straßner – hättest du die tatsächlich abgeknallt?«

»Aber ja – warum denn nicht«, sagte der mit großer Selbstverständlichkeit. »Vermagst du denn nicht zu erkennen, daß es hier nun auf ein paar Tote mehr oder weniger nicht mehr ankommt? Immer vorausgesetzt, daß dabei die zeitgemäß richtigen Leichen herauskommen.«

Währenddessen begaben sich im Welpenhof die nunmehr einander angetrauten Eheleute Warnhagen treppaufwärts, ausgestattet mit dem Segen der Brauteltern. Mithin schritten also Elfie und Horst-Heinz, nahezu innig aneinandergeschmiegt, in die für sie vorbereitete Unterkunft – das ehemalige Schlafzimmer der Wienands; in letzter Zeit das gemeinsame von Mutter und Tochter.

»Nun«, versicherte er, »ist alles beschlossen, geregelt, endgültig!«

»Wie auch von mir erhofft, gewünscht, Horst-Heinz.«

»Versuchen wir, meine geliebte Frau, das denkbar Beste daraus zu machen.«

»Wozu ich stets bereit bin, mußt du wissen.«

Das wußte er.

Fast zur gleichen Zeit muhte die Kuh Edda unruhig vor sich hin. Denn im Stall war nun der Hauptwachtmeister der Flakbatterie des Oberleutnants aufgetaucht; gemeinsam mit dem Verpflegungsunteroffizier und einer Flasche Schnaps. Sie gedachten die hier noch vorhandenen Bestände zu mustern. Wobei unverzüglich zwei Hühner vereinnahmt wurden als kleiner Zusatzfesttagsbraten.

Dabei betrachtete der Verpflegungsunteroffizier, nahezu versonnen begierig, die aufgescheucht vor sich hintrampelnde Kuh. »Welch ein ungemein prächtiges Stück Rindvieh!« vermochte er zu erkennen. »Reicht garantiert für den Speisezettel einer ganzen Woche.«

Auch der Hauptwachtmeister hatte das Tier schon oftmals im Besorgerauge gehabt, einem sehr geschulten. Doch er meinte: »So gelegentlich mal ein paar Stück Kleinvieh unter den Nagel gerissen – das fällt ja weiter nicht auf. Aber das ist ein zu dicker Brocken. Da müssen wir wohl erst den Chef fragen.«

»Doch was dann, wenn der nicht ansprechbar – mit einer ganz anderen Kuh intensiv beschäftigt ist? Dann müssen wir eben auf eigene Faust handeln.«

In der geräumigen, immer noch feierlich anmutenden Wohnküche im Hause Wienand brannten die Kerzen. Deren sanft flackerndes Licht fiel auf die dekorativen Frühlingsblumen, auf kristallfunkelnde, doch nun leere Champagnergläser, auf die rosa wachsartig schimmernden Gesichter von Elvira und Erich.

Er hockte wie unendlich ermattet da, dennoch lächelte er versonnen. Er hielt ein Glas Rotwein in seinen faltigen langgliedrigen Händen und trank gelegentlich davon, in kleinen Schlucken. Sie betrachtete ihn mit kaum noch unterdrückter Erregung.

»Was hast du dir denn bei dieser Veranstaltung wirklich gedacht?« Womit sie klar erkennbar diese Eheschließung meinte. »Warum hast du das veranlaßt. Offensichtlich wohlüberlegt, wenn nicht gar entschlossen herbeigezwungen? Und weshalb bist du davor – wieder einmal mehr – jedem diesbezüglichen Gespräch mit mir ausgewichen; um hier erneut, ganz beharrlich, vollendete Tatsachen zu schaffen?«

»Ich habe lediglich das getan, was mir als sinnvoll erschienen ist – vielleicht sogar als unbedingt notwendig. Aus meiner Sicht.«

Wobei er das, was er damit wirklich meinte, erst gar nicht auszusprechen versuchte; nämlich dies: Aus meiner hier doch wohl immer noch maßgeblichen Sicht heraus! Denn derartig aufdringlich eindeutig, wußte Elvira, war er niemals. Vielmehr durfte er als ungleich gefährlicher gelten – durch sein berechnendes Schweigen, seine erkennbar bohrenden, kaum jemals ausgesprochenen Gedanken, seine hinterhältige Sanftmut.

»Solltest du diesmal etwa beabsichtigt haben, Erich«, das nunmehr mit entschlossener Offenheit gesagt, »mich ganz direkt mit diesen Maßnahmen zu treffen – mich, irgendwie, bestrafen zu wollen? Wofür denn?«

»Nichts dergleichen war und ist beabsichtigt, liebe Elvira«, versicherte er nun, wobei er sie jetzt prüfend ansah. »Denn ich weiß ziemlich genau um deine, aber auch um meine Möglichkeiten – in ganz bestimmter Hinsicht.«

»Sage so was bitte nicht, Erich!« mahnte sie ihn. »Schließlich bin ich deine Frau. Und das bin ich stets sehr bewußt gewesen; das bin ich immer noch! Und wenn du nun zutiefst erkrankt wieder heimgekommen bist, so solltest du jedoch jede überstürzten Ansichten oder Mutmaßungen vermeiden – über dich und über mich. Dann wird sich schon wieder alles finden – nichts wie eine Frage der Zeit.«

»Jedenfalls solltest du wissen, daß es dabei nichts geben wird, was ich dir, meine liebe Elvira, nicht gönne. So gut wie nichts. Achte, bitte, darauf. Oder sagen wir: damit darfst du rechnen – also mit meinem sehr weitgehenden, wohlwollenden Verständnis.«

»Du versuchst immer wieder, mich zu irritieren, Erich! Deine erklärte, einzigartige Bereitschaft zum Entgegenkommen ist mir schon oftmals als fast vernichtungsbereite Forderung vorgekommen. Du bist so – unendlich unberechenbar! Speziell im Hinblick auf Elfie.«

»Das allerdings«, sagte er nun bedächtig, »glaube ich nicht zu tun – nicht im Hinblick auf dieses Kind; das ich liebe, als wäre es mein eigenes. Mich berührt Elfies seelische Schönheit ungemein; ihre ergebene geistige Aufgeschlossenheit mir gegenüber auch. Dieses wundersame Mädchen will ich glücklich wissen – solange das dauert. Hauptsache allein: sie hat es erlebt!«

»Du denkst dabei nur an sie!«

»Fast so sehr«, bekannte er dann schwer, »als handele es sich dabei um das Wichtigste, was ich jetzt noch zu erreichen begehre.«

Als der Bauer Leitmann, der erklärt ›gute Nachbar‹ des Erich Wienand, nunmehr von Unteroffizier Tümmler heimgesucht wurde, führte er seinen Gast unverzüglich in die Scheune.

Und hier beleuchtete er mit einer petroleumgespeisten Handlaterne die dort vor etwa einer Stunde eingelagerten Kasten und Kisten. Wobei es sich, schnell erkennbar, um recht stattliche Mengen sprengkräftiger Munition handelte.

»Schau dir das an, Mensch! So was hat mir dieser Sturmführer zugeschoben – dieser Sauhund!«

Da staunte nun selbst der Unteroffizier, der sich geschworen hatte, sich durch nichts mehr überraschen zu lassen. »Welch eine Großmenge von Scheiße!« Worauf Tümmler dann jedoch fast sachverständig abschätzend feststellte: »Etwa zwei stattliche Fuhren – höchstens drei.«

Leitmann verstand nicht gleich, was der Unteroffizier damit andeuten wollte. Seine Besorgnis beim Anblick dieser Sprengkraft war riesengroß; und wohl durchaus berechtigt. »Wenn das hier in die Luft fliegt, geht meine schöne Scheune garantiert in die Binsen.«

»Nicht nur deine Scheune, Freund Leitmann«, meinte Tümmler kenntnisreich. »Auch noch deine Stallungen sind dann glatt im Arsch – und mit ziemlicher Sicherheit dein Haus dazu.« Doch eben das war jenes, in welchem er diesen Endsieg zu überleben trachtete.

»Ach, du lieber Gott!« rief der so Heimgesuchte in erregter Empörung aus. »Was mir da dieser hinterhältige Mistkerl von SA-Sturmführer zugeschoben hat, das ist doch eine Gemeinheit sondergleichen.«

»Aber damit auch eine mir gegenüber«, stellte Tümmler besänftigend fest. »Da ich ja nun mal auf deine erklärte Gastfreundschaft erheblichen Wert lege.«

Nun horchte Leitmann auf, wohl berechtigt hoffnungsvoll. »Glaubst du denn, daß sich dieser aufgestaute Munitionsmist dennoch irgendwie bereinigen läßt?«

»Der muß sich bereinigen lassen – wenn wir hier nicht gemeinsam himmelwärts gesprengt werden wollen. Das aber wird wohl nicht ganz einfach sein; dürfte auch einiges kosten. Etwa indem du deine Einquartierungsforderung an mich reduzierst – sagen wir, unter Freunden, um ein Drittel.«

»Du bist ein Halsabschneider, Tümmler! Doch was bleibt

mir anderes übrig, wenn ich hier nicht noch in Fetzen durch die Luft segeln will. Also gut – sagen wir ein Viertel. Einverstanden? Also – abgemacht. Nun aber los – wie stellst du dir das vor?«

»Dabei wird es in erster Linie auf den richtigen Zeitpunkt ankommen«, erklärte ihm der taktisch aufgeklärte Warnhagen-Vertraute. »Also auf das zu berechnende Eintreffen der Amis. Kurz bevor die hier aufkreuzen, werden wir beide erhebliche Schwerstarbeit in einer Nachtschicht verrichten. Wir karren dann diese Sprengstoffscheiße ab. Zwei bis drei Fuhren – wie gesagt.«

»Und wohin – was meinst du?«

»Auf dem kürzesten Weg zum sichersten Ort. Also in das Sumpfgebiet zwischen deinem Grundstück und dem des Erich Wienand. Wohin denn wohl sonst?«

»Ausgerechnet dort, wo vermutlich...«

»Was heißt denn da ›vermutlich‹, Mensch! Du weißt von nichts.«

»Wenn jedoch in diesem Tümpel tatsächlich, wie gemunkelt wird...«

»Dann schlagen wir damit sozusagen zwei Fliegen mit einer Klappe. Wenn wir dort diese Munitionskisten versenken, dann beschweren wir damit auch jene Leichen – von denen wir jedoch nicht die geringste Ahnung haben. Verstanden?«

»Menschenskind, Tümmler – wenn ich dich nicht hätte!«

»Du hast mich aber, Leitmann. Und damit mußt du rechnen. Empfehle ich dir.«

Die nunmehr stattfindende ›Hochzeitsnacht‹ im ehemaligen Schlafzimmer der Wienands wollte Effie als die denkbar vollkommenste Erfüllung ihres Daseins anmuten. Das gewiß nicht unberechtigt. Horst-Heinz jedenfalls hatte sich erhebliche Mühe gegeben.

Was Elfie, ergeben beglückt, auch zu erkennen glaubte. Freudig erschöpft lag sie ›danach‹ neben ihm; mit beseligt geschlossenen Augen. Nun begehrte sie nichts wie zu schlafen – möglichst in seinen starken Armen.

Doch er verkündete ihr mit höflich-zärtlich klingendem Bedauern: »Ruhe dich nun aus, meine geliebte Frau. Ich jedoch muß mich jetzt, gewiß nur schnell vorübergehend, von dir entfernen, um nach meiner Truppe zu sehen. Der Stellungswechsel meiner Geschütze, der am frühen Morgen stattfinden wird, muß überwacht werden. Für diese Unvermeidlichkeit bitte ich um dein Verständnis.«

»Tue immer das, was du tun mußt, mein Horst-Heinz – und rechne dabei stets mit meiner uneingeschränkten Verständnisbereitschaft.«

»Wofür ich dir sehr dankbar bin, meine geliebte Elfie«, versicherte er ihr. »Versuche also nun, noch ein wenig zu schlafen. Bald, sehr bald schon, bin ich wieder bei dir.«

Sodann suchte er jedoch nicht, wie angekündigt, seine Truppe auf. Warnhagen überquerte vielmehr zunächst den oberen Korridor, um sich zu seiner bisherigen Unterkunft zu begeben, dem einstigen Arbeitszimmer des Erich Wienand, in dem sich nun dessen Frau Elvira einquartiert hatte. Und die empfing ihn – mit weit geöffneten Armen.

Was alsbald weitere Beglückungen in dieser Nacht zur Folge hatte; gleichfalls ziemlich vollkommene. Diese fanden nahezu wortlos statt, doch keinesfalls lautlos. »Was tue ich denn nicht alles«, versicherte ihr Horst-Heinz, »und das sehr gerne – für dich. Allein für dich.«

»Wie ich ja auch«, hauchte sie ihn heiß an.

Nachdem das geschehen war, gedachte sich Warnhagen treppabwärts, zum Ausgang des Hauses zu begeben. Wohl fühlte er sich erheblich strapaziert, doch zugleich auch ungemein bestätigt in seiner stets potenten Männlichkeit. Denn kein vollkommener Erfolg ohne totale Einsatzbereitschaft – alter, bewährter Grundsatz für einen Offizier!

Doch bei seinem Abstieg im Haus mußte er nun Erich Wienand erblicken. Der hockte zwischen der Haustür und seinem Kellereingang unendlich gelassen da. Das Licht einer einzelnen Kerze umflackerte ihn – und der hielt er in kaum noch zitternden Händen ein Glas Rotwein entgegen, als wollte er sich an dessen leuchtender Farbe erfreuen.

Doch nun betrachtete er neugierig den auf sich zukommenden Oberleutnant und blinzelte ihm entgegen. »Auf ein Wort noch, Herr Warnhagen – würde ich Wert legen.«

Der vermochte sekundenlang nicht herauszufinden, wie er darauf zu reagieren hatte. Doch immerhin glaubte er zu erkennen: dieser Wienand versuchte ihm da offenbar ein nicht ganz verständnisloses Entgegenkommen zu signalisieren. Dieser Mensch war wohl tatsächlich, so wie ihm das Elvira geflüstert hatte, ein ungemein listiger Greis – bei dem war höchste Vorsicht geboten!

»Ich versichere Ihnen, Herr Wienand, stets bemüht zu sein, Ihren Wünschen und Anregungen zu entsprechen.«

»Worauf es mir ankommt, Warnhagen, und zwar ausschließlich ankommt, ist der Gefühls- und Gemütszustand meiner Tochter Elfie. Was Sie ansonsten noch veranstalten, interessiert mich nicht sonderlich. Meine Elfie jedoch – bitte achten Sie darauf – will ich glücklich sehen! Glauben Sie ihr das ermöglichen zu können?«

»Ich werde mich sehr darum bemühen, Herr Wienand.«

»Genau das erhoffe und erwarte ich von Ihnen – absolut überzeugend. Und falls es Ihnen gelingt, das zu schaffen, bin ich zu jedem Zugeständnis Ihnen gegenüber bereit. Zu jedem – achten Sie darauf! Das aber – eben nur dann? Sind wir uns dahingehend einig?«

Das waren sie.

In der gleichen Nacht – in der Heeresflakschule wenige Kilometer nördlich von Schoenau – hatte der widerstandsentschlossene Oberleutnant Franz-Jochen Rabe fünf seiner Gesinnungskameraden um sich versammelt. Unter diesen Offizieren befand sich auch der Adjutant des Kommandeurs – gleichsam ein direkter Abgesandter von dem.

Womit Rabe ziemlich deutlich zu erkennen vermochte: hier hatte er nun völlig freie Fahrt! Alle erkennbaren Signale wiesen in seine Richtung – für ihn, den erklärt Ersten unter Gleichen; seinesgleichen. Weitzeugende Erkenntnisse ergaben sich daraus.

»Was hier nun letzten Endes zum Vorschein gekommen ist, Kameraden, kann doch wohl nur noch als bornierte

Dummheit bezeichnet werden, von etlichen hirnvernebelten Transusen immer noch für Idealismus gehalten. Allein schon wie diese total unbelehrbar versauten Kerle den Geburtstag ihres Führers begangen haben, das spricht doch wohl Bände! Die bringen uns womöglich noch mit ihrer gefallsüchtigen Dämlichkeit um Kopf und Kragen. Diese Versager sind also zu isolieren, abzuschaffen, zu erledigen.«

»Mit Gewalt?« wurde er von einem seiner Kameraden nahezu naiv gefragt.

»Wie denn wohl sonst! Wenn wir nicht hier, sozusagen im allerletzten Augenblick, die Initiative ergreifen, gehen wir baden. Alle! Will das einer von uns?«

Das wollte keiner.

»Mithin müssen wir hier nun entschlossen in Aktion treten; den Amerikanern entgegenkommen, ihnen annehmbare Gegenleistungen anbieten. Also nicht nur diese Heeresflakschule – das wäre für die ein viel zu kleiner Fisch – vielmehr noch dazu die Stadt Schoenau, einschließlich näherer Umgebung.«

»Die Amerikaner sollen aber sehr unberechenbar sein, sagt man.«

»Ach was – das sind Realisten; inzwischen dazu geworden. Die riskieren nicht mehr, daß dabei die eine oder andere ihrer Heldenvisagen, jetzt noch, kurz vor Toresschluß, draufgeht. So dämlich sind die wahrlich nicht.«

»Sie erstreben also garantierte Sicherheiten – und die gedenkst du ihnen anzubieten?«

»Gemeinsam mit euch, Kameraden. Denn die Erfahrungen der letzten Tage haben gezeigt, daß die Amerikaner nicht lange fackeln, sobald sie Widerstand wittern. Nur ein Flintenschuß von einem dieser Endsiegidioten reicht aus – und die fahren schwere Artillerie auf, lassen Bomber anrauschen. Doch eben genau das ist es, was unbedingt vermieden, verhindert werden muß.«

»Und die Verbindung zu ihnen – gedenkst du aufzunehmen?«

»Einer«, Rabe verkündete das, als wäre er nun bereit, sich zu opfern, »muß das ja wohl tun. Doch während ich das unternehme, werdet ihr hier unsere Befreiungspläne taktisch gezielt ausbauen. Also die Ausschaltung von Nazis, des Volkssturms sowie sonstiger Idioten.«

»Und du glaubst, das geht gut?« wurde er besorgt gefragt. »Gibt es dabei nicht noch einiges zu bedenken? Denn schließlich bist auch du, einstmals, bei der Hitlerjugend gewesen. Und das oder ähnliches trifft auf uns alle zu: eingetragene Mitglieder bei der NS-Studentenschaft, bei irgendeinem Kraftfahrkorps, registriert als Geldspender für die SS. Läßt sich so was, bist du sicher, einfach auslöschen?«

»Aber das, Kameraden, war doch vorgestern! Denn zur Hitlerjugend gehörte auch ein Oberst Stauffenberg, der Bombenleger; und einer seiner engsten Mitverschworenen, der Graf von der Schulenburg, hatte sich sogar als NS-Gauorganisationsleiter betätigt. Na – und? Was jetzt allein zählt, ist unser erklärter einander bezeugter Widerstand! Wobei es an mir nicht liegen soll.«

»An keinem von uns«, wurde ihm bereitwillig verschwörerisch versichert.

In dieser Nacht gelang es Erich Wienand, kniend im Keller, das Antlitz seines Christus erneut freizugraben. Das geschah mit nahezu letzter Kraftentfaltung; dann war er, schwer keuchend, maßlos erschöpft. Die Kerzen jenes Leuchters, den ihm einst Knut Hamsun geschickt hatte, umflackerten sein hoch gerötetes, schweißglänzendes Gesicht.

Doch als er dann endlich das freigewühlte Leidensantlitz seines geliebten Christus erblicken durfte, überkam ihn eine große, anhaltende, ihn nahezu betäubende Ruhe. Lange hockte er da; reglos. Um dann zum ersten Mal zu erkennen: dieser sein Christus schien zu lächeln. Trotz allem. Ihn anzulächeln.

Lange Zeit danach erhob sich Erich Wienand. Er setzte sich an seinen Tisch und versuchte wieder zu schreiben.

Vergeblich.

8.

Gleich am nächsten Tag nach diesem 20. April 1945 drohte, wie das der erfahrene Polizeimensch Straßner vorausgesehen hatte, erneut eine Treibjagd auf Erich Wienand unternommen zu werden.

Denn von der Gauleitung München aus erreichte die Kreisleitung in Schoenau eine Aufforderung, die besagte: der ›sogenannte Schriftsteller‹ wäre bereitzustellen. Das lediglich, wurde behauptet, zwecks routinemäßiger Befragung. Zwei Beamte der Gestapo, der Außenstelle Weilheim zugehörend, seien bereits unterwegs.

Ein Vorgang, mit dem dann Hauptmann Abendrot, der kommissarische Kreisleiter, unvermeidbar bekannt gemacht werden mußte. Das gleich nach einem guten, großen Frühstück – glücklicherweise nicht vorher. Somit hielt sich dessen unverzüglich geäußerte Empörung in einigen Grenzen. Er stieß lautstark drohende Worte aus und befahl Bürgermeister Breisgauer zu sich.

»Was ist denn das schon wieder!« rief Abendrot ihm empört entgegen. »Da befindet sich hier also, in unserem unmittelbaren Bereich, ohne daß ich davon weiß, ein notorischer Jugendverderber, dieser Wienand! Ausgerechnet dieses reichsbekannte, sittenzersetzende, unsere Kampfmoral gefährdende Subjekt! Mann, auf einen solchen Kretin habe ich hier geradezu gelauert! Warum hat man mir dessen Anwesenheit verschwiegen?«

»Haben wir das?« fragte Breisgauer schlitzohrig. »Wohl eine Art Versäumnis, was? Sehr bedauernswert! Doch zuständig dafür ist da wohl unser Polizeichef.«

»Her mit ihm!« rief Abendrot entschlossen aus.

Straßner erschien nach nur wenigen Minuten. Er hörte sich alles das an, was ihm nun vorwurfsvoll eröffnet wurde. Geradezu mit Geduld.

»Dieser Wienand also!« referierte er sachlich. »Ein von mir

amtlich zu betreuender Fall – einer von etlichen anderen. Wienand jedenfalls ist aus dem KZ entlassen worden, mit absolut einwandfreien Papieren. Der hat sich bei meiner Dienststelle gemeldet und ist dabei ordnungsgemäß registriert worden.«

»Und das meinen Sie, Herr Straßner, hat schon alles zu sein? Ganz einfach – ausgerechnet bei dem?«

»Den habe ich ganz selbstverständlich laufend überprüft – doch mit dem Ergebnis: bei dem handelt es sich um eine ziemlich harmlose und zurückhaltende Person.«

»Der ist nicht harmlos – der gewiß nicht! Das ist ein Volksfeind erster Klasse – so was wittere ich. Doch der«, mutmaßte nun Abendrot bereitwillig, »scheint hier seinen Schwanz einzukneifen, was?«

»So könnte man das auch sagen, Herr Kreisleiter«, bestätigte ihm Straßner, durchaus entgegenkommend.

Und der Bürgermeister beeilte sich zu versichern: »Dieser Vorgang liegt bei unserem Polizeichef in den wohl denkbar besten Händen, glaube ich.«

»Na hoffentlich!« stimmte Hauptmann Abendrot wesentlich besänftigt zu. Um dann fordernd festzustellen: »Für den, Straßner, sind also Sie, Sie allein, verantwortlich. Und ich kann nur hoffen, daß Sie wissen, was das heißt.«

»Weiß ich«, sagte er einfach.

Worauf sich Straßner entfernte – um sofort ein Telefongespräch mit dem Hause Wienand zu führen. Und dort meldete sich, wie erwartet, die stets wachsame Frau Elvira; das entgegenkommend und höflich, nachdem er seinen Namen genannt hatte. Dabei blickte er auf seine Taschenuhr, die er vor sich hingelegt hatte. Er gedachte sich und Frau Wienand eine zwei Minuten lange freundlich-anteilnehmende Plauderei zu gönnen. Wie es ihr gehe? Ob sie den gestrigen Tag gut überstanden habe? Wie sich das frisch gebackene Ehepaar denn so fühle?

Worauf er dann, exakt nach einhundertundzwanzig Sekunden, erneut in seinen sachlichen, doch niemals scharfen Amtston verfiel: »Kann ich, bitte, Ihren Gatten sprechen, gnädige Frau?«

»Der befindet sich in seinem Keller, Herr Straßner, wo er auch gefrühstückt hat. Und dort, habe ich den Eindruck, beginnt der jetzt offenbar endlich wieder zu arbeiten. Sollte ich ihn dabei stören?«

»Das müssen Sie nun wohl, gnädige Frau. Denn da gibt es leider Dinge, die, im Augenblick noch, ein wenig wichtiger erscheinen als die erwünschte Weltliteratur.«

Als sich dann Wienand meldete, ließ sich Straßner erst gar nicht auf weitere Höflichkeitsfloskeln ein – die Zeit drängte, empfand er. »Haben Sie sich meine Anregungen gemerkt, Herr Wienand? Falls Gefahr droht – dann nichts wie nach hinten hinaus – wie ein Fuchs aus seinem Bau.«

»Habe ich jetzt darauf vorbereitet zu sein, Herr Straßner?«

»Unbedingt«, ordnete der an. »Denn nun besteht die Möglichkeit, daß im Welpenhof schon in kurzer Zeit ein paar Leute auftauchen könnten – und zwar solche von der Gestapo. Angeblich um sich mit Ihnen zu unterhalten – wie die so etwas zu nennen belieben. Sind Sie darauf vorbereitet?«

»Bin ich, Herr Straßner. Nun hocke ich hier, wie ein sprungbereiter Hase. Richtig so?«

Was ihm bestätigt wurde.

Nur geringe Zeit nach diesem Telefongespräch erblickte dann dieser seltsame, in seinen Motiven kaum zu durchschauende Polizeigewaltige von Schoenau vor sich jene beiden Gestapobeamten, die von der Außenstelle Weilheim hierher in Marsch gesetzt worden waren. Mit dem Ziel: Erich Wienand. Unverkennbar.

Der eine war, körperlich, ein Gigant von Mensch; überlebensgroß, mit Muskelpaketen, breitschultrig. Doch ausgestattet mit einer Kinderstimme und mit Augen, die nahezu um Verständnis zu flehen schienen. Der andere stand in dessen Schatten, war klein, mutete wie verkümmert an; konnte also wohl übersehen werden. Was geschah.

Mithin wandte sich Straßner ausschließlich an den Gestapo-Giganten. »Was willst du denn ausgerechnet von diesem kleinen, armseligen Wienand, Kamerad – ihn verhaften?«

»Dem ein paar Fragen vorlegen. Diese sind mir wortwörtlich von der Gauleitung übermittelt worden. Doch falls er die nicht zufriedenstellend beantwortet, muß ich ihn vereinnahmen?«

»Dann machen wir ihn fertig!« bellte der kleine Köter auf.

Straßner übersah ihn abermals und nickte verständnisvoll vor sich hin. »Ich habe da schon ein wenig vorgefühlt, also mich danach erkundigt, ob dieser Wienand derzeit greifbar ist. Das jedoch scheint nicht der Fall zu sein. Denn bei dem, mußt du wohl wissen, Kamerad, handelt es sich um eine Art naturnahen Menschen. Der streunt hier tagtäglich stundenlang herum – kreuz und quer durch Wald und Feld.«

»Schweinerei«, erklärte der Riese mit der Kinderstimme. »Denn soviel Zeit, um auf den zu warten, haben wir nicht. Wir müssen da noch etliche andere Dinge erledigen, Kamerad Straßner.«

»Wovon du dich mit deinem lieben Kleinen nicht abhalten lassen solltest«, empfahl ihm der entgegenkommend. »Dabei brauchst du doch nur, da wir schließlich alle im gleichen Boot sitzen, mir deinen Fragenkatalog zu überlassen. Diesen Wienand werde ich heute noch aufspüren, um ihn zu befragen. Punkt für Punkt. Na – was hältst du davon?«

»So was ist unsere Sache!« bellte der liebe Kleine auf.

»Halte deine Schnauze!« meinte der Gestapo-Gigant lapidar. »So, immerhin, könnte es gehen, wir haben schließlich nicht die Zeit, hier einen ganzen Tag darauf zu warten, bis dann irgendeine schäbige Wurzelsau geruht, vor uns zu erscheinen.«

»Richtig erkannt«, versicherte Straßner. »Laßt mich das also machen.«

»Aber heute noch! Noch heute rufst du mich in Weilheim an, um mir dann durchzugeben, was dieser Wienand vor sich hingeschleimt hat. Wobei ich nur hoffen kann, daß es dir gelingt, aus dem herauszuquetschen, was wir wissen wollen.«

»Wenn aber nicht«, tönte der Kleine, »müssen wir wiederkommen – gleich morgen.«

»Erspare uns das, Kamerad Straßner«, forderte der Gestapo-Gigant freundlich.

»An mir«, wurde ihm versichert, »soll es nicht liegen.«

US-Captain Army Singer, genannt Sid, eigentlich Siegfried mit Vornamen, war 1920 in Frankfurt geboren worden; als Sohn eines Arztes. Und dem war es gelungen, wohl gerade noch zur rechten Zeit, zu emigrieren – 1933. Dabei war es ihm vergönnt gewesen, seine Frau Ruth und seinen dreizehn Jahre alten Sohn, eben diesen Siegfried, mitnehmen zu können.

Vater Singer, ein hochangesehener Internist, ansonsten verhinderter Pianist und Poet, amtierte nunmehr als Chefarzt einer Klinik in Boston. Gleichfalls in jener Stadt betätigte sich seine Frau Ruth in einer Organisation der Ersten Hilfe für entkommene Flüchtlinge – nicht nur jüdische. Und der Sohn Siegfried war CIC-Offizier geworden, ›zur besonderen Verwendung‹. Das wahrlich nicht zuletzt seiner glänzenden deutschen Sprachkenntnisse wegen, die nun sehr gefragt waren.

Darüber hinaus durfte Sid Singer als durchaus ›belesen‹ gelten. Was ihm die private Bibliothek seines Vaters ermöglicht hatte, die als ›typisch deutsch‹ bezeichnet werden konnte. Mithin wußte Siegfried nicht nur, und zwar ziemlich genau, wer Goethe, Schiller und Heine waren; auch Namen wie Hauptmann, Stehr, Fallada, Benn und Brecht stellten für ihn durchaus feste Begriffe dar. Und die drei Mann – Thomas, Heinrich und Klaus – verehrte er sehr. Wobei Klaus, den er persönlich kennenlernen durfte, für ihn wie ein Bruder war.

Doch das nunmehr wohl Entscheidende hierbei: Auch ein Erich Wienand gehörte zu jenen, auf die ihn sein Vater intensiv aufmerksam gemacht hatte. »Das ist der vermutlich Feinfühligste von allen. Der versucht sogar sein Herz mit beiden Händen vor sich herzutragen. Das jedoch nicht, um es wegzuwerfen. Er bietet das an!«

»Also rannte da der auf Singer gekommene KZ-Mensch namens Jacob Werner, den er glaubte ›befreit‹ zu haben, bei ihm sozusagen offene Türen ein. Das auch noch, als der unentwegt, beharrlich von ›seinem Freund‹, seinem einzigartigen, redete. Den es nun gelte, fürsorglich aufzuspüren – um ihn ›vor dem Schlimmsten‹ zu bewahren.

Jacob Werner nahm keinen Tropfen Alkohol zu sich, verschmähte verfettete Speisen; er lehnte sogar das köstliche, täglich frisch angelieferte, amerikanische Weißbrot ab. Wobei seine geistige Beweglichkeit völlig ungebrochen schien. Captain Singer hütete ihn alsbald wie seinen Augapfel.

Fortan betreute er ihn persönlich. Er nahm ihn in seine Fünf-Mann-Spezialeinheit auf – als ›Berater für NS-Verbrechen‹; eine Stellung, die er sich großzügig ausgedacht hatte. Jeden Tag zweimal, am Vormittag und gegen Abend, geleitete er ›seinen‹ Jacob Werner zu allen erreichbaren Spezialärzten der US-Army, um ihm Vitaminspritzen, Sondermedikamente und Reihenuntersuchungen zukommen zu lassen. Was der sichtlich aufmerksam, aber auch recht sachverständig über sich ergehen ließ. Denn er selber war, wie sich dann herausstellte, ein Arzt – das zumindest gewesen, vor sechs Jahren.

Doch immer wieder sagte er: »Das ist Zeitverschwendung, Captain! Wir müssen Erich Wienand näher kommen – nur das allein ist wichtig.«

Derartig beharrliche Forderungen brachten den CIC-Offizier auf den Einfall: interne Aufklärungsdemonstrationen in maßgeblichen US-Army-Kreisen zu veranstalten. Dazu versammelte Sid Singer alle irgendwie erreichbaren maßgeblichen Truppenführer, um diese aufzuklären – über die nunmehr erkennbar gewordenen großdeutschen Möglichkeiten. Wobei er ihnen als einzigartigen Augenzeugen, seinen Jacob Werner präsentierte. Dabei erschien der, gleichsam Teil einer Schauspielinszenierung, in einem prächtigen, dunkelgrünen US-Offiziersmantel. Um den abzulegen. Worauf dann seine KZ-Kleidung zum Vorschein kam – nun jedoch chemisch gereinigt, also nicht mehr penetrant stinkend.

Sodann berichtete Jacob Werner in wohlgesetzten Worten, von Singer einfühlsam übersetzt, von seinem KZ-Dasein. Mit großer Geduld stellte er sich allen Fragen. Wobei er keine Gelegenheit versäumte, immer wieder einen Namen zu nennen – den seines Erich Wienand.

Ein Todeskandidat wie er, der monatelang neben ihm auf der gleichen Pritsche gelegen hatte, unendlich schicksalergeben; doch eben – ein großer, weitzeugender Geist von Weltgeltung. Und wenn es für erklärte Sieger einen wirklichen Sinn ihrer Bemühungen gebe, sich überzeugend zu bestätigen – dann eben diesen: einen derartig bedeutenden Mann zu befreien!

Dann bereits bei der dritten Veranstaltung dieser Art, von Jacob Werner glänzend durchgestanden, schien sich der erhoffte Erfolg anzubahnen. Dieses ›Hearing‹ fand im Hauptquartier eines Generals namens Palmer statt – zwei Sterne. Und dem war es offenbar gegeben, an dieser Konstellation einigen Gefallen zu finden.

»Recht interessant – das alles!« stellte General Palmer verständnisvoll fest. »So was könnte, an sich, ganz in meinem Sinne sein.«

»Wofür Sie mir nur völlig freie Hand zu geben brauchen, General.«

»Würde ich an sich sehr gern, Singer. Doch wie stellen Sie sich das vor?«

»Sie erteilen einen Sonderauftrag – an mich. Dazu wäre ein Spezialkommando notwendig, mit dazugehörenden Vollmachten – weitestgehend abgesichert.«

»Stop, mein Lieber! So weit wollen wir doch nicht gleich gehen. Können wir auch gar nicht. Oder erwarten Sie etwa, daß ich mich dabei auf eine kleine Schlacht einlasse? Irgendeines Menschen wegen, der Ihnen irgendwie wichtig erscheint.«

»Ein völlig ungewöhnlicher, ungemein bedeutsamer Mensch, General.«

»Na – und wenn schon, Singer. Aber wertvoll sind mir meine Männer auch. Für wen denn wohl soll ich die möglicherweise opfern? Für einen – wie heißt der doch gleich? Na, wie auch immer.«

»Sie lehnen also meinen Vorschlag ab, General?«

»Nicht gleich so ungeduldig, Captain. Behalten Sie, von mir aus, dieses Objekt im Auge. Ich sage keinesfalls gleich nein, bin jedoch nicht bereit, mich auf ein fragwürdiges Abenteuer einzulassen.«

Darauf, wußte Sid Singer, gab es im Augenblick keine überzeugende Antwort. Zumindest keine, die einen General überzeugt hätte. Der wartete vermutlich auf eine Art Wunder. Doch eben so was, zumindest so etwas ähnliches, bahnte sich nun an. Ein überaus lapidar anmutendes, doch dann vielfach bestauntes.

Horst-Heinz Warnhagen, Oberleutnant und Chef einer Flakbatterie, hatte nicht nur eine überaus anstrengende Nacht, sondern auch noch einen ungemein strapaziösen Tag hinter sich gebracht. Mit tatbereiter Mithilfe von Tümmler wurde alles, was hier ›im Weg‹ war, abgestoßen; was sich nur irgendwie abstoßen ließ. Dies war nun ihr Feld.

Wobei es ihm noch gelang, im allerletzten Augenblick die Wienand-Kuh Edda den fordernden Zugriffen seiner Versorgungsleute zu entziehen. Das allerdings mit dem Hinweis: »So was muß ja wohl nicht gleich sein, Männer. Auf Reserven sollte man stets Wert legen.«

Eine Anweisung, der Folge geleistet wurde; und die sich dann aber auch herumsprach, nicht unbeabsichtigt. Davon erzählte Horst-Heinz leicht belustigt Elvira. »Stelle dir vor – die wollten Edda vereinnahmen. Selbstverständlich habe ich mir das verbeten, weil ich weiß, wie Wienand an diesem Tier hängt.«

Worauf Elvira ihre Tochter Elfie darüber informierte, auf eine ihr angebracht erscheinende Weise: »Hast du schon davon gehört? Da haben doch einige Soldaten versucht, sich auf Vaters Edda zu stürzen – um sie als Schlachtvieh abzuführen? Oberleutnant Warnhagen jedoch hat das verhindert. Deines Vaters wegen. Das zu vernehmen, dürfte ihn erfreuen.«

Und das vernahm Erich Wienand dann auch, von Elfie. Sie beendete ihren Bericht mit den Sätzen: »Er hat sich entschlossen vor Edda gestellt! Sie verteidigt. War das nicht großartig von ihm? Und das hat er allein deinetwegen getan. Du bist ihm gewiß sehr dankbar dafür.«

»Bin ich«, wurde ihr bestätigt.

Angestrengt lauernd, hatte Erich Wienand absprungbereit auf das angekündigte Erscheinen der Gestapoleute gewartet. Glücklicherweise vergeblich. Erleichtert unternahm er seinen täglichen Spaziergang in die nähere Umgebung; diesmal einen kleineren.

Dabei war er von suchender Aufmerksamkeit. Denn er begehrte, abermals, das zu erblicken, was ihm bereits ein- oder zweimal erschienen war: Jenes seltsam zierliche Mädchenwesen – wie scheu dastehend, zu ihm hinblickend. Dabei schien sie auf behutsamen Abstand zu achten; so als wäre sie bemüht darum, nicht für aufdringlich gehalten zu werden.

Und da war sie wieder! Wie Verlockung und Bedrohung zugleich; mit vorsichtigem Verlangen und kaum verborgenem Interesse. Sie schien ihn, allein ihn, zu suchen. Aber – warum?

Nach seinem Nachmittagsspaziergang suchte Erich Wienand Polizeichef Straßner im Ballenhaus auf. Nahezu vertrauensvoll, doch immer noch nicht frei von einer ihm geboten erscheinenden Vorsicht. Eine weitere Nacht begann – möglicherweise die vorletzte vor der erhofften großen Wende.

»Das war wohl diesmal blinder Alarm, Chef – was?«

»Diesmal habe ich diese Gestapohengste noch abwimmeln können – für vielleicht einen Tag. Doch jetzt zählt jede Stunde.«

»Sie werden also wiederkommen, meinen Sie?«

»Das ist nicht auszuschließen. Inzwischen jedoch haben die mir drei Fragen übergeben, mit denen ich Sie nun konfrontieren muß.«

»Welche Fragen?«

»Also gut – kommen wir gleich zur Sache, Herr Wienand. Frage eins. Wie ist, wie war Ihr Verhältnis zu dem Geistlichen Geisberger? Wann begann es, wie äußerte es sich, wie würden Sie es beschreiben?«

»Nun – ich könnte jetzt etwa bezeugen, daß ich diesen Priester vor mehr als zehn Jahren kennengelernt habe, kurz nachdem ich mir hier mein Haus gebaut habe. Und weiter könnte ich sagen: er ist ein überaus nobler, sehr verständnisvoller, stets bemühter Mensch. In diesen Tagen habe ich mit ihm höchst intensive Religionsgespräche geführt – das sogar in der Bereitschaft, mich seinen Anschauungen zu nähern.«

»Das wäre völlig falsch geantwortet!« stellte Straßner kurz auflachend fest. »Und das scheinen Sie zu wissen. Mithin wohl auch, daß Ihre Antwort auf eine derartige Frage, in etwa zu lauten hätte: Wohl kennen Sie diesen Geisberger, das jedoch mehr oberflächlich.«

»Und was, bitte, ist mit den Gesprächen zwischen uns – die vermutlich rein zeitlich registriert worden sind?«

»Die verliefen eindeutig konträr; waren mehr Streitgespräche. Weil eben Sie ein liberal eingestellter Mensch sind: eindeutig evangelisch geprägt, wenn auch nicht gleich praktizierend; weshalb er Ihnen aber wie ein unbelehrbarer, nahezu bornierter Katholik erscheinen mußte. Doch ich habe keinesfalls das Gefühl, daß ich Sie diesbezüglich noch irgendwie belehren muß.«

»Und«, fragte Wienand aufmerksam, »die zweite Frage?«

»Die lautet: Wissen Sie, glauben Sie zu wissen, warum und durch wen hier dieser Geistliche vereinnahmt worden ist?«

»Jetzt könnte ich sagen, das weiß ich, das glaube ich zu wissen«, meinte er mit augenzwinkernder Vertraulichkeit. »Doch ich nehme an, daß Sie so was gar nicht hören wollen.«

»Absolut richtig vermutet, Freund Wienand«, stellte der Polizeichef erfreut fest. »Danach befragt, werden Sie also schlicht antworten: Sie wissen von nichts, vermögen keinen Namen zu nennen, nicht die geringste Einzelheit sei Ihnen in dieser Hinsicht bekannt.«

»Genau das ist es, Herr Straßner.«

»Sie haben da offenbar«, wurde mit nahezu herzlicher Anerkennung bestätigt, »inzwischen eine ganze Menge zugelernt, Herr Wienand.«

»Nicht zuletzt von Ihnen, Herr Straßner.«

»Dann also nunmehr die dritte Frage, Herr Wienand. Wissen Sie, ahnen Sie, vermögen Sie zu vermuten, wo sich der verschwundene Christus befinden könnte, der einst vor dem Kirchenportal in Martinshausen aufgestellt war?«

Erich Wienand reagierte nunmehr hellwach, mit heftig hervorbrechender Besorgnis auch. »Dabei handelt es sich offenbar um Fragen, die der Geistliche Geisberger nicht beantwortet hat. Warum nicht? Wollte er nicht – oder konnte er das nicht mehr? Sollte ich nun etwa anzunehmen haben, daß er gar nicht mehr lebt? Ist er umgebracht worden – nur weil er einiges wußte, aber nichts davon sagen wollte? Auch nichts gesagt hat?«

»Könnte sein«, mußte ihm Straßner bestätigen, mit angemessener Vorsicht. »Es wäre angebracht, selbst damit zu rechnen.«

Worauf sich Ernst Wienand versucht fühlte, einem Gedanken nachzugehen, der ihn wie magisch anzog. Falls sein Geisberger nun nicht mehr leben sollte, was nicht auszuschließen war – dann war jetzt dieses große Geheimnis zwischen ihnen ausschließlich das seine geworden. Jetzt war er es, allein er, der um den Aufenthalt ihres Christus wußte. Mithin gehörte er ihm!

»Sie wirken ziemlich gefaßt, Herr Wienand«, stellte der Polizeigewaltige von Schoenau nicht unbeeindruckt fest. »Das ist an sich recht gut so. Dennoch sollten Sie keinesfalls einem leichtfertig-verfrühten Gefühl einer erhofften Sicherheit erliegen. Täuschen Sie sich nicht. Denn ich kenne hier weit und breit niemanden, der mir so gefährdet anmuten will wie Sie.«

An diesem Abend hatten sich die sogenannten nächsten Angehörigen der Familie Wienand in der großräumigen Wohnküche versammelt. Frau Elvira wirkte geschäftig, das Ehepaar Warnhagen, also Elfie und Horst-Heinz, wollten wie innig vereint anmuten. Sie warteten auf das sogenannte ›Oberhaupt‹, also auf Erich – längere Zeit vergeblich.

Sie mußten jedoch keinesfalls beunruhigt sein. Denn der aufmerksame Straßner hatte Frau Elvira dahingehend verständigt: Herr Wienand, dem es gutgehe, wäre bereits unterwegs, würde sich aber ein wenig verspäten.

Bei diesem Warten auf Wienand vertrieben sie sich die Zeit. Sie begannen, mit Hilfe einer erlesenen Flasche Moselwein, zukunftsnahe Pläne zu schmieden. Und wenn dabei

Frau Elvira auch ihren Schwiegersohn duzte, so geschah das allein, weil sie stets um ein harmonisches familiäres Verhältnis bemüht war.

Und sie wollte nun ermunternd wissen: »Wie haben wir uns denn das, was nun alles geschehen könnte, eigentlich vorzustellen, meine Lieben?«

»Genauso, wie sich das Horst-Heinz vorstellt«, versicherte Elfie.

»Und das wäre, mein lieber Schwiegersohn?«

Warnhagen schien ganz feste Ansichten entwickelt zu haben. Wobei es sich um Vorstellungen handelte, die Elvira bereits kannte; sie hatten sie miteinander besprochen. Doch auf diese war nun auch Elfie einzustimmen.

»In den nächsten Tagen, vielleicht schon übermorgen, werden hier die Amerikaner erscheinen. Und das bedeutet für uns alle das Ende dieses Krieges. Doch genau darauf muß man sich einstellen.«

»Könnte das gefährlich werden, irgendwie – für dich, Horst-Heinz?« fragte seine Frau Elfie besorgt.

»Nicht unbedingt«, erklärte er wohlüberlegt besänftigend. »Zumal ich keinesfalls beabsichtige, irgendwohin zu flüchten; oder mich womöglich gar voreilig in Kriegsgefangenschaft zu begeben. Vielmehr gedenke ich hierzubleiben, in unmittelbarer Nähe, wie das nun wohl meine Pflicht ist – bei meiner Frau, bei den Menschen, die zu ihr gehören. Um sie zu beschützen.«

Was Elfie sichtlich ergriffen vernahm. »Wie schön, wenn das gelingen könnte!« Sie sah ihre Mutter zustimmend nikken. »Das wäre gut – für uns alle. Auch für unseren Welpenhof.«

»Der«, versicherte Horst-Heinz Warnhagen optimistisch gestimmt, »bedarf entschlossener Kräfte, damit gewisse, wohl unvermeidbar gewesene Vernachlässigungen wiedergutgemacht werden. Was sich hier anbietet, ist eine unbedingt notwendige, aber auch ungemein vielversprechende Aufbauarbeit. Und an der würde ich gern Anteil nehmen.«

»Das mußt du Vater sagen!« riet ihm Elfie, in ihrer einzigartigen Naivität. »Der wird sich gewiß darüber freuen.«

Am späten Abend dieses Tages gedachte Hauptmann Abendrot, der kommissarische Kreisleiter von Schoenau, eine erste Alarmübung zu veranstalten – zwecks Heimatverteidigung. Das keinesfalls sonderlich exakt vorgeplant, eher wie zufällig. Denn er hatte Langeweile.

Zumal die Zeit, sich zu besaufen, für ihn noch nicht gekommen war. Das begann zumeist erst gegen Mitternacht und war ein Vorgang, den er für ein gutes, gewissermaßen zeitgemäßes Schlafmittel hielt. Und so was dann möglichst noch im Verein mit einer weiteren, erhofft mehrfachen Entspannung gleichfalls sehr männlichen Art.

Doch die dafür gedachte Waltraut, seine stattlich-stämmige Kreisleitungssekretärin, stand diesmal nicht gleich zur Verfügung. Sie hatte behauptet, sich um ihre kranke Mutter kümmern zu müssen. Worauf Waltraut dann, gut geduscht und stark parfümiert, abgerauscht war; was seinen mißtrauischen Unwillen erregt hatte.

Mithin alarmierte er also so gut wie alles, was sich noch irgendwie in seinem Bereich alarmieren ließ: die Bürgerwehr und den Volkssturm. Das jedoch geschah mit reichlich kläglichem Erfolg. Denn lediglich drei Dutzend dieser flintenschwingenden Jünglinge und Greise fanden sich auf dem Marktplatz ein. Dabei hatte er, innerhalb einer knappen Stunde, mit mindestens sechzig Mann gerechnet.

Beim Anblick dieser kleinen, schäbigen, hühnerhaft dastehenden Heldenhorde überkam ihn sozusagen ein großer Kreisleiterzorn. Worauf er sich unverzüglich bemühte, vor diesem versammelten kläglichen Stadtverteidigungshaufen den dafür verantwortlichen SA-Sturmführer ›zur Sau‹ zu machen. Das nach allen Regeln einer selbst jetzt noch wirksamen Kasernenhofkunst.

»Was hast du dir denn eigentlich dabei gedacht, du Ekkenpisser – Kamerad! Habe ich dich etwa befördern lassen, damit du hier nichts wie diesen Kackhausverein auf reichlich krumme Beine stellst? Wenn das alles ist, was du kannst, dann sollte man dich schnellstens wieder degradieren!«

»So was braucht nun mal seine Zeit«, versuchte der sich geduckt zu verteidigen; leicht aufknurrend, doch fast unhörbar, wie ein getretener Hund.

»Scheiße hast du hier gebaut, Mensch – eine totale, zum Himmel stinkende Scheiße! Aber so geht das nicht; nicht bei mir. Entweder du reißt dich nun endlich am Riemen, oder du zwingst mich dazu, dir in den Hintern zu treten. Bis der auseinanderklappt, wie zwei Hälften von einem Aktendeckel. Kapiert?«

»Jawohl, Herr Hauptmann, Herr Kreisleiter«, sagte der mit würgender Wut, was sich dennoch ziemlich ergeben anhörte.

Worauf dann der so Gemaßregelte mit unendlicher Erleichterung erleben konnte: hier rauschte nun Waltraut herbei, die Kreisleitungssekretärin, sichtlich aufgekratzt, auch unternehmungsfreudig. Und die schien Abendrot munter mit sich ziehen zu wollen – vermutlich schlafzimmerwärts; wohin zu folgen er erkennbar bereit war. Das jedoch nicht, ohne drohend ausgerufen zu haben:

»So was, ihr Lahmärsche, muß man üben, üben und üben – bis die Scheiße kocht! Klar?«

Der SA-Sturmführer sah diesen sich stattlich gebenden Kreisleiter Breitarsch gerne entschwinden. Er beschäftigte sich mit seinem wahrhaft kläglich dastehenden Heimatverteidigungsverein, um sodann an diesen Haufen jene Beschimpfungen weiterzugeben, welche an seine Adresse erfolgt waren. So was vermochte, erfahrungsgemäß, erhebliche Erleichterung zu verschaffen.

»Habt ihr gehört, was unser Kreisleiter gesagt hat? Wie der euch bezeichnet hat! Als Eckenpisser, Kackhausverein, Lahmärsche! Nichts wie Mist habt ihr hier gebaut – was aber nicht sein darf, nicht bei mir! Oder wollt ihr mich dazu zwingen, euch in die müden Hintern zu treten?«

Wollten die erkennbar nicht.

»Also dann werden wir hier mal Alarm üben, üben und nochmals üben – bis die Scheiße kocht! Klar?«

Seine Rolle als Parteipapagei hatte er recht gut gelernt.

Erich Wienand hatte sich endlich wieder in seinem Welpenhof eingefunden, bei seiner sogenannten Familie. Er wirkte entspannt, doch keinesfalls gleichgültig. Er nickte, wie sich selbst ermunternd, und begehrte zu speisen.

Danach sagte er: »Ich habe so das Gefühl, daß ihr mir einiges mitzuteilen gedenkt – etwa Vorschläge, Anregungen, Hinweise auf praktische, organisatorische Vorgänge. Doch ich bitte sehr, mich damit zu verschonen. Bisher ist es hier üblich gewesen, daß ich allein darum bemüht war, meine Bücher zu schreiben; alles andere habe ich meiner verehrten Frau überlassen, die das geradezu mustergültig geregelt hat.«

»Ein höchst seltenes Kompliment, Erich«, stellte sie erfreut fest.

»Aber auch ein absolut berechtigtes, Elvira. Denn jeder von uns hat hier seine Aufgaben zu erfüllen. Und so soll es auch bleiben – wünsche ich.«

»Du läßt mir also völlig freie Hand, Erich – sozusagen in wirtschaftlicher, finanzieller, organisatorischer Hinsicht? Uneingeschränkt?«

»Aber ja – im Vertrauen auf deine Klugheit, Tüchtigkeit, Anständigkeit. Das nach wie vor.«

Worauf ein großes, anhaltendes Schweigen einsetzte. Der Rotwein in den Gläsern vor ihnen, ein Barolo, funkelte wie ein glühendes Kohlefeuer. Doch in ihnen wucherte Unsicherheit, die von bedrückender Lähmung war – und der versuchte nun Frau Elvira zu entgehen.

»Ich erinnere mich, und das sehr gerne, Erich, an wunderbar harmonische Abende in diesem Haus, in denen du uns, also Elfie und mir, aus deinen Büchern vorgelesen hast.«

»Unvergeßliche Abende, lieber Vater!«

»Wovon ich gehört habe, Herr Wienand«, versicherte Warnhagen mit höflichem Respekt. »Etwas, das auch ich gern einmal erleben würde – als ein Bewunderer Ihrer Werke.«

Erich Wienand neigte nunmehr sein plötzlich sehr bleich gewordenes Gesicht dem Rotwein entgegen. Dabei war es, als verlange ihm danach, niemanden anzusehen, niemandem in die Augen zu sehen. Er versuchte seine Hände zu verbergen, die wieder zu erzittern drohten.

Und dabei hörte er seine Frau sagen: »Erst heute nachmittag habe ich wieder in einem deiner Bücher geblättert, von dem ich weiß, daß du es sehr liebst – dein ›Hiob gehört zu uns.‹« Und das legte sie nun auf den Tisch. Schob es Erich Wienand zu. Gleich einem schön gedachten Geschenk.

Doch die Reaktion des Erich Wienand darauf wollte ungemein bestürzend anmuten. »Nein«, würgte er mit gepreßter, kaum wahrnehmbarer Stimme hervor. »Nein! Das nicht. So was – niemals mehr wieder!«

Erich Wienand erhob sich leicht schwankend, um dann zu sagen: »Ich muß wohl um Vergebung, aber auch um Verständnis bitten, wenn ich dieses gewiß überaus gutgemeinte Verlangen ablehne – ablehnen muß. Und zugleich bitte ich, mir eine Erklärung dafür zu ersparen.«

Was dazu noch zu sagen gewesen wäre, behielt Erich Wienand für sich. Wohl absolut sicher, daß eine Erklärung niemand überzeugen, keiner sie begreifen würde. Denn dabei handelte es sich um die wohl fürchterlichste Demütigung seines Daseins. Nun daran erinnert zu werden, bereitete ihm Qualen.

Offensichtlich beherrschte ihn nur noch das Verlangen, endlich wieder in seinem Keller untertauchen zu können.

Der Lebenslauf des Erich Wienand
Achter Teil

1914 – als jener Krieg begann, welcher dann später als Erster Weltkrieg bezeichnet werden sollte, war er bereits achtundzwanzig Jahre alt. Innerlich von vermutbar höchst unruhigem Wesen, doch äußerlich, übereinstimmend geschildert, ein höflicher, aufmerksamer Mensch.

Dabei literarisch betrachtet, war er noch ein so gut wie unbeschriebenes Blatt. Als dann dieses erste große Schlachten endete, war er zweiunddreißig. Während dieser Zeitspanne als ›Kriegsteilnehmer‹ registriert – so gut wie vom ersten bis zum letzten Tag.

Dennoch hatte er später niemals, in keinem seiner Bücher, das damalige Hölleninferno zu beschreiben versucht. Von ihm existierte kein Soldaten-, Kasernenhof- oder Kriegsroman. Auch über diese, ihn gewiß ungemein berührende, ihn zerstörerisch fordernden Vorgänge, schwieg er sich aus. Das jedoch nur scheinbar.

Von ihm existierten auch keinerlei irgendwelche aufschlußreichen Feldpostbriefe oder gar Tagebuchaufzeichnungen. Lediglich einige ›Kartengrüße‹ kamen zum Vorschein – mit den nicht nur damals vielfach üblichen Formulierungen wie ›Meine liebe Mutter, mir geht es gut. Ich bin gesund. Mach dir um mich keine Sorgen.‹ Wobei dann jedoch bei einem seiner späteren wenigen Interviews, aufgespürt von Konstanze Reibert, einige schlagartig erleuchtende Bekundungen, wenn nicht gar Erkenntnisse, aufzublitzen schienen.

»Die großen Vernichtungen, in Abertausenden von Einzelheiten, scheinen wohl zwingend erkennbar, sogar einigermaßen durchschaubar zu sein – sie lassen sich aber wohl niemals erschöpfend darstellen. Schon gar nicht durch lauttönende Schlachtfeldbeschreibungen – wie etwa mit ›tak-tak-tak‹ für Maschinengewehrfeuer; oder ›wumm, wumm, wumm‹ für Kanonen- und Mörsereinschläge. Auch die Todesschreie von Menschen und Pferden, vielfach zerfetzten, können mit Worten nicht deutlich gemacht werden; auch nicht andeutungsweise. Der Geruch von Leichen schon gar nicht – an dem ich zu ersticken drohte.

Dennoch läßt sich dieses Höllenqualendasein, mitten unter uns, einfangen, glaube ich; so was habe ich zumindest versucht, zu erfassen, widerzuspiegeln. Denn nur in einem einzigen Wassertropfen, sagt man wohl nicht unberechtigt, vermag die Grundfunktion der Schöpfung, wozu auch Vernichtung gehört, fürchte ich, sichtbar gemacht werden. Eine Erkenntnis, die sich dann auch auf jedes einzelne Menschenleben übertragen läßt.«

Eine derartig überzeugte Ansicht konnte viele der literarischen Gestalten des Erich Wienand erklären. Das etwa waren Offiziere, die ihre Uniform ausgezogen hatten, um sich einer naturnahen Lebensweise zu widmen; auch Soldaten, die fortan nur noch mit Tieren und Bäumen leben wollten. Dann weiter Witwen von Helden, deren anhaltende Trauer dennoch nicht endlos sein durfte – sie widmeten sich Waisenkindern, Zerstörten, ihrem Ende entgegentappenden Vergreisten. Diese seine Welt war jene der Gequälten, Verfolgten, Heimgesuchten – ihnen geduldigen Trost zu spenden, war sein erklärtes Anliegen. Die hieß er hoffen – dennoch!

Doch wie dem auch immer gewesen sein mag, was ihn auch immer bewegt haben mochte, was er in seinen Büchern zu bewegen versuchte – realistisch betrachtet ergab sich für ihn, in jener Zeitspanne dies:

1914 wurde Erich Wienand, wie man so sagt, ›eingezogen‹. Infanterie. Mit dem Dienstgrad ›Gefreiter‹, Reserve – ein Rang, über den er niemals hinausgelangte. Dabei zunächst Ostfront – Schlacht bei den ›Masurischen Seen‹ und ›Tannenberg‹; mit glänzendem Erfolg für einen gewissen Hindenburg, Paul von. Danach wurde er zur Westfront verlagert – dort Verdun; mithin also Trommelfeuer, Materialschlachten, Berge von Leichen.

1916 erkrankte er an Fleckfieber – vermutlich verlaust, geschwächt, ausgehungert. Dem Tode wohl sehr nahe. Dabei wurde er offenbar jedoch, mehrfach bezeugt, entschlossen betreut von einer jungen Ärztin in einem Heimatlazarett; einer Henriette von Webern. Und fortan war es, als beherrsche Erich Wienand das Gefühl, dieser Person sein Leben zu verdanken zu haben. Was dann, etliche Jahre danach, nicht ohne weitzeugende Folgen bleiben sollte – für ihn persönlich, aber dann auch für seinen Bruder; nicht jedoch für sein literarisches Werk. »Sobald dieser kleine, gerne für gutmütig-ahnungslos gehaltene Kerl irgend etwas ganz Bestimmtes erreichen wollte, dann konnte er geradezu eisern sein!« Mußte sogar sein Bruder Hermann zugeben.

Seine damalige schwere Krankheit schleppte sich über ein Jahr dahin. Woraufhin er für ›frontuntauglich‹ erklärt wurde. Die Zeit danach verbrachte er als Sanitäter im Schwerverwundetenlazarett Eberswalde bei Berlin. Und dort erwies sich dann – vor seinen Augen – das große, gnadenlose Sterben als grauenhafter Alltag: Abgerissene Gliedmaßen, aufgerissene Bäuche, bis zur Unkenntlichkeit verstümmelte Gesichter. Nichts als Menschen, die nurmehr eiternde, blutende, zitternde, hilflos Wasser und Fäkalien ablassende Restwesen waren. Stinkende, flehende, betende, vor sich hinwimmernde, dann verendende! Auge in Auge mit ihm.

1917, zur Weihnachtszeit, starb seine Mutter Elisabeth – in den Armen ihrer Mutter Emma. Sie erbrach Blut, wand sich in Krämpfen, erstickte. Und ein erst längere Zeit danach auftauchender Arzt stellte die Diagnose: »Deren Todesursache ist nicht eindeutig bestimmbar. Diese Zeit ist voller unerklärlicher Krankheiten.«

Als Erich Wienand wieder in seinem Keller angekommen war, kniete er sich nieder, um abermals seinen Christus freizulegen. Das gelang jetzt, ohne sonderliche Anstrengungen. Denn inzwischen hatte er seine Unterkunft umräumen lassen; in seiner Gegenwart, nach seinen Angaben.

Nunmehr brauchte er lediglich den Teppich umzuschlagen, um dann mit wenigen Griffen das Antlitz dieser geliebten Statue hervorbringen zu können. Und das geschah mit beglückender Hingabe. »Da bist du ja wieder, mein Gott!« rief er aus. »Und nun – bist du ganz mein.«

›Was glaubst du denn darunter zu verstehen?‹ schien ihn sein Christus zu fragen mit sanfter Beharrlichkeit.

»Nun ist es, mein Gott, als wären nur noch wir beide in dieser Welt. Und du bist ein Wesen, dem ich alles sagen kann – wie meinem Jacob Werner. Den es nun wohl nicht mehr gibt.«

›Sei da nicht so sicher, mein Freund‹, schien nun sein Christus zu antworten, mit unendlicher Nachsicht. ›Schließlich bin ich nicht von dieser Welt; doch du mußt in ihr leben. Dennoch höre ich dir zu. Was bewegt dich denn im Augenblick so ungemein?‹

»Du allein weißt wohl, mein Gott, und nur du kannst, mußt das wissen, warum ich mich vorhin geweigert habe, meiner Familie auch nur eine Zeile aus einem meiner Bücher vorzulesen. So was vermag ich einfach nicht – jetzt nicht mehr. Nicht, nachdem ich einem Gelächter von Aasgeiern ausgesetzt war!«

›Da du es unbedingt willst – erzähle mir davon.‹

Davon seinem geliebten Gott zu erzählen, begehrte Erich Wienand in der Tat. Ihm berichtete er, ihm vertraute er an – das wohl fürchterlichste Erlebnis seines Daseins. Es war eine Art Dichterlesung gewesen, die gewiß letzte seines Lebens. Sie hatte nur wenige Monate zuvor stattgefunden – im privaten Wohngebäude des Kommandanten seines Konzentrationslagers. Auf dessen Wunsch hin; was ein Befehl gewesen war, dem nachgekommen werden mußte.

Dabei anwesend war auch dessen Frau; ein seltsam gleichgültiges, doch immerhin wohl kaum als sonderlich germanisch zu bezeichnendes Wesen. Dazu zwei Kinder; Knaben im Alter von etwa zehn und zwölf Jahren; auffallend wohlgenährt und zugleich reichlich unbekümmert. Aber eben die begannen diese wohl feierlich gedachte ›Dichterlesung‹ alsbald als ungemein komisch zu empfinden.

Was dann auch ein gleichfalls anwesender Adjutant zu tun nicht zögerte. Sie alle wirkten reichlich belustigt. Und das gaben sie denn auch, völlig ungeniert, zu erkennen. Der Kommandant ebenfalls.

›Aber was denn, mein lieber, armer Freund Wienand‹, schien nun sein sanft lächelnder Christus unter seiner Dornenkrone zu sagen, ›hast du denn sonst von denen erwartet? Etwa – deren Beifall?‹

»Jedenfalls wahrlich nicht gleich diese totale erbarmungslose Verächtlichkeit! Denn die haben über mich, meine Bemühungen, gelacht – als wäre ich ein Witz dieser Weltgeschichte.«

›Nun ja, mein Freund – ich glaube zu wissen, was dich bewegt. Du hast in deinem Dasein wohl nichts so sehr ersehnt wie dies: ein geliebter Dichter zu sein. Dennoch bist du ganz wider Willen, aber einfach unvermeidbar, in dieser Welt zu einem Element der Unruhe geworden – wie ich ja auch. So was muß man nicht gleich voller Stolz hinnehmen – doch abfinden damit muß man sich.‹

Was damals jedoch, unmittelbar nach jener Dichterlesung

beim KZ-Kommandanten, geschah – wie auch spätere Nachforschungen ergaben –, war eine gewiß ebenso verächtlich getroffene, wie aber auch lebensrettende Entscheidung dieses NS-Gewaltigen. Und zwar dahingehend, daß es sich bei diesem Erich Wienand gewiß um einen fatal entgleisten, doch offenbar wohl auch weitgehend ahnungslosen, geistig überaus armseligen Menschen handele. Den habe man fortan links liegenzulassen! Um ihn, da als absolut unwichtig erkannt, bei nächster sich bietender Gelegenheit abzustoßen.

Was dann mit zu der Befreiung des Erich Wienand geführt hatte. Doch ihm auch das noch zu erklären, zeigte sich sein Gott nicht bereit.

9.

Der nächste, der vielleicht letzte großdeutsche Tag für Schoenau und nähere Umgebung war angefüllt mit verschwenderischen Anzeichen des Frühlings.

Die Blätter der Birken trieben ihrer vollen Entfaltung zu; auf den in dunklen Grünfarben leuchtenden Wiesen quollen in gebündelter Fülle sonnengoldgelbe, schneeweiße, lila leuchtende Blumen hervor. Zahllose zwitschernde Vögel schienen von unbekümmerter Freude erfüllt zu sein. Und im Obstgarten beim Welpenhof graste die wundersame Kuh Edda anscheinend mit großem Behagen.

Nun durften wohl auch die letzten Würfel dieses Krieges als endgültig gefallen gelten. Fast alle Konzentrationslager waren befreit; und die als ›Verlagerung‹ bezeichneten Todesmärsche dieser seit Menschengedenken gequältesten aller Menschen waren beendet worden. Den westalliierten Armeen war es gelungen, in großer Frontbreite bis ins mittlere Deutschland einzudringen. Die Sowjetrussen hatten einen dichten Einschließungsring um Berlin gelegt, und damit um den Führer und Reichskanzler und Obersten Befehlshaber der Wehrmacht; dort sollte alsbald die rote Fahne über seiner verkohlten Leiche wehen.

Goebbels vergiftete sich und seine Familie, um dem Führer letztmalig zu folgen. Auch Himmler bereitete seinen Selbstmord vor. Goering jedoch, der Reichsmarschall, war bereit, sich zu ergeben. Auch etliche Generale, Reichs- und Gauleiter sahen nun kaum noch eine Chance mehr, sich ihr Deutschland zu erhalten. Doch nicht allzu viele von ihnen zogen aus diesen Erkenntnissen jene ›unvermeidliche Konsequenz‹, von der behauptet worden war: So was gehöre zur Ehre. Die von ihnen ausgegebenen tönenden Parolen – ›Opfer müssen gebracht werden! Treu und tapfer bis zum Tod!‹ – galten für die Mehrzahl dieser Leute nun nicht mehr persönlich. Falls so etwas überhaupt jemals für sie gegolten hatte.

Doch ihre Soldaten krepierten immer noch – Zivilisten mit ihnen; Feinde, Freunde und Gegner auch. Letzte Leichen lagen auf oder neben den Endstraßen dieses stinkend verendenden Krieges. Daß sie nun auch in und um Schoenau sichtbar wurden, war unvermeidlich.

So etwa wurde dort ein Infanterieoffizier aufgefunden, der sich erschossen hatte, um ›diese Schmach‹ nicht erleben zu müssen. Weil angeordnet worden war, ihn wegen Plünderung vor ein Kriegsgericht zu stellen. Seinen letzten Entschluß hatte eine neben ihm liegende, nun leere Schnapsflasche gewiß wesentlich erleichtert. Ein anderer Offizier, diesmal einer der Artillerie, war erschossen worden, vermutlich von seinen eigenen Leuten, die sich jetzt wohl nicht mehr in letzter Minute verheizen lassen wollten. Doch immerhin war seine Leiche, was nahezu pietätvoll anmutete, auf einem nahen Friedhof abgelegt worden.

Zwei Tote hingen am Rande des Dorfes Martinshausen an einer Buche. Es handelte sich offenbar um Deserteure, deren ›Urteilsvollstreckungen‹ mit einiger Hast geschehen waren. Mithin ohne jenes ansonsten übliche Brustschild, das etwa verkündete: ›Wegen Feigheit vor dem Feind.‹ Oder auch: ›Er folgte unserem Führer nicht.‹ Sowie: ›Er hat es nicht anders verdient.‹ Diesmal nichts dergleichen – Tote bedurften keiner Erklärung mehr.

Dazu verendeten zahllose Tiere. Zu Brei gefahrene Katzen lagen auf den Straßen herum, gleich plattgewalzten Flecken aus Fell, Knochen und Blut – und kaum einer, der diese Kadaver wenigstens wegschleuderte, in einen Straßengraben hinein.

Hunde dazu, die herumstreunend Nahrung gesucht hatten oder nach Menschen verlangten, denen sie sich anvertrauen konnten – nach ihnen wurde getreten, sie wurden erschlagen, abgeknallt.

Auch starben Pferde, die selbst noch im Tod seltsam große flehende Augen besaßen. Teile ihres Fleisches, bevorzugt von den Oberschenkeln, waren herausgeschnitten, herausgestochen worden. Denn daraus ließ sich, wie inzwischen bekannt war, eine Art gar nicht schlecht mundendes Schnitzel bereiten; bevorzugt in Butter, mit angeräuchertem Speck und vielen Zwiebeln.

Das war nun Alltag; der süßliche Geruch der Verwesung begann auch diese Vorgebirgslandschaft einzuhüllen. Soldaten rochen ihn; aber auch Menschen ohne sonderliche Zerstörungserfahrungen vermochten diese Massenfriedhofsnähe nun zu wittern. Die einen flüchteten, die anderen verkrochen sich, nicht selten mit den ihnen jetzt noch verbliebenen Tieren.

Wobei sich das große, erwärmende, erhellende Leuchten der Sonne über Schoenau noch zu verstärken schien. Die Natur signalisierte eine Frühlingsschönheit sondersgleichen. Wie einzigartig in diesem Jahrhundert; registrierten nicht nur Meteorologen.

Gleich in den ersten Vormittagsstunden dieses Tages kreuzten in Schoenau abermals die beiden Gestapobeamten aus Weilheim auf. Sie begaben sich unverzüglich zum Polizeibeamten Straßner und riefen ihm zu: »So geht das aber nicht, Kamerad!«

»Na, was denn wohl nicht?« hörte sich Straßner sagen.

»Du«, wurde ihm von dem Gestapo-Elefanten erwidert, der sich vor seinen Bellhund stellte, wohl um den in den Hintergrund zu drängen, »bist ja durchaus hilfsbereit, hast tatsächlich alle unsere Fragen von diesem Erich Wienand beantworten lassen und die Antworten uns zugeleitet – ganz ordentlich soweit. Doch diese Antworten befriedigen unsere Vorgesetzten in München nicht.«

»Noch lange nicht!« knurrte der kleine Köter.

»Halt deine Schnauze – auch wenn du Recht hast«, wurde er verwiesen. »Jedenfalls haben wir nun einen weitergehenden Befehl bekommen, den wir erledigen müssen – mit deiner Hilfe, versteht sich.«

»Den Befehl, diesen Wienand zu vereinnahmen?« fragte der lauernd.

»Na – was denn sonst!« wurde er angeknurrt.

»Also führe uns den vor«, sagte das gigantisch anmutende Gestapowesen mit der freundlichen Kleinkinderstimme.

»Würde ich ja an sich durchaus machen – schon aus kollegialer Gefälligkeit. Doch leider kann ich das nicht«, sagte Straßner, der jetzt Zeit gewinnen mußte, mit bieder klingendem Bedauern. »Dafür bin ich nicht zuständig – nicht mehr.«

»Wer denn sonst?«

»Der hier derzeitig kommissarisch eingesetzte Kreisleiter, Hauptmann Abendrot. Der besteht darauf, alle maßgeblichen Entscheidungen persönlich zu treffen. Also ist er auch dabei kaum zu umgehen.«

Doch suchten sie den nicht, wie Straßner das erwartet, erhofft hatte, unmittelbar auf – sie riefen ihn an. Der Anführer meldete betont dienstlich seinen Namen, Dienstgrad und Dienststelle, um dann ›ihr Anliegen‹ vorzubringen.

Und wenn Abendrot auch, nach einer gewiß strapaziösen, doch wohl ungemein genossenen Nacht, verbracht mit seiner prächtigen Kreisleitungssekretärin, reichlich müde wirkte, so zögerte er doch keinen Augenblick, sich hellwach zu geben. »Wo liegt denn dabei irgendein Problem?« fragte er unwillig verweisend. »Wenn ihr euch diesen Wienand vornehmen wollt – warum tut ihr das denn nicht? Zumal der in meinen Augen sowieso nichts anderes als ein schöngeistiges Arschloch ist.«

»Herr Straßner, der hier neben mir steht, war der Ansicht, daß es ratsam wäre, diesbezüglich um Ihre Entscheidung zu ersuchen.«

»So – ist er dieser Ansicht? Na, wie vorsorglich. Doch was habe ich da noch zu entscheiden – wo doch bereits die Gauleitung einen entsprechenden Befehl erteilt hat. Das übrigens ganz in meinem Sinne – von mir aus in den Sack mit diesem Gesinnungskretin. Ein Saboteur weniger!«

Worauf er mit Straßner sprach und anordnete: »Freie Hand für unsere Gestapobeamten. Sofortaktion im Welpenhof. Dabei Polizeiunterstützung; Sie persönlich, mit einem Ihrer Männer. Und nun – nichts wie ab die Post!«

Somit erhielt Straßner keine Gelegenheit mehr, ein aufklärendes Telefongespräch zu führen oder eben führen zu lassen. Sie brausten ab, mit dem Gestapofahrzeug, zum Welpenhof hin. Sie wirbelten weithin sichtbare Staubwolken auf, und der Motor ratterte ohrenbetäubend.

Dort angekommen, sprangen sie aus ihrem Auto und stürmten auf das Haus zu. Der Begleitpolizist hatte vor dem Eingang Wache zu beziehen. Und Straßner rief ermunternd aus: »Sein Arbeitszimmer befindet sich im ersten Stock!«

Dorthin stürmten sie, trampelnd wie Ochsen, und stürzten sich hinein! Um lediglich ein weibliches Wesen zu erblikken, Frau Elvira. Die betrachtete die Eindringlinge nach kurzem Erschrecken betont mißbilligend. Denn Straßner, nunmehr im Hintergrund, hatte ihr beruhigende Zeichen gemacht: eine erhobene, abwinkende Hand.

»Wo ist er?« wurde sie gefragt.

»Wer – bitte?«

»Dieser Erich Wienand!«

»Hier ist er nicht – wie Sie sehen.«

»Wo denn sonst?«

»Möglicherweise unten in seinem Wohnkeller«, meinte nun Straßner anregend.

Sie trampelten unverzüglich abwärts über zwei aufknarzende Treppen, waren dann im Keller. Aber der war menschenleer. Wobei Straßner, nicht unbefriedigt, registrieren konnte: eines der Fenster stand weit offen – aus dem war vermutlich Wienand entkommen. Wie geplant.

»Mithin also das bei dem wohl Übliche«, stellte der Polizeigewaltige fest. »Offenbar unternimmt der wieder einmal einen seiner Spaziergänge – der treibt sich also irgendwo in der Gegend herum. Dabei so gut wie unauffindbar.«

Womit die Aktion abgebrochen wurde. Deren Akteure begaben sich nach Schoenau zurück, um dort den Kreisleiterhauptmann zwecks Berichterstattung aufzusuchen. Das mit den Worten: »Dieser schräge Vogel ist uns entwischt!«

»Schweinerei!« rief Abendrot aus. »Dieser Saukerl ist unverzüglich aufzuspüren, zu vereinnahmen und den Kameraden von der Gestapo zu übergeben. Dafür mache ich Sie verantwortlich, Straßner. Setzen Sie Ihre Polizeikräfte ein und diese Bürgerwehr dazu – lassen Sie mit denen die ganze Gegend durchkämmen. Diesen Volksturmsversauer müssen wir haben!«

»Jawohl«, sagte Straßner.

Er schritt davon und alarmierte Teile von Polizei und Bürgerwehr. »Scharfe Suchaktion«, ordnete er an; was sich bedrohlich ernsthaft anhörte. Sodann ließ er diesen Haufen ausschwärmen; und zwar nordwärts von Schoenau. Mithin in eine Gegend hinein, in der sich, wie er wußte, Wienand garantiert nicht aufhielt.

Inzwischen bot der kommissarische Kreisleiter den beiden Gestapobeamten an, sie mit einer opulenten Zwischenmahlzeit zu bewirten; wozu diese sich nicht zweimal auffordern ließen. Dabei gab es auch ein vertrauliches Gespräch; zunächst über die Situation im allgemeinen, dann speziell über jene in diesem Raum. Doch die war, eben nach Ansicht solcher über Erfahrung und Einsicht verfügenden Geheimen Staatspolizisten, als reichlich unübersichtlich zu bezeichnen.

»Was uns aber einen feuchten Dreck anzugehen hat. Wir gehören schließlich noch zu jenen, die nach wie vor Befehle befolgen; alle die uns erreichen. Wir schon.«

»Also gibt es da noch andere – ganz andere?« fragte Abendrot aufhorchend. »Ist es das, was Sie damit andeuten wollten, Parteigenosse?«

»Ich habe nichts gesagt, Herr Kreisleiter.« Das wurde bieder versichert, doch mit dem vertraulichen Zusatz: »Auch wenn da bereits einige voreilig die Hosen gestrichen voll haben und einfach abgehauen sind – einige höhere Tiere darunter.«

»Sagten Sie – höhere Tiere?«

»Sagte ich. Doch falls die aufgegriffen werden – wie gestern ein Ortsgruppenleiter und ein SA-Führer – dann nichts wie Rübe ab! Was denen doch nur recht geschieht. Denn diese Kerle sind feige, und dazu auch noch dämlich genug, sich erwischen zu lassen; so was sogar ohne Absicherung, ohne brauchbare Ausrede.«

Was geradezu eine fachgerechte Aufklärung war, die Abendrot sehr nachdenklich stimmte.

Oberleutnant Franz Jochen Rabe hatte sich ›seine Mission‹, zu der er entschlossen war, weit schwieriger, heikler, unberechenbarer vorgestellt. Denn schließlich war so ein Krieg randgefüllt mit katastrophalen Komplikationen. Dieser jedoch offenbar nicht mehr.

Denn er begegnete mit einer weißen Fahne an seinem Fahrzeug und mit einer gleichfarbigen Armbinde versehen gelassen zuversichtlichen Sieger. Diese Amerikaner nahmen ihn geradezu interessiert-neugierig auf. Eine gepanzerte Einheit von denen ließ sich nach kaum einer Stunde erreichen. Der sogenannte ›Frontverlauf‹ schien einem brüchigen Gummiband zu gleichen.

Wobei nun, als er bei den Amerikanern angekommen war, eine ganz besondere Fähigkeit von Rabe zum Vorschein kam, die sich unverzüglich als außerordentlich vorteilhaft erweisen sollte: er beherrschte die englische, wenn auch nicht gleich die amerikanische Sprache. Derartiges Wissen war ihm in einem Internat am Chiemsee beigebracht worden; wo er gleichfalls, versteht sich, zumeist als Klassenerster in Erscheinung getreten war. Bei seinen Sprachkenntnissen handelte es sich jedenfalls, wie sich jetzt herausstellte, um die allerbeste Kapitalanlage seines Lebens.

Er wurde zunächst von einem Leutnant mit aufmerksamer Höflichkeit in Empfang genommen. Der bot ihm einen Schluck Whisky aus einer silbernen Taschenflasche an und eine Zigarette dazu; beides wurde mit verbindlichstem Dank akzeptiert. Dann führte der amerikanische Offizier den deutschen, diesen ›Parlamentär‹, zu einem Major. Der hockte unsagbar lässig in seinem Jeep; die Füße hoch zur Windschutzscheibe gestreckt.

Und der sagte, ohne sich zu bewegten: »Ich bin Major Carter.« Er stellte sich also kurz vor, um dann sofort wissen zu wollen: »Und wer sind Sie? Woher kommen Sie? Weshalb sind Sie hier?«

Rabe nannte seinen Namen, Dienstgrad und Dienststelle – und dann seinen Ausgangspunkt: die Ortschaft Schoenau. Worauf Major Carter lediglich eine Hand ausstreckte und nach einer bereitliegenden Landkarte griff. Auf die warf er einen knappen Blick und meinte dann, wohl gekonnt untertreibend: »Gar nicht uninteressant – möglicherweise.«

Worauf er mit überraschend plötzlichen, fast sportlich zu bezeichnenden Bewegungen aus seinem Jeep sprang und sich entfernte. Er ließ Rabe stehen, wo er stand; das jedoch nicht ohne ihm ermunternd zugenickt zu haben. Major Carter begab sich zu einem Fahrzeug, in dem sich offensichtlich eine Funksprechstelle befand. Und von dort kehrte er dann, nach knapp vier Minuten, wieder zurück.

Nunmehr musterte er Rabe wohlwollend aufmerksam und sagte dann: »Für Ihr Angebot könnte tatsächlich einiges Interesse bestehen. Lassen Sie Ihr Fahrzeug und Ihren Fahrer hier. Kommen Sie mit mir – ich werde Sie an Ihr Ziel bringen.«

»Darf ich fragen, Herr Major...« Alles im allerbesten Schulenglisch.

»Keinerlei Fragen, bitte! Sie haben sich uns anvertraut – tun Sie das weiter.«

Sie bestiegen den Jeep des Majors; der am Steuer, der deutsche ›Parlamentär‹ neben ihm. Sie fuhren in reichlich rücksichtslosem Rennfahrertempo nordwestwärts. Vorbei an amerikanischen Panzereinheiten, zerschossenen Wehrmachtsfahrzeugen, einigen noch brennenden Häusern. Auch waren eingesammelte Haufen deutscher Soldaten zu sehen, die im Straßengraben hockten; also Kriegsgefangene geworden waren.

Deren Bewachung, registrierte der aufmerksame Rabe, war erstaunlich locker. Ein Amerikaner mit Maschinenpistole reichte offenbar voll aus, um dreißig bis vierzig Mann zu beherrschen. Zumal es schien, als blinzelten die nun mit großer Gleichgültigkeit vor sich, wohl ungemein erschöpft, doch irgendwie nicht unzufrieden darüber, jetzt endlich alles überstanden zu haben. Sie nahmen nicht einmal mehr von einem deutschen Oberleutnant Notiz, der neben einem US-Major an ihnen vorüberbrauste.

Nach vergleichsweise kurzer Fahrt durch dieses schlachthofähnliche unmittelbare Hinterland der derzeitigen Front – nach kaum mehr als acht oder neun Kilometern, schätzte

Rabe sachverständig – erreichten sie ein schloßartiges Gebäude. Auf dessen Vorplatz, dazu auch auf Wegen, Rasen und Blumenbeeten, war eine Kriegsmaschinerie von bestaunenswerter Fülle und Neuwertigkeit versammelt. Eine weitere Demonstration großer materieller Überlegenheit.

»Dort«, erklärte ihm der Major, »werden wir bereits erwartet beziehungsweise Sie. Dabei, wie anzunehmen ist, werden Sie General Palmer persönlich begegnen. Mit einiger Vorsicht, rate ich Ihnen – unser General ist kein sonderlicher Deutschenfreund.«

Er erwies sich, falls Rabe seinem ersten Eindruck trauen konnte, als ein schnell zupackender Mann mit scharfen Augen und einem lederartigen Cowboygesicht. Mithin wohl: ein schlanker, zäher Reiter; keinesfalls eine Bulldogge oder gar ein Eisenfresser. Und er kam unverzüglich zur Sache.

General Palmer, zwei Sterne, stand in der Halle des Gebäudes bei einem Tisch, auf dem eine Anzahl Karten ausgebreitet, übereinandergehäuft lagen – Generalpläne und Meßtischblätter. »Kommen Sie her zu mir!« rief er dem deutschen Offizier zu; ebenso munter wie befehlsgewohnt. »Stellen Sie sich neben mich. Sehen Sie sich das an.«

Und Rabe erblickte nun kriegsgerechte Landkarten, Einzelvergrößerungen davon, Luftaufklärungsaufnahmen dazu, die von großer Vollkommenheit waren. Und zwar betreffend – Schoenau und Umgebung. Der Oberleutnant staunte ehrlich.

Dennoch versuchte er, betont sachlich zu reagieren. »Gute, sehr gute Unterlagen!« bestätigte er, ganz Fachmann. »Absolut vollkommen.« Er tippte auf die nördliche Massierung von Häusern und Baracken. »Dies ist die Heeresflakschule Schoenau, von der ich komme.«

»Und wie sieht es dort aus?«

»Total überbelegt – derzeit etwa viertausend Mann. Jedoch nur unzulänglich bewaffnet, kaum Munition, keine schweren Geschütze. Zur Übergabe bereit – ohne jede Bedingung. Doch in der Hoffnung...«

»Auf uns, unsere Fairneß darf man jederzeit hoffen, Rabe. Wir legen entschieden Wert darauf, daß sich keine unserer

Aktionen irgendwie mit jenen der Nazis vergleichen läßt. Nehmen Sie das als Voraussetzung. Doch nun«, ermunterte er seinen Besucher, »klären Sie mich weiter auf.«

Der Oberleutnant wies jetzt auf Schoenau. »Eine Stadt, die sich ansonsten ziemlich leicht verteidigen läßt. Sie liegt reichlich unzugänglich auf einem Hügel über dem Kocher, besitzt starke, durchaus noch intakte mittelalterliche Schutzwälle und lediglich zwei Einfallstore.«

»Eine Warnung, Rabe?«

»Lediglich ein Hinweis, General. Dort hat sich eine Art Bürgerwehr und auch so was wie ein Volkssturm installiert. Was jedoch an sich kein sonderliches Problem ist. Denn diese Leute werden sich von unseren Männern, die meine Freunde und ich inzwischen bereitgestellt haben, ziemlich mühelos ausschalten lassen.«

General Palmers nickte nicht unzufrieden. »Sonst noch irgendwelche erkennbaren Schwierigkeiten, Rabe?«

»So gut wie keine, General. Zumal inzwischen alle noch irgendwie verfügbaren, halbwegs funktionierenden Kampftruppen in diesem Raum südwärts verlagert worden sind.«

»Wie weit südwärts?«

»Mindestens zehn, zumeist fünfzehn Kilometer – soweit erkennbar. Dort erst werden weitere Straßensperren errichtet – von letzten Panzereinheiten und aufgeteilten schweren Flakbatterien. Schoenau selbst jedoch, auch dessen nähere Umgebung, könnte jederzeit von uns kampffrei gemacht werden.«

»Und das sogar – in kürzester Zeit?«

»Ohne weiteres, General.«

»Das selbst dann noch, Rabe, wenn wir bereits heute nacht den Versuch unternehmen sollten, Schoenau einzukreisen? Doch wenn wir das tun, dann nicht zuletzt in der Erwartung, daß Sie alles Erdenkliche unternehmen, uns den Rücken freizuhalten.«

»Wird gemacht, General«, bestätigte er.

»Dann, Mister Rabe, nehme ich Ihren Vorschlag an. Dann betrachte ich Sie nunmehr als mit uns verbündet. Begeben Sie sich jetzt wieder nach Schoenau zurück. Doch nicht, ohne großzügige Marschverpflegung mitgenommen zu haben; wofür Major Carter sorgen wird.« Der stand im Hintergrund und nickte zustimmend.

General Palmer, dessen zwei Sternen alsbald ein dritter folgen sollte, und zwar unmittelbar nach dieser Schoenau-Aktion, versicherte sodann ermunternd: »Die kommende Nacht, Mister Rabe, könnte Ihre Nacht sein – mit sehr weitzeugenden Folgen; nicht zuletzt für Sie persönlich. Immer vorausgesetzt, daß es Ihnen gelingt, dabei so gut wie alles auszuschalten, was uns möglicherweise hinderlich oder auch nur lästig sein könnte.«

»Ich werde mich bemühen, Sir, General«, versprach der fast feierlich.

»Na fein. Achten Sie dabei aber auch auf folgende mögliche strategische Planung von mir: Ich könnte es für zwingend angebracht halten, Schoenau zunächst einmal zu umgehen; um es einzukreisen. Um erst dann, von Süden aus, und zwar aus Richtung Martinshausen, auf diese Stadt vorzustoßen.«

»Auch darauf wird geachtet, General. Auch diesbezüglich werde ich mich und meine Leute vorbereiten.«

»Womit nunmehr«, erkannte Palmer, »das wohl Wesentliche so gut wie geklärt ist. Bis auf ein paar Kleinigkeiten. Wissen Sie, wer Erich Wienand ist?«

»Weiß ich nicht, General.« Rabe reagierte reichlich verwundert. »Das ist ein Name, den ich noch niemals gehört habe. Sollte der irgendwie, wichtig sein?«

»Könnte sein«, sagte Palmer bedächtig. »Achten Sie auf diesen Namen – empfehle ich Ihnen. Aber dann auch noch auf einen anderen: Captain Singer. Daß der Ihnen bei diesen Aktionen begegnet, ist anzunehmen. Dann allerdings haben Sie unbedingt dessen Anregungen zu folgen – so als hätte ich sie Ihnen erteilt.«

»Geht in Ordnung, General – Wienand also und Singer. Werde ich mir merken.«

»Ansonsten arbeiten Sie eng mit Major Carter zusammen, den Sie ja bereits kennen. Den gedenke ich, mit größeren Panzereinheiten, direkt auf Schoenau anzusetzen.«

»Jawohl, Herr General.«

»Womit mir noch übrigbleibt, Ihnen eine gute Rückreise und beste Verrichtung zu wünschen, Mister Rabe. Bis wir uns wiedersehen. Hoffentlich unbeschadet und guter Dinge.«

An jenem Tag, durch sein Kellerfenster vor dem Gestapokommando flüchtend, verließ Erich Wienand seinen Welpenhof jedoch nicht, ohne im Obstgarten kurz bei seiner Kuh Edda Station gemacht zu haben, um sie liebevoll zu streicheln. Worauf Edda freudig aufmuhend versucht hatte, mit unendlicher Zärtlichkeit sein Gesicht zu belecken.

Erst danach eilte er, Schutz suchend, davon. Dabei jedoch, wie immer wieder in diesen Tagen, wobei er eine Warnung von Straßner ahnungslos mißachtete, zunächst direkt zu seinem Moorsumpfgebiet hin. Dessen wie lauernd tiefes Wasser schien ihn magisch anzuziehen. Dort starrte er hinein – und das Bild von ihm, welches dieser träg-stumpfe Wasserspiegel zum Vorschein brachte, zeigte einen nun wohl uralt gewordenen Mann: eisgrau, faltenreich, mit steifen Beinen, erschlafften Lenden, mit ermüdeten Augen. War er – am Ende?

Er raffte sich auf, um sich diesem ihn quälenden Spiegelbild zu entziehen. Wobei er, nunmehr zum dritten- oder viertenmal in diesen Tagen, jenes seltsam sonderbare Mädchenfrauwesen erblickte, das ihm zwar ungemein beharrlich, aber auch mit bannender Zurückhaltung zu folgen schien. Oder – verfolgte sie ihn?

Ihr schritt er nun entgegen. Wohl endlich entschlossen dazu, das zu klären. Und sie blieb stehen; dort wo sie stand – wich ihm also nicht aus.

Worauf er glaubte, in ein noch kindhaft anmutendes Gesicht zu blicken. Rosarote Haut, blaßblaue Augen, umhüllt von einer ungebändigten Haarflut in getreidegelben Farben, die sie wie sonnenlichtartig zu umwallen schien. Ihr Körper war kaum erahnbar – eine sackartige Bekleidung verhüllte ihn.

»Darf ich fragen, mein Fräulein, ob ich irgend etwas für Sie tun kann?«

Sie schien sich ihm entgegenzubeugen; doch nach wie vor zugleich bemüht, sich ihm nicht aufzudrängen. »Sie sind Herr Wienand, der Dichter!«

»Ja, so heiße ich«, bestätigte er ihr überrascht und bereitwillig entgegenkommend zugleich. »Doch ob ich das bin, als was Sie mich, mein schönes Kind, zu bezeichnen belieben, also ein Dichter, weiß ich nicht. Ich versuche lediglich einige Bücher zu schreiben – nichts weiter sonst. Doch wer – sind Sie?«

»Mein Name ist Reibert, Konstanze Reibert«, sagte sie. Mit ungemein scheu anmutendem Entgegenkommen. »Ich habe versucht, zu studieren. Angefangen habe ich mit Zeitungswissenschaft, um alsbald herauszufinden, daß man so was eigentlich gar nicht lernen kann. Danach begann ich mich für Philologie zu interessieren, speziell für Neuere Literatur. Wobei ich mich immer intensiver mit Ihren Büchern beschäftigt habe – und mir vorzustellen begann: ich könnte meine Doktorarbeit über Sie schreiben.«

Erich Wienand fühlte sich wahrlich geschmeichelt. Inzwischen jedoch besaß er, zumal in dieser Zeit, erheblichen Einblick genug, der selbst ihn dazu veranlaßte, einigermaßen realistisch zu denken. »Ein Unternehmen, Fräulein Reibert, das sogar ich als reichlich fragwürdig zu erkennen vermag. In dieser unserer Zeit.«

»Die jedoch nicht von Dauer ist«, stellte Konstanze überraschend sachlich fest. »Nur ein paar Tage, vielleicht nur noch einige wenige Stunden – und dann kommt wieder Ihre Zeit. Davon bin ich völlig überzeugt.«

»Sie sind wunderschön, mein Kind«, sagte er verhalten. »Doch eben ein Kind im Vergleich zu mir. Erkennen und befürchten Sie denn nicht, daß uns Welten voneinander trennen – mindestens zwei Generationen?«

»Ich bin überzeugt davon, Herr Wienand, mit großer Sicherheit, zumindest dies erkannt zu haben: In dieser unserer literarischen Welt sind Sie einer der ganz Großen, so gut wie zeitlos. Ich habe nicht nur Ihre Hauptwerke gründlich studiert, und das werde ich Ihnen beweisen. Für mich gehören Sie, gemeinsam mit dem Norweger Knut Hamsun und dem

Amerikaner John Steinbeck, zu den einzigartigen Zeitzeugen eines ersehnten, wahrhaft naturhaften Daseins.«

»Langsam, nur langsam, mein schönes Kind!« hörte er sich mit milder Abwehr sagen. »Wohl erfreut Ihre Wertung meiner Person mein Herz; doch mein Verstand sträubt sich dagegen. Ich bewundere Hamsun, ich liebe Steinbeck. Doch die Idee, mich mit einem von ihnen vergleichen zu wollen, ist mir niemals gekommen.«

»Eine Einstellung, Herr Wienand, welche absolut Ihrem ungemein zurückhaltenden Wesen entspricht. Eine Ihrer Haupteigenschaften ist bemühte Bescheidenheit, was in Ihren Werken sehr deutlich erkennbar wird. Ihnen aber ist es gegeben, alle Lebewesen zu lieben, über die Sie jemals geschrieben haben: sehnsüchtige Menschen, verfolgte Kreaturen, Wundersamkeiten von Bäumen und Blumen. Was ich zu erklären versuchen will. Darf ich darauf hoffen, daß Sie mir das erlauben werden? Bitte.«

Doch er sagte, nahezu warnend, zu diesem Wesen, das er als ›elfenhaft‹ zu bezeichnen versucht war:

»Versprechen Sie sich nicht allzuviel von dieser Begegnung, Fräulein Reibert – zumindest nichts von mir persönlich. Ich bin da wohl lediglich ein Transporteur von wuchernden Weltgefühlen und Empfindungen – in meine Bücher hinein. Und mehr, schöne Konstanze, werden Sie nicht herausfinden.«

»Welch eine Fülle von Möglichkeiten dennoch!« versicherte Konstanze Reibert mit großem Eifer. »Ich wäre sehr glücklich und dankbar, wenn ich derartige Erkenntnisse registrieren dürfte. Ermöglichen Sie mir das? Bitte, Herr Wienand!«

Alsbald nach seinem Gespräch mit dem deutschen Oberleutnant Rabe – nach einer Stabsbesprechung und anschließender Befehlsausgabe – ließ General Palmer Captain Singer zu sich kommen. Und dem eröffnete er dann, geradezu wohlwollend:

»Ich werde nunmehr, mein Lieber, Ihrer dringlichen Anregung nachkommen – diesem Ihrem Wienand wegen. Dabei gebe ich Ihnen Gelegenheit, sich an dessen Befreiung zu beteiligen, daran sogar maßgeblichen Anteil zu nehmen.«

»Wann, General?«

»Noch heute nacht – wenn alles so läuft, wie von mir vorgesehen. Sie bilden eine Spezialeinheit, erhalten alle von Ihnen für notwendig gehaltenen Vollmachten, dürfen also in Ihrem, meinem Sinne, vorgehen. Das allerdings im Rahmen der Kampfgruppe Carter, die Befehle hat, Schoenau einzukreisen – mit dem ersten Ziel, diesen Welpenhof feindfrei zu machen.«

»Darf ich – zu dieser Aktion – Jacob Werner mitnehmen?«

»Falls Sie das unbedingt für richtig halten – dann sogar den.«

»Ich danke Ihnen, General – für diesen Auftrag. Doch mit welchen von Ihnen erhofften Ergebnissen hat er zu erfolgen?«

»Nun, Captain, Sie sorgen dafür, daß dieser Wienand möglichst unbeschadet befreit wird, wie ja auch von Ihnen dringlichst gewünscht. Womit Sie ihn sozusagen für uns sicherstellen. Eine Aktion, bei der wir engstens zusammenarbeiten werden. Über jede Phase davon wünsche ich verständigt zu werden – über Sprechfunk. Wobei ich dann an der Befreiung dieses Erich Wienand persönlich, quasi offiziell, Anteil zu nehmen wünsche. Sorgen Sie dafür – in angemessener Weise.«

»Wo leben Sie denn jetzt, Fräulein Reibert?« wollte Erich Wienand anteilnehmend wissen.

Konstanze durfte sich ihm bei seinem weiteren Spaziergang anschließen. Und nun war es, als habe sie niemals Scheu vor seiner Person empfunden, als wäre sie entschlossen, ihn wie einen getreuen Weggefährten zu begleiten. Wohin auch immer.

»Ich habe an der Universität München zu studieren versucht«, erzählte sie ihm dann. »Aber dort hat man vor ein paar Wochen bereits alle Professoren und Studenten, soweit männlich, zum Wehrdienst eingezogen. Während wir nicht gerade zahlreichen weiblichen Wesen kriegsdienstverpflichtet werden sollten – in irgendeine Fabrik; vermutlich zur Munitionsproduktion. Dabei sind einige von uns geflüchtet – ich hierher zu Ihnen.«

»Wovon Sie sich, ich habe Sie bereits gewarnt, nicht sonderlich viel versprechen sollten. Derzeit kann ich beklagenswert wenig für Sie tun. Doch lassen Sie mich zunächst einmal wissen: wo und wie und bei wem verbringen Sie hier Ihre Tage?«

»Nun – ich versuche mich durchzuschlagen; was wahrlich nicht immer ganz leicht ist. Denn jetzt glauben gewisse Leute für ein Brot, etliche Gramm Butter, eine nächtliche Unterkunft so ziemlich alles verlangen zu können.«

»Wie scheußlich!« stellte Erich Wienand ehrlich angewidert fest.

»Damit komme ich schon zurecht – irgendwie«, behauptete Konstanze tapfer. »Ich versuche mich entschlossen meiner Haut zu wehren, wie man so sagt.« Und das war, ganz offensichtlich, eine gewiß sehr schöne jugendfrische Haut. »Die Hauptsache allein für mich – ich befinde mich in Ihrer Nähe.«

»Für einen Menschen Ihresgleichen«, stellte nun Erich Wienand anteilnehmend fest, »ist das eine geradezu unwürdige Situation. Wenn Sie erlauben, Konstanze, mache ich Ihnen einen Vorschlag, der Ihnen möglicherweise willkommen sein dürfte.«

»Ein Vorschlag, Herr Wienand, der von Ihnen kommt, wird von mir dankbar angenommen. Was, bitte, regen Sie an?«

»Nun – ich besitze hier, wie Sie vermutlich wissen, ein Haus. Kein kleines Haus, doch derzeit ziemlich belegt – durch zeitbedingte Gäste. Doch dabei könnte sich immer noch ein Platz für Sie schaffen lassen. Wenn auch ohne sonderlichen Komfort, doch von gewisser Geborgenheit und ohne jede aufdringliche Belästigung. Wären Sie daran interessiert, Konstanze?«

»Das, Herr Wienand, hätte ich niemals zu hoffen gewagt«, versicherte sie ihm mit erkennbarer Freude. »Sie glauben gar nicht, wie dankbar ich Ihnen dafür bin – was ich Ihnen gerne beweisen möchte.«

In den späteren Nachmittagsstunden dieses Tages gedachte der Polizeichef Straßner den kommissarischen Kreisleiter von Schoenau aufzusuchen. Das angeblich, um ihm über laufende Ereignisse Bericht zu erstatten; in Wirklichkeit jedoch, um dabei auf dessen Reaktionen zu achten, dessen Worten nachzuspüren. Dieser Abendrot hatte sich hier schließlich als erlesenes Parteiwesen reichlich wirksam hochgespielt.

Doch nunmehr stellte sich heraus, der war nicht anwesend. In dessen Büro hockte jener kleine, armselige Organisationsleiter gleich einer grauen Maus mit Hamsterbacken. Ein vielfach zerbrochenes Wesen, doch immer noch ›tapfer‹; irgendwie.

Und der erklärte nun unsagbar ergeben, doch nach wie vor betörend einsatzwillig: »Der Herr Kreisleiter mußte sich kurzfristig zu einer geheimen Führerbesprechung begeben, hat er mir mitgeteilt. Eine gute Gelegenheit wohl auch, meinte er, wichtige Unterlagen in Sicherheit zu bringen.« Was dieser arme Wurm jedoch nicht sagte, nicht zu sagen wagte: abgereist war der gemeinsam mit seiner Sekretärin.

»Tatsächlich?« Straßner reagierte mit kaum unterdrückter Befriedigung. »Und – hat er eine Adresse hinterlassen? Hat er gesagt, wann er eventuell hier wieder zurückzuerwarten ist? Haben Sie Verbindung zu ihm?«

»Er wird sich mit mir in Verbindung setzen, Herr Straßner. Hat er gesagt. Und deshalb sitze ich ja hier. Denn während seiner, wie gesagt, lediglich vorübergehenden Abwesenheit, habe ich ihn zu vertreten.«

»Mit welchen Weisungen, mein Bester – wenn man fragen darf?«

»Alles hat hier genauso weiterzugehen, wie von unserem Kreisleiter geplant. Ohne jede Einschränkung. Das gilt für alle Bereiche – also auch für Sie und die Bürgerwehr sowie den Volkssturm. Der ist übrigens inzwischen voll einsatzbereit gemacht worden.«

»Unter Anführung unseres hochbewährten SA-Sturmführers – was?«

»Der jedenfalls ist angewiesen worden, die Verteidigung von Schoenau zu übernehmen. Und er steht mit seinen Männern sozusagen Gewehr bei Fuß – das zumindest hat der mir noch vor einer halben Stunde bestätigt. Ganz im Sinne von Herrn Abendrot.«

»Na, wie schön«, stellte der Polizeigewaltige angenehm überrascht fest. Und diesmal sagte er sogar genau das, was er meinte. Er entfernte sich nicht ohne Hoffnung.

Auf dem kurzen Weg von der Kreisleitung zu seinem Polizeirevier begann ihn der Eindruck immer intensiver zu beherrschen, daß hier in Schoenau so etwas wie die Ruhe vor dem großen Sturm eingetreten war – als befinde sich diese kleine Stadt mitten im Zentrum eines Taifuns. Eine Welt, die nahezu lauernd zu brüten schien. Die Menschen hatten sich verkrochen. Hoch in der Luft surrte ein amerikanisches Aufklärungsflugzeug träge dahin.

Den nachdenklich in seinem Büro sitzenden Straßner erreichten Nachrichten von immer noch funktionierenden Polizeifreunden, und die besagten: In München wurden ›die Zelte‹ abgebrochen; auch in Weilheim, wo sich die Außenstelle der Gestapo befand, herrschte große Unruhe. Fieberhaftes Verlangen nach letzter Bereinigung hier wie dort – zugleich heftige Auflösungserscheinungen. Offenbar waren stattliche amerikanische Panzerverbände in Bewegung – wie in Richtung Schoenau.

Dabei wurde Straßner von einem beunruhigenden Bürgermeister aufgesucht. »Was nun, mein Freund? Jetzt sind wir am Ende – was?«

»Die Amerikaner könnten allerdings bereits heute nacht hier sein. Darauf müssen wir uns einstellen.«

»Menschenskind, Straßner – diese Militärs sind doch völlig unberechenbar«, glaubte Breisgauer überaus besorgt feststellen zu müssen. »Die könnten, wenn sie wollen, in nur wenigen Stunden Weilheim und Schoenau vereinnahmen – aber auch umgehen, links liegen lassen. Und was dann? Dann geraten wir hier womöglich noch im letzten Augenblick in die Hände von total durchgedrehten Endsieghyänen, die dann dafür sorgen, daß wir baumeln, an irgendeinem Galgen; in letzter Gemeinsamkeit, Straßner!«

»Auch noch so scharfe Henker können irgendwann einmal

die Hosen voll haben – doch im Augenblick rieche ich keinen von denen. Die haben sich verkrochen, und wir dürfen nun die richtigen Maßnahmen treffen. Wozu auch die sozusagen amtlich zu machende Feststellung gehört, daß du dich, und sogar ganz offiziell, geweigert hast, im Falle Wienand mit den Gestapoleuten gemeinsame Sache zu machen.«

»Habe ich das – tatsächlich?«

»Hast du, Freund Breisgauer. Und das sogar gleich derartig überzeugend, daß die dich zusammengeschlagen haben.«

»Haben die das?«

»Haben sie! Und zwar in meiner Gegenwart; womit ich diesen Vorgang bezeugen kann. Während du dann behaupten wirst, daß ich sehr wohl dagegen protestiert habe, sogar heftig, aber praktisch kaum was unternehmen konnte. Danach jedoch habe ich dich vorbildlich betreut, dich verarztet und versteckt. Und zwar dort, wo dich garantiert niemand suchen wird – bei mir im Polizeigefängnis. Eine Art Schutzhaft also – im wahren Sinne dieses Wortes.«

»Ist dem so?«

»Dem ist so, Freund Breisgauer. Und das muß möglichst überzeugend aussehen. Was jedoch ist überzeugender als Blut?«

Worauf Straßner ein meterlanges Lineal, mit scharfen Stahlkanten, von seinem Schreibtisch aufgriff und in seiner rechten Hand schwertartig jonglierte. Damit schlug er dann, genau gezielt, Breisgauer gegen die Stirn. Der zuckte zusammen, Blut quoll hervor, drohte ihm in die Augen zu sickern.

»Was – ist denn das!« rief er mit verstörter Empörung aus. »Was erlaubst du dir da, Mensch? Bist du verrückt geworden, Straßner?«

»Das mußte sein«, versicherte der. Wobei er sein Werk nicht unzufrieden musterte. »Sieht an sich ganz überzeugend aus! Geradezu nach Maßarbeit.«

Breisgauer bemühte sich, das hervorquellende Blut nicht in seine Augen sickern zu lassen. Doch dicke Tropfen davon fielen auf seinen Anzug. Gesicht und Hände wirkten ungemein wirkungsvoll weinrotschimmernd verschmiert.

»Ein absolut überzeugender Effekt, Freund Breisgauer.

Mithin stellst du nun also ein weiteres, brutal zusammengeschlagenes Opfer dieser Nazis dar – eins von ihren wohl letzten. Wobei dann weiterhin noch Schläge und Tritte gegen Ober- und Unterkörper gleichfalls behauptet und auch bezeugt werden müssen.«

»Mensch – willst du etwa auch noch...«

»Rege dich nicht weiter auf – was ich da soeben gesagt habe, war rein theoretisch gemeint.« Straßner wirkte überaus unternehmungsfreudig. »Doch jetzt nichts wie ab mit dir – in eine schöne Einzelzelle hinein; von mir versorgt. Dort wirst du befreit werden. Und das dann sozusagen als Ehrenmann; wenn nicht gar als eine Art Widerstandsmensch.«

Langsam, nun sehr langsam, begann der blutende Breisgauer voll zu begreifen, was da mit ihm gespielt werden sollte. »Du bist ein ganz raffinierter Hund, Straßner.«

»Ich liebe nunmal Hunde«, sagte der nicht ungeschmeichelt. »Du jedenfalls kannst dich zunächst einmal auf deinen neuesten Lorbeeren ausruhen. Und damit du dich nicht dabei langweilst oder gar kläglich verlassen vorkommst, gedenke ich mich um eine allerbeste Gesellschaft für dich zu bemühen.«

Der Lebenslauf des Erich Wienand
Neunter Teil

Einigermaßen erkennbar war damals dies: Nach dem Ende jenes ersten Weltkrieges – Erich Wienand war nunmehr dreiunddreißig Jahre alt –, kehrte er wieder nach Berlin zurück, zu seiner geliebten Großmutter in die Steinstraße. Die lebte nun allein – zwei ihrer Söhne waren gefallen, die restlichen Kinder hatten geheiratet; und die Zahlung der sogenannten ›Ehrenrente‹ der Lokomotivfabrik war – ›mit großem Bedauern, doch in Anbetracht der derzeitigen wirtschaftlichen Notlage, unvermeidbar‹ – eingestellt worden.

Mithin beschloß nun Erich Wienand, mit seiner Großmutter zu leben und für sie zu sorgen. Jeder von ihnen bewohnte einen der großen Räume; die anderen drei konnten vermietet werden. Sie lebten bescheiden, waren jedoch nicht unglücklich; denn sie hofften. Ohne zu wissen, worauf.

Dabei versuchte Erich, zunächst vergeblich, eine Stelle als Volksschullehrer in Berlin zu erhalten. Da er in dieser Stadt niemals in einer derartigen Position tätig gewesen war, wurde er auf eine lange Warteliste gesetzt. Doch dann begann er, aus reiner Not, zu schreiben, um Geld zu verdienen – er verfaßte feuilletonistische Impressionen, die von sanfter Innigkeit und hoher sprachlicher Feinheit waren. Themen dabei: ›Ein Baum im Hinterhof‹ – ›Das Kind beim Torbogen‹ – ›Ein Hund sucht einen Menschen‹.

Hierzu existierten Äußerungen eines Dr. Franz Geiger, damals Feuilletonredakteur bei der Ullstein-Zeitungsgruppe, nunmehr Herausgeber der Monatszeitschrift ›Welt, Wissen und Wort‹. Konstanze Reibert hat ihn befragt.

»Erich Wienand wurde von mir, darf ich sagen, frühzeitig als hochbegabt erkannt und dann auch gern gefördert; soweit das in meinen Möglichkeiten lag. Er war ein absoluter Sonderfall, ein Stilist von hohen Graden, ein überaus feinfühliger Mensch. Mithin denkbar bestens geeignet für erbauliche Sonntagsbeilagen – doch eben kein ausgeprägter Journalist.

Ihn dennoch journalistisch einzusetzen, versuchte ich immer wieder – weil er so ungemein bemüht und ganz gewiß begabt war und wohl auch Geld verdienen mußte. Ich ließ ihn Filmkritiken schreiben, setzte ihn ein zur Berichterstattung über diverse kulturelle Ereignisse wie etwa Schriftstellerkongreß, musische Schulerziehungsbemühungen, Gemäldeausstellungen und so weiter. Das allerdings mit reichlich seltsamen Ergebnissen.

Denn ihm, was sich alsbald herausfinden ließ, mangelte es offenbar an journalistischer Angriffsentschlossenheit oder eben Verteidigungsbereitschaft. Er weigerte sich offenbar, in plakativen Schwarz- und Weißfarben zu zeichnen. Er bevorzugte undeutliche Grautöne, versuchte also auszugleichen, bemühte sich um Erklärungen; und das selbst dort, wo entschiedene Stellungnahme geboten war.«

Als dann jedoch Erich Wienand, 1924, sein erstes Buch veröffentlichte – ›Das einsame Leben‹ –, wurde das vielbeachtet, sogar für ein epochales Werk gehalten. ›Er hat unsere heimlichsten Sehnsüchte eingefangen‹, schrieb ein Kritiker. Und ein anderer verkündete: ›Er ist der wahre Deuter, Ausdeuter unseres Daseins. Er hat in unsere bemüht verborgen gehaltenen Herzen geschaut.‹ Ein dritter sodann: ›Mit diesem Buch könnte eine neue Epoche unserer Literatur beginnen.‹

Doch was auch immer darunter verstanden werden durfte – festgestellt werden konnte zumindest dies: Wie über Nacht war Erich Wienand berühmt geworden; nicht gleich weltberühmt, berühmt jedoch in Berlin. Und das war damals wahrlich nicht wenig. Alsbald fanden Empfänge für ihn statt, seine ›Dichterlesungen‹ hatten erheblichen Zulauf, diverse für maßgeblich gehaltene oder sich haltende Zeitgenossen ließen sich gern mit ihm fotografieren. Nun war er wohl wer! War er das?

Dabei war für das Jahr 1925 registrierbar ein zumindest nicht ganz unwichtiger Vorgang. Erich Wienand kaufte sich von den vergleichsweise reichlich fließenden Honoraren seines ersten Buches ein mehr bescheidenes Haus am Wannsee – für sich und seine geliebte Großmutter, die unsagbar stolz auf ›ihren Kleinen‹ war. Dann aber, 1926, heiratete er jene Henriette von Webern, die ihm einstmals, wie er fest glaubte, in der ersten Weltkriegszeit, das Leben gerettet hatte.

Hierzu Hermann Wienand, der zwei Jahre ältere Bruder.

»In jenen Jahren war ich bereits Major in der Reichswehr und dem Stab des Generaloberst von Seekt zugeteilt – Abteilung: Heeresplanung. Dabei durfte ich auch einige Male dem Generalfeldmarschall von Hindenburg Bericht erstatten; auch dann, als er Reichspräsident geworden war. Was ich nur so nebenbei erwähne, lediglich um festzustellen, daß auch ich mich damals in Berlin aufgehalten habe, mithin meinen kleinen Bruder stets im Auge behalten konnte. Was gewiß notwendig war.

Dessen sogenannte Erfolge vermochte ich durchaus wohlwollend zu betrachten, wenn auch nicht ganz ohne Bedenken. Denn was der Gute so von sich gab, wollte mir als wenig bewußt deutsch oder irgendwie männlich erscheinen. Jedenfalls habe ich Erich etliche Male in seinem Haus am Wannsee besucht. Das einmal, um ihm brüderlich ins Gewissen zu reden; dann aber auch, um dessen Frau Henriette beizustehen – die das gewiß verdiente; wohl auch erhoffte, von mir.

Henriette war ein ungemein liebenswerter, überaus verehrungswürdiger Mensch. Von sehr deutscher Schönheit, möchte ich sagen; von dementsprechendem Wesen auch. Große Aufrichtigkeit, gepaart mit Überzeugungstreue, war ihr gegeben. Eigenschaften, welche wohl der mehr verträumte, reichlich ahnungslose Erich gar nicht zu erkennen vermochte.

Wie geblendet – wenn nicht als verblendet zu bezeichnen – zog er sich von dieser sehr deutschbewußten Henriette zurück; er entzog sich ihr. An sich bei ihm keine Besonderheit, nicht für mich. Schon als Kind konnte er sich abkapseln, sich unzugänglich machen, sich wie in eine Sardinenbüchse einschließen. Worunter seine liebe Frau sehr zu leiden begann. Nach knapp zwei in wohl jeder Hinsicht unerfüllten Ehejahren hatten sie sich total auseinandergelebt.

Ein Zustand, von dem ich dann Henriette zu erlösen trachtete; meinen kleinen Bruder aber auch. Sie schieden voneinander, ich heiratete sie. Wofür mein mir sehr lieber Erich dankbar war.«

Weitere Auskünfte hierzu von Rechtsanwalt Dr. Reinhold Kreilich, Berlin. Damals Rechtsberater des Erich Wienand. In dieser Eigenschaft immer noch tätig – wenn auch nur noch als dessen Testamentsvollstrecker.

»Er gehörte zu meinen allerersten Klienten – und er war und blieb einer der mir liebsten. Ein stets bescheidener, in finanziellen Dingen reichlich hilflos anmutender Mensch. Ich besaß seine absolute, notariell beglaubigte Vollmacht – über Jahrzehnte hinweg; und die besitze ich auch heute noch. Ein ungemein vertrauenswilliger Mensch.

Für ihn habe ich stets, und zwar sehr genau, getan was immer ich vermochte. Dabei niemals den Versuch unternommen, ihm in sein Privatleben hineinreden zu wollen. Falls das dennoch gelegentlich geschehen sein sollte, dann mit höchster Vorsicht. Eine Mimose war im Vergleich mit ihm ein robustes Pflanzengeschöpf.

So habe ich ihm damals auch nicht von seiner mir doch fragwürdig erscheinenden Ehe mit Henriette von Webern abgeraten, nicht direkt; dabei jedoch eine Art ›Gütertrennung‹ vorgeschlagen, die auch akzeptiert wurde. Diese bewahrte dann Erich Wienand vor erheblichen finanziellen Verlusten. Was jedoch seine einzigartige, selbst mich manchmal sprachlos machende Großzügigkeit leider nicht ausschloß.

In jener Zeit jedenfalls scheiterte nicht nur diese seine erste Ehe. Damals starb auch seine geliebte Großmutter; vermutlich in seinen Armen. Er begrub sie neben seiner Mutter und neben Großvater Alfred.

Danach – zwei weitere gleichermaßen erfolgreiche, also finanziell ergiebige Bücher waren inzwischen veröffentlicht worden – begehrte er sich zurückzuziehen; in eine möglichst große Einsamkeit. Als wäre er eine seiner Romanfiguren.

Das jedoch geschah nicht, ohne daß er seiner von ihm geschiedenen Frau und damit deren Mann, seinem Bruder, die damals gewiß ungemein stattliche Summe von einhunderttausend Mark anweisen ließ. Sein Kommentar hierzu, lächelnd: »Das ist mir diese Erlösung wert.«

Am Abend dieses Tages, nach dem ihm aufgezwungenen, ausgedehnten Spaziergang, also erst weit nach Sonnenuntergang, erschien Erich Wienand wieder auf seinem Welpenhof. Doch er kam nicht allein – Konstanze Reibert begleitete ihn.

Er stellte sie seiner schnell auf ihn zudrängenden Frau Elvira vor. »Eine junge Dame, die sich für mich, für mein Werk, ungemein interessiert. Darüber gedenkt Fräulein Reibert eine Doktorarbeit zu schreiben. Wir sollten sie, deine Zustimmung vorausgesetzt, bei uns aufnehmen.«

»Selbstverständlich, Erich – da du es wünscht«, versicherte Elvira mit spontan anmutendem Entgegenkommen. Das jedoch keinesfalls ohne diese Konstanze schnell und intensiv gemustert zu haben.

»Danke – sehr!« sagte die nun geradezu artig. Um dann sogleich, instinktiv einsichtig, hinzuzufügen: »Danke – gnädige Frau.«

Worauf sich Elvira allein ihrem Gatten zuwandte. »Doch eben das, Erich, ist noch nicht alles an Schwierigkeiten, die auf uns zuzukommen drohen.«

»Mein Gott, was denn sonst noch?«

»Straßner verlangt nach dir. Er besteht darauf, daß du, sobald du hier eingetroffen bist, dieses Haus unverzüglich wieder verläßt. Um dich dann am unteren Kreuzweg bei der Kirche von Martinshausen einzufinden. Sobald ich ihm telefonisch dein Einverständnis mitgeteilt habe, wird er dort hinkommen.«

»Na – was denn sonst noch alles!« Erich Wienand nickte dennoch zustimmend. Er nahm ein paar Scheiben trockenes Brot, steckte sie in seine Rocktasche, um sich dann Abschied nehmend zu verneigen.

Straßner, der einfallsreiche Polizeimensch von Schoenau, schepperte mit einem ramponierten, ausgeleierten Opel-Kadett herbei.

Mit dieser heftig vor sich hinspuckenden Rostlaube hielt er am Kreuzweg nahe der Kirche von Martinshausen, ohne den Motor abzustellen. Vermutlich befürchtete er, ihn nicht wieder in Gang bringen zu können. Er stieg aus und sah sich um, nahezu verlangend, um dann endlich seinen Erich Wienand zu erblicken.

»Da sind Sie ja!« rief ihm Straßner zu. »Kommen Sie zu mir; steigen Sie ein – hinten.«

»Was haben Sie mit mir vor?« fragte der, nachdem er im Wagen Platz genommen hatte.

»Ich biete Ihnen nunmehr, könnte man getrost sagen, meine Gastfreundschaft an – gewissermaßen in meinem Hause.«

»Also – in Ihrem Polizeigefängnis, vermute ich. In einer Zelle.«

»Wobei es sich lediglich um einen Vorschlag handelt. Sie müssen keinesfalls mit mir kommen, wenn Sie das nicht wollen. Doch dabei bin ich versucht, an eine Geschichte zu denken, die mir einer meiner Verwandten, ein Onkel, von unserem Großvater erzählt hat.«

»Eine Geschichte fällt Ihnen dabei ein?« fragte Erich Wienand mit anteilnehmender Verwunderung. »Ausgerechnet dabei?«

»Dieser Großvater«, wurde ihm nun erzählt, »ein kluger, listenreicher Mann, hatte sich in einem Zirkus aufgehalten, als dort die Löwen ausbrachen und erhebliche Panik verursachten. Doch was tat dieser schlaue alte Mann? Er begab sich in den nun leeren Löwenkäfig hinein, um dort die Gittertür hinter sich zu schließen. Und damit war er in Sicherheit.«

»Eine ganz prächtige Geschichte«, bestätigte Wienand. »Und Sie meinen, Herr Straßner, auch hier sind nun die Löwen los – in ähnlicher Gefährlichkeit?«

»Durchaus anzunehmen. Aber – wenn hier immer noch sich löwenartig vorkommende Wesen herumstreunen, dann ist sogar zu befürchten, daß es sich dabei um solche handelt, die sich angeschossen fühlen. Doch eben die sind absolut unberechenbar. Ungemein gefährlich.«

»Dann muß ich also wohl Ihre bereitwillige Gastfreundschaft annehmen.«

»Müssen Sie nicht, Herr Wienand, wie gesagt. Doch rate ich Ihnen dazu. Wobei ich Ihnen nicht nur Geborgenheit garantieren kann – auch noch dazu eine Begegnung, die Sie ungemein anregen dürfte. Da bin ich ziemlich sicher.«

Wienand gab seine Zustimmung und Straßner karrte ihn mit hohem Tempo über völlig verlassen anmutende Straßen nach Schoenau hinein zum Hintereingang des Ballenhauses. Von dort aus geleitete er ›seinen Gast‹ in eine Zelle.

In der befand sich bereits ein sichtlich schwer gezeichneter Mensch. Dessen Stirn umhüllte ein blutdurchtränkter Verband; sein Gesicht mutete kalkig weiß an, wie eingepudert, durch heftige Schmerzen von schweren Schlagschatten gezeichnet. Rostrote Flecken hatten dessen Hemd verunreinigt; sogar sein Anzug wirkte stark strapaziert.

Und das war, erkannte Erich Wienand wahrlich nicht nur leicht verwundert, Breisgauer, der Bürgermeister. Also dieses ansonsten so ungemein stattlich und lebensfroh anmutende Stadtoberhaupt. Nun auch der, selbst der, offenbar nichts wie ein blutverschmiertes Opfer dieser scheußlichen Zeit. So schien es.

»So sieht man sich also wieder, Herr Wienand«, sagte er bedeutungsschwer. Er schien bemüht, seinem neuen Zellengenossen zuzulächeln, was ihn ungemein anzustrengen schien. Es war, als hätte man ihm die Zähne eingeschlagen.

Doch dann zog Breisgauer mit überraschend sicheren, nahezu kraftvollen Griffen unter seiner Pritsche einen Kasten hervor. In dem befanden sich Bierflaschen, mit Schnappverschluß. Eine davon bot er seinem Daseinsgefährten an. »Wird Ihnen munden – ist noch von allerbester Qualität.«

»Was ist denn mit Ihnen geschehen, Herr Bürgermeister?« Erich Wienand setzte sich mit neugieriger Anteilnahme zu ihm. »Wie konnte es dazu kommen?«

Oberleutnant Franz-Jochen Rabe war inzwischen wieder in der Heeresflakschule von Schoenau eingetroffen. Seine Gesinnungsfreunde, nunmehr wohl eindeutig als ›Widerstandsgefährten‹ zu bezeichnen, erfreute er zunächst einmal mit seiner US-Army-Marschverpflegung – Whisky, Kaffee, Zigaretten –, die er zwischen ihnen aufteilte. Dann wollte er wissen: »Und wie sieht es hier aus?«

Die von ihnen aufgestellte Eingreiftruppe war einsatzbereit. Sie hatten zunächst mit dreißig Mann gerechnet; auf absolut freiwilliger Basis, verstand sich von selbst. Es hatten sich jedoch mehr als fünfzig Kämpfer für diese nun gewiß gute Sache gefunden.

Diese wurden in drei Stoßtrupps unter jeweils einem Offizier eingeteilt. Dabei vorsorglich gekennzeichnet, mit breiten weißen Binden, auf dem rechten Arm wie auch über dem Stahlhelm. Ihr erstes Ziel war der Volkssturm Schoenau. Dabei gedachte Rabe eine Art koordinierende Oberleitung zu übernehmen.

Die Organisation klappte nahezu vorzüglich, wie nicht anders zu erwarten gewesen war. Vereinzelte Späher waren auf Schoenau angesetzt worden. Und dort lauerten sie, über vier

Sprechfunkstellen pausenlos mit der Heeresflakschule in Verbindung. Dort aber wartete Rabes Spezialtruppe abrufbereit auf ihren Einsatz.

Kurz nach 21 Uhr war es dann soweit, als sich der Volkssturm in Schoenau auf dem Marktplatz zu versammeln hatte. Das geschah überaus mürrisch, dennoch kaum betont unwillig und brauchte einige Zeit. Schafsherdengleich standen sie dann da, um alsbald umkreist zu werden.

»Hände hoch!« wurde ihnen zugerufen.

Und mechanisch gingen die Hände hoch. Die Männer starrten in die Nacht, aus der diese hellscharfe Kommandostimme gekommen war.

»Waffen wegwerfen!« wurde von ihnen gefordert.

Auch das zu tun waren sie bereit. Ein Befehl war schließlich ein Befehl, von wem auch immer er gegeben wurde. Doch daran schien sie nun ihr SA-Sturmführer hindern zu wollen. Der stellte sich vor ihnen auf und brüllte sie an: »Hier gelten allein meine Befehle!«

»Jetzt nicht mehr, Mensch!«

Daraufhin rief der in die Nacht hinein: »Wer seid ihr denn? Da kann ja jeder kommen!«

»Wir«, wurde ihm scharf und unmißverständlich fordernd geantwortet, »gehören zur Widerstandsgruppe VA – was Voralpenland heißt.«

»Was soll denn so was!« bellte der Sturmführer weiter in die Dunkelheit hinein. »Davon habe ich noch nie was gehört.«

»Jetzt aber doch! Und das ist eine Tatsache, die du zu akzeptieren hast. Und zwar schnellstens!«

»Nur über meine Leiche!« rief der mit empörter Einsatzbereitschaft aus.

»Kannst du haben – wenn du es nicht anders willst.«

Hier war nun wohl, notgedrungen notwendig, das zu statuieren, was man gemeinhin und immer noch ein Exempel zu nennen pflegte. Eine Handbewegung reichte völlig aus. Ein Handscheinwerfer und eine schnell abgefeuerte Maschinenpistole traten in Aktion. Und nur wenige Sekunden später lag der erklärte Endsieger da – gut beleuchtet mitten auf dem Marktplatz, zu den Füßen seines Volkssturmes. Gleich einem blutenden Sack in parteibrauner Farbe.

»Sonst noch Fragen, Leute?«

Die hatten jetzt keine mehr. Verstört stand die Volkssturmherde stumm da. Und der die Aktion leitende Offizier, hinter dem sich wachsam Oberleutnant Rabe aufhielt, forderte nun fast fröhlich:

»Jetzt könnt ihr wählen, Kerle! Und zwar zwischen zwei Möglichkeiten – so großzügig sind wir! Entweder wir vereinnahmen euch, sperren euch also ein in irgendeinen Schweinestall, oder aber ihr verpißt euch schleunigst, haut ganz einfach ab; uns scheißegal wohin. Die Hauptsache: es gibt euch nicht mehr.«

Die Entscheidung fiel absolut eindeutig aus. Die Männer warfen ihre Schießgeräte von sich – und denen eine Menge Munition hinterher, dazu auch gleich noch ihre Helme. Sodann trabten sie erleichtert davon – wohl diversen, immer noch für sie vorhandenen Fleischtöpfen und Schnapsflaschen entgegen, in irgendwelche bereitstehenden Betten hinein. Für sie war dieser Krieg beendet.

»Damit haben wir diese Kinderknaben und Greise ausgeschaltet, also die Stadt fest im Griff«, wurde befriedigt festgestellt. Worauf der hier befehlende Offizier von Oberleutnant Rabe wissen wollte: »Doch was weiter? Warten wir jetzt etwa bis morgen früh auf diese Amerikaner? Auf nächtliche Unternehmen lassen die sich kaum noch ein, die können jetzt ganz einfach abkassieren; bei vollem Tageslicht.«

»Ich habe so den Eindruck«, meinte Rabe, »daß die noch heute kommen werden. Diesmal scheinen die es brandeilig zu haben – wer weiß, warum.«

Rabes Offiziersverschwörer standen da, sahen sich an, lauschten in die Nacht. Um dann, gleichermaßen erstaunt wie auch erleichtert, fernes Motorengedröhn zu vernehmen, das auf sie zuzuflattern schien. Und als Fachleute, zu denen sie nun mal geworden waren, registrierten sie sachverständig: Panzerfahrzeuge, schwere!

Rabe nickte ihnen ermunternd zu; genau das hatte er kommen sehen. »Wir besetzen nun beide Stadttore. Schwerpunkt dabei das südliche, wo auch ich mich aufhalten werde.« Daß die Amerikaner auf diesen Bereich besonderen Wert zu legen schienen, hatte er bei seinem Gespräch mit General Palmers erkannt; mit sicherem Blick auf dessen Generalstabskarten.

»Dort jedenfalls werden wir die vorbereitete große weiße Flagge aufziehen.« Rabe wirkte betont souverän. »Was jedoch nicht gleich heißen muß, daß wir uns etwa bedingungslos ergeben; wir signalisieren damit lediglich unsere Bereitschaft zur Mitarbeit, als erklärte Widerstandskämpfer. Was diese Amis kapieren werden – da bin ich ziemlich sicher.«

In diesen Stunden hatte sich jene erlesene, großzügig verstärkte amerikanische Panzereinheit unter Major Carter ohne jeden nennenswerten Widerstand auf Schoenau zubewegt. Die wenigen Straßensperren wurden einfach überrollt, dröhnend plattgewalzt. Dabei war, eindeutiger Befehl von General Palmer, der erste Zielpunkt dieses Unternehmens ein gewisser Welpenhof bei Martinshausen.

Der Amerikaner, der diese klotzig-feuerkräftige Elitetruppe, eine Art geballte Speerspitze sondersgleichen, befehligte, war Major Carter. Und der war nicht nur ein taktisch ungemein begabter Mann, sondern auch einer der höchst dekorierten Soldaten der US-Army. Diesmal jedoch wollte ihm seine vielfach bewährte, vorwärtsgerichtete Aktionsfreudigkeit reichlich getrübt anmuten.

Denn da waren ihm ›Elemente‹ zugeteilt worden, und zwar direkt von General Palmer, deren Existenz somit wohl hingenommen werden mußte, wenn auch zähneknirschend. Dabei handelte es sich einmal um einen Captain namens Singer, ein vermutbar deutsch-jüdisches, gerade noch rechtzeitig in die USA übergewechseltes Randprodukt dieser Zeit. Damit jedoch noch nicht genug derartiger Zumutungen.

Denn dieser Singer wurde begleitet von einem wohl gerade noch entkommenen KZ-Juden. Ein ungemein neugieriger, geradezu aufdringlich wirkender Mensch, bar jeglicher soldatischer Wortkargheit. Doch eben diese beiden schienen hier nun gemeinsame Sache machen zu wollen. Und so was möglicherweise sogar gegen ihn; wenn auch nicht direkt.

»Worauf es hier nun wohl allein ankommt«, forderte Captain Singer von Major Carter, dabei von seinem Begleiter Werner reichlich massiv unterstützt, »ist der unbedingt notwendige Versuch, einen Erich Wienand zu befreien und in Sicherheit zu bringen.«

»Seit Stunden frage ich mich schon«, bekannte Carter, der Panzermensch, nahezu angewidert, »wer das wohl ist – dieser Wienand? Habe noch nie von dem gehört!«

»Bei dem«, versuchte man ihn aufzuklären, »handelt es sich um einen der noch letzten deutschen Menschen von ganz besonderer Bedeutsamkeit. Für uns alle. Sogar für Amerika. Und das, Major, ist nicht nur meine Ansicht – auch die General Palmers. Mithin eine auch für Sie verbindliche, nehme ich an.«

»Klar – ist sie das«, stellte Major Carter höchst widerwillig fest. »Aber manchmal frage ich mich, warum wir hier eigentlich Krieg führen. Um diese Nazis auszurotten? Oder um irgendwelche Deutsche zu befreien? Etwa angebliche Untergrundkommunisten, Widerstandssozis und nun sogar noch einen Dichter!« Worauf er dann jedoch nicht unwillig hinzufügte: »Nun ja, was auch immer – was zu machen ist, wird gemacht.«

Und das geschah dann auch ziemlich überzeugend. Carter dirigierte seine Elitetruppe zum Welpenhof hin, kreiste ihn ein. Das mit dröhenden Motoren, was sich überaus machtgewaltig anhörte; die Erde unter ihnen schien zu beben. Sodann plazierte er zwei seiner Panzer vor dem Haupteingang, zugleich zwei weitere beim Hintereingang. Begleitende Infanterieeinheiten schwärmten aus, brachten ihre Maschinenwaffen in Stellung. Dann wurden Scheinwerfer eingeschaltet.

Und die rissen nun dieses Haus, diesen Hof, aus seiner bannenden Nachtdunkelheit, legten grell alle Einzelheiten bloß. Und was dabei zum Vorschein kam, war ein oberbayerisch bäuerliches Idyll; wenn auch leicht verwahrlost anmutend, so doch von einiger Stattlichkeit. Eine wohl bei dieser

Aktion geblendete Kuh muhte klagend auf. Doch ansonsten – nichts wie lauernde Stille.

»Offenbar keinerlei Feindberührung«, stellte der Panzer-Major sachlich fest; fast auch ein wenig betrübt darüber. Schließlich hätte die Feuerkraft seiner Einheit voll ausgereicht, um dieses Haus minutenschnell in eine brennende, alsbald rauchende, schnell stinkende Ruine verwandeln zu können. Doch es geschah nichts, was ihn irgendwie zu beunruhigen vermochte.

Wobei er dann jedoch erleben mußte, daß sich dieser KZ-Jude des Captain Singer – Jacob Werner hieß der wohl – von seinem Begleiter löste. Er stürzte vorwärts auf dieses Haus zu. Völlig enthemmt anmutend; bedenkenlos bereit, sich zu gefährden. Und wenn auch hinter ihm Kanonen, Schnellfeuergeschütze und Maschinengewehre bereitstanden – er schien das nicht zu wissen, nichts davon wissen zu wollen.

»Erich!« rief er verlangend aus. »Erich Wienand, mein geliebter Freund, wo bist du? Hier ist dein Jacob Werner. Ich komme zu dir!«

Worauf sich die grell angestrahlte Haupttür dieses Welpenhofes öffnete, und Elvira Wienand ins Licht trat. Sie versuchte, ihre wohl schmerzhaft geblendeten Augen mit den Händen zu schützen. Dennoch schien sie ungemein bemüht, den sich ihr entgegenstürzenden Menschen hoffnungsfreudig anzublinzeln.

»Sollten Sie tatsächlich Herr Werner sein?« fragte sie ungläubig. »Also jener Jacob Werner, von dem mir mein Mann so viel erzählt hat? Mein Gott, wie kommen Sie hierher?«

»Wo, bitte, ist Erich? Geht es ihm gut? Ist er hier?«

»Es geht ihm vermutlich gut, Herr Werner. Aber er ist nicht hier.«

»Nicht hier?« Jacob zeigte sich sichtlich bestürzt. »Wo aber dann? Wo können wir ihn finden?«

Im Hintergrund produzierte nun Major Carter eine große, einladende Geste seinem Begleiter, Captain Singer, gegenüber. Und die besagte, ziemlich eindeutig: Das hier ist nun Ihr Bier, Kumpel! Eben weil der eine für Kampfhandlungen zuständig war, der andere für Spekulationen.

Worauf dann Sid Singer nicht zögerte, in das alsbald auch ihn umflutende Licht hineinzuschreiten, auf das Haus zu, mit fast vorsichtigen Bewegungen, um wohl nicht für ein aus der Dunkelheit auftauchendes Schreckgespenst gehalten zu werden. Doch dieser Mann wirkte, trotz seiner Uniform, wie ein bemüht gepflegt gekleideter Bürger. Sein Gesicht blickte angenehm freundlich.

»Habe ich die Ehre«, sagte er im besten Lesebuchdeutsch, mit betonter Höflichkeit auch, »Frau Wienand zu begegnen – der Gattin des Dichters Erich Wienand?«

»Die bin ich.« Elvira fühlte sich noch sehr unsicher, war aber sichtlich beeindruckt.

»Erlauben Sie bitte, daß ich mich Ihnen vorstelle – mein Name ist Singer. Captain Singer, US-Army. Wir sind hier, um Herrn Wienand, seine Familie und sein Haus unter unseren Schutz zu stellen – im Auftrag von General Palmer.«

»Sind Sie tatsächlich deshalb hier?« Elvira hatte erhebliche Mühe, ihre fassungslose Verwunderung über diesen Vorgang nicht allzu deutlich zu zeigen.

»Allein deshalb«, erklärte Jacob Werner, wohl um das sich dehnende Höflichkeitszeremoniell abzukürzen. »Unsere amerikanischen Freunde glauben zu wissen, wer ein Erich Wienand ist, was er bedeutet. Doch der – ist nicht hier? Wo ist er dann?«

»Er hält sich in Schoenau auf, im sogenannten Ballenhaus, bei der dortigen Polizei. Deren Chef, ein Herr Straßner, hat sich in den letzten Tagen sehr um uns bemüht. Er hat meinen Mann unter seinen Schutz gestellt, womit er also wohl nicht mehr als unmittelbar gefährdet gelten darf.«

Was nicht ohne Erleichterung vernommen wurde, von Sid ebenso wie von Jacob. Und der Captain versicherte: »Sie hören alsbald wieder von uns. Inzwischen wird für Ihre vollste Sicherheit gesorgt werden – und zwar von Major Carter.«

»Danke, Captain!« Diese völlig unerwartete Begegnung vermochte Elvira überaus zu beglücken; sich etwas Derartiges vorzustellen, hatte sie niemals vermocht. Nun begann sie, einmal mehr zu erkennen, daß sie die Frau eines wohl völlig ungewöhnlichen Menschen war.

Worauf nun der Nahkampfstratege Carter zu erkennen vermochte, daß jetzt er wieder ›an der Reihe‹ war. Er hatte das Gespräch mitgehört und dabei begonnen, in seinem Kartenmaterial zu blättern. Seine Entscheidung erfolgte schnell und eindeutig.

»Zwei Panzer, drei Schnellfeuergeschütze und zwölf Mann bleiben hier.« Dabei nannte er den Namen eines Sergeanten, der bereits entschlossen dastand. »Diesen Haufen übernehmen Sie und gehen zwecks Absicherung des Welpenhofes in Stellung.«

Weiter dann Major Carter: »Alle hier nicht eingesetzten Einheiten folgen mir. Zielpunkt nunmehr Schoenau. Dort zunächst das Südtor. Motore anwerfen, Schützenpanzer voraus, Waffen im Anschlag. Doch scharf geschossen wird erst, wenn ich das Zeichen dazu gebe. Dann aber – massiv!«

In dieser Nacht betrachtete Erich Wienand seinen Zellengenossen Bürgermeister Breisgauer mit wohl großem Mitgefühl. Das jedoch nicht frei von lauernder Aufmerksamkeit. Inzwischen hatte auch er eine ganze Menge hinzugelernt.

Diesen Bürgermeister hatte er niemals sonderlich geschätzt. Der gehörte wohl zu jenen Saft- und Kraftkerlen, die stets mit lauttönender Vereinnahmungsbereitschaft gewillt waren, mögliche verwertbare ›Weggefährten‹ an ihre breite Brust zu drücken. Mit erstickendem Umarmungsgriff.

Nunmehr jedoch schien selbst ein Erich Wienand fast davon beeindruckt zu sein, daß er einen sichtlich schwergezeichneten Mann vor sich hatte. Mit blutklebrigem Kopfverband, einem verschmierten Anzug, mit Händen, die zu zittern schienen. Und mit denen versuchte der nun, nach seinen Wunden zu tasten.

»Das sollten Sie unterlassen, wenn ich Ihnen raten darf, Herr Bürgermeister. Berühren Sie niemals offene Wunden; schon gar nicht mit bloßen Fingern. So was könnte zu lebensgefährlichen Infektionen führen.«

Wienand wußte, wovon er redete. Schließlich hatte er etliche diesbezügliche Erfahrungen sammeln müssen. Als er einstmals – war das nun vor Wochen oder Jahre her oder weit in einer anderen Welt gewesen? – mehrfach blutig geschlagen worden war, hatte ihm sein Freund Jacob Werner, der Arzt, dringend angeraten: ›Vermeide es, deine Wunden mit Wasser auszuspülen oder sie sogar mit irgendwelchen Dreckfetzen zu verhüllen. Laß sie austrocknen!‹

»Kümmern Sie sich nicht weiter um mich, Herr Wienand. Ich bin da lediglich aufgegriffen und zusammengeschlagen worden – von irgendwelchen Gestapoleuten. Weiter nichts. So was kann jedem passieren.«

»Aber warum ausgerechnet Ihnen, Herr Breisgauer? Denn ich habe angenommen, war versucht zu glauben: Sie wären einer von denen.«

»Dennoch habe ich stets versucht, meinen Prinzipien, hier wohl christlichen, treu zu bleiben. Denn, wie schon gesagt, da gibt es gewisse Grenzen. Dann etwa, wenn von mir verlangt wird von diesen sich aufdrängenden Bestien, einen Menschen auszuliefern, der meine besondere Hochachtung und Wertschätzung besitzt.«

»Sollten Sie damit etwa mich meinen, Herr Breisgauer?«

»Was ich nicht leugnen will – ohne mich dessen irgendwie zu rühmen. Doch das Ergebnis sehen Sie nun vor sich.«

»So was allerdings«, sagte Wienand, »habe ich wahrlich nicht gewollt. Denn niemand sollte meinetwegen zu Schaden kommen. Habe ich mich nun schuldig zu fühlen an dem, was man Ihnen angetan hat?«

»Aber nein, nein!« wehrte der wohlpräpariert verständnisvoll ab. »Wohl nur rein zufällig waren Sie, mein lieber Herr Wienand, das auslösende Element dieser Vorgänge. Und es hätte ja auch noch weit schlimmer kommen können – wenn da nicht Straßner gewesen wäre. Ohne den wäre ich möglicherweise bereits verreckt. Dem verdanke ich sehr viel – wie Sie vermutlich ja auch, wenn ich da richtig informiert bin.«

»Sie sagen es, Herr Bürgermeister – dem kann ich nur zustimmen. Straßner hat da offenbar uns beide in Sicherheit gebracht. Warum? Weil sich aus diesem Ende möglicherweise ein guter neuer Anfang ergeben könnte – für uns?«

»Na was denn sonst, Verehrtester. Jetzt kann es hier doch eigentlich nur aufwärts gehen. Und wir gehören dazu.«

Das Lächeln des Erich Wienand verstärkte sich jetzt noch, ganz erheblich. »Das also soll hier wohl in eine Art Abkommen ausarten? Doch warum nicht? Wenn Sie es einhalten, mache ich mit.«

Diese mächtig durch die Nacht dröhnende Kavalkade des Major Carter bewegte sich nun auf das Südtor von Schoenau zu. Dort konnte dann eine weitausgebreitete, mehr als bettlakengroße weiße Flagge erblickt werden. Und unmittelbar unter der hielt sich Oberleutnant Franz-Jochen Rabe auf; mit nahezu einladendem Entgegenkommen.

Den ließ nun Major Carter, nachdem er seiner Kriegsmaschinerie einen kurzen Halt befohlen hatte, auf sich zueilen. Dann streckte er ihm lässig dahockend, die rechte Hand entgegen. Um schließlich zu sagen: »So sehen wir uns also wieder, mein Bester. Doch so schnell hatten Sie das wohl kaum erwartet, was?«

»Jedoch erhofft, Major.«

»Nun gut, Mister Rabe, jetzt sind wir da! Und wie sieht es hier aus?«

»Genauso, Major, wie ich das General Palmer in Ihrer Gegenwart angekündigt habe. Diese Stadt kann als völlig feindfrei gelten, ist also von nazistischen Elementen befreit. Den sogenannten Volkssturm haben wir abgeräumt. Total! Und die angebliche Bürgerwehr hat sich verkrochen, wird also auch nicht in Erscheinung treten. Das hat mir der für diesen Verein zuständige Polizeibeamte, ein gewisser Straßner, verbindlich versichert; absolut glaubhaft. Ein überaus gescheiter, entgegenkommender Mann.«

Auskünfte, von denen sich Major Carter nicht unbefriedigt zeigte. »Also dann wollen wir mal!« Er bot Rabe einen Platz hinten in seinem Jeep an, wo der sich bereitwillig niederließ.

Womit dann – gewiß ganz im Sinne von General Palmer – Carters waffenstarrende Panzereinheit, bereitwillig verstärkt durch deutsche Widerstandskämpfer, nach Schoenau hineinrollte. Auf das Ballenhaus beim Marktplatz zu; um dann auch diesen Bereich mit der stets simplen, doch strategisch wirksamen Grunderkenntnis einzukreisen: Haupteingang verrammeln; Neben- und Hintereingänge auch.

Abermals blendeten Scheinwerfer auf; sie warfen ihr grelles Licht auf das mittelalterliche Gebäude. Worauf die von Lautsprechern verstärkte, fordernde Kommandostimme des Major Carter ertönte. Wobei sich herausstellte, daß er, zur Überraschung seiner Begleittruppe, etliche deutsche Worte beherrschte. Und wenn die auch nicht gerade sonderlich wohlstimmig klangen, so waren sie hier doch absolut ausreichend.

»Wir suchen Erich Wienand. Er soll herauskommen. Schnellstens. In einer Minute. Wenn nicht, legen wir hier alles um!«

Worauf dann tatsächlich, nach knapp vierzig Sekunden, auf diesem lichtüberfluteten Marktplatz Erich Wienand erschien. Doch nicht allein – er wurde von zwei Männern begleitet. Einmal von einem in schlichter Polizeiuniform, dann aber auch von einem mit dickem Kopfverband.

»Da sind wir«, sagte Erich Wienand mit freundlicher Aufmerksamkeit. »Ich und meine Gefährten.«

Worauf Jacob Werner versuchte, sich seinem geliebten Freund entgegenzustürzen. Doch er wurde zurückgehalten – einmal, sanft besorgt, von Singer, doch zugleich auch, eindeutig massiver, von einem der Carter-Soldaten. Letzterer besaß offenbar die Weisung: Keine Störung für Major Carter!

Und der sagte nun nicht ohne Stolz: »Begrüße Sie, Mister Wienand. Im Namen der US-Army, im Auftrag von General Palmer. Jetzt sind Sie befreit; endgültig.«

Erich Wienand staunte ehrlich, dabei wahrlich nicht ganz frei von unruhigem Mißtrauen. »Danke, danke«, sagte er schließlich. Um unverzüglich hinzuzufügen, wobei er auf seine beiden Begleiter wies: »Falls ich mich nun tatsächlich frei, befreit zu fühlen habe – dann, wenn ich bitten darf, zugleich mit diesen meinen Freunden.«

»Was immer Sie wünschen, Mister Wienand«, bestätigte ihm Major Carter überaus entgegenkommend. »Hauptsache, wir haben Sie in Sicherheit gebracht.«

Worauf dann die nächste Minute dieser Begegnung in unkontrollierbare Eigenwilligkeiten auszuarten drohte. Denn nun ließ sich Jacob Werner nicht mehr halten. Er befreite sich, knurrend, spuckend, um sich schlagend, aus den Befreierhänden und stürzte Erich Wienand entgegen.

Absolut sprachlos, doch unsagbar beglückt starrten sie einander an. Um sich zu umarmen; sehr sanft, überaus zärtlich, lange anhaltend. Eine große lautlose Innigkeit beherrschte sie. Und wieder und immer wieder blickten sie sich an; dabei Tränen der Freude in den Augen.

Ein Vorgang, auf den die Anwesenden recht unterschiedlich reagierten. Breisgauer und Straßner traten höflich zwei, drei Meter zur Seite. Major Carter blinzelte, überlegen amüsiert, seinem Mister Rabe zu – und der blinzelte zurück; sie verstanden sich recht gut.

Captain Singer zeigte sich berührt, wenn nicht gar gerührt, weil er hier der einzige war, der um das ungewöhnliche, durch gemeinsames Leid innig gefügte Verhältnis dieser beiden Menschen wußte. Aber eben deshalb fühlte er sich nicht frei von Besorgnis. Da zu befürchten war, daß sein Werner den seelischen Anstrengungen einer solchen Begegnung möglicherweise nicht gewachsen sein könnte. Doch immerhin trug er, Sid Singer, stets eine stattliche Kollektion von Spezialmedikamenten für seinen Jacob mit sich.

Major Carter übte seine wohl auf diversen Kriegsschauplätzen errungene Gelassenheit, ließ selbst noch dieses ausdauernde Idyll über sich ergehen. Er begab sich zu seinem Funkwagen, um mit General Palmer Verbindung aufzunehmen, dem Meldung zu erstatten. Und der zeigte sich ungemein befriedigt.

Währenddessen fand vor diesem hellscharf angestrahlten Ballenhaus eine weitere Begrüßungsszene statt. Jacob Werner stellte Captain Singer seinen endlich befreiten Erich Wienand vor. Mit der schlichten, doch überzeugenden, weil wohl zutreffenden Bemerkung:

»Unser, mein Freund.«

Worauf Wienand die ihm von Singer weit entgegengestreckte Hand ergriff. Um sich dann zu erlauben, ihn und zugleich auch Jacob mit seinen ›Beschützern‹ bekannt zu machen; also mit dem Bürgermeister und dem Polizeichef. Freundlich entgegenkommende Gespräche bahnten sich alsbald an.

Die wurden dann jedoch von Major Carter unterbrochen; höflich aber bestimmt. »Ich habe General Palmer über Funk laufend unterrichtet. Er hat seine vollste Anerkennung ausgesprochen.« Womit ihm wohl seine ersehnte, gewiß auch verdiente Beförderung ziemlich sicher war; welche dann auch, in nicht ganz vierundzwanzig Stunden, erfolgen sollte. »Dabei hat der General verlangt, ihm nächste Maßnahmen vorzuschlagen. Was ich getan habe, und er hat sie akzeptiert.«

Was das heißen sollte, verkündete Major Carter nun forsch, wieder in seiner eigenen Sprache, wobei sich Singer, lässig gekonnt, als Dolmetscher zu betätigen hatte.

»Erstens. Diese Stadt Schoenau ist somit eingenommen. Kommandant hier bin jetzt ich.

Zweitens. Sie, Mister Rabe, sind mir nun direkt unterstellt als spezieller Berater. Ihren Offizieren und Männern, die sehr gut funktioniert haben, spreche ich meine Anerkennung aus. Es wird ihnen allen Gelegenheit gegeben, sich auf ähnliche Weise zu integrieren. Diesbezügliche Einzelheiten besprechen wir noch.

Drittens. Der von den Nazis offenbar schwer mißhandelte Bürgermeister Breisgauer wird wieder in sein Amt eingesetzt, und zwar gemeinsam mit Polizeichef Straßner. Das nicht zuletzt, weil mir diese beiden von Herrn Wienand, was ich als sehr maßgeblich erachte, als absolut zuverlässig, ungemein integer vorgestellt worden sind. Wird das bestätigt?«

Das wurde ihm bestätigt.

»Viertens. Während ich mich mit dieser Stadt zu beschäftigen habe, mache ich Sie, Captain Singer, im Einvernehmen mit General Palmer, speziell für den Bereich Welpenhof verantwortlich. Dort haben Sie nun alles zu überwachen, zu regeln, zu klären. Glauben Sie damit fertig zu werden?«

»Werde ich versuchen«, versprach er, zuversichtlich.

»Fünftens. Damit ist diese Aktion zunächst einmal beendet. Allen daran Beteiligten wünsche ich eine möglichst gute

Nacht. Ruhen wir uns nun aus, soweit wir das noch können oder wollen.« Kleiner Soldatenscherz, rauhstimmig belacht.

Carter fordernd weiter, doch nunmehr allein für Captain Singer bestimmt: »Sind Sie auf das vorbereitet, was jetzt auf uns zukommen wird – beziehungsweise auf Sie.«

»Und was, bitte, meinen Sie, wäre das, Major?«

»General Palmer persönlich! Er hat mich wissen lassen – und damit Sie –, daß er gleich morgen, gegen Mittag, hier einzutreffen gedenkt. Um dann sozusagen den Befreiten persönlich zu begrüßen. Ein gewiß groß gedachter Augenblick, für den Sie sich etwas Wirksames einfallen lassen sollten – empfehle ich Ihnen; meint auch der General.«

»Werde ich machen«, sagte der bereitwillig.

»Komm mit zu mir«, sagte der Freund zu seinem Freund. »Damit wir endlich unter uns sind! Mein Gott, mein geliebter Jacob, was haben wir uns nicht alles zu erzählen?«

10.

Das sollte eine lange, überaus genossene, wundersam anmutende Nacht werden. Angefüllt mit intensiven Gesprächen, in denen nun wieder Hoffnungen aufschimmerten. Lähmende Furcht schien von ihnen gewichen zu sein; ersehnte Freude kündigte sich an.

Als Erich Wienand wieder im Welpenhof eintraf, gemeinsam mit seinem Jacob Werner, beide aufmerksam geleitet von Captain Singer, wurden sie in die Küche des großen Hauses geführt. Sie war hell erleuchtet; mutete geradezu festlich an. Frau Elvira, vom aufmerksamen Straßner verständigt, erwartete sie dort freudig – gemeinsam mit ihrer Tochter Elfie, der nunmehrigen Frau Warnhagen. Konstanze Reibert hatte sich ihnen anschließen dürfen, war jedoch klug genug, sich bescheiden im Hintergrund zu halten.

»Mein Gott«, bekannte Elvira, nachdem sie ihren Mann behutsam umarmt hatte, immer noch erfüllt von verwundertem Staunen über die Entwicklung der Dinge. »Welch eine unerwartet glückliche Wendung!«

»Die Vater bestimmt verdient hat!« Elfie stürzte sich ihm entgegen, schmiegte sich an ihn; dankbar und glücklich – über all das, was sie in diesen Tagen erleben durfte. Durch ihn.

Captain Singer betrachtete dieses Idyll mit Anteilnahme. »Schließlich ist Herrn Wienands Position in der abendländischen Literatur absolut einzigartig. Und das vermochten wir zu erkennen.«

Worauf er dann jedoch hinzufügte, was wohl sehr für seine stets erstrebte Ehrlichkeit sprach: »Das wurde ermöglicht, weil es Herrn Werner gelang, uns intensiv darauf aufmerksam zu machen. Alles andere ergab sich dann wie von selbst.«

Bemerkungen, die Wienand offenbar, zumal in Gegenwart von Jacob, zu überhören bestrebt war. In Besonderheit vermutlich jene, über seine angeblich abendländische Bedeutung. In dieser Hinsicht besaß er neuerdings einige Zweifel.

Er begab sich, Arm in Arm mit seinem Jacob, an den großen, sorgfältig gedeckten Tisch. Dort ließ er sich mit dem Freund nieder; um unverzüglich die Anwesenden aufzufordern, sich um sie zu gruppieren.

Allen wurde sodann ein wenn auch spätes, doch erkennbar erlesenes Nachtmahl geboten, von Frau Elvira sorgsam und kenntnisreich zubereitet: eine mildsahnige Kartoffelsuppe nach oberbayrischem Bauernrezept; angereichert mit Steinpilzen und Hühnerfleisch, verfeinert durch zahlreiche Kräuter aus hauseigenem Garten. Dazu standen zwei große Krüge bereit – einer aus Glas, angefüllt mit frischer Eddamilch; ein weiterer aus Ton, in dem sich klares Brunnenwasser befand.

»Köstlich!« rief der Captain genießend aus. »Auch meine liebe verehrte Mutter vermochte derartige Gerichte zuzubereiten – was zu meinen ganz besonderen Erinnerungen an sie gehört.« Womit es ihm gelang, erhebliche Sympathien zu gewinnen, in Besonderheit bei den Damen des Hauses.

Sodann gestattete es sich Singer, Champagner zu offerieren aus den mitgebrachten reichen Beständen. Diese gedacht zur ›Verwendung in diesem Hause‹. »Mein guter Vater ist stets der Ansicht gewesen, daß nichts harmonischer ist, als ein scheinbar einfaches, doch wohl kunstvoll vereinfachtes Essen mit dem erreichbar besten Getränk zu würdigen. Erlauben Sie, lieber Herr Wienand?«

»Selbstverständlich«, sagte der. »Wenn auch leider nicht für mich. Denn da muß ich wohl noch sehr vorsichtig sein.«

»Ich auch«, bestätigte Jacob Werner echohaft. Er griff nach der Hand des Freundes, die der ihm entgegengestreckt hatte.

»Was ich mit großem Verständnis vernehme«, erklärte Captain Singer. Denn er war nur allzu bereit, seine erklärten Schützlinge durch möglichst nichts mehr gefährdet zu sehen. Schon gar nicht durch den Genuß von Alkohol.

Doch die übrigen Anwesenden ließen sich die Gläser füllen. Und die erhoben sie dann, um Wienand und auch Werner zuzutrinken. Mit großer Herzlichkeit.

Erich Wienand ließ das alles über sich ergehen. Er lächelte vor sich hin, dann seinem Jacob zu. »Fast zu schön, um wahr zu sein! Darf man das glauben?«

»Aber ich bitte Sie, verehrter Herr Wienand«, versicherte ihm Captain Singer ermunternd. »Was haben Sie denn jetzt noch zu befürchten?«

»Was denn nicht? Ich vermag es mir einfach nicht vorzustellen, daß so ein Vernichtungskrieg in einer einzigen Nacht wie dieser, einer so überaus harmonisch anmutenden, wirklich zu Ende geht.«

»Nun«, meinte Singer, »jetzt sind wir hier.«

»Und Sie glauben daran, daß sich diese Nazis, seit Jahrzehnten völkisch vergiftet, jetzt ganz einfach umpolen lassen? Nur deshalb, weil es ihren Hitler nicht mehr geben sollte? Ist mit ihm aber auch zugleich sein sogenannter Geist krepiert?«

»Gehen Sie getrost von der Tatsache aus, Herr Wienand, daß Sie und Ihresgleichen nunmehr unter unserem Schutz stehen.«

»Was ich gern höre. Und worüber wir uns wohl noch oftmals unterhalten müssen. Doch in dieser Nacht, bitte, nicht mehr.«

Erneut ergriff Erich die Hand seines Freundes Jacob, diesmal noch fester. Dabei bemühte er sich zu lächeln; er lächelte sogar den Captain an, Konstanze Reibert auch, und mit besonders ermunternder Herzlichkeit seine Tochter Elfie. Worauf er sich an seine Frau Elvira wandte. »Könntest du es bitte möglich machen, daß in meinem Kellerraum ein zweites Feldbett aufgestellt wird – für Jacob?«

»Das, Erich, habe ich bereits veranlaßt.«

Er nickte ihr zu mit bedächtiger Dankbarkeit. »Dir ist es immer wieder gegeben, liebe Elvira, dich auf mich einzustellen; du scheinst sogar in meinen Gedanken lesen zu können.«

»Ich vermag nichts Besonderes dabei zu erkennen, lieber Erich.«

»Dafür danke ich dir, meine Liebe. Ich muß allen danken, die mir diesen einzigartigen Tag ermöglicht haben.« Wobei nicht ganz klar erkennbar war, wem wirklich er seinen Dank auszusprechen begehrte.

Er umarmte seine Frau, dann deren Tochter; beide mehr zeremoniell, da eben in Anwesenheit anderer. Sodann reichte er Captain Singer die Hand, auch Konstanze Reibert.

Erich Wienand begab sich nunmehr, gemeinsam mit seinem Jacob Werner, dem wohl einzigen Freund, der ihm jemals in seinem Leben vergönnt gewesen war, in den Keller.

Die Zurückgebliebenen sahen ihnen nach; das jedoch nur kurz und keinesfalls irgendwie besorgt. Sie wähnten diese beiden Menschen, tief unten im Haus, recht gut geborgen. Sie tranken weiter Champagner.

Singer wirkte inmitten so viel ›holder Weiblichkeit‹ überaus munter. Da er vermutlich glaubte, einer großen Verantwortung zunächst einmal entronnen zu sein. Jetzt gewillt, sich als gern gesehener Mittelpunkt zu fühlen, schenkte er alle Gläser voll und prostete den von ihm Beschützten zu. »Sie können mich mit meinem Vornamen anreden. Denn so was ist bei uns in Amerika allgemein üblich – sagen Sie ganz einfach Sid zu mir.«

»Danke«, sagte Frau Elvira mit höflicher Freundlichkeit. »Doch hier gibt es nun so vieles, an das wir uns erst noch gewöhnen müssen – Sid.«

»Das jedoch, Elvira, mit unserer Hilfe, mit allen meinen Möglichkeiten. Denn dazu bin ich hier. Fortan brauchen Sie mir nur noch mitzuteilen, was ich für Sie tun kann. Und das wird dann auch geschehen, so weit ich es vermag. Wobei Sie wissen müssen, daß meine diesbezüglichen Vollmachten, eben für Sie, ziemlich umfangreich sind.«

»Das ist wie in einem Märchen«, sagte Elfie verhalten.

»Erich Wienand«, meldete sich nun Konstanze, betont bescheiden, »ist es gelungen, einige ungemein wunderbare Märchen zu schreiben. So etwa ›Der Mann im Regen‹. Dabei handelt es sich um ein Wesen, daß sich durch ein fürchterliches Gewitter begeben muß. Welches jedoch dieser gottesfürchtige Mensch völlig unberührt, gleichsam unter einer großen Glocke aus Glas, zu durchschreiten vermag.«

Die mögliche Bedeutung dieses im Welpenhof versammelten weiblichen Trios versuchte Captain Singer zu ergründen, mit wohl angebrachter Vorsicht, jedoch ziemlich vergeblich. Denn was er hier nun alles registrieren zu müssen glaubte, mutete ihm wie Zustände von nahezu verwirrender Vielschichtigkeit an; auch von erheblicher Vieldeutigkeit.

Da war einmal diese Elvira. Eine selbst jetzt noch überaus prächtig wirkende, ungemein verlockend anmutende Person. Das Prunkstück eines wohl berühmten, doch nun bereits zu vergreisen drohenden Literaten.

Dann deren Tochter Elfie, die nunmehrige Frau Warnhagen. Ein scheinbar plump kindlich wirkendes Geschöpf, doch von liebenswerter Naivität, ausgestattet mit sanft strahlenden Augen. Vermutlich war sie ungemein kurzsichtig, doch besaß sie wohl ein heftiges Innenleben.

Weiter dann Konstanze Reibert – eine noch nicht voll erblühte Mädchenfrau. Sie besaß eine knabenhafte Figur, ein sinnlich-sanftes Undine-Gesicht mit genau dazu passendem glatten langen Blondhaar. Vermutlich nicht unintelligent.

»Das alles wird nicht ganz leicht zu lösen sein.« Sid Singer war inzwischen sehr nachdenklich geworden. »Denn das hier ist schließlich kein alltäglicher Vorgang – dabei haben wir es, erkenne ich, mit einem Genie zu tun.«

Damit meinte er Erich Wienand. Ohne seinen Zuhörern das Gefühl zu vermitteln, er übertreibe schamlos; oder etwa gar vorsorglich. »Menschen dieser Größenordnung sind wohl kaum jemals wirklich erklärbar; mithin keinesfalls wirksam zu deuten, schon gar nicht zu berechnen. Doch mit Ihrer Hilfe meine verehrten Damen, hoffe ich sehr, werden wir alle auf uns möglicherweise noch zukommenden Probleme bewältigen.«

Was ihm, nun gleich dreimal, bestätigt wurde.

Nunmehr fanden, weit nach Mitternacht, zwischen Erich Wienand und Jacob Werner Gespräche statt, die voller erregender Fragen waren. Doch beherrscht von dem Bemühen um gegenseitige Anteilnahme. Geführt von Feldbett zu Feldbett; inmitten von festungsartig dicken Kellerwänden.

»Was ich dir noch sagen wollte, Erich...« Irgendeine Einzelheit, herausgerissen aus der Fülle der sie bedrängenden dunklen Erlebnisse.

»Was ich dir noch nicht gesagt habe, Jacob...« Irgendein Hinweis, der aufblitzend wichtig erscheinen wollte.

Sie hatten sich so unendlich viel zu erzählen; wußten jedoch nicht, wo sie damit anfangen sollten. Jetzt war es ihnen nicht gegeben, ihre Gedanken zu ordnen, sie auch nur halbwegs logisch zu verknüpfen. Was sie überwältigte war das Glücksgefühl, endlich wieder beieinander sein zu dürfen.

Dabei umflackerte sie das Licht von Kerzen. Und die befanden sich in dem Leuchter des Knut Hamsun; den sie beide verehrten. Doch wo dieser Dichter sich derzeit befand, was aus ihm geworden war, wußten sie nicht. Wohl nur soviel war sicher: noch lebte der vermutlich; denn sein Tod war nicht gemeldet worden.

»Gleich morgen«, sagte Erich, »werde ich Captain Singer intensiv nach Knut Hamsun befragen. Nun, da wir in Sicherheit sind, einigermaßen, müssen wir uns umsehen, wo wir vielleicht behilflich sein können.«

Jacob Werner nickte ein wenig mühsam. Sein geliebter Freund, von ihm auch deshalb geliebt, wurde von manchmal kaum faßbaren menschlichen Anwandlungen heimgesucht. Er machte sich Sorgen – kaum jemals über sich selbst, doch immer wieder um andere. Denen, die gut zu ihm gewesen waren, wollte er dankbar sein.

Erich Wienand wußte um des Freundes skeptische Verständnisbereitschaft. Er griff nunmehr hinter einen Stapel Bücher und brachte von dort eine Flasche hervor, welche, wie er fast feierlich ankündigte, einen Rotwein von ganz besonderer Qualität beinhalte – eine der besten Italiens, ein Barbera. »Trinkst du ein Gläschen davon mit mir?«

»Das mache ich, Erich«, sagte Jacob nach kurzem Zögern. »Und das wird für mich das erste Glas Wein seit geraumer Zeit sein. Doch das trinke ich nun gerne – gemeinsam mit dir. Selbst wenn mir danach mächtig schlecht werden sollte. Ich vielleicht sogar zusammenbreche.«

»Dann, Jacob, darfst du es nicht tun!«

»Halb so schlimm«, versicherte der lächelnd. »Falls es jedoch dazu kommen sollte, daß ich mich erbrechen muß, wird mich Captain Singer prompt betreuen und das Notwendige veranlassen. Darauf ist er vorbereitet – so ist er nun mal. Zögern wir nicht länger – trinken wir unser erstes gemeinsames Glas Wein.«

In den frühen Morgenstunden wurde Jacob Werner von heftigen Schmerzen heimgesucht. Er wälzte sich von seinem Feldbett keuchend auf den Fußboden. Erich Wienand kniete sich zu ihm, umhüllte ihn mit einer dicken Wolldecke, um dann alarmiert nach oben zu eilen. Er rief nach Captain Singer!

Um zu erleben, daß der sekundenschnell zur Stelle war. Ohne sonderliche Verwunderung, ohne klagende oder gar anklagende Blicke. Er war offenbar stets auf einen derartigen Vorfall vorbereitet.

»Ein Fahrzeug steht bereit«, sagte er. »Das zuständige Lazarett ist in einer knappen halben Stunde zu erreichen. Die dortigen Ärzte sind von mir vorsorglich informiert worden.«

Er flößte dem gekrümmt daliegenden Jacob Werner ein mitgebrachtes Medikament ein, aus einer kleinen blauen Flasche. Und das begann der ergeben und gehorsam wie ein Kind zu schlucken, wobei er dem Freund zuzulächeln versuchte. Auch dann noch, als ihn zwei Soldaten davontrugen.

Erich Wienand hockte danach in sich zusammengesunken auf seinem Feldbett. Und es war, als vermöge er es nicht, den gelassen vor ihm stehenden Captain Singer anzusehen. »Mein Gott, was ist denn da geschehen? Immer wieder erfolgen Fehler, Nachlässigkeiten, Leichtfertigkeiten. Der gute Wille zählt nicht – auf das Ergebnis kommt es an. Und dafür bin ich verantwortlich.«

»Beruhigen Sie sich, bitte!« forderte Singer fast streng. »Ein derartiger Zusammenbruch von Jacob Werner mußte kommen, früher oder später; darauf bin ich seit Tagen vorbereitet. Also bitte – keine unnötigen Gedanken, keine überflüssigen Sorgen! Unser Freund gerät in die denkbar besten Hände – bereits morgen, wenn nicht gar schon heute, kann er wieder bei uns sein.«

»Sagen Sie das nur so, Captain – oder glauben Sie tatsächlich daran?«

»Ich sage das, weil ich davon überzeugt bin, Herr Wienand.« Nunmehr ermunternde Unerschütterlichkeit zu demonstrieren hielt Singer für dringend angebracht. »Doch jetzt würde ich wissen wollen, ob Ihnen bekannt ist, was zu diesem Zusammenbruch geführt haben könnte. Eine diesbezügliche Verständigung der Ärzte könnte hilfreich sein.«

»Wir haben lediglich ein, zwei Gläser Wein, Rotwein, miteinander getrunken. Die glaubte ich Jacob anbieten zu dürfen. Zumal ja auch ich in den letzten Tagen etliche Gläser davon getrunken habe; sogar mit einigem Genuß, ohne jeden körperlichen Schaden. Warum also nicht auch er?«

»Vermutlich haben Sie dabei, Herr Wienand, etwas sehr Wesentliches nicht erkannt, wohl auch nicht zu erkennen vermocht. Denn Sie haben sich lediglich etwas mehr als sechs Monate in einem KZ aufgehalten. Unser Jacob jedoch hat nahezu sechs Jahre in derartigen Zwangsanstalten verbringen müssen. Daraus ergeben sich ganz erhebliche Unterschiede zwischen Ihnen – im Hinblick auf die körperlichen Belastungsmöglichkeiten.«

»Das habe ich leichtfertig übersehen«, bekannte Erich schwer. »Einmal mehr bin ich schuldig, mitschuldig geworden – dazu verdammt, wie jeder, der hier lebt. In diesem von Gott verdammten Land.«

»Reden Sie sich das bitte nicht ein, Herr Wienand«, verlangte Singer, mit der ihm eigenen fordernden Höflichkeit. »Unser Jacob Werner wird auf vorbildliche Weise betreut – da dürfen Sie völlig beruhigt sein. Sie aber sollten versuchen, nun noch einige Stunden zu schlafen. Damit Sie gut in Form sind, für das was in den Mittagsstunden auf Sie zukommt.«

»Immer wieder kommt irgend etwas auf mich zu – was denn diesmal?«

»Das, was ich Ihnen bereits angekündigt habe: eine bedeutsame, Sie ehrende Begegnung mit unserem General Palmer. Das im Interesse einer neuen, sehr erhofften deutsch-amerikanischen Verständigung; sozusagen über Schlachtfelder und Nazigreueltaten hinweg. Ein überaus menschlicher, auch Versöhnungsbereitschaft erzeugender Vorgang – auf den Sie gewiß Wert legen werden.«

»Werde ich, Captain Singer; zumal dieser Ratschlag von Ihnen kommt. Und den werde ich sogar sehr gerne befolgen, wenn ich sicher sein darf, daß mein Freund Jacob auch das noch überstehen wird, was da nun auf ihn zugekommen ist – durch meine Schuld.«

»Unser Jacob Werner, was Sie eigentlich wissen sollten, besitzt die Daseinsentschlossenheit von sieben Katzen. Sie jedoch, Herr Wienand, bedürfen nun der Ruhe. Wünschen Sie ein Schlafmittel? So was habe ich neuerdings immer bei mir; Ihres Freundes wegen.«

»Nicht notwendig, Captain – ich bin müde genug.«

»Dann kann ich mich zurückziehen; durchaus beruhigt. Schlafen Sie also, möglichst traumlos und tief, Ihrem nun wohl größten Tag entgegen.«

Den Beginn dieser Nacht, in der die Amerikaner kamen, hatte Horst-Heinz Warnhagen gemeinsam mit seinem Vertrauten Thomas Tümmler verbracht.

Zuvor hatte sich der Oberleutnant sozusagen pflichtgemäß, wenn nicht gar verantwortungsbewußt, um seine verlagerten Teileinheiten gekümmert, die Panzersperren zu errichten hatten. Das mit einem ihn sehr befriedigenden Ergebnis: der Haufen begann sich aufzulösen.

Die Soldaten machten ihre Geschütze unbrauchbar, deren Schleppfahrzeuge auch. Diese Schrottlauben karrten sie in den nächsten Straßengraben. Dann teilten sie die ihnen zur Verfügung gestellte Verpflegung untereinander auf. Um unterzutauchen, in kleineren Gruppen, nur selten allein.

Nur Leutnant Karlemann machte noch den Versuch, und zwar sozusagen eisern, wenigstens eine Geschützbedienungsmannschaft zusammenzuhalten. Das schließlich sogar mit der völlig vergeblichen Anordnung, er werde seine Pistole ziehen. Sie ließen ihn mit seinem Geschütz ganz einfach stehen.

Einer von ihnen rief ihm sogar »Heil Hitler, Herr Leutnant« zu. Und auch, »Grüßen Sie den schön, falls Sie ihn sehen«.

Dann schlugen sie sich in die Büsche. Karlemann starrte ihnen minutenlang fassungslos nach. Um ihnen dann zu folgen.

»Gut«, sagte Oberleutnant Warnhagen, als er das vernahm, nahezu anerkennend; um sich und seinen Tümmler zu ermuntern. »Das Beste, was die jetzt tun können.«

»Und genau das werde ich jetzt auch tun, Horst-Heinz – wenn du erlaubst. Mein Gönner, der Bauer Leitmann, erwartet mich gewiß schon sehnsüchtig. Zumal wir da noch, in dieser Nacht, ein kleines Transportproblem zu lösen haben.«

Sie hatten ihre Uniformen von sich geworfen und waren in oberbayerische Gewänder gestiegen. Diese geliefert von der Firma Loden-Frey in München. Dazu gehörten auch weite, grüne Mäntel von deckenartiger Festigkeit. Damit eingehüllt ließ sich auch diese Nacht verbringen; vergleichsweise angenehm.

Warnhagen verabschiedete sich von seinem Tümmler, um sich in das nächste Waldstück zu begeben. Dort verschlief er mehrere Stunden, nahezu gelassen, gegen einen Baum gelehnt. Als ihn eine helle Morgensonne anzustrahlen begann, sah er blinzelnd um sich; er wirkte nicht unzufrieden. Danach begann er sich in einem nahen Bach zu waschen; wobei er, mäßig belustigt, sein Spiegelbild betrachtete: er hatte den Eindruck, auszusehen wie eine merkwürdig gelungene Mischung aus Jäger und Wilddieb. Was nicht ganz unzutreffend war.

Sodann pirschte er sich von Baum zu Baum in Richtung Welpenhof vor – wo ›das wohl Liebste‹, da war er sicher, gewiß auf ihn wartete; vermutbar verlangend. In dessen Nähe angekommen, immer noch vom schützenden Wald umgeben, bestieg er einen Hochsitz. Der begann nun zwar, wie einsturzbereit, unter seinem Gewicht zu ächzen, ermöglichte ihm aber einen vorzüglichen Überblick.

Was er dann auf dem Welpenhof sah, ließ ihn erstaunen, doch beunruhigen konnte ihn der Anblick nicht: zahlreiche herumflanierende amerikanische Soldaten. Sie bewegten sich, wenn auch nicht in unmittelbarer Nähe des Hauses, bei voll aufgedrehter Lautsprechermusik. Tänzerische Klänge, mithin nichts Bedrohliches dabei.

Dort schien eine Art Großreinemachen stattzufinden. Diese Amis betätigten sich offenbar fleißig als Gärtner und Straßenarbeiter. Lediglich ein Soldat mimte so etwas wie einen Wachtposten, gegen eine Mauer gelümmelt.

Warnhagen konnte also völlig ungestört, ohne Gefahr, aufgescheucht zu werden, etliche Stunden lang auf seinem Hochsitz bleiben. Zumal er sich gut versorgt hatte mit zwei Feldflaschen. In einer befand sich quellklares Wasser, in der anderen Ettaler Klosterlikör. Und sein prallvoller Brotbeutel barg etliche Konserven – Rindfleisch, Leberwurst, Schweinehack; dazu ein Eßbesteck und zwei Büchsenöffner.

Er also konnte warten – auf das, was kam.

Dieser, wie angekündigt, wohl ›größte Tag‹ im Leben des Erich Wienand verlangte erhebliche Vorbereitungen. Und für diese sorgte ebenso zielstrebig wie gewiß auch einfallsreich Captain Sid Singer. Dafür fühlte er sich verantwortlich.

Er hatte zunächst einmal an die hier versammelten US-Soldaten die verbindliche Anordnung ausgegeben: möglichst gedämpfte Sprache, Vermeidung jeder lauten Geräusche, zumal in der Nähe des Hauses und betonte Stille unmittelbar vor der Kellertreppe und den Kellerfenstern, also auch im Obstgarten. Sein ›großer Dichter‹ sollte ungestört ruhen; sich stärkend dem entgegenschlummern, was ihn alsbald erwartete.

Erich Wienand jedoch dämmerte dahin. Er wälzte sich von einer Seite auf die andere. Dabei rief er nach seinem Freund Jacob, nach seiner Kuh Edda, nach seinem Lottchenhund auch. Mehrmals richtete er sich auf, um dorthin blicken zu können, wo sein Christus lag.

Währenddessen hatten sich die nun im Welpenhof stationierten amerikanischen Soldaten auch als Gartenpfleger und Straßenarbeiter zu betätigen. Letzteres bei besonderer Berücksichtigung der Auffahrt, wo Schlaglöcher zu beseitigen und alle erkennbaren Hindernisse wegzuräumen waren. Zwei Männer errichteten eine Art Fahnenmast, an dem dann

– dies ein sehr spezieller Einfall von Singer – bei Erscheinen von General Palmer die Flagge der USA gehißt werden sollte.

Der Sinn solcher Vorbereitungen, war Captain Singer inzwischen verbindlich mitgeteilt worden, zielte darauf hin: General Palmer werde präzise um 12 Uhr mittags im Welpenhof eintreffen. Um dann dort, wie ihm angeraten und auch von ihm akzeptiert, dem großen deutschen Dichter Erich Wienand zu begegnen. Einem erklärten Widerstandskämpfer, nachweisbaren Anti-Nazi und schwer verfolgten KZ-Insassen.

Ein Vorgang, der wahrlich nicht unberechtigt, von den Beratern des Generals als enorm publikationswirksam angesehen wurde. Und das Interesse war dann auch groß. Diverse Bildreporter, Kriegskorrespondenten, sogar ein Kameramann der Fox-Wochenschau hatten sich geradezu danach gedrängt, den Kriegshelden Palmer bei seiner Befreiungsmission zu begleiten.

Bei seinen Vorbereitungen durfte sich Captain Singer alsbald der verständnisvollen, geradezu konstruktiven Mitarbeit von Frau Elvira erfreuen. Mit der sprach er etliche Details seiner Planungen durch. Worauf sie dann vorschlug: »Was halten Sie von einer gemüthaft-altdeutschen urbayerischen Kaffeetafel mit frisch gebackenem Kuchen direkt aus dem Ofen.«

»Ein ganz ausgezeichneter Vorschlag, Elvira. Ungemein erfreulich, wie sehr wir uns verstehen. Backen Sie also Kuchen, lassen Sie ihn backen. Was dazu benötigt wird, stelle ich Ihnen zur Verfügung. Backen Sie möglichst ganze Berge davon. Also nicht nur ausreichend für den General, Ihren Mann und uns, Elvira, auch für die wohl ziemlich zahlreichen Begleiter des Generals. Darüber hinaus aber auch noch möglichst für die hier stationierten Soldaten. Denn auch denen sollten wir ein zwar kleines, doch sehr zu genießendes Fest bieten. Das könnte sich als überaus stimmungsfördernd erweisen.«

Während das gemacht wurde, bereitete Elfie, von Konstanze Reibert überaus bereitwillig unterstützt, eine festliche Dekoration des großen Tisches in der Wohnküche vor: weiße

Leinendecken, dazu passende Servietten, ein weißblau gemustertes Tafelgedeck aus dickem, erdigem Ton geformt – urwüchsig, altbäuerlich, würdig wirkend.

»Wie ist denn eigentlich, Fräulein Reibert«, wurde dabei Konstanze von Elfie gefragt, »Ihr Verhältnis zu meinem Vater?«

»Das weiß ich nicht, Frau Warnhagen. Ich habe Ihren Herrn Vater lediglich darum gebeten, mir zu erlauben, mich mit seinem Werk zu beschäftigen. Ob er jedoch dieses Angebot annimmt, ist noch nicht entschieden.«

»Wie so manches andere hier wohl auch!« sagte nun Elfie mit plötzlich hervorbrechender Unruhe.

Nunmehr jedoch schien sogar Erich Wienand bereit zu sein, an dem großen, wohlgeplanten Befreiungsspiel Anteil zu nehmen. Er kroch aus seinem Keller hervor, wobei er sich, gewiß von Frau Elvira angeregt, ebenso schlicht wie wohl auch würdig gekleidet hatte: dunkelblauer, frisch gebügelter Anzug; doch kein Oberhemd mit Schlips und Kragen, lediglich ein weißschimmernder Pullover, dazu klobig-massive Schuhe.

Captain Singer musterte ihn anerkennend. »Sehr gut so! Damit werden Sie bei diesem Anlaß den allerbesten Eindruck machen, Herr Wienand.«

»Und wie geht es meinem Jacob?« wollte der wissen.

»Unserem Freund«, wurde ihm ermunternd versichert, »geht es gut, sehr gut sogar. Er wird bald wieder unter uns weilen. Und das zu vernehmen, dürfte Sie gewiß freuen.«

»Ungemein«, bestätigte er erleichtert und dankbar. »Dann kann hier von mir aus der von Ihnen geplante Befreiungszirkus stattfinden. Selbst dem liefere ich mich noch aus. Wenn es für mich nur meinen Jacob weiter gibt.«

»Scheiße, verdammte Scheiße!« rief fast zur gleichen Zeit Tümmler aus. Er versuchte in seinem klotzigen oberbayerischen Trachtenanzug mit bestickter Lederhose eine Art Großknecht des Bauern Leitmann darzustellen. »Das hat uns gerade noch gefehlt!«

»Was denn, was denn, Mensch?« wollte der alarmiert wissen. »Solltest du etwa schon wieder versuchen, hier die Preise herunterzuschrauben? Haben wir denn nicht alles Erdenkliche getan, um uns abzusichern?«

Das hatten sie. Denn selbst das wohl Gefährlichste glaubten sie in der vergangenen Nacht in gemeinsamer Schwerarbeit erledigt zu haben. Mit zwei großen Fuhren. Also den Abtransport jener Munitions- und Waffenkisten, die in der Leitmann-Scheune gestapelt worden waren. Diesen wuchernd gefährlichen Ballast hatten sie im Südmoor versenkt.

»Doch eben von dort komme ich«, berichtete Tümmler. »Gründlich veranlagt wie ich bin, wollte ich nur mal sehen, ob da alles in Ordnung ist. Aber auch, um bei Tageslicht alle noch irgendwie erkennbaren Spuren zu verwischen.«

»Na und, Mensch!« Leitmann erkannte schnell, daß er nun erheblichen Anlaß hatte, sich besorgt zu fühlen. »War denn dabei irgend etwas nicht in Ordnung?«

»Von wegen – in Ordnung! Denn eben genau dort, wo wir deine Munitionskisten versenkt haben, habe ich einen Arm erblickt, der aus dem Sumpfwasser herausragte.«

»Ach was, Mensch, was heißt denn das schon!« redete sich Leitmann schnell ein. »Leichen gibt es hier doch Dutzende. Die gehören schließlich zum Krieg wie das Amen in der Kirche. Oder – diesmal etwa nicht?«

»Leider wohl nicht. Denn bei diesem hochgeschwemmten Arm war auch ein Bekleidungsstück zu erkennen. Und das sah verdammt genauso aus wie jene Fetzen, in welche die Nazis ihre KZ-Häftlinge gesteckt haben. Und nicht auszuschließen, daß diese Leiche lediglich als eine erste zum Vorschein gekommen ist – als erste von etlichen anderen.«

»Verflucht noch mal – mein Gott!« Leitmann wehrte sich dagegen, weitere Folgerungen daraus zu ziehen; eindeutig nur unangenehme. »Ach was, Tümmler, was hat mich das anzugehen; oder dich?«

»Zumal dieser Sumpf, wie du behaupten könntest, ein umstrittenes Gebiet ist – zwischen dir und Wienand.«

»Nun jedoch, von mir aus nicht mehr. Diese Leichen, falls die dort tatsächlich auftauchen sollten, gönne ich dem gern.

Soll der doch sehen, wie er damit fertig wird! Wobei ich aber doch wohl annehmen darf, daß du einiges getan haben wirst, gegen derartige Erscheinungen.«

»Aber klar! Ich habe etliche dicke Äste abgebrochen und die dann dort hineingeworfen. Worauf dann diese Leiche wieder untergetaucht ist.«

»Das ist doch bestens!«

»Aber kein garantierter Dauerzustand, Leitmann! Denn was dann, falls hier tatsächlich etliche KZ-Leichen deutlich auftauchen sollten? Dann werden deretwegen die Amerikaner ganz groß in ihre Befreiungsarena steigen, also nach möglichen Schuldigen oder Mitschuldigen suchen. Dafür wird aber keinesfalls Wienand in Frage kommen, deren erklärter Liebling. Wer wohl aber dann?«

»Möglicherweise ich, was? Willst du mir das einreden? Aber du hängst doch auch mit drin!«

»Das müßte sich erst noch herausstellen.« Tümmler, einst Unteroffizier, nunmehr Großknecht, produzierte diese Worte mit warnenden Untertönen. »Vielleicht war es ein schwerer Fehler, die bei dir gelagerten Waffen- und Munitionskisten einfach zu versenken; und dann noch ausgerechnet dort. Vermutlich wäre es weit besser gewesen, diesen ganzen Kriegsdreck den Amerikanern als Beute anzubieten.«

»Haben wir aber nicht, Mensch! Du bist für Versenken gewesen.«

»Dabei bin ich lediglich deinem Vorschlag gefolgt, Leitmann – weiter nichts. Außerdem sind das deine Kisten gewesen, für die du nunmal allein verantwortlich bist. Das gestern den Nazis, heute den Amerikanern gegenüber.«

»Was soll denn das heißen, Tümmler!« Höchste Besorgnis schien Leitmann zu beherrschen. »Was willst du damit andeuten? Soll ich etwa diese dicke Scheiße allein auffressen?«

»Aber nicht doch gleich so was, mein Lieber! Ich versuche dir lediglich klarzumachen, in welchem Ausmaß du mich hier nun nötig hast.«

»Wofür du kassieren willst, Mensch! Wieder und immer wieder. Du bist ein Erpresser, Tümmler.«

»Wiederhole dich nicht immer. Ich bin dein erklärter Hausgenosse, Leitmann. Und als solcher möchte ich mich bei dir wohl fühlen – wofür du gewiß gern sorgen wirst.«

Im Welpenhof jedenfalls schien nun kein sonderliches Hindernis mehr erkennbar zu sein, das den sichtlich vorbildlich geplanten Befreiungszirkus irgendwie beeinträchtigen konnte. Was hier nun stattfinden sollte, durfte als ein geradezu klassisch-weltgeschichtlich erprobter Vorgang anmuten. Das wahrlich nicht erst beginnend mit Caesar und noch lange nicht endend mit Napoleon – selbst nicht nach einem Hitler.

Palmer, der Zwei-Sterne-General, erschien beim Welpenhof auf die Minute genau. Eine gewisse Wartezeit davor, die dann zu dieser Präzision geführt hatte, wurde von ihm wenige Kilometer vor seinem Ziel an einem Straßenrand verbracht. Dabei gab er vor, seine Karten zu studieren; wobei er sich dann auch durch einen Schluck aus seiner silbernen Flachflasche stärkte; einem Geschenk seiner verehrten Gemahlin.

Zwischendurch schlug er sein Wasser ab. Das nicht auf die Menschen- und Tierkadaver, die zahlreich herumlagen; vielmehr geschah das auf dem sich dort türmenden restgroßdeutschen Kriegskampfschrott. Wobei er, mehrfach bezeugt, ungemein nachdenklich angemutet haben soll.

»Zeitplan stimmt nun«, versicherte ihm einer der ihn begleitenden Offiziersberater.

»Dann wollen wir also!« rief General Palmer. Er sprang in seinen Jeep. Einen kriegerischen Sportsmann darstellend.

Dann wurde er, dicht beim Welpenhof, von Captain Singer willkommen geheißen. Und den fragte er, mit einer kargen, nahezu preußischen Kürze: »Alles vorbereitet?«

»Alles, General!« wurde ihm unverzüglich versichert.

Was dann auch tatsächlich zuzutreffen schien. Palmer bewegte sich nunmehr dem Wienand-Hof entgegen. Das geschah mit wiegenden Reiterschritten. Schließlich hatte er vor gar nicht allzu langer Zeit prächtigste Texaspferde in mehreren Rennen zum Erfolg geführt. Doch nun sah er, daß ihm die Haupttür dieses gar nicht unstattlichen Hauses geöffnet wurde – weit, wie einladend.

Und von dort trabte ihm ein eher kleines, vergleichsweise armselig anmutendes Wesen entgegen. Und das war er also nun, registrierte der große Kriegsheld, der ihm angekündigte bedeutende Dichter. Bei dessen Anblick eine Art Mitleid zu empfinden, fühlte sich dieser Supergeneral versucht; wohl nach der Devise: auch ein harter Soldat hat schließlich ein Herz.

Bei dieser, bereits frühzeitig als ›historisch‹ bezeichneten Begegnung waren Kriegskorrespondenten anwesend, die als anerkannt einflußreich gelten durften.

Sie alle waren, aufmerksam betreut, mit einem Spezialomnibus herbeitransportiert worden. Und sie zeigten sich nun über das, was ihnen hier geboten wurde, ungemein erfreut. »Na, endlich mal was anderes!« stellten sie fachkundig fest.

Position eins: Der General und der Dichter schreiten aufeinander zu. Position zwei: Sie begegnen sich, Auge in Auge lächelten sie sich an. Position drei: Sie reichen einander die Hände. Position vier: Der General umarmt den Dichter. Position fünf: Der Dichter umarmt den General. Und so weiter, und so fort.

Zeitzeugnisse sondersgleichen; zumindest keinesfalls solche der gewöhnlichen Art. Ein erstes Foto von dieser Begegnung sollte schnellstens in der hochangesehenen ›New York Times‹ veröffentlicht werden. Weiter alsbald in Chicago, Los Angeles und Washington; dort in der ›Post‹.

Hinzu kamen zahlreiche ausführliche Artikel. Diese zumeist mit dem Tenor: Menschen, denen es selbst jetzt noch gegeben war, das Vorhandensein von wahren, weitzeugenden wie unsterblichen Werten deutlich erkennbar werden zu lassen. Denn hier waren sich nun zwei Zeitzeugen sondergleichen begegnet; gleichsam Repräsentanten zweier verschiedenartiger, dennoch zusammengehörender Welten. Symbole für eine geglückte amerikanische Verteidigung der abendländischen Kultur: Palmer und Wienand.

Doch damit noch lange nicht genug der von Singer kenntnisreich arrangierten Vorgänge. Denn unmittelbar nach dieser gelungenen staatstheatralischen Begegnung im Freien fanden weitere überaus zeitungswirksame Dinge statt. Durchaus geschickt und optisch wirksam inszeniert. Etwa: die Kaffeetafel.

Dabei: Der Kriegsmann dem Dichter zugeneigt, über einen Kuchenberg hinweg. Dann: Der Poet schenkt seinem Befreier Kaffee ein. Weiter: Beide trinken sich zu. Sodann: Palmer dicht zwischen Erich Wienand und dessen Frau Elvira.

Letztere wurde dann sehr schnell als überaus attraktives Fotoobjekt erkannt. Elvira, Frau Wienand, hatte sich in ein frühlingshaftes Seidenkleid gehüllt, das ihre prächtig ausgereiften Formen nicht nur andeutete. Als dann der General beide wie spontan an sich zog, Elvira ebenso wie Erich, nahezu freundschaftlich, umfunkelten sie zahllose Blitzlichter gewitterartig.

Doch bei all diesen Vorgängen hatten sie kaum ein Wort miteinander gewechselt; brauchten sie auch gar nicht. Palmer kannte keine einzige deutsche Vokabel; und weder Erich noch Elvira Wienand beherrschten irgendwelche Ausdrücke der englischen oder der hier wohl angebrachten amerikanischen Sprache. Gelegentlich dennoch erfolgende Äußerungen übersetzte Singer souverän stimmungsgemäß.

Ein Festfressen mithin für Kriegskorrespondenten, Zeitmärchenerzähler und Bildermacher. Deren Vergnügen daran trat alsbald noch verstärkt in Erscheinung, als auch sie an Kaffee und Kuchen Anteil nehmen durften. Freudig vereint und wahrlich nicht ohne Genuß mampften sie alles ihnen Vorgesetzte in sich hinein: der Befreier, die von ihm Befreiten, der Arrangeur dieser Befreiung, die zahlreichen Zeitzeugen dafür. Aber auch die im Welpenhof stationierten US-Soldaten.

Ein amerikanisch-deutsches Familienfest, am Ende aller Gewalt! Glaubten so gut wie alle. Weitestgehend ahnungslos, wie sie waren, restgroßdeutsche Möglichkeiten betreffend.

General Palmer verabschiedete sich sichtlich zufrieden, mit großen, herzlich gedachten Gesten. Das jedoch nicht, ohne zuvor noch einmal Erich Wienand an seine stattliche Brust gedrückt zu haben. »War mir ein Erlebnis!« rief er aus.

»Soweit alles in Ordnung, General?« erlaubte sich danach Captain Singer zu fragen.

»Bestens, mein Lieber! Allerbestens sogar«, bestätigte der. Wobei er dann aber heiter-nachdenklich feststellte: »Dieser sogenannte Dichter scheint es faustdick hinter seinen kleinen Ohren zu haben – der hat ganz gekonnt mitgespielt. Irgendein wohlgefällig sanftmütiges Gefühlskerlchen jedenfalls ist der nicht.«

»Er gilt als ziemlich unberechenbar. Doch ich halte ihn für sehr klug.«

Der General ließ sich von dem Captain zu seinem Jeep begleiten, doch ohne ihn gleich zu besteigen. »Ich habe da so den Eindruck, Singer, daß Sie sich hier ziemlich wohl zu fühlen scheinen.«

»Nicht ganz falsch, General. Denn ich glaube, daß ich hier mit einer guten, sich lohnenden Aufgabe konfrontiert worden bin.«

»Scheint mir auch so, Singer. Offenbar kennen Sie sich in diesem speziellen Bereich ziemlich gut aus. Außerdem scheinen Sie das Vertrauen jenes Menschen zu besitzen, dem wir wohl eine besondere Aufmerksamkeit zuteil werden lassen müssen.« Er meinte Erich Wienand.

»Das, General, halte ich für angebracht. Und dazu bin ich bereit.«

»Was genau in meine Pläne paßt, Captain Singer. Denn Sie sollen nun wissen, mein Lieber, daß inzwischen vom Hauptquartier eine Anordnung erfolgt ist, nach der ich hier im südlichen oberbayerischen Raum als Chef einer Militärregierung in Erscheinung zu treten habe. Ahnen Sie, was das möglicherweise auch für Sie bedeuten könnte?«

»Was auch immer, General – Sie brauchen nur zu befehlen.«

So was vernahm der General gerne. »Ich beabsichtige Sie im Rahmen der von mir zu leitenden Militärregierung einzusetzen. Und zwar hier, im Bereich Schoenau und Umgebung.«

»Und was, meinen Sie, General, könnte ich dann hier veranstalten, Ihrer Ansicht nach?«

»So gut wie alles, Captain, wozu Sie gerade lustig sind; und mit wem auch immer. Ob nun mit Bürgermeistern, Geistlichen, Polizeimenschen, Überläufern, angeblichen Widerstandskämpfern – und sonstigen großdeutschen Überresten. Die haben Sie aufzuspüren, zu vereinnahmen oder sich zurechtzubiegen!«

»Das jedoch mit vermutlich einer einzigen Ausnahme«, vermochte der Captain zu erkennen. »Erich Wienand, nicht wahr?«

»Richtig erkannt!« bestätigte ihm Palmer. »Doch nun mal ganz abgesehen davon, daß Ihnen dieser Wienand geradezu ans Herz gewachsen zu sein scheint – Teile von dessen Familie wohl auch. Das wichtigste dabei jedoch ist, daß dieser Wienand tatsächlich eine irgendwie bedeutsame Person zu sein scheint. Allein schon wie unsere ansonsten so kaltblütigen Pressehengste auf den reagiert haben – alle Achtung!«

»Deren Begeisterung, General, ist mir nicht entgangen.«

»Dann besteht nun also Ihre spezielle Aufgabe darin, ihn weitestgehend abzusichern. Ermöglichen Sie unserem Wienand ein ungestörtes Dasein. Bauen Sie ihn auf – zu einer Vorzeigepersönlichkeit allerersten Ranges.«

»Werde ich tun, General. Was, bitte, sonst noch?«

»Inzwischen errichten Sie, wie wir Soldaten so sagen, Ihre Zelte in Schoenau. Und das mit starker Hand, empfehle ich Ihnen! Lassen Sie sich dabei nur nicht von irgendwelchen dieser Restnazis übers Ohr hauen!«

Was dann jedoch auf den Welpenhof zukam, und zwar gleich in den frühen Nachmittagsstunden dieses gewiß als glorreich zu bezeichnenden Tages, war Horst-Heinz Warnhagen – der ehemalige Oberleutnant, Elviras Geliebter, Elfies Gatte.

Er glaubte seinen Hochsitz verlassen zu können, der ihm intensive Beobachtungen ermöglicht hatte. Nunmehr gedachte er sich wieder in die Niederungen dieses Daseins zu begeben. Denn – die Luft schien rein!

Was ihn jedoch keinesfalls zu irgendwelchen Leichtfertigkeiten verführte. Er begab sich auf Schleichwegen, wenn auch nur kurzen, wohldurchdachten, vorwärts – an einer Hecke entlang, durch entwässerte Gräben, dem Zaun des Wienandbesitzes zu. Alles das mutete nahezu problemlos an – denn die dort eingesetzten US-Soldaten hatten sich, erkannte er sachverständig, vollgefressen und vollgesoffen – sie pennten oder dösten vor sich hin. Nichts wie wohlig ermüdete Sieger!

Warnhagen, nach Jägerart oberbayrisch, nahezu bilderbuchhaft gekleidet, was gar nicht unkomisch wirkte, erreichte die Hintertür des Welpenhofes. Von dort aus schlich er sich in das Haus hinein.

Er begab sich zur Küchentür, die er vorsichtig öffnete. Um dort Elvira zu erblicken. Sie allein. Auf ihn wartend.

Sie stürzte sich ihm entgegen, prallte geradezu gegen ihn, mit heftiger ihn umschlingender Umarmung. Wortlos zunächst. Sie preßten sich aneinander.

»Da bist du ja – endlich!« hauchte sie ihn beglückt an.

»Ja – endlich wieder. Bei dir! Und wie sieht es hier aus?«

Gut sah es hier aus – konnte sie ihm hastig berichten. Alles war in bester Ordnung; so gut wie. »Wir werden betreut, beschützt, umsorgt; jeder erdenkliche Wunsch wird uns erfüllt. Und du kommst im richtigen Augenblick.«

Wie richtig der war, erläuterte ihm Elvira unverzüglich: »Denn jetzt sind wir hier, eine Zeitlang zumindest, so gut wie völlig ungestört.«

Nach den wohl ebenso glorreichen, wie gewiß auch strapaziösen mittäglichen Befreiungsstunden schien sich hier nun eine angenehm ermüdete Situation ergeben zu haben. So etwa hatte Captain Singer vorgegeben, den Obstgarten und die Stallungen inspizieren zu wollen – dabei konnte er in einem Liegestuhl vorgefunden werden; von der Kuh Edda interessiert beschnuppert. Auch seine Soldaten hatten sich zurückgezogen.

Erich Wienand lag im Keller, in der Nähe seines Christus, auf die Wiederkehr seines Jacob Werner hoffend. Elfie und Konstanze hatten sich zurückgezogen – einander belauernd;

gewiß ohne noch zu ahnen, warum eigentlich. Eine wohltuend anhaltende Schläfrigkeit schien nunmehr diesen Welpenhof zu beherrschen.

Was Elvira ermöglichte, ihren Horst-Heinz mit sich zu ziehen. In das Arbeitszimmer ihres Mannes hinein, das nunmehr von ihr bewohnt wurde. Und dort angekommen, erfreuten sie einander. Recht wirkungsvoll.

Nachdem auch das erledigt war, fragte Horst-Heinz, ohne sich noch völlig von seiner Elvira gelöst zu haben: »Doch was nun, meine herrliche Geliebte? Wie, meinst du, könnte das hier weitergehen?«

»Laß mich das nur machen, mein Horst-Heinz«, versicherte sie ihm höchst angeregt. »Das erledige ich schon – für dich.«

Die angekündigte Erledigung dieser Angelegenheit erfolgte dann auch nach einer knappen Stunde. Elvira gesellte sich, noch freudig gerötet, diesem ›Sid‹ zu, also Captain Singer. Und der gedachte wohl immer noch zufrieden vor sich hin zu dämmern. Unter ihm eine sattgrüne Wiese, über ihm der stahlblau leuchtende oberbayerische Frühlingshimmel. Doch dazwischen die Konturen einer sanft-schönen Kuh. Und die schien sich bei ihm wie ein Wächter aufgestellt zu haben – mit sichtlichem Interesse.

»Darf ich Sie stören, Sid?«

»Sie stören niemals, Elvira!« Singer raffte sich schnell auf. »Irgendein Problem?«

»Könnte sein.« Das wurde ebenso höflich, wie aber auch sanft-beharrlich gesagt. »Denn was ich Sie nun bitte zur Kenntnis zu nehmen, ist die Existenz einer weiteren Person bei uns. Wäre es zuviel verlangt, wenn ich hoffen möchte, Sid, daß Sie noch einen weiteren Menschen unter Ihren Schutz stellen. Zu unserem gegenseitigen Vorteil, glaube ich annehmen zu dürfen.«

Captain Singer fühlte sich, wie neuerdings in diesem Land nicht selten, instinktiv beunruhigt. Dennoch war er bemüht, bereitwilliges Entgegenkommen zu signalisieren. »Um wen, Elvira, handelt es sich dabei?«

»Um den Mann meiner Tochter Elfie«, klärte sie ihn auf. Aber eben damit auch, erkannte Singer, um den Schwiegersohn eines Erich Wienand – was hier wohl maßgeblich war. »Und für den, bitte ich Sie sehr, Sid, sollten Sie einiges tun.«

»Wer ist denn das?«

»Ein Angehöriger der einstigen Wehrmacht – im Offiziersrang. Ein Oberleutnant; ein ehemaliger. Jedoch keinesfalls so was wie ein Nazi – dessen bin ich sicher.«

»Habe ich anzunehmen, daß Erich Wienand auf dessen Anwesenheit Wert legt?«

»Ganz gewiß. Doch ich glaube kaum, daß er das ganz direkt sagen würde; Sie kennen seine zurückhaltende Höflichkeit in persönlicher Hinsicht. So was bleibt zumeist mir überlassen. Könnten Sie das ermöglichen?«

»Vielleicht«, sagte Singer gedehnt nachdenklich.

»Dafür, Sid, wäre ich Ihnen sehr dankbar. Das wären wir alle. Elfie natürlich in Besonderheit.«

»Im allgemeinen jedenfalls«, stellte Singer fest, »besteht die Anordnung, daß alle angetroffenen Angehörigen der Großdeutschen Wehrmacht zu vereinnahmen sind, um sie dann an der nächsten Kriegsgefangenensammelstelle abzuliefern.«

»Das ohne jede Ausnahme, Sid? Auch nicht zu ermöglichen bei Ihren Vollmachten?«

»Eine Ausnahme, Elvira, gibt es allerdings – in sogenannten Sonderfällen. Denn es besteht die Möglichkeit, daß ehemalige Wehrmachtsangehörige direkt von der US-Army vereinnahmt werden können; falls diese als Hilfskräfte brauchbar erscheinen. Dann allerdings müssen sie nicht gleich in einem Kriegsgefangenenlager landen.«

»Ließe sich das in diesem Fall ermöglichen, Sid?«

»Warum denn nicht? Zumal das auch, wie Sie mir versichern, Elvira, im Interesse von Erich Wienand ist. Oder sagen wir: im Interesse seiner Familie.«

»Dann also, Sid – machen Sie das! Danke.«

»Sie brauchen mir nicht zu danken, Elvira – Ihr Vorschlag kommt mir, irgendwie, entgegen. In den nächsten Tagen werde ich intensiv in Schoenau zu tun haben, wobei ich Ihnen lediglich ein kleineres Schutzkommando zurücklassen kann. Mithin sollte es mir also willkommen sein, in diesem Hause einen verläßlichen Menschen zu wissen, der Ihr Vertrauen hat, aber auch das von Erich Wienand. Immer vorausgesetzt: er paßt sich unseren derzeitigen Spielregeln an.«

»Dessen bin ich sicher, Sid.«

»Dann lassen Sie ihn bitte kommen.«

Das geschah. Die Begegnung fand in der Wohnküche des Welpenhofes statt, unter vier Augen.

Wobei Captain Singer beim Anblick dieses Horst-Heinz Warnhagen nahezu staunend registrieren mußte: der war ein stattlicher, nahezu typisch deutsch anmutender Saft- und Kraftkerl. Eine ausgereifte Siegfriedgestalt in ländlicher Jägertracht. Auch wenn er ergeben und ungemein höflich dastand, geradezu dienstbereit.

Singer glaubte einigen Grund zu haben, erhebliche Verwunderung zu empfinden. Das also war der Mann dieser Elfie! Woraus sich ein reichlich seltsames Gespann ergab; das zumindest. Mühsam, diverse interne Verhältnisse in diesem Welpenhof durchschauen zu können. Doch immerhin – Elviras erkennbare Entschlossenheit, mit der sie ihm diesen Menschen geradezu aufgedrängt hatte, war aller Beachtung wert.

Worauf es der Captain für angebracht hielt, sich abzusichern; wenigstens pro forma. »Besitzen Sie ein Soldbuch oder einen Wehrpaß, Herr Warnhagen?«

Er besaß beides. Die hatte er sich noch in den letzten Tagen besorgt. Und diese Dokumente legte er nun vor.

Singer nahm sie entgegen. Um sie dann, mit scheinbarer Aufmerksamkeit, durchzublättern; ungemein bedächtig. Vermutlich jedoch nur, um ausreichend Zeit für eine notwendige Entscheidung zu gewinnen.

»Ihr letzter Dienstgrad: Oberleutnant«, stellte der Captain fest. »Davor die wohl üblichen Stationen: Waffenausbildung, Fähnrichslehrgang, Kriegsschule. Dazwischen diverse Einsätze mit Kampfhandlungen – zumeist Ost. Dabei jedoch kein verzeichneter Einsatz in den dort besetzten Gebieten. Worunter sogenannte Bereinigungen fragwürdiger Elemente verstanden werden könnten – wie etwa Partisanen oder Juden; hinter der Front.«

»Nichts dergleichen, Captain.«

»Keine Parteizugehörigkeit?«

»Nein, Sir.«

»Auch keine Mitgliedschaft bei Parteigliederungen?«

»Abgesehen von einer, so gut wie unvermeidlichen – der HJ.« Also Hitler-Jugend. »Bei diesem Haufen habe ich mich einige Jahre aufgehalten, aufhalten müssen; jedoch ohne einen besonderen Rang. Nichts wie eine uns aufgezwungene Schülerpflicht – damals.«

»Nun gut – das nehme ich also zur Kenntnis, Herr Warnhagen. Ich bin bereit, Ihre Behauptungen für zutreffend zu halten, ohne sie näher nachzuprüfen.« Was er, zunächst, auch gar nicht wollte.

»Danke – danke sehr.«

»Mithin«, sagte Singer weiter, »werde ich Sie für meinen Bereich vereinnahmen; wobei Sie mir direkt unterstellt sind. Sie werden hier im Welpenhof eingesetzt – zu unseren Bedingungen. Akzeptieren Sie diese Regelung?«

»Voll und ganz, Sir, Captain!« Dankbar beglückte Reaktion. »Lassen Sie mich bitte wissen, in welcher Weise ich Ihnen für Ihr Entgegenkommen Dank erweisen könnte.«

»Werde ich Sie wissen lassen, Herr Warnhagen – zu gegebener Zeit. Achten Sie dabei jedoch auf eine ganz bestimmte, höchst eindeutige Konstellation: Ich gedenke meine diesbezüglichen Entscheidungen in allererster Linie im Sinne von Herrn Wienand zu treffen. Bedenken Sie das.«

»Wird bedacht, stets!« Das versicherte er prompt; ebenso eifrig wie wohl auch ahnungslos. »Denn nichts so sehr wie dies erstrebe auch ich.«

1930 war er 44 Jahre alt und in gewisser Weise ›berühmt‹; zumindest ein vielgelesener Autor. Er wurde als ›Spätentwickler‹ bezeichnet; mit lächelnder Nachsicht. Zugleich wurde er aber auch ein ›graues Wesen‹ genannt; das allerdings bereits mit bedauernden Untertönen. Er schien nicht bereit, sich politisch festlegen zu lassen – und das in jener Weimarer Zeit, die bereits schon brennend alarmiert vor letzten Entscheidungen stand.

Wuchernder Neid, bohrende Skepsis, lauernde Mißverständnisse begannen ihn zu umbrodeln. Alsbald mußte er Formulierungen über sich und seine Bücher lesen, die von ›sanfter Zauberei‹ bis zu ›bewußter Scharlatanerie‹ reichten. Den einen war er nicht blut- und bodenbewußt genug, den anderen nicht ausreichend bekenntnisentschlossen zur Demokratie. ›Was er schreibt, ist blinde Flucht vor allen Realitäten – weder Fisch noch Fleisch.‹

Hierzu abermals Dr. Franz Geiger, sein erster Feuilletonredakteur, der damals allerdings langsam aufhörte, sich, wie einst, als ›der eigentliche Entdecker‹ eines Erich Wienand zu bezeichnen. Wesentlich später jedoch, einer Konstanze Reibert gegenüber, glaubte er ungleich klarer zu sehen.

»Was ich frühzeitig bei Wienand befürchten mußte, trat dann leider auch ein. Er plazierte sich so gut wie zwischen alle damals irgendwie erdenklichen Stühle. Die Gruppe um Heinrich und Thomas Mann glaubte, wohl nicht ganz unberechtigt, fragen zu müssen: ›Warum bekennt er sich nicht zu uns, nicht entschlossen genug – verlangt es ihn denn nicht danach, einer von uns zu sein?‹ Und die andere damalige Literaturfront, die Beumelburg-Zöberlein-Volksgemeinschaft, mußte wohl erkennen: ›Der weiß nicht oder will nicht wissen, daß er sich bekennen muß! Schließlich sollte er als Frontsoldat und deutscher Mann endlich seine Konsequenzen ziehen.‹«

Dazu Feststellungen seines Rechtsanwaltes Dr. Kreilich, Berlin:

»Damals, 1930, begehrte mein Klient sich zurückzuziehen

– möglichst weit weg von Berlin, in eine ersehnte Einsamkeit. Das nicht unbedingt, um diesem immer hektischer werdenden Kulturbetrieb zu entfliehen. Denn der, hatte ich das Gefühl, vermochte ihn sogar zu amüsieren – wenn auch nicht immer das, was ihn persönlich betraf.

Ausschlaggebend vermutlich waren zwei Ereignisse: das Ende seiner Ehe und der Tod seiner Großmutter. Hinzu kam dann aber wohl noch eine Episode, deretwegen ich für ihn einen harten Prozeß führen mußte. Dabei handelt es sich um eine damals hinreichend bekannte Schauspielerin namens Claire Winkler, mit der Wienand zwei bis drei Monate zusammengelebt hatte, fast unmittelbar nach seiner Scheidung. Worauf dann diese Dame glaubte, in einem Berliner Boulevard-Blatt höchst intime Details aus dem ›Liebesleben eines Poeten‹ von sich geben zu können. Der habe ich ihr Handwerk gelegt.

Sein erklärter Wunsch jedenfalls, möglichst im Verborgenen, ein vergleichsweise zurückgezogenes Leben zu führen, ließ sich, rein finanziell, ohne weiteres realisieren. Sein inzwischen erreichtes Vermögen machte das mühelos möglich. Nach intensivem Suchen erwählte sich Wienand einen Bauernhof in Oberbayern – bei der Stadt Schoenau, im Voralpenland. Den erwarb er, baute ihn aus; mit der ihm eigenen grenzenlosen Großzügigkeit. Richtiger wohl: in finanziellen Dingen war er von fataler Ahnungslosigkeit.«

Weiterhin bekundete Erkenntnisse eines gewissen Breisgauer aus Schoenau am Kocher – dort damals bereits Stadtrat, also in maßgeblicher Funktion.

»Wir haben ihn bei uns aufgenommen. Entgegenkommend, sozusagen bemüht tolerant, wie wir stets waren; und was wir immer noch sind. Was damals zu uns kam, war wohl eine Art Dichter – ein Ludwig Thoma aus dem Norden, dachten wir. Dieser Wienand gedachte sich wohl als erklärt bäuerlicher Mensch zu betätigen.

Alsbald versammelte er zahlreiche Tiere um sich. Das jedoch nicht etwa, um sie möglichst verkaufsträchtig zu züchten – mit denen wollte er offenbar leben. Was dann, gelinde gesagt, bei unseren Mitbauern, und zwar frühzeitig, eine gewisse erhebliche Verwunderung erregte; wenn auch nicht gleich bei mir.

Zumal sich Wienand, und zwar überraschend schnell, einer ganz besonderen Protektion erfreuen durfte, auf welche hier wohl Rücksicht zu nehmen war. Denn für ihn setzte sich bald kein Geringerer als Hochwürden Geisberger ein. Und das sogar mit Worten wie: ›Da er zu uns gehören will – gehört er auch zu uns! Er hat uns also willkommen zu sein. Mein Segen jedenfalls ist ihm sicher!‹ Was konnte verpflichtender sein?«

Das Haus jedenfalls – seit bereits zwei Jahrhunderten der Welpenhof genannt – wurde vergleichsweise prächtig ausgebaut. Das erhofft ›einsame Leben‹ des Erich Wienand war wahrlich nicht ohne gediegenen Glanz. Doch hier glaubte er sich nun glücklich fühlen zu dürfen – wie befreit von allen äußerlichen Zwängen.

Er war dennoch nicht gleich aus dieser Welt heraus. Dafür sorgte sein ansonsten sich sehr zufrieden fühlender Verleger Jäger, Berlin. Wohl ›gingen‹ seine Wienand-Bücher glänzend, wurden in alle maßgeblichen Weltsprachen übersetzt, brachten ihm, dem Verleger, ein Vermögen ein – seinem Dichter ebenfalls; wenn das auch ungleich bescheidener ausfiel, war es dennoch als recht eindrucksvoll zu bezeichnen.

Jäger, der Verleger, war jedoch klug darauf bedacht, die wohl prächtigste Milchkuh in seinem stattlichen Stall in der Öffentlichkeit präsent bleiben zu lassen. Daß Wienand sogenannte Dichterlesungen verschmähte, wurde hingenommen. Daß er sich nur noch selten auf Interviews einließ, war zu akzeptieren. Doch gewissen sogenannten geistigen Hochfestlichkeiten durfte, konnte er sich nicht entziehen.

So etwas bot sich an, als 1931 in Düsseldorf eine groß angelegte Ehrung des ›berühmtesten Sohnes dieser Stadt‹, also Heinrich Heines, stattfinden sollte. Erich Wienand durfte dabei die Festrede halten, auf die er sich wochenlang intensiv vorbereitet hatte. Mit dem Tenor: ›Ein Mensch will leben, um zu lieben.‹

Bei einer unmittelbar nach der würdigen Feierstunde stattfindenden Pressekonferenz stellte sich Wienand weisungsgemäß den Journalisten. Wobei dann einer von denen – dem Scherl-Konzern zugehörend, einem erklärt deutsch und nationalen – eine ganz lapidare Frage stellte.

»Herr Wienand – sind Sie ein Jude?«

»Nein. Warum, bitte, fragen Sie das?«

»Weil Sie sich hier für einen erklärten Juden engagiert haben. Und das gleich derartig intensiv, als wären auch Sie einer von denen. Sind Sie das?«

Die Antwort des Erich Wienand hierauf war gewiß absolut eindeutig gedacht, sollte Engagement und Menschlichkeit zugleich bezeugen. Sie führte jedoch unverzüglich zu enormen Mißverständnissen. Und die sollten ihm dann lebenslänglich angelastet werden.

»Mir ist es völlig gleichgültig, ob jemand Jude, Christ oder Moslem ist. Ich habe lediglich versucht, als ein bemühter Schriftsteller einen der größten Dichter unseres Volkes zu würdigen. Nichts weiter, nichts anderes. Was allein für mich zählt, ist das Werk! Nicht der Mensch dahinter! Der will mir, mit seinen Leiden, seinen Irrtümern, seinen möglichen privaten Unzulänglichkeiten, als nahezu zweitrangig erscheinen. Wirklich und wahrhaftig weiß ich nur dies: vieles von dem, was ein Heinrich Heine geschrieben hat, leuchtet – durch alle unsere Dunkelheiten.«

Wobei dann auch noch ein großes Bankett zu überstehen war. Auch dieses zu Ehren von Heinrich Heine. Vermutlich hatte das weit mehr gekostet, als es diesem Dichter vergönnt gewesen war, zeitlebens an Honoraren einzunehmen! Dabei jedoch er, Erich Wienand, im Mittelpunkt ergeben duldsam dahockend.

Doch dabei geschah etwas völlig Unerwartetes, ihn ungemein Beeindruckendes. Er begegnete Frau Elvira. Womit sich wohl die letzte Phase seines Schicksals anzukündigen, sich abzuzeichnen begann.

Captain Sid Singer gedachte nunmehr, wie von seinem Zwei-Sterne-General Palmer angeregt, ›seine Zelte‹ in Schoenau aufzuschlagen. Die Stadt ›in den Griff‹ zu bekommen, also ›zu vereinnahmen‹, war er entschlossen.

Was jedoch Versuche waren, auf die hier keinesfalls gleich freudig-entgegenkommend gewartet wurde. Denn mitten in Schoenau, dort im Ballenhaus, lauerten bereits, scheinbar traulich vereint, etliche potentielle Mitarbeiter auf sein Erscheinen: Der tüchtige Bürgermeister Breisgauer, der verläßliche Polizeichef Straßner, sodann Franz-Jochen Rabe, der bewährte Mitbefreier. Sie alle nunmehr erklärte Widerstandskämpfer.

Das war Singer jedoch in diesem Stadium keinesfalls unwillkommen. Denn nun benötigte er dringend einigermaßen verläßliche Weggefährten. Und die boten sich ihm an.

Er gedachte, sie unverzüglich zu fordern – wenn nicht gar herauszufordern. Seine erste Konferenz mit diesen neuen Schoenau-Gewaltigen ließ kaum was zu wünschen übrig. »Wie ist das alles in den Griff zu bekommen?« Erstens: Einzukassierende Kriegsgefangene. Zweitens: Aufzugreifende Nazis. Drittens: Suche nach sonstigen Gefährdern, Bedrohern der Sicherheit. »Erwarte nun also überzeugenden Einsatz.«

Danach ergaben sich und das sogar in kürzester Zeit, einige organisatorische Glanzleistungen. In erster Linie diese: Bei Schoenau, südlich davon, wurde ein provisorisches Kriegsgefangenenlager installiert. Genau dort, wo sich ehemalige Arbeitsdienstbaracken befanden; einst errichtet zwecks Trockenlegung von Sumpfgebieten; mit einiger Anstrengung versucht, doch nach minimalem Erfolg aufgegeben.

Hier jedenfalls wurden nunmehr sogenannte Kriegsgefangene gesammelt, von den Amerikanern auch ›PW‹ genannt. Mithin Reste der ehemaligen großdeutschen Wehrmacht, die sich nun ›in Rudeln‹ ergab, also ›vereinnahmt‹ oder eben ›befreit‹ wurde; wie man will. Das Gedränge war alsbald groß. Allein dieses eine Lager wollte anmuten wie die Kehrseite eines Reichsparteitages – wieder Massenaufmärsche, doch jetzt zum Toresschluß.

Dabei mußten Mannschaften, dann sogar auch Unteroffiziere ›notgedrungen‹ in provisorischen Zelten oder ganz im Freien kampieren. Das jedoch bei nicht ganz ungünstigen

Temperaturen, auch nahezu ausreichender Verpflegung. Offiziere allerdings konnten in den Baracken untergebracht werden.

Und in einer von denen befand sich dann auch, in einem eigenen Raum, Oberst Wonnegut. Er war hier als ›deutscher Lagerkommandant‹ eingesetzt worden – auf Ratschlag von Rabe. Mit erkennbarem Erfolg: Ruhe und Ordnung stellten sich alsbald ein.

Wobei denn jedoch, in jener einstmals von Oberst Wonnegut und seinen Offizieren befehligten, dann jedoch geräumten Heeresflakschule nördlich von Schoenau, Elemente der Unruhe zum Vorschein kamen. Denn dort war inzwischen eine massive Horde von Nachkriegskriminellen eingedrungen. Die sich nun breitzumachen drohten.

»Das, Captain, sind Anfänge«, empfahl der kenntnisreiche, aber auch praktisch veranlagte Straßner seinem Chef, dem Militärverwalter Singer, »gegen die wir uns entschieden zur Wehr setzen sollten.« Was wohl praktisch zu bedeuten hatte: Man haue diesen aufdringlichen hier jede Ordnung gefährdenden Kerlen auf die Schnauzen; ebenso kurz wie kräftig.

Dabei handelte es sich, war zu vermuten, um letzte, entvölkerte, gerade noch dem Inferno entronnene Menschen. Die jedoch hier nun herumzustreunen begannen; von der ehemaligen Flakschule aus wie von einer Raubritterburg. Dabei davongekommene Polen, dahinvegetierende sowjetische Kriegsgefangene, weiter einst untergetauchte, nun wieder aufgetauchte Fremde von Frankreich bis zum Balkan. Sie hatten überlebt – wohl gerade noch so –, und nun wollten sie wieder leben.

Doch eben deretwegen machten sich alsbald unter der braven, sich mißverstanden fühlenden Bevölkerung allerneueste Greuelmeldungen breit. Und ›Schuldige‹ dafür mußten gefunden werden. Wie üblich: Immer die anderen!

Und was ließ sich denn nicht alles registrieren! Wie in nur wenigen Stunden und Tagen hervorbrechend: Überfälle, Plünderungen, brutale Besitzergreifungen. Jeder war jedermanns Feind, jeder wehrte sich seiner Haut, schlug um sich –

auf wen auch immer ein –, nur um sich ›zu befreien‹; ganz gleich wovon.

Also noch mehr Leichen, zerbrochene Knochen, in Brand gesetzte Häuser, Männer mit eingetretenen Bäuchen, vergewaltigte Frauen. Dabei auch ein gegen irgendeine Wand geschmettertes Kleinkind. Dazu Kühe und Schweine mit zersplitterten Schädeln, durchstochenen Kehlen, aufgeschlitzten Bäuchen. Weiter etliche krepierte Hunde und Katzen, die nun wieder zum Straßendreck zu gehören schienen.

»Zustände«, stellte Straßner fest, »bei denen es wohl nur noch zwei Möglichkeiten gibt: Einmal: Wir versuchen die uns entgegenkommende, bedrohte Bevölkerung gegen aufdringliche Elemente zu schützen – welche auch immer.«

»Wie stellen Sie sich das vor, Straßner?«

»Dabei denkbar wären etwa Tag- und Nachtstreifen. Durchgeführt von amerikanischen Soldaten, gemeinsam mit deutschen, polizeilich organisierten Hilfskräften. Wäre das nicht, Captain, ein annehmbares Angebot?«

»Doch wohl ein völlig verfrühtes«, erkannte Singer prompt. »Denn wir Amerikaner – und ihr Deutsche –, das geht noch lange nicht zusammen. Doch wie sieht Ihre zweite Möglichkeit aus?«

»Wesentlich einfacher, Captain. Wie wohl auch bereits vielfach erprobt. Sie stellen das Lager dieser offenbar entschlossenen frühzeitigen Nachkriegssieger unter strenge Kontrolle. Etwa so: Hinein darf dort jeder, der glaubt, darauf Anspruch erheben zu können. Herausgelassen werden jedoch nur jene, denen dafür eine spezielle Erlaubnis erteilt wird. Durch von uns ausgegebene Passierscheine. Hinzu könnte, generell, eine nächtliche Ausgangssperre kommen.«

»Das mutet ziemlich einleuchtend an«, stimmte Captain Singer bedächtig zu. Dieses Problem schien sich in den Griff bekommen zu lassen – doch immerhin: nur eines von vielen! Worauf er nunmehr, geradezu verlangend, zu wissen begehrte: »Und was ist – mit diesen Nazis?«

»Mit welchen Nazis?« erlaubte sich der Bürgermeister zu fragen; und das mit geradezu entwaffnender Naivität.

Der Captain blickte ihn streng verweisend an. »Was soll denn eine derartige Frage, Herr Breisgauer? Wenn ich Nazis sage, meine ich Nazis! Sie wollen doch nicht etwa behaupten, daß hier keine von diesen Typen existieren?«

»Und ob die existieren!« bestätigte Rabe anfeuernd. »Und zwar in rauhen Mengen! Doch die haben sich inzwischen in Ratten verwandelt, die sich offenbar in letzte Schlupflöcher zu verkriechen versuchen. Wo man sie nun aufspüren muß.«

»Sehr richtig, Rabe!« versicherte ihm Singer mit Anerkennung.

Worauf sich nun wieder der Praktiker Straßner zu Wort meldete. »Soweit ich informiert bin, Captain, werden derartige Elemente von US-Spezialeinheiten eingefangen und dann in Sonderlagern gesammelt.«

»Zunächst jedoch muß man diese Nazis erst haben!« Rabe schien bereit, sich als Singers bester Mann zu erweisen. »Eine enge, verläßliche Zusammenarbeit von uns allen scheint angebracht!«

Eine Erkenntnis, von der sich der Captain höchst angetan zeigte. »Sie, Straßner, richten hier im Ballenhaus eine erste Sammelstelle für diese Nazis ein. Und Sie, Breisgauer, bilden mit verläßlichen Leuten so was wie eine Art Aufspür- und Vereinnahmungsgruppe. Wobei Ihnen Mister Rabe, sozusagen als mein Beauftragter, gern behilflich sein wird. Und nun hoffe ich alsbald Erfolge zu sehen.«

Am Abend dieses gewiß denkwürdigen Befreiungstages erschien auch wieder Jacob Werner auf dem Welpenhof. Ein amerikanisches Lazarettfahrzeug, ausgestattet mit einigem Komfort, hatte ihn herbeigekarrt. Und dem entstieg er – verblüffend munter.

Erich Wienand stürzte, alarmiert, aus seinem Keller hervor – seinem Freund freudig entgegen. In den Armen lagen sich beide! Atemlos beglückt.

Dabei ließen sie sich von den interessiert zuschauenden Anwesenden nicht im geringsten stören. Das waren Elvira, Elfie und Konstanze. Aber dann noch ein sehr männlicher Mensch – Warnhagen. Auch wenn der noch so sehr bemüht zu sein schien, sich nahezu bescheiden im Hintergrund aufzuhalten – ein Jacob übersah den nicht.

»Ein erlesenes Abendessen steht bereit, lieber Herr Werner«, ermunterte ihn die stets aufmerksame Elvira.

»Danke Ihnen sehr, verehrte Frau Wienand«, sagte Jacob ungemein höflich. »Aber unsere amerikanischen Freunde haben mich mit Vitaminspritzen und Spezialverpflegung geradezu gemästet. Danach vermag ich kaum noch etwas wie Appetit zu entwickeln.«

»Ich auch nicht«, versicherte ihm Erich einfühlsam.

Offenbar wünschten diese beiden Menschen nichts so sehr, wie sich endlich zurückziehen, um sich ihren Gesprächen ausliefern zu können. »Wir nehmen lediglich eine Karaffe Milch mit uns.« Milch von seiner Edda. »Dazu einen Krug Wasser – für Jacob. Das genügt uns.«

Dann begaben sich die Freunde unverzüglich kellerwärts. Wo dann Erich Wienand – endlich, endlich – seinem geliebten Jacob das zu zeigen begehrte, was ihn nicht nur in diesen letzten Tagen wahrhaft zu bewegen vermocht hatte. Seinen Christus!

Doch bevor ihm das noch gelang, wollte Jacob, von den Kerzen im Leuchter umschienen, spürbar beunruhigt wissen: »Wer, mein Freund, war denn das? Dieser Mensch im Hintergrund, unmittelbar bei deiner Frau? Der stand da, wie ...«

»Wie auch immer – ist das nicht völlig unwichtig, Jacob?«

»Wie der dastand! Wie einer von jenen, denen wir in den letzten Jahren immer wieder begegnen mußten. Ein mächtiger Gewaltkerl; von sehr großdeutschem Wesen – auch wenn nur abwartend, abschätzend, dennoch wie zugriffsbereit. Sind denn solche Menschen in alle Ewigkeit unvermeidbar?«

»Ich vermag deine Besorgnisse durchaus zu verstehen, mein lieber Freund – und auch ich halte sie für nicht ganz unberechtigt. In diesem Fall allerdings handelt es sich schließlich um einen Angehörigen meiner Familie – um den Mann meiner Tochter. Und Elfie liebe ich sehr. Darauf bitte ich dich zu achten.«

»Kaum vorstellbar, daß du ausgerechnet den für sie ausgesucht hast, Erich?«

»Den hat sie sich, wie man wohl so sagt, erwählt.«

»Aber doch wohl kaum ohne deine Zustimmung?«

»Das allerdings nicht, Jacob.«

»Dann, Erich, begreife ich das ganz einfach nicht. Dabei kann irgend etwas, etwas ganz Erhebliches, nicht stimmen. Solltest du das für reine Liebe halten? Da scheint vielmehr – bitte erlaube mir diese Deutlichkeit – pure Berechnung mit im Spiel gewesen sein.«

»Das aber auch bei mir – um nun gleichermaßen deutlich zu werden. Denn ich habe dieser Verbindung, und das sehr wohl überlegt, zugestimmt. Und zwar deshalb, weil ich meine Elfie glücklich sehen wollte; danach verlangte es sie offensichtlich, und das vermochte ich nicht zu blockieren. Also nicht das, was sie ihr großes Erlebnis nennt; sichtlich zu nennen begehrte.«

»Und eine derartig verwegene Anwandlung von dir, glaubst du, könnte einen Zustand von Dauer erzeugen?«

»Wohl kaum. Das erkennst du absolut richtig, Jacob; und ich sehe das auch so. Doch so lange ein solches Glücksgefühl irgendwie bei Elfie andauert, will ich meine geliebte Tochter glücklich sehen. Mein Gott, was kann man denn in diesem Dasein mehr erwarten?«

»Wer oder was, Erich Wienand, glaubst du denn eigentlich zu sein?« verlangte nun Jacob Werner heftig aufgrollend zu wissen. »Solltest du dich etwa als eine Art Stellvertreter deines Heilandes fühlen, als wohlgefälliger Hüter deines Humanismus? Gedenkst du Schicksal zu spielen?«

»So mußt du das nicht gleich sehen, mein lieber Freund. Du bist doch sonst voller Verständnis! Und du weißt, daß ich beständig meinen Gemüts- und Gefühlsanwandlungen erliege, daß ich mich unentwegt heimgesucht fühle. Nicht selten komme ich mir vor, wie völlig ausgeliefert – meinen Wunschträumen.«

»Welchen denn wohl noch, Erich?«

»Nun, da gibt es noch einiges, was mich derzeit bewegt, mein lieber Jacob – eines in Besonderheit. Laß dich damit bekannt machen – mit einer Erscheinung, die ich als eine der schönsten Erfüllungen meines Daseins betrachte.«

»Und welche wäre das?«

Ihm das, allein das, nun vorzuführen, danach verlangte es Erich Wienand mit glücklichem Eifer. »Komm zu mir, mein lieber Jacob – und schaue dir das an!«

Sodann schob er mit überraschend kraftvollen Griffen sein Bettgestell beiseite, um wieselartig den darunter befindlichen Teppich aufzurollen. Er kniete sich nieder, um dann, mit bloßen, bald fast blutenden Händen, seinen Christus freizuscharren.

Was zum Vorschein kam, war eine in Erz gegossene Figur: zunächst ein Leidensgesicht, das dennoch zu lächeln schien. Dann ein Oberkörper mit knochigen Konturen; wie von einer auszehrenden Erkrankung befallen. Sodann Hände von schmaler Feingliedrigkeit, die wie abgestorben erdwärts gereckt schienen. Schließlich knöcherne Beine mit verkrümmten Füßen.

»Ist er nicht unsagbar herrlich!« rief Erich Wienand aus. Schwer atmend. Beherrscht von tiefem Glücksgefühl.

Jacob Werner schien nun völlig verstummt.

11.

Eins der wohl wichtigsten Probleme – wenn auch lediglich eines unter etlichen anderen – kam nunmehr auf Captain Singer mit unbequemer Deutlichkeit zu. Jene von ihm verlangte, erhoffte Sicherstellung hier vorhandener Nazis. »Sind die immer noch nicht vereinnahmt?«

»Ist versucht worden«, wurde ihm versichert.

Das zumindest gemeinsam von Bürgermeister und Polizeichef; während der bereitwillige Zukunftsrabe nicht ohne spürbare Vorbehalte war. Doch nunmehr war auch noch ein hier stationierter Chef einer stattlichen Einheit der US-Militärpolizei, ein Leutnant namens Burns, mit von dieser Bereinigungspartie – Singer wohl zugeteilt, aber ihm nicht direkt unterstellt.

»Inzwischen ist es uns gelungen, Captain, eine ganze Anzahl derartiger Elemente aufzuspüren. So gut wie jede Sorte davon. Etwa Kerle von Reichs- und Gauleitungen; auch diverse SS-Weiber und sonstige Handlanger – ob nun haupt- oder nebenamtliche. Wir haben sogar Gestapobeamte einkassiert – zum Teil mit Akten. Abtransportiert in ein Sammellager! Siehe Tagesmeldung.«

»Hört sich nicht schlecht an.« Singer zeigte sich nicht ganz unbefriedigt, doch noch lange nicht zufrieden. »Doch, das kann schließlich nicht alles sein, was hier herauszuholen ist! Was sonst noch?«

Eine Frage, auf die Rabe geradezu gelauert zu haben schien. »Nun«, meinte er bieder, »wie wäre es, wenn wir uns in dieser Hinsicht etwa mit Herrn Wienand ein wenig näher beschäftigen?« Er genoß das Staunen, das er erregte.

»Wie kommen Sie denn in einem solchen Zusammenhang ausgerechnet auf einen Erich Wienand. Was sollte denn der mit derartigen Vorgängen zu tun haben?«

»Nun – vermutlich eine ganze Menge, meine ich.« Rabe hatte da offenbar reichlich intensiv nachgedacht. »Schließlich ist dieser Mann nicht nur gut und ehrenwert – der scheint auch klug und wachsam zu sein. Mithin könnte er Namen nennen. Und zwar Namen von denen, die ihn ins KZ gebracht beziehungsweise daran mitgeholfen haben, ihn dort hineinzubringen. Und das wäre endlich mal was Brauchbares.«

Singer blickte versonnen um sich – erst den Bürgermeister an; der schwieg. Dann betrachtete er Straßner; und der sagte: »Nun ja, wie ich Herrn Wienand kenne, könnte der uns durchaus Namen nennen. Falls er das will, sofern er das für richtig hält. Dazu könnte man ihn anzuregen versuchen; doch ihn irgendwie bedrängen sollte man nicht. Schließlich will er hier möglichst ungestört leben.«

»Das Letztere war eine völlig unnötige Bemerkung in diesem Zusammenhang, Herr Straßner. Ansonsten jedoch«, entschied der Captain, »stimme ich Ihren Anregungen zu.«

Worauf es sich der sichtlich erleichterte Bürgermeister Breisgauer leistete mit treuherziger Schlitzohrigkeit eine besondere Anregung zu verkünden: »Wir sollten da wohl zunächst einmal von der Voraussetzung ausgehen, daß wir von einer Vereinnahmung jener hier ansässigen nur kleineren Parteigenossen absehen können.«

Eine Feststellung, die unverzüglich erhebliche Verwunderung auslöste. Rabe lachte ungeniert auf. Der Militärpolizeileutnant Burns schüttelte seinen schmalen, pferdegesichtigen Kopf. Captain Singer aber betrachtete mit steigender Neugier seinen nun leicht transpirierenden Straßner.

Und der reagierte, wie von ihm erwartet, abermals absolut sachlich-praktisch. »Wenn ich mir erlaube, diesen Vorschlag unseres Bürgermeisters zu unterstützen, den sogar ich für angemessen halte, dann geschieht das aus zwei Gründen. Einmal – was Herr Breisgauer absolut richtig erkannt hat – laufen uns diese Leute ja nicht weg. Dann aber – was mir gewiß Leutnant Burns bestätigen wird – vermeiden wir dadurch eine unnötige, jede Übersicht erschwerende Überfüllung unserer Auffangstationen. Denn der Andrang dort dürfte bald sehr groß werden – zu groß.«

Was dann auch, schnell erkennbar, tatsächlich der Fall sein

sollte. Eine Treibjagd war angeblasen; eine große Strecke bahnte sich an. Aufspürer, Anzeiger, Hinweiser stellten sich, wenn auch leicht verschämt, zur Verfügung.

Das wahrlich nicht zuletzt, weil Captain Singer verkünden lassen hatte, dazu angeregt von dem immer tüchtiger in Erscheinung tretenden Berater Rabe: »Für jede brauchbare Adresse: drei Stangen Zigaretten, Original amerikanische; Marke nach Wunsch.« Was ein stattlicher Kopfpreis war.

Worauf dann auch etliche weitere derartige Nazielemente aufgegriffen werden konnten. Mal ganz abgesehen von jenen gar nicht wenigen, die sich wohl notgedrungen freiwillig einfanden – zutiefst zerknirschte Ergebenheitswesen. Doch beharrlich bemüht, sich selbst zu erklären. Gutwillige Menschen waren sie gewesen. Doch dann eben getäuscht, ausgenutzt, mißbraucht worden. Verführt von diesem Führer!

Immerhin gelang es, stattliche Rudel derartiger Restwölfe sicherzustellen. Doch in erster Linie, leider, handelte es sich um sogenanntes ›Kleinvieh‹. Dabei allerdings war auch ein KZ-Arzt! Der dann prompt behauptete, angeblich stets um die medizinische Betreuung der ihm anvertrauten Insassen bemüht gewesen zu sein; leider nicht immer erfolgreich.

Vereinnahmt wurden sie alle. Und für einen derartigen Auftrieb reichten selbst bei fleißigem Weitertransport durch Leutnant Burns und bei Zurückstellung der Ortsnazis die vorhandenen Räumlichkeiten nicht aus – wie von Straßner vorausgesagt. Da eben lediglich für anfallende Normalkriminelle berechnet.

Doch bemüht um weitere Sammlungsmöglichkeiten für derartige Weltanschauungsverbrecher und Gesinnungstäter, kam Captain Singer auf die Idee, dafür die Turnhalle der ehemaligen Adolf-Hitler-Schule einrichten zu lassen. Aber selbst die, wenn auch von erheblicher Geräumigkeit, war sehr schnell völlig überfüllt. Nazis stauten sich darin wie Heringsschwärme.

»Alles läuft also bestens!« stellte der Polizeimensch Straßner fest. Überaus ermunternd. Wohlberechnet.

Captain Singer jedoch begann nun bereits in wesentlich anderen Dimensionen zu denken – wohl vom Zeitgeist, dem sogenannten, dazu verführt. »Das alles sind nur kleine Fische! Diesbezüglich ist es meinen Militärregierungskameraden gelungen, etwa in der Nachbarstadt Weilheim, wesentlich überzeugendere Erfolge vorzuweisen. Denn die haben es fertiggebracht, einen Gauleiter zu kassieren. Dann auch einen KZ-Kommandanten. Und schließlich sogar den Reichsmarschall Göring.«

»Das allerdings«, stellte Rabe bereitwillig mitbesorgt fest, »könnte ein beklagenswertes Manko sein; das nun wohl schnellstens ausgeglichen werden muß. Was andere können, das können wir auch.«

»Allemal!« versicherte der US-Militärpolizeileutnant Burns. »Na – und wie!«

Worauf sich dann, absolut unvermeidlich, eine knallharte, scharfentschlossene, zielstrebig geförderte Konkurrenzschlacht ergab – zwischen den US-Militärgewaltigen der benachbarten Städte Weilheim und Schoenau. Das vorgeblich allein zwecks Ergreifung von Nazis. Wobei jedoch jeder von ihnen darauf versessen zu sein schien, hierbei als der Beste, der Erfolgreichste in Erscheinung zu treten.

Dabei mußten sie sich nicht gleich persönlich in den Vordergrund drängen. Die unvermeidlichen Scharmützel, Kleinkriege und Heimschlachten konnten sie getrost und hoffnungsvoll anderen überlassen – und zwar ihren jeweiligen Chef-Militär-Polizisten. Denn diese beiden, war bekannt, belauerten sich bereits seit Monaten.

Das aus fatal persönlichen Gründen. Doch nicht nur, daß diese beiden einander nicht ausstehen konnten, hinzu kamen dann noch halbwegs folkloristische Motive. Denn dieser Leutnant Burns – eindeutig italienischer Abstammung, sein Großvater hatte noch Bernasconi geheißen – wurde in der Army gemeinhin ›unser Makkaronifresser‹ genannt. Während der andere in Weilheim, namens Mc'Intosch, auch er ein Leutnant, als ›unser Whisky-Säufer‹ bezeichnet wurde. Frontal gegensätzliche Lebensweisen, wohl auch für ›Weltanschauungen‹ gehalten, prallten aufeinander.

Diese beiden stiegen nun also voll in ihr Geschäft ein. Angefeuert von ihren Militärregierungschefs – jener in Weilheim war gleichfalls ein Captain, doch im Gegensatz zu Singer ein erfahrener Truppenoffizier. Und die beiden mobilisierten dann noch dazu, wenn auch mehr im Hintergrund, alle erreichbaren deutschen Hilfskräfte.

Wobei sich, zunächst einmal, folgende Erfolgsbilanz ergab: Der Bereich Weilheim hatte zwar nur an die dreihundert Aufgegriffene zu verzeichnen, doch eben darunter etliche Nazi-Bosse. Und wenn auch Schoenau nahezu einhundert Personen mehr aufweisen konnte, so jedoch kaum Greiferglanzpunkte.

»Das allerdings«, rief Captain Singer seinen Mitarbeitern zu, und das nahezu anfeuernd, »hat sich nun schnellstens zu ändern. Dazu müssen wir uns einiges einfallen lassen. Und ich bin sicher, daß ihr mich nicht enttäuschen werdet.«

»Werden wir nicht«, versicherte Rabe für alle. »Wenn jedoch unsere Bemühungen nicht ausreichen sollten, dann muß eben auch ein Erich Wienand mit ins Spiel gebracht werden. Dessen Hinweise könnten sehr ergiebig sein.«

Gleich am Morgen danach begann Horst-Heinz Warnhagen mit seinem ersten, gewiß wohlgeplanten Versuch, diesen Welpenhof zu vereinnahmen. Mit allem und jedem, der dazugehörte. Das geschah mit großer Entschiedenheit; dennoch aber mit nahezu bescheiden anmutender Höflichkeit.

Zu diesem ›Familienfrühstück‹ hatte sich auch Erich Wienand eingefunden. Ohne seinen Jacob. Mit der Bemerkung: dem gehe es nicht sonderlich gut. Was durchaus bereitwillig zur Kenntnis genommen wurde. Elvira betreute ihren Mann höchst aufmerksam wie üblich. Was er sehr zu genießen schien.

Dabei betrachtete er Elfie, die vor sich hinblickte – versonnen, fast nachdenklich. Als sie spürte, daß ihr Vater sie ansah, begann sie zu lächeln; ein wenig zaghaft, doch ungemein liebevoll.

Das alles registrierte Konstanze Reibert mit steigender Aufmerksamkeit; nicht ohne dabei eine gewisse Verwirrung zu empfinden. Die Reaktionen ›ihres Dichters‹ muteten wahrhaft kompliziert an. Jene Augenblicke, in denen sie nicht herauszufinden vermochte, was er wirklich dachte, drohten immer häufiger zu werden.

Erich Wienand demonstrierte behagliche Genußbereitschaft. Und die schien kaum getrübt werden zu können. Selbst dadurch nicht, daß Warnhagen werbend ausführte:

»Was nunmehr wohl angestrebt werden sollte, und worum ich mich auch gern bemühen will – gewiß im Sinne von uns allen –, ist ein alsbald möglichst wieder voll funktionierender Betrieb, in landwirtschaftlicher Hinsicht. Das zunächst einmal basierend auf den hier noch vorhandenen Tieren. Deren Bestand sollte sich allerdings, zumal zum derzeitigen Zeitpunkt, fast mühelos vergrößern lassen.«

Nun allerdings horchte Erich Wienand sichtlich auf. Wenn es um Tiere ging, erblühte seine Aufmerksamkeit. »Wie stellen Sie sich denn das vor?«

»So was läßt sich derzeit einfach ermöglichen – und zwar durch die jetzt stattfindenden vielfachen Verlagerungen von Besitzverhältnissen. Denn nun existieren hier zahlreiche herrenlose, zusammengetriebene Tiere aus abgebrannten Gehöften, von aufgelösten Transporten. Nichts als restliche Nazibestände, über die jedoch die amerikanische Militärregierung verfügen kann. Was wir uns zunutze machen sollten, das nun wohl auch, in unserer Position, können. Bei uns jedenfalls sind die Stallungen endlich von Soldaten jeder Sorte geräumt und in ausreichender Größe vorhanden.«

»Beabsichtigen Sie hier etwa eine Art Viehzucht aufzubauen?«

»Keinesfalls nur das, Herr Wienand. Vielmehr gedenke ich, diesen Welpenhof als landwirtschaftliches Unternehmen wieder voll in Schwung zu bringen. Wozu auch eine baldige Aussaat auf den brachliegenden Feldern gehören soll. Wohl gerade noch rechtzeitig, um dann im Herbst eine erste, wenn auch wohl noch bescheidene Ernte einbringen zu können. Darf ich annehmen, Herr Wienand, daß Sie diese meine Anregungen akzeptieren?«

»Einwände dagegen kannst du doch wohl kaum haben, Erich«, verlangte seine Frau zielstrebig zu wissen.

»Denn das sind schließlich sehr überzeugende Gedankengänge, lieber Vater«, versicherte ihm Elfie betörend schlicht, wenn auch ein wenig zögernd. »Und für die solltest du meinem Mann, glaube ich, sehr dankbar sein.«

»Nun ja – warum eigentlich nicht?« meinte nun der lächelnde Erich Wienand. »Tiere hat es hier schon immer gegeben – und von mir aus können niemals genug davon da sein. Zumal für diese, selbst jetzt noch Futtergetreide, Kartoffeln und Heu vorhanden sind. Dank deiner Vorsorge, Elvira.«

»Womit ich lediglich deinen Anregungen entsprochen habe, Erich.« Das mit lächelnd sanftem Stolz gesagt.

Er nickte ihr anerkennend zu. »Also gut – Tiere in einigen Mengen ließen sich hier betreuen; von uns allen gemeinsam. Meine Frau kennt sich in Geflügelzucht hervorragend aus. Und Elfie hat sich inzwischen auf Schweine und Schafe so gut wie spezialisiert. Und ich verstehe einiges von Kühen; was ich nicht zuletzt meiner Edda zu verdanken habe. So weit – so gut. Wie jedoch, Herr Warnhagen, stellen Sie sich eine Bestellung meiner Felder vor? Wer soll das machen?«

»Dafür bieten sich zahlreiche herumstreunende Elemente an. Etwa entwurzelte Knechte, versprengte Fremdarbeiter, nach einer neuen Betätigung suchende Kriegskameraden. Wobei jedoch für uns nur solche mit einschlägigen Kenntnissen in Frage kommen. Doch eben die braucht man jetzt nur noch aufzugreifen.«

»Und wie, Warnhagen, gedenken Sie die zu bezahlen?«

»Durch die derzeit allein dominierende Währung: Verpflegung und Unterkunft. Mehr braucht es nicht.«

»Wissen Sie, wie sich das anhört? Nach Ausbeutung. Irgendwie.«

»Nicht bei den zeitbedingten Gegebenheiten. Denn in diesem Zusammenhang gesehen, muß so etwas geradezu als Wohltätigkeit in Erscheinung treten.«

»Laß ihn das machen, Erich!« verlangte Frau Elvira.

»Vater macht das«, erkannte Elfie mit dunkel anmutender Ergebenheit.

Wobei Konstanze Reibert unentwegt ›ihren großen Dichter‹ aufmerksam betrachtete. Denn zumindest eine seiner Eigenschaften glaubte sie nun nicht nur zu erkennen, sie vielmehr sogar zu durchschauen vermögen: seine ausgeprägte Leidensfähigkeit, die ihm noch dazu sanften Genuß zu bereiten schien. Vermutlich wünschte er wohl eine Art heimlichen Privat-Christus darzustellen.

Doch nun erst, nachdem Erich Wienand etliche Einzelheiten erfragt hatte, stellte er lapidar fest: »Zwischen uns – meiner Frau und mir – hat sich, wie wohl inzwischen bereits bekannt, eine Art Arbeitsteilung eingebürgert. Ich schreibe meine Bücher und sie führt den Haushalt. Wenn Sie nun also, Warnhagen, eine Zustimmung zu Ihren Projekten erwarten, dann müssen Sie sich an meine Frau wenden.«

»Was auch immer Sie vorschlagen, Herr Wienand – es wird von mir akzeptiert. Wobei Sie sich, bitte, nicht irgendwie dadurch irritieren lassen sollten, daß ich kein Landwirtschaftsexperte bin. Doch rechnen Sie damit, daß es sich bei mir um einen erfahrenen Organisator handelt. Aber eben diese meine Fähigkeiten nun voll einzusetzen – für Sie, meine liebe Frau, für unsere Familie, falls Sie mir diese Formulierung erlauben –, bin ich bereit.«

Worauf dann Erich Wienand nur noch sagte: »Also gut, Warnhagen. Falls Sie unbedingt dazu entschlossen sein sollten – dann können Sie das ja von mir aus mal versuchen.«

Thomas Tümmler, der ehemalige Unteroffizier, nunmehr Großknecht im Leitmann-Hof, zeigte sich betrübt. Er verkündete seinem Betreuer mit gelindem Grinsen: »Weißt du, was ich da nun für einen Eindruck habe? Daß ich mich jetzt hier bei dir nicht mehr sonderlich wohl fühle.«

Eine Äußerung, die als wahrlich bedrohlich erkannt wurde. »Was willst du denn noch, Mensch! Du liegst hier auf der faulen Haut, frißt dich bei mir durch. Und vermutlich hast du sogar meine Tochter gestemmt – meine Frau möglicherweise auch.«

»Deine Frau nicht!« Tümmler mutete reichlich munter an. »Doch jetzt gefällt es mir hier einfach nicht mehr.«

»Du«, vermutete Leitmann berechtigt, »gedenkst mich im Stich zu lassen! Wegen der versenkten Munitionskisten – und der Moorleichen.«

»Rege dich nicht unnötig auf, du Kuhtreiber. Denn ich beabsichtige ja nicht, alle meine bei dir gelagerten Kisten, Kanister und Kartons gleich mit mir zu nehmen. Ein stattlicher Rest bleibt bei dir, zu treuen Händen. Doch zunächst einmal gedenke ich mich hier sozusagen offiziell niederzulassen. In deiner unmittelbaren Nähe. Im Welpenhof.«

»Bei diesem herumbrütenden Wienand und seinen ihn umwimmelnden Amerikanern?«

»Bei dem dort nun eingesetzten Verwalter, Warnhagen. Der benötigt dringend meine Dienste und Ratschläge. Als Experte für Rindviecher – nach wie vor.«

»Ach was, du schäbiger Sauhund! Du willst mich hier mit diesem Sumpf allein lassen – mit allem, was drin ist.«

»Du mußt dir nicht gleich in die Hosen machen, Leitmann. Ich bin ein prima Kumpel, falls sich das lohnt. Jedenfalls habe ich in deinem Moor so gut wie alles bereinigt, was sich irgendwie bereinigen ließ. Dafür solltest du deinem schäbigen Sauhund dankbar sein, du altes Arschloch von einem bäuerlich-väterlichen Freund! Du brauchst dich dort nur umzusehen.«

Worauf sich Leitmann gezwungen sah, das Sumpfgebiet zu besichtigen. Dort jedoch glaubte er zu seiner unendlichen Erleichterung zu erkennen: Nichts mutete irgendwie gefährlich an. Keine Spur von irgendwelchen Leichen war zu erblicken. Nur – Natur.

Als er dann jedoch längere Zeit andächtig beruhigt verweilte, sah er etwas ihn ungemein Beunruhigendes: aus dem schwarz-dunklen Moorwasser kamen Blasen. Kleine, glucksende, sich lautlos auflösende Blasen. Die Verwesung machte sich bemerkbar.

Jenes Wesen, das nunmehr nach Schoenau am Kocher zurückzukehren begehrte, war die Sekretärin der ehemaligen Kreisleitung der NSDAP; also die stattliche Waltraut Degenhart. Sie hatte sich in einen weiten, graugrünen Regenmantel gehüllt, der ihre vielfach anerkannt prächtigen Formen dennoch nicht zu verbergen vermochte.

Sie begab sich – absolut instinktsicher, wie sie immer noch

zu reagieren vermochte – direkt zum Polizeichef Straßner. Und der war nach wie vor in seinem Ballenhaus aufzufinden. Immer noch ausgestattet mit der ihm gegebenen, unendlich geduldigen Gelassenheit – selbst noch bei ihrem Anblick.

»Können Sie mir helfen?« rief sie ihm fast flehend zu. »Ich weiß nicht mehr weiter.«

»Möglicherweise könnte ich das«, sagte der Polizeimensch bedächtig. »Wenn auch nicht ungern, so doch allerdings nur unter gewissen, hier nun unvermeidlichen Bedingungen.«

»Welche auch immer Sie verlangen sollten, Herr Straßner – ich nehme sie an.«

Waltraut hockte ergeben vor ihm. Wobei sie nicht den geringsten Versuch machte, sein männliches Wohlgefallen zu erregen; das hatte sie bereits einige Male versucht, vor etlichen Wochen. Stets völlig vergeblich. Jetzt war sie ihm ausgeliefert – auch dazu bereit.

»Nun – zunächst einmal würde ich gerne wissen wollen: woher kommen Sie, was haben Sie inzwischen gemacht oder eben erlebt?«

»Muß ich das unbedingt sagen, Herr Straßner? Denn das war einfach fürchterlich!«

»Mithin also zeitgemäß. Erzählen Sie mir davon, versuchen Sie das möglichst aufrichtig. Denn nur, wenn ich mir ein vollständiges Bild von Ihnen machen kann, könnte ich Ihnen einigermaßen wirksam helfen. Wozu ich bereit bin.«

Waltraut wurde nun sehr offen; sogar aufrichtig. Bald schien sie bemüht, so gut wie nichts auszulassen, um sich von dem zu befreien, dem sie ausgeliefert gewesen war. Als ein Opfer dieser Zeit, meinte sie; was gar nicht unzutreffend war.

Dabei kam dies zum Vorschein: Sie hatte diesen Abendrot, den Hauptmann, der in Schoenau als letzter Kreisleiter fungiert hatte, zu einer Parteiführerbesprechung bei Murnau begleitet. Doch von dieser waren sie nicht nach Schoenau zurückgekehrt – vielmehr hatten sie sich weiter alpenwärts begeben.

Dabei habe sie geglaubt, sich ihm, Abendrot ›diesem Menschen‹, vertrauensvoll, wenn nicht gar liebend-vorbehaltlos anschließen zu können. Einmal mehr hoffend auf die Erfüllung ausgeprägter weiblicher Sehnsüchte. Sie hatten dann ein Hotel bei Garmisch-Partenkirchen erreicht, das für erlesene Hoheitsträger reserviert worden war.

Dort allerdings hatte sich dann Abendrot, ›dieser Mensch‹, erschossen. Mit seiner Dienstpistole. Und das mit den Worten: ›Wenn nun unser Führer nicht mehr lebt, dann gibt es auch für mich keinerlei Existenzberechtigung mehr. Ihm folge ich in den Tod! Und du, meine Waltraut, folge mir nach.‹

Weitere Einzelheiten: Er sei, schwer blutend, ›wie ein abgestochenes Schwein‹ über sie gefallen. Wobei ihr Nachthemd ›total versaut‹ worden war; ein dekoratives, seidenes, von veilchenblauer Farbe. Bei diesem Kleidungsstück hatte es sich um das einst in Paris gekaufte Geschenk ihres damaligen Verlobten gehandelt; eines Offiziers selbstverständlich, der dann in Rußland gefallen war.

Das alles hörte sich Straßner mit dunkler Geduld an; wohl zeitbedingt interessiert. Allzu lange jedoch fühlte er sich nicht versucht, derartig detaillierte Schilderungen über sich ergehen zu lassen. Er begann alsbald weiter an seinen möglichst dichten Netzen zu knüpfen.

»Nun, ich will versuchen, Ihnen zu helfen. Das jedoch bei der hier nun notwendigen Bereitschaft zu einer völlig vorbehaltlosen Mitarbeit.«

»Dazu bin ich bereit«, versicherte ihm Waltraut, mit hoffnungsvollem Eifer. »Sie brauchen mir nur zu sagen, Herr Straßner, wie das auszusehen hat.«

»Nun, soweit ich informiert bin, sind Sie in Ihrer Eigenschaft als Sekretärin bei der ehemaligen Kreisleitung, lediglich einer ganz normalen, arbeitsrechtlich geregelten Anstellung nachgekommen. Mithin also ohne jede Parteizugehörigkeit, ohne amtliche Organisationsfunktion, ohne weltanschauliche Sonderschulung. Können Sie mir das bestätigen?«

»Ja, Herr Straßner, das bestätige ich.«

»Dann nehmen wir das zunächst einmal als gegeben an. Wobei ich nur hoffen kann, Sie versuchen nicht, mich zu täuschen. Nicht mich, rate ich Ihnen.«

Was Waltraut nicht zu tun bestätigte, geradezu feierlich.

»Also, dann könnten wir nun wohl folgendes feststellen: Sie sind hierher zurückgekehrt, weil Sie in dieser Stadt, in Schoenau, sozusagen amtlich registriert sind. Zurückgekehrt aber dann noch in der Bereitschaft, bei uns mitzuarbeiten; vorbehaltlos, wie gesagt.«

»Aber ja, ja!«

»Wozu aber auch gehören würde – bitte, achten Sie darauf –, daß Sie uns, der nunmehrigen Militärregierung, alle Ihre ganz speziellen Kenntnisse über parteiinterne Vorgänge, Zusammenhänge zur Verfügung stellen. Also Listen mit Namen, Daten und Adressen. Diesbezüglichen Personalpapieren und Akten haben wir wohl nachgespürt, sie aber noch nicht aufgefunden. Wissen Sie, wo sie zu finden sein könnten?«

Das zu wissen versicherte Waltraut unverzüglich. Ihre Bereitschaft zur Mitarbeit durfte mithin als recht verwertbar gelten. Straßner zeigte sich nicht unzufrieden.

»Ist Ihnen auch der Vorgang Erich Wienand bekannt? Wissen Sie Einzelheiten darüber? Sind Ihnen diesbezügliche Namen zugänglich gemacht worden?«

»Darüber«, mußte sie sehr bedauern, »weiß ich leider so gut wie nichts. Ist das schlimm?«

»Nicht unbedingt. Falls Sie sich jedoch daran erinnern sollten oder etwa entsprechende Einzelheiten herausfinden – dann werden Sie sich zuerst an mich wenden. Kann ich damit rechnen?«

»Können Sie!« versprach Waltraut entgegenkommend; zumindest recht glaubhaft.

»Dann werde ich Sie nun dem hier derzeit maßgeblichen Mann vorführen, einem Captain namens Singer. Und durchaus möglich, daß er an Ihnen, Ihrer erklärten Kooperationsbereitschaft einigen Gefallen findet – soweit ich das voraussehen vermag.«

Doch auf dieses Angebot reagierte der Captain zunächst einmal reichlich ungehalten. »Wen wollen Sie mir denn diesmal unterjubeln, Straßner – ausgerechnet die Sekretärin der Kreisleitung?«

»Eine Sekretärin im Angestelltenverhältnis, parteipolitisch offenbar nicht direkt belastet. Überaus entgegenkommend, willig zur Mitarbeit. Außerdem weiß diese Person, wo noch Unterlagen der Kreisleitung zu finden sind.«

»Nicht uninteressant«, stellte der Captain bedächtig fest.

»Falls Sie jedoch bereit wären, Captain, wozu ich rate, dieses Fräulein für sich, für Ihre Dienststelle arbeiten zu lassen, dann sollte das wohl mehr im Hintergrund geschehen. Denn derartige Hilfskräfte müssen ja nicht gleich unserer Öffentlichkeit präsentiert werden.«

»Das, Herr Straßner, versteht sich doch wohl von selbst! Irgendwelche Fragwürdigkeiten werde ich hier nicht aufkommen lassen. Doch zunächst einmal möchte ich diese Person sehen; sie mir ansehen.«

Captain Singer empfing dann Waltraud überaus gemessen, angebracht distanziert, doch mit sehr prüfenden Blikken. Wobei ihn die Betrachtung dieser Person, nunmehr ohne Regenmantel, vermutlich nicht ganz unbeeindruckt ließ. Er begann zu lächeln, als fühlte er sich herausgefordert amüsiert.

Dabei entging ihm offenbar nichts – weder ihr silbern schimmernder Ergebenheitsblick noch ihre dunkelsanft anschmiegsame Stimme und eine anlockend ergebene Bereitschaft. Hinzu kamen noch ein paar Solodarbietungen, etwa zu bezeichnen als Walkürengesicht, Germaniatitten, mittelhochdeutscher Prachtarsch! Und so etwas verlangte sichtlich danach, gewürdigt zu werden. Aber doch wohl nicht gleich von ihm.

»Mir ist zur Kenntnis gebracht worden, Fräulein Degenhard, daß Sie zu einer gewissen Mitarbeit bereit sind. Das würde ich begrüßen, immer vorausgesetzt: wir verstehen uns richtig.«

»An mir, Mister Captain«, versicherte Waltraud, nun wieder frischeste Morgenluft witternd, »soll es gewiß nicht liegen.«

»Zunächst jedoch eine Frage: sind Sie irgendwie an gewissen Vorgängen um einen Erich Wienand beteiligt gewesen?«

»Bin ich nicht!« Sie überspielte ihre Verwunderung über diese ihr nun in kurzer Zeit zum zweitenmal gestellte Frage mit gekonnt breiter Naivität. »Ich weiß gar nicht, wer das ist, was der Name möglicherweise bedeutet. Müßte ich das denn wissen?«

»Nicht unbedingt. Das könnte sogar für Sie sprechen – irgendwie. Achten Sie jedoch auf diesen Namen. Falls Sie in diesem Zusammenhang gewisse Unterlagen finden sollten, würde ich darüber gern zuerst unterrichtet werden. Kann ich damit rechnen?«

»Können Sie«, versprach ihm die hellwach gewordene Waltraut.

»Dann nehme ich Sie bei uns auf.«

Sie wurde erneut dort untergebracht, wo sie bereits gewohnt hatte: im Obergeschoß des inzwischen ehemaligen Kreisleiterhauses. Einem villenartigen Gebäude, dessen untere Räume Sid Singer bezogen hatte. Damit gelangte die willige Waltraut in seine unmittelbare Nähe.

Das Mittagessen im Welpenhof – von Elvira hausfraulich gekonnt angerichtet, von allen Anwesenden mit Anerkennung genossen – schien sich als ein harmonisches Familientreffen zu erweisen. Selbst ein Jacob Werner hatte sich diesmal der werbenden Einladung von Elvira nicht zu entziehen vermocht. Sie speisten, in der festlich anmutenden Wohnküche geradezu andächtig vereint.

Ein Zustand, den Heinz-Horst Warnhagen nicht sonderlich lange andauern ließ. »Meine ersten Maßnahmen, von Herrn Wienand gebilligt, mit Frau Elvira abgesprochen, sind inzwischen erfolgreich angelaufen, um diesen prächtigen Hof wieder voll in Funktion zu bringen. So ist es mir gelungen, in vergleichsweise sehr kurzer Zeit unseren Viehbestand nahezu zu verdoppeln.«

»Tatsächlich?« fragte Erich Wienand aufhorchend.

»Das sogar mit tätiger Mithilfe der bei uns im Welpenhof stationierten amerikanischen Soldaten. Ganz prächtige Leute – denen hat das sogar Spaß gemacht.«

»Die sind schließlich«, erklärte Elvira ihrem Mann, »von

Captain Singer dazu veranlaßt worden, dir, uns allen, behilflich zu sein. Und das sind die auch.«

Erich Wienand wirkte nun nahezu lauernd. »Sonderlich gut hört sich das nicht an. Gewinne für die einen bedeuten Verluste für die anderen. Auf wessen Kosten gehen derartige Aktionen?«

»Zu wessen Vorteil«, gab ihm Warnhagen behutsam zu bedenken, »sollte man sich da wohl eher fragen. Doch wohl zuallererst einmal zum Vorteil diverser Tiere, die nicht mehr wußten, wohin, zu wem sie gehörten. Die aber werden hier nun endlich wieder betreut und verpflegt. Dabei gelang es sogar eine Kuh aufzugreifen, die klagend vor sich hinbrüllte; gequält von dem Verlangen, endlich gemolken zu werden.«

Das allerdings war ein Argument, das einen Erich Wienand keinesfalls gleichgültig ließ. »Nun gut, dann nehmen wir also diese Tiere in Pflege – jedoch nicht gleich in Besitz.«

»Sie sind jedoch als herrenlos zu bezeichnen. Wenn wir sie nicht vereinnahmen, machen das andere.«

»Wir jedenfalls, Herr Warnhagen, rege ich an, beteiligen uns nicht an solchen Versorgungsspielen neuester Art. Achten Sie da bitte auf absolut geregelte Verhältnisse. Bisher besaßen die Tiere in meinem Hause genaue Beschreibungen – über Herkunft, Artbezeichnung, Alter und so weiter. Eine Art Tradition, auf deren Fortführung ich Wert lege.«

»Wird geschehen«, bestätigte Warnhagen unverzüglich. »Doch irgendwelche Schwierigkeiten wird es nicht geben. Da bin ich sicher.«

»Ihre erklärte Sicherheit, Herr Warnhagen«, wurde dem scheinbar nicht unbeeindruckt zugestanden, »will mir als sehr bemerkenswert vorkommen.«

»Worauf es hier nun auch ankommt, ist das unbedingt herbeizubringende Personal. Auch diesbezüglich habe ich sozusagen vorgefühlt, wobei es mir gelungen ist, einige recht vielversprechende Verpflichtungen vornehmen zu können.«

»Bravo!« rief ihm Elvira anfeuernd zu; ihrem Mann wohl zugleich auch. »Nun geht hier also alles endlich wieder vorwärts!«

»Welche Sorte von Verpflichtungen meinen Sie?« wollte Erich Wienand wissen.

Wobei die aufmerksame Konstanze registrieren konnte: dieser ›ihr Dichter‹ blinzelte bei dieser Frage lediglich vor sich hin. Er betrachtete dabei weder Warnhagen noch seine Frau, nicht deren Tochter, nicht einmal seinen Jacob Werner. Doch dem schien er sich zuzuneigen wie in dem Verlangen, gemeinsam mit ihm zu atmen.

»Zunächst zwei Verpflichtungen, Herr Wienand«, erklärte Warnhagen nicht ohne Zufriedenheit. »Dabei handelt es sich einmal um einen Großknecht namens Bergmann, ein sehr solider Mensch, ehemaliger Obergefreiter aus Schlesien, ein Fachmann für Saatgetreide. Sodann ein gewisser Tümmler, der in Sachen Viehzucht als ziemlich erfahren gelten darf. Beide stehen für uns bereit.«

Nunmehr schaute der hier wie unendlich abwesend wirkende Jacob Werner auf, von seinem Apfelstrudel, den er noch nicht berührt hatte. »Haben Sie da Tümmler gesagt? Ist das nicht ein Name, den ich schon gehört habe? Und zwar von dir, Erich. Oder sollte ich mich da getäuscht haben?«

»Wohl kaum«, bestätigte ihm der. Er wandte sich sehr langsam Warnhagen zu. »Wenn ich mich nicht irre, existierte in Ihrem Bereich erst gestern noch oder vorgestern, als Sie hier noch Oberleutnant waren, ein gewisser Unteroffizier Tümmler. Ein Ihnen, hat man mir gesagt, ungemein vertrauter Mensch. Handelt es sich um den?«

»Ja, aber das ist doch an sich nichts Besonderes«, wurde behauptet. »Denn wer hier nun irgendwie als verwendbar in Erscheinung treten will, dazu auch befähigt ist, der sollte uns willkommen sein. Ohne jegliche Vorurteile.«

»Vorurteile gibt es bei uns nicht«, stellte Elvira fest. Elfie nickte Zustimmung. Konstanze Reibert blickte allein ihren Dichter an. Der aber blinzelte seinem Jacob Werner zu; geradezu hoffnungsvoll.

Und der erlaubte sich nun mit sanfter Eindringlichkeit eine Frage: »Sollten wir dabei möglicherweise anzunehmen haben, Herr Warnhagen, daß hier etwa der Versuch unternommen werden könnte, und zwar ausgerechnet von Ihnen als

Mitglied einer Familie Wienand, nunmehr erneut eine weitere, wenn auch äußerlich veränderte Spielart ehemaliger Kameradschaft, einer großdeutschen, zu installieren; diese auf möglichst standfeste Beine zu stellen?«

Auf derartige Anmaßungen drohte nunmehr Warnhagen reichlich empört zu reagieren. Dabei bemerkte er jedoch gerade noch rechtzeitig den eindeutig warnenden Blick von Frau Elvira. Somit bemühte er sich unverzüglich versöhnliche Töne anzuschlagen.

»Ich darf wohl annehmen, Herr Werner, daß Ihre Äußerungen lediglich als eine Art Warnung gedacht waren, als vorbeugende Ermahnung. Sie mit Aufmerksamkeit entgegenzunehmen bin ich bereit, ohne mich persönlich davon betroffen zu fühlen. Falls jedoch nicht...«

»Was dann?« wollte der beharrliche Jacob wissen; wie ganz im Einvernehmen mit seinem Erich.

»Dann«, entgegnete Warnhagen mit gewachsenem Selbstbewußtsein, »müßte ich annehmen, daß mir Herr Wienand sein Vertrauen entzieht. Was ich sehr bedauern würde, zumal ich das ganz gewiß nicht verdient hätte. Doch in einem solchen Fall würde ich mich gezwungen sehen, hier alle meine Bemühungen einzustellen, mich zurückzuziehen.«

»Das dann aber gemeinsam mit mir!« versicherte Elfie ergeben in ihr Schicksal. In ihren wunderschönen Augen zeigten sich Tränen; von niemandem beachtet.

»Aber doch nicht gleich solche Töne, bitte!« Nun war es Elvira, die diese ihr fatal erscheinende Entwicklung entschieden zu beenden versuchte; von spürbarer Besorgnis getrieben. »Nicht in einer Zeit wie dieser, in der wir zusammenstehen müssen, um das denkbar Beste aus dem zu machen, was sich uns anbietet.«

»Und dazu«, beharrlich nachgefragt, »gehört auch dieser Tümmler?«

»Was den anbelangt, so weiß ich rein zufällig, daß es sich bei ihm im Hinblick auf unseren Horst-Heinz keinesfalls um eine sogenannte Kameradschaft handelt; mehr um eine Art wahre Freundschaft.«

»Was ich nur bestätigen kann, Herr Wienand«, versicherte

Warnhagen. »Das aber auch Ihnen, Herr Werner. Wohl bin ich ein Frontoffizier gewesen; das mußte ich sein. Doch dabei habe ich mich stets völlig frei von nazistischen Einflüssen gefühlt. Und Tümmler kommt aus einfachen Arbeiterkreisen; sein Vater war einstmals organisierter Gewerkschaftler. Doch nun wollen wir nichts wie teilnehmen an einem neuen Anfang.«

»Das genügt doch wohl, Erich, nicht wahr?« Elvira reagierte unverkennbar fordernd. »Und das solltest du nun, bitte, bestätigen.«

Und dazu schien er auch gewillt zu sein. Er erklärte nachdenklich vor sich hinstarrend: »Wir dürfen da wohl, versöhnungsbereit gestimmt, keinen Irrtum, keinen Fehler, kein Versäumnis betont nachtragend registrieren. Was auch gewiß deine Ansicht ist, mein Jacob.«

»Ja«, bestätigte der bedächtig. »Das abgesehen von bestimmten Ausnahmen. Denn für Mörder, meine ich, für deren Handlanger und Zutreiber darf fortan kein Platz mehr unter uns sein! So etwas hat nichts mit Rache zu tun – das ist Gerechtigkeit. Der Versuch dazu.«

»Da etwas Derartiges hier jedoch nicht im geringsten zutrifft«, stellte Elvira abschließend fest, »kann also Horst-Heinz so weitermachen wie bisher.«

»Was ich dann auch gern versuchen will«, bestätigte der. »Und zwar bemüht in Ihrem Sinne, Herr Wienand. Aber auch in dem von Captain Singer, mit dem ich auf das engste zusammenzuarbeiten gedenke. Ohne seine Zustimmung, seinen sogenannten Segen wird hier nichts geschehen – was hoffentlich einige beruhigen dürfte.«

Mit der letzten Bemerkung war offenbar Jacob Werner gemeint. Doch der zeigte sich weiter angriffsbereit. »Geraten Sie nicht in Versuchung, etwa zu glauben, daß Sie einen Singer irgendwie täuschen können. Der ist nicht so leicht zu überlisten, der läßt sich nicht einfach überrennen. Da kann ich Sie nur warnen.«

»Danke für diesen Ratschlag, Herr Werner! Doch der ist, glaube ich, wenn auch sehr richtig gesehen, hier keinesfalls notwendig. Schließlich weiß ich genau, daß ich, daß wir alle

Captain Singer Erhebliches zu verdanken haben; und weiteres dürfte noch hinzukommen. Ich jedenfalls unterbreite ihm meine Vorschläge, und er teilt mir seine Ansichten dazu mit, die ich als absolut verbindlich betrachte.«

»Na, welche denn wohl? Zum Beispiel.«

»Der Captain denkt dabei, wie ich, ganz praktisch. Zunächst einmal, hat er angeordnet, ist das große Arbeitszimmer freizumachen – allein für Herrn Wienand. Dabei ihm großzügig zur Verfügung gestellt: Eine neue Schreibmaschine, jede Menge Papier, alle gewünschten Unterlagen. Dazu auch noch, meinte Mister Singer, falls gewünscht, falls akzeptiert, eine Mitarbeiterin – eben Fräulein Reibert.«

»Erstaunlich – dieses Einfühlungsvermögen«, bekannte Konstanze. »Mister Singer scheint sehr bemüht zu sein, sich um die Weltliteratur verdient zu machen. Das sollte gebührend registriert werden.«

»Der jedenfalls«, flüsterte nun Jacob Werner seinem Freund zu, womit er Warnhagen meinte, »vermag mir immer noch nicht zu gefallen – jetzt noch weniger als vorher.«

»Doch er ist nunmal hier.«

»Wirklich völlig unvermeidbar?«

Die große Abneigung des jüdischen Freundes Werner diesem Warnhagen gegenüber war unverkennbar. Was offenbar auf Gegenseitigkeit beruhte. Das jedoch zunächst noch ohne erkennbare Weiterungen.

Am Nachmittag dieses Tages lag Erich Wienand in einem Lehnstuhl im Obstgarten. Umglänzt von sanfter Frühlingssonne, die ihn angenehm erwärmte. Einen Schreibblock auf den Knien, der jedoch völlig leer geblieben war, und das auch weiterhin bleiben sollte.

Versonnen betrachtete er seine Edda. Und der hatte sich eine zweite, nun endlich gut gemolkene Kuh beigesellt. Beide umstanden ihn ungemein zutraulich, atmeten ihn dumpf-heiß an, was er genoß.

Eine große, gelassene Geruhsamkeit umgab ihn. Wobei er erneut in Versuchung geriet, sich vorzustellen: die Menschen in seiner Umgebung versuchten alles Erdenkliche zu tun, um ihn zu betreuen, ihn abzuschirmen. Hatte er denn nicht erhebliche Veranlassung dazu, sich dankbar, wenn nicht gar glücklich zu fühlen – über das, was da nun auf ihn zugekommen war? Wie ihm von Gott gesandt.

Überaus dankbar gestimmt Elvira gegenüber, seiner getreuen Weggefährtin; die wohl nach wie vor zu jedem Einsatz bereit war. Dankbarkeit erfüllte ihn auch beim Anblick seiner Tochter Elfie, die nunmehr, wenn auch auf geradezu träumerische Weise dahindämmernd, wohl als glücklich zu bezeichnen war. Und ein gewisse Dankbarkeit glaubte er sogar für Warnhagen empfinden zu können, der hier planend in Aktion getreten war, gewiß zum Wohle aller.

Hinzu kam noch diese wundersame Konstanze. Sie gab sich alsbald hingebungsvoll Mühe, eine Art Archiv für ihn, für sein Werk aufzubauen. Wobei er kaum sonderlich gezögert hatte, ihr alle seine Materialien zur Verfügung zu stellen, ihr jede gewünschte Auskunft zuteil werden zu lassen.

Mithin zufriedenstellend, wenn nicht gar beglückend, so gut wie offenbar alles. Zumal sich Captain Singer als ein großzügiger Mäzen von großer Verständnisbereitschaft zu erweisen bemühte. Und die von ihm für den Welpenhof, zu seinem Schutz, abkommandierten amerikanischen Soldaten, insgesamt sechs, traten als ausgesucht nette Menschen in Erscheinung. Das einschließlich des Sergeant, der wohl von bulldoggenhaftem Wesen war, sich jedoch, vermutbar weisungsgemäß, weit im Hintergrund hielt.

Dennoch, dennoch vermochte ihn kein letztes, großes Glücksgefühl zu beherrschen. Was ihn schmerzte, war der Anblick der leergebliebenen Blätter seines Schreibblocks. Er kam sich hilflos vor; angstvolle Gedanken verließen ihn nicht.

Nicht ihn, und wohl auch nicht seinen geliebten Jacob, der sich bevorzugt im Keller aufhielt. Den verfolgten offenbar ähnlich traumatische Anwandlungen; instinktiv erahnbare. Waren sie nun, wenn auch gerade noch gerettet, dennoch verloren?

Während Erich Wienand so über seinen unbeschrieben gebliebenen Blättern dahindämmerte, nichts wie zu schlafen begehrte, um dabei vielleicht zu vergessen, was er zu vergessen hoffte – vernahm er eine Stimme.

Die kam vom Zaun her, wie verlangend. Es war eine sehr leise, doch unüberhörbar deutliche Stimme, die verschwörerische Flüstertöne hören ließ. »Ich würde es sehr bedauern, Sie stören zu müssen, Herr Wienand. Bitte um Verständnis. Doch ich hoffe, Sie haben die Güte, sich an mich zu erinnern.«

Was nun wohl unvermeidlich war. Erich Wienand richtete sich fast hastig auf. Dabei glitt sein leerer Schreibblock von den Knien; unbeachtet. Seine Kühe zogen sich ahnungsvoll zurück.

Wienand erblickte sodann, dicht am Zaun, hinter dem vorsichtig lauernd, eine ihm wahrlich hinreichend bekannte Person – Gernot Großer, den Kulturdoktor und ehemaligen Gauamtsleiter. Der jedoch war nun total zivil gekleidet; das vermutlich sehr dezent gedacht, nahezu korrekt studienratähnlich: graudunkler Anzug, ein noch halbwegs weißes Oberhemd, dazu ein nachtblauer Schlips. Sein Blick mutete bemerkenswert neuartig an – er flehte um Verständnis.

Und dieser Mensch erklärte, bevor noch Erich Wienand irgendeine Ablehnung zu bekunden vermochte: »Ich gedenke mich hier keinesfalls aufzudrängen. Doch ich bitte Sie, Herr Wienand, mir zu erlauben, Sie auf folgende Tatsache aufmerksam machen zu dürfen: Ich darf bekennen, daß ich es gewesen bin, dem es gelungen ist, Sie aus dem KZ zu befreien. Das nach wahrlich nicht ungefährlichen Interventionen, erheblichen Schwierigkeiten – doch dann endlich erfolgreich.«

»Das, Herr Großer, war mir nicht bekannt. Nicht in dieser Deutlichkeit. So was höre ich zum erstenmal.«

»Das ist jedoch der Fall gewesen, Herr Wienand! Und ich kann versichern, daß ich das gern getan, das sogar als persönliche Verpflichtung empfunden habe. Ohne dafür irgendwelche Dankbarkeit zu erwarten.«

»Sondern, bitte, was?«

»Ich erhoffe lediglich eine gewisses Verständnis, Herr Wienand, für meine derzeitige Situation, die denkbar fürchterlich ist. Wie ein gejagtes Stück Wild komme ich mir vor, was ich doch gewiß nicht verdiene. Aber wenn das einer zu erkennen vermag, sind Sie es! Denn auch Sie waren einst ein Verfolgter, und ich habe Ihnen geholfen. Doch jetzt werde ich verfolgt – bin hier, bei Ihnen. Ihre Hilfe erbittend.«

»Die ich Ihnen wohl kaum verweigern kann«, gestand ihm Erich Wienand zu; bedächtig abwägend.

»Wofür ich Ihnen dankbar wäre, ungemein. Das aber auch in der Überzeugung, daß ich diese Ihre Hilfe verdient zu haben glaube.«

»Nun gut, dann werde ich also für Sie versuchen, Herr Großer, was ich irgendwie vermag. Bitte warten Sie hier auf mich. Und bedienen Sie sich inzwischen nach Belieben.«

Er wies auf eine Karaffe mit Milch und auf einen danebenstehenden Teller mit leichtem Gebäck. Sein Besucher stürzte sich aus der Hecke hervor, den Lebensmitteln entgegen. Er zog sie an sich wie einen Rettungsring.

Erich Wienand begab sich unverzüglich in sein Haus, in die Wohnküche. Dort fand offenbar eine landwirtschaftliche Planungsbesprechung statt – im engsten Kreis. Dabei anwesend Warnhagen und Frau Elvira, ohne Elfie; dabei aber auch Tümmler.

Wienand setzte sich zu ihnen. Er musterte sie mit abschätzender Neugier. Um ihnen dann mitzuteilen:

»Da haben wir nun wohl, leider, ein Problem mehr. Noch dazu ein ganz besonderes.«

»Was denn nicht noch alles?« wollte seine Frau unwillig wissen. Offenbar fühlte sie sich bei ihren gewiß schönen Zukunftsplanungen ganz erheblich gestört.

»Da hat sich nun bei mir«, erklärte Erich Wienand, fast erwartungsvoll, »als ich da gerade im Obstgarten saß, ein gewisser Großer eingefunden.«

»Doch nicht etwa dieser ehemalige Gauamtsleiter – dieses einstmals stets präsente kulturelle Parteiwildschwein?«

Elvira zeigte sich höchst alarmiert, auch heftig ungehalten. Ihre Ablehnung war absolut eindeutig; nach wie vor, wie bereits seit Jahren bei ihr präsent. »Was will dieser Supernazi ausgerechnet von dir? Der ist dein Freund niemals gewesen. Laß dir von dem nichts Derartiges einreden, wimmle den ab, schleunigst.«

»Kann ich aber nicht«, glaubte Erich Wienand versichern zu müssen. »Denn er hat sich, behauptet er, in einer lebensgefährlichen Situation für mich eingesetzt; und zwar entschieden.«

»Und so was glaubst du dem?«

»Ach, liebe Elvira, ob nun seine Behauptung tatsächlich zutrifft und in welchem Ausmaß, das vermag ich nicht zu beurteilen. Doch das darf mich nicht daran hindern, ihm die Möglichkeit zuzugestehen. In gutem Glauben, da ich ihm das Gegenteil nicht nachweisen kann.«

»Ausgeschlossen«, stellte nun auch Warnhagen fest, der sich dicht neben Elvira aufhielt. »Bei allem gebotenen Respekt vor Ihrer gütigen Großzügigkeit, verehrter Herr Wienand, aber einen Nazi, zumal noch einen von erheblicher Größenordnung, hier in unserem unmittelbaren Bereich, das können wir uns einfach nicht leisten.«

»Nun ja«, meinte Erich Wienand bedächtig, »der mag ja durchaus, einstmals, so was wie ein großer Nazi gewesen sein – doch nun ist er ein armseliger Verfolgter mehr. Wobei ich mich an einen Ausspruch meines verehrten Geistlichen Geisberger erinnere. Der hatte erkenntnisreich festgestellt: ›Da versuche ich nun Verfolgten zu helfen – doch alsbald könnten das jene Nazis sein! Aber – was dann?‹«

»So was dürfte jedenfalls doch wohl kaum im Sinne des hier maßgeblichen Captain Singer sein.« Warnhagen deutete an, sich als dessen direkter Stellvertreter zu fühlen. »Eine derartige Zumutung sollten wir ihm ersparen. Weit angebrachter wohl, wenn wir dem einen Großer wie auf dem Tablett servieren.«

»So was keinesfalls!« forderte nun Erich Wienand überraschend streng. »Der hat sich unter meinen Schutz gestellt – und den muß ich ihm gewähren.«

»Das ist gewiß sehr edel gedacht, Erich – ehrt dich auch ungemein. Doch nun habe ich da wohl, an deiner Stelle, wieder einmal ganz praktisch zu reagieren.« Worauf Frau Elvira ihren Entschluß verkündete: »In mein Haus jedenfalls kommt so ein Mensch nicht hinein!«

»Wenn ich aber dennoch darauf bestehe – was dann?«

»Aber so was muß doch nicht sein; nicht gleich!« Nunmehr war es der im Hintergrund stehende Tümmler, der sich in dieses immer heikler werdende Gespräch einmischte. »Da wird also gewünscht, diesen Menschen einigermaßen in Sicherheit zu bringen – wenn auch nicht gleich mitten im Welpenhof. Was ja nicht unbedingt sein muß. Dafür ließe sich eine ziemlich brauchbare Lösung finden. Und zwar bei meinem lieben Freund – dem Bauern Leitmann.«

Warnhagen reagierte unverzüglich, mit spürbarer Erleichterung. »Und der, glaubst du, wird das machen?«

»Das wird er machen – wenn ich ihm gut zurede. Und wie er richtig, also erfolgreich, anzusprechen ist, weiß ich inzwischen ziemlich genau. Zumal er mir ungemein verpflichtet ist.«

Eine Lösung, die mit allgemeiner Erleichterung begrüßt wurde. Tümmler machte sie möglich.

Was sich dann allerdings bald als eine Fragwürdigkeit mehr entpuppen sollte. Das Fatale dabei wohl: fast genau wie von Erich Wienand befürchtet. Vielleicht auch: erhofft.

Der Lebenslauf des Erich Wienand
Elfter Teil

Damals, 1931, erblickte er zum erstenmal Elvira Fiebig. Sie saß ihm beim großen, abschließenden Heinrich-Heine-Gedächtnisbankett gegenüber. Die damalige Tischordnung war in seinen wenigen Dokumenten aufzufinden; die Speisefolge auch.

Hierzu später Frau Elvira – und das sogar einer Konstanze Reibert gegenüber, auch wenn sie der niemals voll zu vertrauen vermochte. Hier jedoch offenbar mit großer Aufrichtigkeit.

»Damals saßen wir uns rein zufällig gegenüber – irgendein

Festorganisator hatte das veranlaßt. Dabei sahen wir uns einige Male an. Wobei ich den Eindruck hatte, daß er zuviel trank und er mir als höchst abwesend erschien. Vermutlich wegen irgendeiner, wie mir mein Tischnachbar zuflüsterte, völlig schiefgegangenen Pressekonferenz. Worunter er offenbar immer noch litt. Ich fühlte mich spontan zu ihm hingezogen.

Nach diesem Bankett kam er dann auf mich zu – ungemein zögernd, doch mit der ihm damals noch eigenen, sanft strahlenden Herzlichkeit. Wir unterhielten uns intensiv. Wobei ich ihm versicherte, seine Bücher zu lieben.

Das schien ihn ungemein zu freuen. Er schrieb mir seine Adresse auf, bevor ihn diese immer lauter werdenden Gedächtnisfestmenschen völlig vereinnahmten. Und er sagte zu mir, was ich niemals vergessen werde: ›Wenn Sie wissen wollen, wie ich wirklich lebe, zu leben wünsche, das zumindest erstrebe – dann besuchen Sie mich doch ganz einfach. Sie sind jederzeit willkommen.‹

Was ich dann auch tat.«

Auch zu diesem Lebenskomplex eines Erich Wienand gelang es einer Konstanze Reibert, eine diesbezügliche Zeitzeugin aufzuspüren: die damalige Wirtschafterin des Welpenhofes – eine gewisse Hermine Hubert. Das dann allerdings mit Ergebnissen, die selbst von dieser begierig registrierenden Biografin, ›nicht ohne Vorbehalt‹ wiedergegeben wurden.

»Den«, führte diese Hermine wie gewitterartig nachgrollend aus, »habe ich stets bestens betreut, sehr gut bekocht, ihm so manche Unannehmlichkeit aus dem Weg geräumt. Denn in praktischen, alltäglichen Dingen war er reichlich hilflos. Jedenfalls führte ich seinen Haushalt sehr vorbildlich, absolut solide und bewußt einfach, betont bäuerlich. Hat er mir selbst versichert – mehrmals.

Für ihn bin ich immer dagewesen. Doch wie hat er mir das gedankt? Als dann diese Frau Elvira bei uns auftauchte, unangemeldet, völlig überraschend, auch für ihn, änderte sich hier alles. Diese sogenannte Dame vereinnahmte ihn; so gut wie über Nacht.

Als an irgendeinem Vormittag im Spätsommer diese Person auf unserem Hof erschien, wurde sie von ihm hahnenhaft begrüßt. Sie speisten, gingen dann spazieren, stundenlang; kamen wieder, Hand in Hand. Währenddessen hatte ich, weisungsgemäß von ihm, ein großes Abendessen zu bereiten. Und das war eines der besten, die mir jemals gelungen sind für ihn. Ich war nun mal verläßlich, uneingeschränkt.

Doch gleich am nächsten Morgen mußte ich feststellen: Sie hatten sich nicht trennen können, also die Nacht miteinander verbracht. Was ja vorkommen kann – so sind diese Kerle nun mal! Doch dann wurde mir sogar zugemutet, von ihm, ihnen ein gemeinsames, verlangt kräftiges Frühstück zu servieren. Und das im eindeutig gezeichneten Lotterbett dieses Menschen, den ich für seriös gehalten hatte.

Ich war ehrlich entsetzt, als ich dann meinen Wienand schafsbockartig zufrieden dahocken sah, wobei er dieses angebliche Lamm von Weib schamlos innig umarmte. Und diese Person sagte dann noch – keinesfalls zu mir, doch in meiner Gegenwart, ohne daß sie mich sonderlich beachtete: ›Nun beginnt hier ein neues Leben!‹

Und er sagte: ›Ja – so ist es!‹ Armselig ahnungslos wie er war. Er wußte ganz einfach nicht, was diese Elvira wirklich darstellte.«

Wie dem auch gewesen sein mag, jedenfalls hatten Erich und Elvira zueinander gefunden; in spontan hervorbrechender Zuneigung. Mithin ohne sich jedoch irgendwelche Gedanken gemacht zu haben über mögliche Bindungen, Verbindungen, Hindernisse.

Wie groß damals diese vorbehaltlose Liebesempfindung gewesen zu sein scheint, vermochten diverse Auskünfte eines Herrn Fiebig ziemlich deutlich zu machen. Der wurde von Wienands Biografin Reibert folgendermaßen beschrieben: »Ein betont seriöser Geschäftsmann der mittleren Oberklasse, bedächtig entgegenkommend, durchaus kompromißbereit; besonders wohl, wenn es um seine Vorteile ging. Um Würde bemüht; das auch rein äußerlich: gediegene Bekleidung, gekonnt sanft-eindringliche Stimme, wie stets einladende Gesten.«

Und von Herrn Fiebig wurden – nach einem glänzenden Souper mit Konstanze in einem Düsseldorfer Nobelrestaurant – folgende Ansichten verzeichnet.

»Mit Elvira – einer geborenen Wassermann –, vermutlich eine entfernte Verwandte des gleichnamigen Schriftstellers, also wohl jüdisch versippt, wie man so sagte, wenn auch im zweiten oder dritten Grad – war ich damals in erster Ehe verheiratet; seit etwa zehn Jahren. Ein recht gediegenes Bündnis; auch ein wohl sehr lukratives; für sie. Dabei konnte die Zeugung einer Tochter, Elfriede, genannt Elfie, registriert werden. Ein liebes Kind.

Elvira durfte sich bei mir jeder erdenklichen Freiheit erfreuen, meiner beständigen Großzügigkeit stets sicher sein. So gut wie nichts, was ich ihr nicht gönnte. Wozu auch ein sehr ausgedehnter eigenwillig unternommener Wochenendausflug in Richtung Oberbayern gehörte. Als sie jedoch von dem wieder heimkehrte, erklärte sie mir: Sie habe nunmehr einen gewissen Erich Wienand kennengelernt – und zu dem fühle sie sich ungemein hingezogen. Dafür erbat sie mein Verständnis, was ich ihr, großzügig entgegenkommend wie stets, nicht verweigern konnte.

Ich hielt es sodann für angebracht, unverzüglich Herrn Wienand aufzusuchen, um ihn, absolut vorurteilsfrei gedacht, aufzuklären. Mit überraschenden Ergebnissen nicht nur für mich. Denn der war offenbar gar nicht darüber informiert, daß seine, meine Elvira bereits verheiratet war; sogar ein Kind besaß, damals fünf Jahre alt.

Worauf ich dem dann in etwa dies erklärte: ›Sie müssen wissen, Herr Wienand, daß ich meine Frau sehr liebe; unser Kind dazu. Doch eben deshalb bin ich durchaus bereit, ihr vorbehaltlos das zu ermöglichen, was sie nunmehr zu ihrem Glück erklärt hat, zur Erfüllung ihrer wahren Sehnsucht.‹

Herr Wienand war von meinen diesbezüglichen Ansichten, da bin ich sicher, stark beeindruckt. Woraufhin eine Art gediegenes Gentleman-Agreement zum Vorschein kam. Mithin: keine Ansprüche, keinerlei Bedingungen, auch nicht finanzielle Forderungen; von keiner Seite. Die Sache war somit gelaufen.«

Vermutbar allerbestens! Für ihn. Denn nach seiner Scheidung von Elvira Fiebig, geborene Wassermann, alsbald Frau Wienand, heiratete er seine Chefsekretärin. Mit der hatte er bereits ein Kind gezeugt, einen Knaben, sehr prächtigen – zwei weitere kamen alsbald hinzu. Womit er seine Erbnachfolge überzeugend gesichert zu haben glaubte; was ihm eine Elvira nicht zu ermöglichen vermocht hatte.

An einem der nächsten Tage kündigte Captain Singer den wohlbeschützten Welpenhofmenschen sein persönliches Erscheinen an. Das mit dem Verlangen, sie alle um sich vereint zu sehen. Mit einer höchst ermunternden Zusatzbemerkung außerdem:

»Große Dinge kündigen sich an! Und diese darf ich Ihnen nun zur Kenntnis bringen. Mit Freude!«

Er wurde feierlich-erwartungsvoll empfangen – in der gepflegt anmutenden Wohnküche. Dort hatten sich alle eingefunden; mit einer Ausnahme: Jacob Werner wünschte im Keller zu bleiben; um dort, wie er behauptete, medizinische Studien zu betreiben. Was ihm gegönnt wurde – von fast allen.

Auf Captain Singers Anregung hin gab es frisch gebackenen Kuchen, diesmal Bienenstich mit original Welpenhoflindenhonig, von Elvira gekonnt zubereitet; dazu Bohnenkaffee aus US-Beständen. Auch waren, gleichfalls weisungsgemäß, drei Flaschen Champagner bereitgestellt worden. Diese hatte Warnhagen fachgerecht auf angemessene Temperatur gebracht.

»Wir haben da nun wohl – geehrter Herr Wienand, verehrte Elvira, meine lieben Freunde – einiges, wenn nicht gar erhebliches zu feiern!« Das verkündete ihnen Sid Singer wie bereit, sie alle zu umarmen.

Dabei genoß er es sehr, seine Erklärung hinauszuzögern. Er ließ sich neben Erich Wienand nieder, als wolle er den an sein Herz drücken. Auch blinzelte er höflich-verbindlich den drei Damen dieses Hauses zu; Warnhagen aber auch.

Sid Singer begann mit einer, zumindest von ihm, ungemein genossenen Einleitung. Man erinnere sich gewiß noch, führte er aus, an jene einzigartige, von ihm arrangierte Begegnung zwischen dem amerikanischen General Palmer, nunmehr drei Sterne, und dem großen deutschen Dichter; Erich Wienand also. Was geschehen war zwecks überzeugender Dokumentation einer gelungenen Befreiung. Wobei diverse Fotos entstanden waren – ebenso vortreffliche, wie auch eindrucksvolle; mithin außerordentlich verwertbare.

»Doch nun, bitte, zunächst einmal die erste Flasche Champagner!«

Worauf Warnhagen die bereitstehenden Gläser füllte und sie mit sicherem Griff verteilte. Sie wurden wie gefordert geleert; nicht ohne Genuß. Das auch von Erich Wienand, dessen Glas allerdings sein aufmerksamer Schwiegersohn lediglich halbvoll eingeschenkt hatte, was ihm mehrere anerkennende Blicke eingebracht hatte – etwa von Elvira, aber auch von Singer. Lediglich Elfie wirkte traumhaft abwesend.

Geradezu schwungvoll führte der Captain nunmehr weiter aus: Eines dieser Fotos, ein gewiß ganz besonders eindrucksvolles, sei in einer der wohl maßgeblichen Zeitungen dieser Welt, also der New-York-Times, erschienen. Und dort sogar auf der ersten Seite mithin denkbar prächtig plaziert. »Und das mit absolut einzigartigem Erfolg, lieber Herr Wienand!«

Unter einer solchen Ankündigung vermochte sich dieser vielfach Heimgesuchte nichts Besonderes vorzustellen – und den Menschen seiner Umgebung gelang das auch nicht. Captain Singer sah sich veranlaßt, sie wie ahnungslose Kinder aus einer anderen, wohl sehr fernen Welt zu betrachten. Eine Wundertüte hielt er für sie bereit!

»Dieses veröffentlichte Foto hat sich alsbald als ein ganz großes Signal erwiesen. Und zwar gleich für mindestens drei unserer New-Yorker-Großverleger – sie alle von enormem Ansehen, aber auch von erheblicher Leistungsfähigkeit: Doubleday, Putman, Simon. Und eben diese haben unverzüglich ihr Interesse bekundet.«

»In welcher Hinsicht denn wohl?« wollte Erich Wienand verwundert wissen.

»Jeder von ihnen«, klärte ihn Singer mit freudiger Anteilnahme auf, »will unbedingt das nächste große Buch von Ihnen haben! Es also – erwerben.«

»Ohne zu wissen, ob ich überhaupt noch ein nächstes Buch schreiben werde – oder kann? Und dann dazu noch ein sogenanntes großes?« Erich Wienand neigte sein Haupt; gekonnt christusartig ergeben.

»Aber ich bitte Sie, mein Verehrtester! Derartige Großverleger sind schließlich keine Traumtänzer! Die wissen schließlich, was sogar ich erkannt zu haben glaube: ein erklärter, von sich überzeugter Schriftsteller muß schreiben, schreiben und schreiben! Er kann gar nichts anderes, solange er lebt.«

»Und damit wird nun gerechnet?«

»Und zwar ganz konkret – was Zahlen bedeuten, Ziffern, Summen! Ein erstes Angebot liegt bereits vor; vom Verlag Simon.«

Elvira war die erste, die hellhörig zu begreifen vermochte, was das möglicherweise zu bedeuten hatte: »Heißt das etwa: bares Geld? Und das womöglich noch in Dollarwährung?«

Sid Singer nickte ihr anerkennend zu. »Richtig erkannt. Doch nun möchte ich zunächst einmal anregen, die zweite Flasche Champagner.«

Die schnell eingeschenkten Gläser, und diesmal für Erich Wienand ein nahezu gefülltes, wurden fast hastig leergetrunken. Und keiner, auch nicht Wienand, der diesen Captain nicht ebenso verlangend wie ungläubig anstarrte. Der jedoch saß da wie auf einem Thron, von erregt freudigen Untertanen umgeben.

»Also, meine Freunde, da diese Verleger keine direkte Verbindung mit Herrn Wienand aufnehmen konnten, haben sie sich einfach an General Eisenhower gewendet; fünf Sterne. Mit der Bitte, ihnen dabei behilflich zu sein, einem erkannten Weltautor und erklärten Verfolgten des Naziregimes ein großzügiges, eben ein amerikanisches Angebot unterbreiten zu können. Ein Verlangen, dem selbstverständlich entsprochen wurde. Dieses wurde dann an General Palmer zuständigkeitshalber weitergeleitet. Und der hat mich mit dieser Angelegenheit betraut, dieser Mission, darf man wohl sagen. Und deshalb bin ich hier.«

»Na – wie schön«, stellte Erich Wienand mühsam beglückt fest. »Offenbar darf ich nun wohl zur Kenntnis nehmen, daß es dort, also auch in Ihrem Amerika, immer noch Menschen gibt, die sich an mich erinnern; zumindest an das, was ich schreibe, geschrieben habe.«

»Und eben deshalb die Bereitschaft, dafür ganz erhebliche Summen zu investieren. Denn zu diesem ersten, wahrhaft greifbaren Angebot gehört ein Barscheck. Und den habe ich mitgebracht.«

»In welcher Höhe, bitte?« wollte Elvira verlangend wissen.

»Fünftausend Dollar«, konnte nun der Captain mit schlichtem Stolz verkünden.

Was atemloses Staunen zur Folge hatte – ein allgemeines, sehr lange anhaltendes. Denn eine derartige Summe, das vermochten hier fast alle zu erkennen, noch dazu in dieser Währung, bedeutete in dieser Zeit, in diesem Deutschland, ein geradezu gigantisches Vermögen. Sie begannen Erich Wienand wie ein Fabelwesen zu betrachten.

Worauf nunmehr Sid Singer ein blaßblaues, doppelt signiertes, verblüffend kleines Stück Papier aus seiner Brusttasche hervorzog. Und das legte er vor sich auf den Tisch. Das war der Scheck. Und den schob er nun Erich Wienand zu.

Der zögerte nicht, das Papier zu ergreifen. Das jedoch nur, um es dann, nach kurzer Betrachtung, weiterzuschieben – zu Elvira. Mit der Bemerkung, einer sich ungemein vertrauensvoll anhörenden: »Das, meine Liebe, fällt wohl in deinen Bereich. Du wirst gewiß wissen, was sich damit am besten anfangen läßt.«

»Danke dir, Erich – für dein Vertrauen.« Elvira betrachtete das schmale, bedeutsame Papier mit großer Aufmerksamkeit. Um dann zu verkünden: »Das sollte nun sozusagen in den Bereich unserer Verwaltung gelangen, für die Warnhagen verantwortlich ist – gemeinsam mit mir.«

Der also durfte nun diesen Scheck an sich nehmen. »Zu treuen Händen!« wie er feierlich beglückt versicherte. Ungemein beschwingt aber auch. Ohne Elfie zu beachten – die schien nicht anwesend zu sein.

Worauf er dann schnell anerkennend verkündete: »Damit

dürften sich hier alle wesentlichen Probleme lösen lassen. Nunmehr kann der Welpenhof zu einem Musterbetrieb sondersgleichen ausgestaltet werden. Worauf nun wohl, darf ich annehmen, die dritte Flasche Champagner fällig ist.«

Niemand, der ihm widersprach.

Geraume Zeit später zog dann Singer Wienand vertraulich zur Seite. »Auf ein Wort noch, wenn Sie erlauben. Eine Art Anregung oder eben Bitte um Mitarbeit sozusagen. Sie wissen da gewiß einige Namen im Zusammenhang mit Ihrer Verfolgung, Ihrer Einlieferung in das KZ. Und die würde ich gerne hören, Herr Wienand.«

»Zu welchem Zweck, bitte?«

»Zwecks Aufklärung, Klärung. Um Ihnen Genugtuung zu verschaffen.«

»Nicht diese Art von Genugtuung, wenn ich bitten darf! Sehr darum bitten darf.«

»Überlegen Sie sich das, Herr Wienand. Und denken Sie dabei an die ausgleichende Gerechtigkeit, die nun sein muß.«

»Daran werde ich denken, Mister Singer. Das werde ich mir überlegen. Was aber dann, wenn dabei Namen zum Vorschein kommen sollten, die Sie gar nicht gerne hören werden?«

Am Abend jenes wahrhaft denkwürdigen Tages schien auf dem Welpenhof so gut wie alles geklärt zu sein:

Erich Wienand hatte wieder sein großes Arbeitszimmer im Mittelgeschoß bezogen. Der unmittelbar daneben befindliche Wohnraum blieb zunächst leer – er war als eine Art Sekretariat, Vorzimmer, Archivraum vorgesehen. Im sich daran anschließenden geräumigen Schlafraum, einstmals von Frau und Mann Wienand bewohnt, hielt sich nun das Ehepaar Warnhagen auf.

Im Stockwerk darüber befanden sich etliche Gästezimmer. Versehen mit passenden Mansardenecken; auch ausgestattet mit ausreichenden sanitären Einrichtungen. In einem dieser Räume, dem großzügigst möblierten, hielt sich Elvira auf, gleich neben der Treppe. In einem anderen hatte sich Tümmler niedergelassen. Im dritten, einem eher beengten, durfte Konstanze wohnen.

Wobei Jacob Werner darauf bestanden, darum gebeten hatte, auch weiterhin in seinem Kellerraum bleiben zu dürfen. Dort, hatte er behauptet, und das sogar recht glaubhaft, fühle er sich ungemein wohl. Zumindest ungleich wohler, was er jedoch nicht gesagt hatte, als in unmittelbarer Gegenwart eines Warnhagen und dessen Kameradenkonsorten sowie weiblicher Gefolgschaft.

»Du, Jacob«, hatte ihm der Freund versichert, »könntest dir jeden Raum in meinem Hause aussuchen – jeden, der dir gefällt.«

»Mir gefällt allein dieser, Erich. Der vermittelt mir eine geradezu grabartige Geborgenheit. Die zu genießen fühle ich mich verführt. Was du mir gönnen solltest.«

An diesem Abend schien eine frühe Ruhe, wenn nicht gar Stille, das stattliche Haus zu beherrschen. Dennoch vermochte lange niemand einen erlösenden Schlaf zu finden.

Wobei Thomas Tümmler nach dem Genuß verschiedenster, reichlich hochprozentiger Getränke zunächst einmal das Verlangen verspürte, sich ein wenig abzukühlen, auch zu erleichtern. Wie zugleich aber empfand er das Bedürfnis, sich auf sehr männliche Weise zu betätigen. Dementsprechend gedachte er, Konstanze Reibert aufzusuchen.

Vor jener Tür angekommen, hinter der diese Person zu vermuten war, klopfte er dezent an; jedoch vergeblich. Dann drang er dort ein, um erkennen zu müssen: das Weibsbild war nicht anwesend; das Bett nicht benutzt! Womit sich wohl die Frage aufdrängte: wo konnte sie sein?

Das zu ergründen, begab sich Tümmler, lediglich mit einem weitwallenden Nachthemd aus Wienandbeständen, bekleidet, auf nackten, leisen Füßen durch die dunklen Korridore des Welpenhofes, von denen er inzwischen jede Einzelheit kannte. Wobei eine noch nicht völlig geleerte Flasche Schnaps gleich einer Wurfkeule in seiner rechten Hand baumelte. Vermutlich fühlte er sich einem urwelthaften Tiger gleich, der eine prähistorische Dschungellandschaft durchstreunte.

Dabei erreichte er die das Mittelgeschoß umgebende große Veranda; ein sehr oberbayerisches Gebilde aus dunklem, eichenhaften, wetterfesten Holz. Und von dort aus wurden ihm dann geradezu fantastisch anmutende Einblicke möglich – in das Sittengefüge des Wienandhofes. Was er alsbald freudig zu genießen trachtete.

So etwa erblickte er seinen lieben Kameraden und Freund Horst-Heinz. Der befand sich bei seiner steifstarr daliegenden Frau. Erst über ihr, dann neben ihr, um sich dann alsbald von ihr zu lösen. Das mit der treusorgenden Bemerkung: »Ich muß noch mal, wenn du erlaubst, nach dem Vieh sehen.« Und Elfie lächelte ergeben, mit geschlossenen Augen, da wohl ungemein erschöpft.

Worauf sich nun Horst-Heinz, von Tümmler freudig belauert, eine Treppe aufwärts begab. Zu Frau Elvira, um sie wohl gleichfalls möglichst erschöpfend zu beglücken. Und alsbald jauchzte sie auf, wenn auch bemüht gedämpft.

Was wohl an sich für den ungemein einsichtsreichen Tümmler nichts absolut Neues war. Denn Warnhagens spezielle Leistungsfähigkeiten waren ihm durchaus bekannt. Die gehörten mit zu dessen stets bereiter Präsentation: kein andauernder Erfolg, ohne beständigen Einsatz.

So was also vermochte einen Tümmler nicht sonderlich abzulenken. Der schlich sich verlangend weiter über die große Veranda. Um dann durch gepflegt saubere Fensterscheiben bei nicht geschlossenen Vorhängen diesen angeblich weltbewegenden Dichter zu erblicken; von sanftem Kerzenlicht umglänzt. Der hockte in einem seiner Ledersessel mit leicht ausgebreiteten Beinen. Wie ungemein versonnen starrte er vor sich hin.

Doch eben vor ihm kniete Konstanze Reibert. Zu ihm hingeneigt. Mit erglühend ergebenem Gesicht; rosarot leuchtend, mit ganz großen Augen, leicht geöffnetem Mund.

Wobei dieser sogenannte große Dichter, Tümmlers Ansicht nach nun kaum mehr als ein bibberndes Wrack, mit beiden Händen nach dem Kopf dieser Person griff, ihn zärtlich umspannte. Wobei allerdings nicht gleich erkennbar war, ob er sie nun an sich zu ziehen begehrte oder sie gar von sich zu schieben bemüht war.

»Was denn, bitte, soll das, meine Liebe?« fragte Wienand behutsam abwehrend. »Wohin könnte das führen?«

»Ich möchte für Sie da sein«, versicherte sie ihm, mit verlangender Bereitschaft. »Und nichts so sehr wie dies wünsche ich mir.«

»Aber ich bitte Sie, Konstanze! Ich bin ein inzwischen sehr alt gewordener Mann. Kurz vor dem Ende meines Lebens.«

»Sagen Sie das bitte nicht, Herr Wienand. Denn im Grunde Ihres Wesens, weiß ich, sind Sie ein ungemein junger Mensch. Und jedes Ihrer Bücher vermag Sie zu verjüngen. Ihnen gegenüber empfinde ich herzliche Verehrung – auch ergebene Zuneigung.«

Nahezu angstvoll löste er sich von ihr. Er erhob sich hastig, stand sichtlich verwirrt da. Wie ungemein bestürzt über seine Reaktion. Doch ihm war keine andere mehr gegeben.

»Sie stoßen mich doch nicht etwa zurück?« fragte sie ihn mit Besorgnis.

Worauf er dann sagte:

»Wir dürfen nichts überstürzen. Und das schon gar nicht mit einer alles zersprengenden Plötzlichkeit. Dabei denke ich in erster Linie an Sie, Konstanze, meine Liebe. Ich darf Ihre wunderschöne, jugendlich ungestüme Bereitschaft keinesfalls ausnutzen. Denn so was will reifen, sehr wohl überlegt sein.«

Erich Wienand löste sich nun, wie mit letzter Kraft, von Konstanze Reibert. Er betrachtete sie mit großer herzlicher Dankbarkeit, um sich dann von ihr mit einer nahezu segnenden Gebärde zu entfernen. Er begab sich wieder hinab in den Keller seines Hauses. Und eben damit zu seinem Freund Jacob Werner.

Der blickte bleichgesichtig von seinen medizinischen Fachbüchern und Zeitschriften auf, mit denen er von Sid Singer geradezu verschwenderisch versorgt worden war. Denn selbst so was gehörte hier zur Kriegsbeute, hatte nun also in die richtigen Hände zu geraten. Dieser Captain wollte sich nun mal als ein ganz großer Bereiniger, als ein erklärter Umverteiler von einst verschobenen Werten betätigen. Es war unmöglich, einem Singer nicht dankbar zu sein.

Jacob Werner blinzelte seinem Freund erwartungsvoll entgegen. Um dann erkenntnisreich festzustellen: »Deine neuerlichen Heimsuchungen, mein Lieber, wollen mir denkbar vielversprechend anmuten.«

»Kaum zu fassen, wie sehr man sich um mich bemüht.« Erich setzte sich neben seinem Jacob aufs Bett.

»Offenbar bin ich hier nun von guten, wohl auch zufriedenen Menschen umgeben. Ich habe nicht die geringsten finanziellen Sorgen – ich werde verehrt, wenn nicht gar geliebt. Und so was noch weit intensiver, als ich mir das jemals vorzustellen vermocht habe. Ist das aber nicht auch irgendwie bestürzend, Jacob?«

»Doch kaum jemand wie du, Erich, hätte das so sehr verdient; falls das alles zutrifft. Dennoch, mein lieber Freund, kommst du mir keinesfalls irgendwie erlöst vor oder nur einigermaßen zufrieden. Vielmehr scheinst du erschöpft zu sein; nahezu ungemein nachdenklich gemacht, wenn nicht gar mutlos geworden. Warum? Weshalb? Durch wen?«

»Weil mich – dennoch, dennoch – immer wieder Furcht überfällt. Etwa Elfies wegen. Doch diesmal auch im Hinblick auf Singer.«

»Der allerdings«, meinte Jacob bedächtig, »ist tatsächlich zu fürchten – als entschlossener Gerechtigkeitsbereiniger. Denn der weiß offenbar noch nicht, was darunter zu verstehen ist.«

»Das könnte es sein! Er verlangt von mir, daß ich ihm Namen nenne, ihm also Menschen ausliefere, die irgendwie schuldig geworden sind – meinetwegen! Aber das vermag ich nicht.«

»Dann versuche ihn abzulenken.« Werner wies erdwärts; auf den dort gelagerten Christus hin. »Nunmehr könnte es an der Zeit sein, den endlich wieder zum Vorschein kommen zu lassen.«

»Den freigeben! Aus meiner Welt, meiner herrlich heimlichen Welt?« Erich Wienand reagierte mit hervorbrechender

Lebhaftigkeit. »Soll ich denn Christus diesen Sumpfmenschen ausliefern? Nur um vielleicht Singer einen Gefallen zu tun?«

»Irgendwann einmal, früher oder später, wirst du ihn abgeben müssen, Erich. Doch eben möglichst nicht zu spät.«

Wienand zeigte sich nun nahezu streitbar munter. »Dieser mein Christus beunruhigt dich offenbar; vermutlich sogar ganz erheblich. Und zwar als Jude, nehme ich an. Du vermagst dabei kein sonderlich gutes Gefühl zu empfinden – mit ihm leben, bei ihm schlafen zu müssen. Der macht dir mächtig zu schaffen. Den kannst nicht einmal du verdrängen – ist dem so?«

»Nicht unbedingt gleich das, Erich. Denn schließlich bin ich diesmal sogar ganz der Ansicht deines wahrlich guten Geisberger, nach welcher auch dieser Christus ein Jude gewesen ist. Ein gewiß höchst unbequemer, dennoch ein Jude.«

»Dem, Jacob, stimme ich zu.«

»Wobei mir jedoch, lieber Erich, eine Idee gekommen ist. Und zwar wie dein Christus – und wenn du willst: unser Christus – abermals als erlösende Person in Erscheinung treten könnte.«

»Wie stellst du dir das vor, Jacob?«

»Du brauchst doch nur, Erich, einem Singer diesen unseren Christus anzubieten, zur Verfügung zu stellen. Er dürfte geradezu entzückt darauf reagieren. Mithin dankbar und noch dazu abgelenkt von seinen Problemen; in bezug auf dich.«

»Der – gleichfalls ein Jude?«

»Aber eben nun auch noch ein Amerikaner! Und damit wahrlich nicht zufällig, beides vereinend, ein Mann erstrebter Wirksamkeiten. Doch damit könntest du ihm, der so etwas stets freudig begehrt, eine ganz große Schau ermöglichen – oder eben Show, in seiner neuen Sprache. Und darauf lauert er – permanent.«

»Warum eigentlich nicht«, vermochte Erich Wienand zu erkennen.

Am nächsten Tag, in den Vormittagsstunden, wurde Captain Singer von Waltraut Degenhard, der ehemaligen Kreisleitungssekretärin, heimgesucht. Das mit dienstbereitem Entgegenkommen. Und nicht ohne zufriedenen Stolz.

»Da hatten Sie mir, Mister Singer, wie aber auch Herr Straßner, einen gewissen Namen genannt – jenen eines Wienand, Erich. Was ich als sehr verpflichtend empfunden habe. Und dabei ist es mir gelungen in den gelagerten Akten der Kreisleitung einen Vorgang aufzufinden, der sich mit ihm beschäftigt.«

Der Captain reagierte höchst bedächtig. »Und worum, bitte, handelt es sich dabei?«

»Um eine schriftlich fixierte Aufforderung zwecks Einlieferung in ein KZ – dieses Wienand. Und dabei die Formulierung: Nach für notwendig gehaltener Anregung des dortigen Ortsgruppenleiters.«

»Wird dabei dessen Name genannt?«

»Allerdings, Captain«, konnte sie zufrieden berichten. »Und das in diesem Dokument gleich zweimal. Und zwar der Name Breisgauer – also jener des hier immer noch amtierenden Bürgermeisters.«

Singer nahm dieses im Original vorhandene Schriftstück mit klammen Fingern entgegen. Eine kurze Einsicht darin schien die Angaben von Waltraut zu bestätigen. Er bedankte sich bei ihr; fast ein wenig mühsam. Doch unmittelbar danach ersuchte er Straßner, bei ihm zu erscheinen.

Und dem legte er dann wortlos die Dokumentation vor. Der betrachtete sie längere Zeit stumm. Wobei er dann herauszufinden glaubte, welche Stellungnahme hier von ihm erwartet wurde. Mithin gab er sich Mühe, ungemein gelassen zu reagieren.

»Nicht alles«, führte er dann aus, »was in derartigen Materialien vorzufinden ist, muß den Tatsachen entsprechen. Diese sind gar nicht selten verfälscht worden – dabei pflegte sich einer hinter einem anderen zu verkriechen. Doch dabei könnte es auf Handschriften, Unterschriften, mit Datum und Ortsangaben, exakt nachweisbaren, ankommen. Davon jedoch existiert hier nichts Greifbares.«

»Und was, bitte, folgern Sie daraus sonst noch?« verlangte Singer zu wissen.

»So ein Dokument könnte sich möglicherweise als eine Art wirksames Druckmittel erweisen – und zwar Breisgauer gegenüber. Etwa von Ihnen, vorbeugend geschickt, in Anwendung gebracht. Mit dem Tenor: wenn der hier nicht fortan hunderprozentig spurt, allein in Ihrem Sinne, Captain – könnte dem ein Prozeß angedroht werden. Aber eben – nur dann. Bei Berücksichtigung einer weiteren Möglichkeit.«

»Welcher denn noch, Straßner?«

»Die Reaktion eines Erich Wienand hierauf – die dabei wohl kaum zu umgehen ist. Doch sobald der mit einem derartigen Dokument konfrontiert werden sollte, könnte durchaus sein, daß der nichts davon wissen will; also nichts davon bestätigen wird. Doch damit würde dieser Wisch völlig wertlos werden. Für so klug oder eben raffiniert halte ich einen Wienand tatsächlich.«

Womit hierzu wohl so gut wie alles gesagt war.

Unmittelbar danach begab sich Captain Singer abermals zum Welpenhof. Denn Erich Wienand hatte ihn um ›eine vertrauliche, möglicherweise nicht unwichtige Unterredung‹ gebeten. Diesem Wunsch nachzukommen, war wohl so gut wie unvermeidlich; erfolgte aber auch mit einigem Interesse.

Dort angekommen, empfing ihn zunächst der Sergeant der hier stationierten US-Wachtruppe. Auf Singers Standardfrage, wie es denn so gehe, erfolgte die lapidare Antwort: »Nichts Besonderes, Captain. Diese Krauts«, womit er deutsche Soldaten meinte, »haben sich offenbar verkrochen; auch weit und breit kein Nazi in Sicht. Ansonsten fressen hier alle Tiere gut und die Menschen schlafen zumeist herum. Ein ganz großes Gähnen – nichts weiter sonst.«

»Und was macht dieser Herr Warnhagen, Sergeant?«

»Na, zumindest einen ganz großen Bogen um uns – was mir nur recht sein kann.«

»Dennoch, mein Bester, bitte ich mir höchste Wachsamkeit aus! Denn Ihnen ist hier ein Objekt von enormer Größenordnung anvertraut worden – eben Herr Wienand. Achten Sie stets darauf!« Was bestätigt wurde; mit leicht gähnender Gehorsamkeit.

Captain Singer betrat nunmehr den Welpenhof, um hier unverzüglich, wie neuerdings üblich, die große, immer stattlicher anmutende Wohnküche aufzusuchen. Dort fand er Frau Elvira vor, gemeinsam mit Horst-Heinz Warnhagen; beide waren offenbar mit wichtigen Organisationsplänen beschäftigt. Sie begrüßten ihn, scheinbar ungemein herzlich.

»Nun, wie geht es denn hier so, Elvira?« verlangte Singer zu wissen.

»Gut, Sid, sehr gut sogar«, bestätigte sie ihm spontan. »Wenn nicht gar glänzend.«

»Durchaus – im allgemeinen durchaus, Captain.« Nunmehr war es Warnhagen, der sich zu Wort meldete; erkennbar vorsichtig. »Bis – vielleicht – auf eine kleine Ausnahme.«

»Welche?« verlangte Singer prompt zu wissen.

Warnhagen blickte Elvira an; und die blinzelte ihm zu; eindeutig ermunternd. Worauf er sich auszuführen erlaubte: »Ich habe leider da so den Eindruck, und den allerdings hat Frau Elvira auch, daß sich Herr Wienand erhebliche Sorgen zu machen scheint. Und zwar um den Zustand seines Freundes – des von uns allen hochverehrten Herrn Werner.«

»In welcher Hinsicht, meinen Sie?«

»Soweit es mir überhaupt gegeben ist, derartige Bestrebungen zu durchschauen, neige ich zu der Annahme, daß Herr Wienand, treulich besorgt, nichts so sehr zu wünschen scheint, wie seinen Freund Jacob Werner von dessen Kellerdasein erlöst zu wissen. Das auf möglichst positive Weise; also etwa hingebracht zu einer ihn anregenden produktiven Tätigkeit; in eine ihm angemessene Position. Was jedoch hierorts keinesfalls gegeben ist, anderswo aber durchaus vorstellbar wäre – so etwa bei der US-Militärregierung; vielleicht im Bereich von München – beispielsweise.«

»So«, bestätigte Elvira, »sehe ich das auch.«

Wobei der Captain ohne sonderliche Mühe, wenn auch daran würgend, zu erkennen vermochte: Die wollten ihn loswerden! Möglichst schnell, doch auf eine irgendwie ausgleichend angenehme Weise. Offenbar war er ihnen unbequem.

Zumindest könnte er so etwas jederzeit werden, vermochte auch Singer zu erkennen.

»Darüber«, bestätigte er dann mit bedächtigem Entgegenkommen, »werde ich nachdenken. Doch zunächst habe ich wohl anzuhören, was mir der große Meister«, also Erich Wienand, »diesmal mitzuteilen beabsichtigt. Wissen Sie, um was es sich dabei handeln könnte, Elvira?«

»Das, Sid, weiß ich leider nicht. Denn Erich leistet sich, nicht nur manchmal, wie Sie wissen, höchst eigenwillige Einfälle. Er ist nun mal eine sehr stark ausgeprägte, ungemein fantasiereich veranlagte Persönlichkeit. Doch wem sage ich das?« Captain Singer nickte zustimmend und begab sich nach oben. Als er dann jedoch das Arbeitszimmer seines Dichters erreichte, konnte er, unmittelbar neben dem, Jacob Werner erblicken. Sie saßen da – wie zwei Verschwörer. Er setzte sich zu ihnen; wie ein dritter.

»Wir gedenken Ihnen nunmehr, Captain Singer«, eröffnete Jacob Werner das Gespräch, »einen Vorgang anzubieten, der Sie möglicherweise sehr interessieren, wenn nicht gar angenehm erfreuen dürfte.«

»Nun – ich höre! Bereitwillig wie immer«, versicherte der leicht distanziert. »Worum handelt es sich diesmal?«

»Das versuche nun mal unserem Freund und Gönner zu erklären, Erich.«

Und das wurde dann auch versucht. Wienand erzählte seine Christus-Story; mit allen dazugehörenden Einzelheiten: das dringliche Verlangen der Nazis nach Ablieferung dieser Figur; zwecks Einschmelzung, sodann den Abtransport dieses Heilandes um Mitternacht, gemeinsam erfolgt durch den später von der Gestapo ermordeten Geistlichen Geisberger und eben ihn, Wienand, kurz bevor er in das KZ eingeliefert wurde; dann die Bergung dieser Gestalt im Welpenhof, deren Grablegung im Keller; alsbald danach äußerst nachdrückliche, tätlich heftige Fahndungsbemühungen der Nazis, vergebliche.

»Doch nun könnte dieser Christus der Kirche von Martinshausen wieder in Erscheinung treten; dort sozusagen erneut auferstehen. Was sagen Sie dazu, Captain?«

Sid Singer zeigte sich, und diesmal nicht nur vorübergehend, reichlich sprachlos. Er blickte zunächst mächtig verwirrt die beiden vor ihm freudig dahockenden Verführer an; das jedoch alsbald mit zunehmendem Entzücken. Diese Christus-Geschichte, eine nahezu schöne Legende, glaubte er zu erkennen, schien enorme Möglichkeiten in sich zu bergen, war mithin auch publizistisch ungemein verwertbar.

Und das, erkennbar, unter der Schirmherrschaft der Amerikaner! Ein Zeugnis wahren Widerstandsgeistes mehr; diesmal sogar eines im Namen Gottes. Dabei im Mittelpunkt, sehr begrüßenswert, sein Erich Wienand. Aber auch er, Singer, dazu. Sie abermals umgeben von dutzenden Reportern – für Wort, Bild und Tonfilm.

»Ein höchst anerkennenswerter Vorgang, der Ihrer ungemein würdig ist, Herr Wienand. Ein Symbol unbeirrbarer Menschlichkeit – erfolgt trotz Gefährdung des eigenen Lebens! Meine respektvolle Anerkennung! Ich danke Ihnen.«

»Danken Sie nicht gleich mir, Captain – Jacob Werner hatte diesen Einfall.«

»Doch ich weiß da nicht so recht«, meinte der blinzelnd, »ob es sich dabei um einen wirklich guten Einfall handelt.«

»Das ist es aber, lieber Herr Werner – da bin ich absolut sicher! Überlassen Sie es mir, ihn in die richtigen Wege zu leiten. Und dann werden Sie nur noch staunen.«

Was prompt der Fall sein sollte.

Doch bevor das noch eintraf, wollte Singer von Wienand wissen: »Halten Sie es für möglich, daß es Breisgauer gewesen ist, der Sie ins KZ gebracht hat?«

»Wer auch immer«, sagte der lapidar gelassen. »Ich bin hier – also nicht mehr dort. Ich ersehne nichts wie Zufriedenheit, verlange keinesfalls nach Rache. Ich will leben! In dieser meiner nun wiedergewonnenen Welt.«

In nur wenigen Tagen, gleich am nächsten Sonntag – zupackend schnell und gekonnt sicher von Singer organisiert –, bahnte sich im Bereich Welpenhof-Martinshausen eine Feierlichkeit sondergleichen an.

Der Captain glaubte sich endlich von seinem Kriegsbereinigungsalltagstrott ein wenig befreit zu haben, wenn nicht gar erlöst von den ihn anwidernden Naziaufspürungsjagden. Alsbald glänzte er durch geradezu schöpferischen Einfallsreichtum.

Er alarmierte die Kirche. Dort zunächst den Nachfolger von Geisberger, den neuen jungen Geistlichen von Martinshausen. Der jedoch erwies sich als ein ahnungsloses, ungemein schutzbedürftiges Lamm Gottes. Mithin war er derartig drängenden Zeitzeichen nicht gewachsen; also diesbezüglich kaum brauchbar.

Doch als weitaus geneigter zeigte sich der derzeitige Kirchenvorstand, der Bauer Leitmann. »Jawohl, wenn Sie das wünschen, wird das auch gemacht. Aber wie, wie am besten?« Er mutete durchaus entgegenkommend an, jedoch kaum sonderlich hilfreich.

Captain Singer war aber nicht der Mann, der vor soviel als banal zu erkennenden Unvollkommenheiten kapitulierte. Und gleich ein drittes Gespräch in dieser Angelegenheit brachte dann auch den erhofften Durchbruch. Geführt mit Frau Busch, der Wirtschafterin des ermordeten Geistlichen.

Diese ungemein robuste Person schimpfte zunächst einmal reichlich wortgewaltig vor sich hin – über schäbige Scheinchristen, armselige Weihrauchschlucker, verlogene Kirchenwiesel, die nun wieder vom Hakenkreuz zum Christuskreuz gekrochen wären. »Nichts wie Gesindel Gottes!«

Doch nachdem sie derart kraftvolle Auslassungen mit wonniger Erleichterung von sich gegeben hatte, trat sie unverzüglich hilfreich in Erscheinung. »Geben Sie sich da nicht länger mit unserem örtlichen Afterchristen ab, Mister Singer, so was ist Zeitverschwendung. Wenden Sie sich vielmehr unmittelbar an den für diesen auszumistenden Gottesstall allein zuständigen Geistlichen – an Johannes Neuhäusler.«

»Also an den derzeitigen Weihbischof in München?«

»Genau an den. Der ist noch ein wahrer Mann im Sinne des Herrn. Der war mit meinem Geistlichen eng befreundet; seit vielen Jahren. Auch er ein Verfolgter, saß monatelang im KZ Dachau. Wenn einer wahrhaft weiß, was hier not tut, dann er.«

Was ein ungemein wirksamer Ratschlag war, wie sich alsbald herausstellen sollte. Denn als sich der Captain, zunächst telefonisch, mit diesem Weihbischof Neuhäusler in Verbindung setzte, vernahm er eine starke, ruhige, fast bäuerlich schwer klingende Stimme. Singer war einem Menschen begegnet, der geduldig und aufmerksam zuhören konnte. Doch eben damit war hier alsbald so gut wie alles perfekt.

Dieser Johannes Neuhäusler sagte lediglich, nicht ohne Nachsicht: »Eine wundersame, herzanrührende Geschichte. Mithin bin ich bereit, alles Erdenkliche zu veranlassen, um sie zu einem guten, erhebenen Ende zu bringen – gemeinsam mit Ihnen. Treffen wir nun also unsere Vorbereitungen; ich im kirchlichen Bereich, Sie in Ihrem. Die stimmen wir dann miteinander ab. Woraus sich dann, hoffe ich sehr, ein Sonntag der großen, reinen Freude ergeben könnte. Zugleich aber auch ein ersehnter Hoffnungsschimmer – in eine schönere Zukunft hinein. Und nichts haben wir jetzt so sehr nötig.«

Captain Singer jedenfalls tat dazu sozusagen das Seine. Diesbezüglich informierte er seine Militärpolizei, zwecks Verkehrsplanung und Abschirmung einer kirchlichen Veranstaltung. Weiterhin ließ er von seinen engsten Mitarbeitern – Breisgauer, Straßner und Rabe – behutsam fördernde, aber auch absichernde Organisationspläne entwerfen. »Dabei muß alles wohlgeordnet sein. Ohne daß so was jedoch, nicht bei uns, pralldeutlich in Erscheinung treten darf.«

Er selbst, ein gewiß erfahrener Propaganda- oder eben Aufklärungsoffizier, ließ unverzüglich seine Beziehungen spielen. Er mobilisierte alle irgendwie greifbaren, in diesem Lande herumsegelnden Reporter, die stets präsenten Endkriegsberichterstatter und herumwimmelnden literarischen Zeitzeugen. Und diese reisten dann auch bereitwilligst an.

Für sie ließ Singer das Hotel ›Zur alten Post‹ in Schoenau frei machen; dabei notwendig werdende ›Umquartierungen‹ erledigte Rabe, souverän. Hochgespannte Erwartungen diesem angekündigten ›großen, einzigartigen Tag‹ gegenüber brodelten alsbald auf; bei allen Interessenten. Das nicht zuletzt, weil Singers versammelte Presserudel höchst animierend bewirtet wurden.

Wobei dem Captain allerdings ein kaum zu erahnender

›Schönheitsfehler‹ unterlaufen war, der alsbald höchst unangenehme Folgen zeitigen sollte. Denn Singer, voller Eifer bei diesen schnellen, mithin sich überstürzenden Vorbereitungen, hatte es versäumt, seinen wichtigsten Vorgesetzten zu informieren – General Palmer, drei Sterne. Denn der hätte, war später zu vermuten, an diesen Vorgängen nur allzu gern direkten Anteil genommen.

Jedenfalls vergingen die wenigen Tage bis zu diesem feierlichen Sonntag bestürzend schnell, doch auch recht erfolgversprechend. Das unter der gemeinsamen Regie von Kirche und Militärregierung, nach ziemlich genauen und so gut wie komplikationslosen Absprachen. Captain und Bischof schienen sich ausgezeichnet zu verstehen, um nicht zu sagen glänzend.

Ein Sonntag ohne Beispiel bahnte sich an. Unter strahlend weißblauem Himmel. So etwas wurde einstmals Kaiser- oder Königswetter genannt, war dann auch jenes des Führers; nunmehr auch diesen Befreiern gegönnt.

Dann Phase eins: Die Bergung des Christus.

An diesem feierlichen Sonntag erschienen vor dem Welpenhof – wie abgesprochen um 9 Uhr – der nunmehrige, ahnungslos junge, doch sehr bemüht um Haltung ringende Geistliche der Martinshausen-Kirche, flankiert von zwei Ministranten, die recht gut funktionierende Weihrauchkessel schwenkten. Hinter ihnen befanden sich vier schwarzdunkel gewandete Menschen; Gemeindemitglieder, die als Sargträger vielfach geübt waren. Sie begaben sich betont feierlich in den Welpenhofkeller, wo zahlreiche flackernde Kerzen aufgestellt waren, darunter auch jene im Leuchter des Knut Hamsun.

Dort hielten sich Erich Wienand und Jacob Werner auf. Und diese wiesen, wie einladend, auf die von ihnen nunmehr gemeinsam völlig freigelegte Christusgestalt. Worauf der Geistliche ein vorbereitetes, innig tönendes Gebet verlas – von der wahren Unsterblichkeit im ewigen Glauben.

Nunmehr Phase zwei: Die Heimholung des Christus.

Voran schritt der Geistliche, der langsam an Würde zu gewinnen schien, begleitet von seinen Ministranten. Wobei die Friedhofsmenschen breite, halbwegs weißsaubere Leinengurte um die von ihnen zu transportierende Figur geschlungen hatten. Vor dem Tor wartete der Bauer Leitmann, mit seinem Getreidefahrzeug. Das jedoch war mit lilafarbenen feierlichen Tüchern bedeckt, aus Kirchenbeständen geliefert. Leitmann jedenfalls hatte zwei prächtige, dekorativ festlich wirkende Haflingerpferde vor seinen Karren gespannt.

Wobei eingeteilte Konfirmationskinder, zumeist Mädchen in Weiß, Blumen streuten, ziemlich verschwenderisch. Und dann begannen alle Glocken der Kirche von Martinshausen zu läuten. Unmittelbar hinter dem Karren, auf dem sich nunmehr ihr Christus befand, schritten Erich Wienand und Jacob Werner. Innig vereint wie stets.

Folgend Phase drei: Der Empfang des Christus.

Dafür hatten sich – unmittelbar beim äußeren Tor der Kirche – etliche Geistliche aus der Umgebung eingefunden, im vollen Ornat. Dazu auch diverse ortsansässige Gläubige, sonntäglich gekleidet. Sie bevölkerten die Szene nahezu malerisch; als hätten sie einem Leibl Modell zu stehen. Sie hielten sich zwischen den Gräbern auf, belagerten die Mauer, scharten sich um den nun wieder freigelegten, aufnahmebereiten, festlich geschmückten Ruheplatz der Figur.

Dabei war der deutlich erkennbare Mittelpunkt: Weihbischof Neuhäusler, einst standesamtlich als ›Hans‹ registriert, dann Johannes getauft, nunmehr bekleidet mit aller ihm angemessenen Prächtigkeit. Doch unmittelbar neben ihm befand sich Captain Singer, in voller amerikanischer Uniform. Beiden schien es zu gelingen, ein ungemein harmonisches Verhältnis zu signalisieren.

Alles Vorgänge, die als ein sogenanntes Festfressen für fleißig-erwartungsvolle angereiste Zeitzeugen zu bezeichnen waren. Einzigartig verwertbare Fotodokumente entstanden dabei; auch nahezu literarisch anmutende Beschreibungen sollten diesbezüglich zum Vorschein kommen. Das allerdings, leider, ohne die gewiß unbezweifelbaren maßgebenden Verdienste eines General Palmer bei derartigen Ereignissen zu berücksichtigen.

Jetzt aber Phase vier: Die Einsegnung des wiedergewonnenen Christus.

Dessen erneute Inthronisation auf dem ihm seit Jahrhunderten angestammten Platz, also unmittelbar vor dem Hauptportal der Kirche, wurde nahezu gediegen fachmännisch vorgenommen. Mithin paßte er genau in das für ihn neu ausbetonierte Fundament. Vereinigte Kirchenchöre versuchten nun ein erhabenes ›Halleluja‹ zu intonieren. Das wohl mehr lautstark, als sonderlich harmonisch. Doch immerhin – wahrlich nicht unbeeindruckend.

Phase fünf sodann: Die Weiherede des Bischofs.

Diese war vergleichsweise kurz, mutete jedoch ungemein inhaltsschwer an. Sie wurde mehrfach mitstenografiert, aber auch von Tonbändern eingefangen; dann in sehr wesentlichen Teilen sogar abgefilmt. Und diese nahezu als historisch zu bezeichnende Rede des Weihbischofs Johannes Neuhäusler hatte folgenden Wortlaut:

»Meine geliebten Brüder in Christus, unserem Herrn. Meine gläubigen Mitmenschen im Sinne unserer Heiligen Kirche. Meine mir liebwerten Freunde im Namen Gottes, des einen, einzigen! Was sich hier ereignet hat und nun zu einem wundersam beglückenden Ende gebracht werden kann, muß unsere uneingeschränkte Bewunderung herausfordern – unsere Dankbarkeit gleichermaßen. Das zu bekennen, ist das Gebot dieser einzigartigen Stunde.

Denn was, meine liebwerten Schwestern und Brüder, im Namen unseres Herrn, ist denn da geschehen? Hier ist nun wieder ein Sinnbild unseres Glaubens, ein einzigartig herrliches Kunstwerk zum Vorschein gekommen. Einst von Untermenschen bedroht mit totaler Zerstörung; das jedoch vergeblich. Denn einer der unseren, ein Mensch von erklärt priesterlichem Wesen, mein geliebter Freund Geisberger, vermochte das nicht zu dulden – das selbst nicht bei Gefahr für sein Leben. Das er dann auch lassen mußte.

Er war dennoch nicht allein. Ihm gelang es, einen Menschen gleich großer Gesinnung zu finden, wenn auch von anderem Glauben. Und zwar ein evangelisches Wesen; dabei ein bedeutender Dichter, ein erklärter und auch überzeugender Verkünder der schlichten Menschlichkeit und des einfachen ländlichen Lebens. Und der stellte sich an dieses Christus Seite, mit hingebender Entschlossenheit, wenn auch gleichfalls vom Tode bedroht. Der nahm diesen unseren Christus in seinem Haus auf, verbarg ihn dort, beschützte ihn, begehrt sein verfolgtes Dasein mit ihm zu teilen. Wir alle haben Veranlassung, uns vor einem Erich Wienand zu verneigen.

Wäre das jedoch schon alles gewesen, es dürfte als des Wunderbaren genug bezeichnet werden. Doch mehr noch kam alsbald dabei zum Vorschein. Denn in diesen letzten unruhigen Tagen einer gefährlichen Übergangszeit, die nun mit Gottes Hilfe überwunden ist, wurde unser Christus nicht nur von Erich Wienand bewacht, er tat das vielmehr gemeinsam mit seinem Freund Jacob Werner – einem Juden. Und ich sage, ganz klar und deutlich: ein Jude! Ich sage also nicht: ein jüdischer Mitmensch, ein Mitbürger jüdischen Glaubens. Denn unser gemeinsamer Gott, mit welchem Namen auch immer bezeichnet, ist unteilbar.

Beide in inniger Gemeinschaft haben uns dann wieder diese herrliche Gestalt eines Christus zugeführt. Doch nicht nur allein sie – das taten sie vielmehr in treusorgender Übereinstimmung und tätiger Mithilfe mit einem jener Menschen, deren Bestimmung es wohl war, uns von unsagbaren Übeln zu befreien, von all den Fürchterlichkeiten, denen wir uns ausgeliefert sehen mußten, von jenen Irrtümern, denen nicht wenige von uns, gutgläubig, erlegen sind. Ich spreche von Captain Singer, dem Amerikaner. Denn nun, durch ihn und seine Freunde, bahnt sich Verständnis an. Hilfreiche Hände strecken sich uns entgegen, die wir ergreifen sollten – was ich nun auch freudig tue. Im Namen des Herrn, seines Sohnes, des Heiligen Geistes. Amen!«

Worauf der versöhnungswillige Weihbischof Johannes Neuhäusler beide Arme weit ausbreitete. Er schritt auf Captain Singer zu und zog ihn an sein Herz. Danach umarmte er Erich Wienand. Hierauf auch Jacob Werner.

Umfunkelt von Blitzlichtern; umsurrt von Filmapparaturen. Zahlreiche Anwesende blickten feierlich gerührt zu Boden oder zu ihrem Christus hin. Sie alle waren überzeugt, Zeugen von geradezu historischen Vorgängen geworden zu sein.

Dieser Ansicht war jedoch nicht General Palmer, was sich schnellstens herausstellen sollte. Denn in seinen Augen, den an dieser Befreiungsfront nun mal maßgeblichen, hatte es sich bei dieser ›Veranstaltung‹ um eine ›Fehlleistung‹ sondergleichen gehandelt. Und einfach alles, was dann dabei ›publizistisch hochgespült‹ wurde, erklärte er zu ›süßlichem Seich‹. Da entstanden ohne seine Zustimmung, ohne seine Mitwirkung.

Unverzüglich zitierte er Captain Singer zu sich in sein Hauptquartier, das sich in Weilheim befand. Und dort wollte er übergangslos, ohne jede Begrüßung, wissen: »Was haben Sie sich denn eigentlich bei diesem äußerst fragwürdigen Versöhnungszirkus gedacht, Mann? Habe ich etwa nun anzunehmen, daß Sie sich in diesem total versauten, völlig verschissenen Restgroßdeutschland wie eine Art Siegfried vorkommen? Ausgerechnet von einem Richard Wagner auf die Füße gestellt; welche jedoch vermutlich Plattfüße sind.«

Eine Äußerung, die Sid Singer als ungemein beleidigend empfand, was er dann auch deutlichzumachen versuchte. »Immerhin, General, habe ich von Ihnen den Auftrag erhalten, einen Erich Wienand möglichst optimal zu betreuen, ihn wirksam herauszustellen. Wozu, bin ich nach wie vor überzeugt, auch diese Vorgänge gehört haben.«

»Sollten Sie denn etwa«, fragte General Palmer bereitwillig erbarmungslos, »die verbindliche Weisung unserer Militärregierung übersehen haben – betreffend einer stets höchst bedenklichen, mithin unbedingt zu vermeidenden Fraternisierung«, also Verbrüderung, »mit diesen Deutschen? Und mit welcher Sorte von denen auch immer!«

»Wozu aber ein Wienand ganz gewiß nicht gehört, General.«

»Nun ja – nicht gleich der, Singer. Bei dem handelt es sich wohl um ein sogenanntes rohes Ei – doch dabei immer noch nicht klar erkennbar, was sich wirklich damit ausbrüten läßt.«

»Den jedoch würdig ehrend in Erscheinung treten zu lassen, war ich bemüht.«

»Aber eben das, Mann, dann auch noch gleich im Zusammenhang mit diesen sich jetzt enthemmt fleißig anbietenden Kirchenkatholiken! Diese erklärten Kanzelkerle glauben nun wieder Morgenluft wittern zu können. Die versuchen einfach alles zu vereinnahmen, was sich ihnen irgendwie anbietet. Ob es sich dabei nun um einen reichlich ahnungslosen Menschheitsdichter handelt oder um einen durch Freundschaftsgefühle verführbaren Erzjuden. Aber dann auch noch – soweit ich informiert bin, leider – um einen amerikanischen Offizier; was mich nicht wenig beunruhigt. Ich spreche von Ihnen, Singer.«

»Erlauben Sie mir, General, Sie auf folgende Gegebenheiten aufmerksam zu machen: Der ehemalige Geistliche der Martinshausen-Kirche ist von der Gestapo ermordet worden. Und bei dieser Heimführung des Christus waren beherrschend drei nachweisbar schwerstens Verfolgte beteiligt – einstige KZ-Insassen. Ob nun Bischof, Dichter oder Jude.«

»Aber ja, ja doch: Das alles kann durchaus sein. Auch diese Kirche besitzt da so ihre Paradepferde, die sie nun ins Rennen zu schicken versucht. Doch warum wohl – um uns zu überrennen?«

»Dabei steht doch wohl fest, General, daß etliche von deren Priestern gestorben, gefoltert, zu Tode gequält worden sind! Ist das nicht zu berücksichtigen?«

»Na – wieviel Prozent denn wohl von dieser Sorte? Vermögen Sie das festzustellen? Vermutlich handelt es sich dabei um vereinzelte Ausnahmen.«

»Genügen denn nicht schon einige wenige, General – um zu überzeugen?«

Palmer drohte, sich als völlig unbeirrbar zu erweisen. »Doch warum, frage ich mich immer wieder, und damit auch Sie, mußten denn solche Menschen wirklich sterben? Aus verbohrter Dummheit, die sie als ihre Überzeugung ausgegeben haben? Wegen ihrer leichtfertig verwegenen Gottähnlichkeit, an der sie mit Wonne zu leiden bereit waren? Oder etwa nur, weil es für sie gar keine andere Möglichkeit gegeben hat? Eben weil sie dabei, wie andere auch, in einen Strudel hineingeraten sind, der sie dann verschlang?«

»Sie sind gestorben, General – genügt das nicht?«

»Verschonen Sie mich mit solchen Spitzfindigkeiten, Singer. Sie sind nicht in Schoenau eingesetzt, um sich dort als Landesvater oder Kirchenfürst in Miniaturausgabe zu betätigen. Dort haben Sie zunächst einmal nichts wie einen garantiert vorhandenen Nazistall auszumisten. Gehen Sie daran – wie einst Herkules.«

»Doch auch zwischen Nazis und Nazis existieren erhebliche Unterschiede«, erlaubte sich Singer zu bemerken.

»Nicht für uns – also auch nicht für Sie!« entschied der General. »Also keine weiteren Gemütsorgien, wenn ich bitten darf, Captain Singer! Das war Ihre letzte.«

In den Nachmittagsstunden dieses feierlichen Sonntags, nachdem ihr Christus wieder nach Martinshausen heimgekehrt war, unternahmen die Freunde, Erich und Jacob, einen Spaziergang in die nähere Umgebung. Von strahlendem Sonnenlicht umglänzt.

»Das«, stellte Jacob fest, »ist gewiß ein großer, bedeutsamer Tag gewesen – für dich, Erich.«

»Wie für dich ja wohl auch, Jacob.«

»In gewisser Weise – durchaus. Dennoch beherrscht mich das fatale Gefühl, daß sich keiner von uns beiden sonderlich glücklich fühlt. Warum eigentlich nicht? War es ein zu großer Verlust für dich, Abschied von deinem Christus nehmen zu müssen?«

»Ja, das könnte sein«, gestand Wienand ein. »Als sich dieser Christus bei mir befand, habe ich mich bei ihm unendlich geborgen gefühlt.«

»Doch so ein Dasein«, stellte Jacob ergeben fest, »besteht aus einer endlosen Kette von Abschieden. Immer wieder gibt es dabei ein letztes Mal. Ob man nun bei einer Frau liegt, ein Bild betrachtet, Worte auf Papier schreibt. Was auch immer auf uns zugekommen ist, muß uns verlassen – keinerlei Endgültigkeit existiert.«

»Und was, Jacob, ist mit unserer Freundschaft?«

»Die könnte durchaus dauern, Erich; solange wir noch zu leben haben – selbst wenn sich die äußeren Umstände immer wieder bedrohlich ändern. Doch das, was wir beide gemeinsam durchlitten haben, läßt sich wohl kaum jemals auslöschen, nicht völlig.«

»Niemals, Jacob! Auch wenn du nun nicht mehr länger bei mir bleiben willst.«

»Um dich nicht weiter mit meiner Person zu belasten. Was an sich nicht der Fall ist – ich weiß. Aber ich muß mich jetzt endlich zu befreien versuchen – von meinem fast sechsjährigen KZ-Trauma. Das hat mich nahezu zerstört, auch die ärztlichen Fähigkeiten in mir. Doch nicht endgültig, hoffe ich.«

»Du benötigst eine Übergangszeit – wie ich ja auch. Du kannst nicht gleich wieder von einem Tag auf den anderen Arzt sein. Wohl genauso wie ja auch ich nicht gleich wieder in der Lage bin zu schreiben.«

»Wir müssen es dennoch versuchen, Erich. Mir jedenfalls ist, durch Vermittlung unseres Captain Singer, eine Position bei der US-Militärregierung in München angeboten worden. Wo ich mich aber nicht gleich voll als praktizierender Arzt betätigen muß; lediglich als eine Art organisierender Medizinmann. Etwa verantwortlich für Krankenhäuser, allgemeine Vorbeugungsmaßnahmen, Verwaltungsangelegenheiten.«

»Mithin also – kein Abschied! Lediglich eine räumliche Veränderung, von übrigens nicht sonderlichen Ausmaßen. Wir könnten täglich miteinander telefonieren; auch kannst du jederzeit, in zwei bis drei Stunden, wieder bei mir sein. Zu allen Wochenenden bestimmt.«

»Doch wohl genauso komplikationslos könntest du, gleichfalls jederzeit, zu mir nach München kommen.«

Das drohte dennoch ein Abschied zu werden. Die Freunde erkannten das; doch sie vermieden es, weiter darüber zu reden. Sie wanderten über Felder und Wiesen, dann aber, wie angezogen, begaben sie sich jenem Sumpfgebiet entgegen, das am Rande des Anwesens von Erich Wienand lag. Ein Flecken Erde, den er ungemein liebte.

Die dort herrschende Stille, in schwarz-funkelnde Farben gehüllt, vermochte Erich Wienand immer wieder wie magisch anzuziehen. Seinen Jacob aber auch. Verendende Natur, die jedoch unendlich ewige Wiedergeburt signalisierte. Ein Vergehen, um zu erzeugen; und dem sich auszuliefern, waren sie immer wieder bereit.

Hier nun ließen sie sich nieder, auf einem überwachsenen Stein; dicht beieinander. Wobei Erich ein Stück trockenes Brot aus seiner Jackentasche zog. Das brach er in zwei Teile, gab das eine davon Jacob, das andere kaute er selbst. Fast andächtig.

Alles war wie einst, in ihren dunkelsten Stunden letzter Gemeinsamkeit.

Ihre stille, stumme Zutraulichkeit mutete wie erfüllt von ergebener Trauer an. Sie umarmten einander. Ihre sonnenbeglänzten Leidensgesichter wirkten leichenblaß.

Doch dabei erblickten sie – Jacob zuerst! – einen aus diesem Sumpf hervorquellenden Körper. Der erschien an der Mooroberfläche; gleich einem korkartig hervorbrechenden Gebilde, das plötzlich aufwärts geschnellt war. Alsbald kam ein weiterer Körper zum Vorschein. Leichen! Erkennbar in KZ-Kleidung – schäbiges Leinen, zebragestreift, das nunmehr ausgemergelte menschliche Wesen umhüllte. Dabei reckten sich Arme hoch, in giftig gelbgrünen Verwesungsfarben. Etwa fünf davon.

»Mein Gott«, hörte sich Erich Wienand sagen. »Was ist denn das?«

»Tote«, stellte Jacob Werner fest. »Tote, wie wir das auch einstmals hätten sein können. Doch uns ist es gelungen, gerade noch so zu überleben. Diese jedoch vermochten es nicht.«

Worauf Wienand das würgende Bedürfnis verspürte, sich von hier zu entfernen. Von dem heftigen Verlangen erfüllt: er möge möglichst nichts davon gesehen, nichts erkannt haben! Er versuchte sich abzuwenden.

Doch eben das konnte er nicht. Das ermöglichte ihm sein

Jacob nicht. »Versuchst du etwa, dem auszuweichen, Erich? Tue das nicht.«

»Haben wir denn nicht Heimsuchungen sondergleichen über uns ergehen lassen müssen, Jacob? Muß jetzt auch das noch sein?«

»Wer darf sich dem entziehen, Erich? Selbst das noch müssen wir nun durchstehen – gemeinsam. Denn ohne eine überzeugende Klärung, Aufklärung dieser Vorgänge, gedenke ich mich nicht von hier zu entfernen. Das zumindest sind wir diesen unseren einstigen Weggefährten schuldig. Um jeden Preis, der nun dafür zu zahlen ist.«

12.

Beim Anblick dieser ersten aus dem Moor hervorgequollenen Leichen erfaßte die Freunde große Ratlosigkeit – Bestürzung, Trauer, Gebanntheit auch. Minutenlang waren sie dann keiner weiteren Worte mehr mächtig. Erst nach längerer Zeit verlangte Erich Wienand abermals: »Entfernen wir uns.«

»Nicht ich«, sagte Jacob Werner. »Ich bleibe.«

»Hier können wir nichts tun. Jetzt müssen wir dafür sorgen, daß dieser Vorgang schnellstens in die dafür maßgeblichen Hände gerät.« Also in jene des Captain Singer. »Und dann müssen wir gemeinsam darauf bestehen, daß nichts außer acht gelassen wird.«

»Bis dahin jedoch werde ich hier warten.«

»Das wirst du bitte nicht, Jacob!« Das verlangte Wienand mit einer bei ihm höchst selten zum Vorschein kommenden Entschiedenheit. »Ich lasse dich hier nicht allein zurück.« Er mußte den Freund von diesem fürchterlichen Anblick befreien – sich auch.

Der erkannte die Beweggründe und akzeptierte sie, mühsam, doch nicht ohne Rührung. »Nur noch einen Augenblick bitte.« Er kniete nieder und verharrte in einem stillen Gebet.

Danach eilten sie dem Welpenhof entgegen.

»Ich«, sagte dabei Erich, »werde mich direkt mit Captain Singer in Verbindung setzen. Und dich bitte ich, möglichst genaue Aufzeichnungen zu machen, mit allen Einzelheiten. Gedacht als Grundlage für die jetzt wohl unbedingt notwendigen Bereinigungen, die wir nun beide gemeinsam fordern werden. Müssen!«

Im Hause Wienand angekommen, begab sich Jacob unverzüglich in seinen Keller. Erich jedoch prallte auf seine Frau Elvira, die offensichtlich beunruhigt auf ihn gewartet hatte. Sie begehrte endlich eine Erklärung von ihm zu vernehmen, auf die sie ein Recht zu haben glaubte.

»Was hast du mir denn da zugemutet?«

»Nun – was denn wohl nicht?« versuchte er auszuweichen. »Zugemutet habe ich dir stets sehr viel – besonders in letzter Zeit. Tut mir leid, Elvira.« Er ließ sich schwer auf einen Stuhl in der Wohnküche fallen. »Kann ich ein Glas Wasser haben?«

Das gab sie ihm. Um dabei zugleich zu sagen: »Das, Erich, habe ich wahrlich nicht verdient – dein mangelndes Vertrauen! Ich spreche von diesem Christus, den du bei uns untergebracht hattest, in unserem Keller – doch ohne mich zu verständigen, mich einzuweihen, ohne mir das auch nur mit einem Wort anzudeuten. Hast du denn nicht erkannt, was alles zu befürchten gewesen wäre, wenn diese Nazis deinen Christus hier aufgespürt hätten? In deiner Abwesenheit – in diesem Haus? Damit – bei mir?«

»Nun – das ist nicht geschehen.« Er trank sein Glas Wasser leer und bat, es erneut zu füllen, was unverzüglich erfolgte. »Bitte, versuche mich zu verstehen, Elvira. Ich wollte dich nicht noch zusätzlich belasten. Du hast wahrlich mehr als genug unter dem leiden müssen, wozu mich meine Gesinnung gezwungen oder eben verführt hat.«

»Wenn du das so siehst, Erich«, erklärte sie ihm nun mit erleichterter Nachsicht, »dann darf ich also annehmen, daß ich dein Vertrauen immer noch besitze?«

»Aber ja – das ist dir sicher! Nach wie vor. Völlig uneingeschränkt.«

»Dann, Erich, bin ich beruhigt. Sogar sehr!« Sie betrachtete ihn mit anerkennender Dankbarkeit; aber nun auch wieder mit der ihr gegebenen wachen, wissenden Bereitschaft, sich voll auf ihn einstellen zu können. »Du machst selbst nach dieser Festlichkeit einen ungemein bedrückenden Eindruck. Als wäre irgend etwas Ungewöhnliches geschehen. Was denn?«

Und darüber konnte er sie endlich aufklären. Und das geschah mit der nun wohl unvermeidlichen Deutlichkeit. Er erzählte ihr, was er gesehen hatte – und Jacob auch.

Elvira starrte ihn an, längere Zeit, sichtlich beunruhigt, intensiv nachdenkend aber auch. Worauf sie dann wissen wollte: »Nur ihr beide habt das gesehen – niemand sonst?«

»Das ist anzunehmen.«

»Liegt eigentlich dieses Sumpfgebiet auf unserem Grund – oder gehört er bereits zu Leitmann? Das könnte sich, möglicherweise, als nicht ganz unwichtig erweisen.«

»Jetzt völlig ohne jede Bedeutung, meine Liebe. Allein entscheidend: dort befinden sich Tote.«

»Und wie gedenkst du darauf zu reagieren? Mit Wegsehen, sich Abwenden, Abwarten?« Worauf sie bei seinem schweigend-prüfenden Blick erkannte: »Nun ja, ich sehe ein – nichts dergleichen ist wohl jetzt noch zu erwarten – da eben dein Jacob Werner von diesen Vorgängen weiß.«

»Sehr richtig erkannt, Elvira. Und wir beide, er ebenso wie ich, sind der Ansicht, daß nunmehr Captain Singer verständigt werden muß.«

»Ja – das solltest du tun«, stimmte sie ihm zu. Um dann instinktiv besorgt hinzuzufügen: »Mein Gott, das wird hier eine ganze Menge Staub aufwirbeln! Wobei gesagt werden könnte: den hast du verursacht.«

»Nicht verursacht, bitte, höchstens: sichtbar gemacht. Unvermeidlicherweise.«

»Versuche den Captain, ihn allein, für diese Angelegenheit zuständig zu machen. Er wird vielleicht wissen, wie darauf richtig zu reagieren ist. Und erinnere ihn daran, daß er sich in Schoenau befindet.«

Singer ließ sich dafür zuständig machen. Das jedoch nicht nur notgedrungen, vielmehr schnell engagiert. Nachdem ihm Wienand per Telefon etliche Einzelheiten geschildert hatte, verstummte er zunächst. Worauf er dann ausrief: »Ein entsetzlicher Vorgang!« Zugleich erfolgte eine Warnung: »Falls das stimmt!«

Einen derartigen Verdacht verneinte Wienand, absolut entschieden. »Ich bin völlig sicher, genau das gesehen zu haben, was ich Ihnen berichten mußte.« Und als Zeugen dafür benannte er Jacob Werner.

»Dann allerdings«, sagte der Captain wie ergeben, »ist das wohl als zutreffend hinzunehmen.« Was ihm, erkennbar, verdammt schwerfiel.

Seine nächste Reaktion bestand darin, daß er sich unverzüglich zu diesem ›Fundort‹ begab. Und zwar begleitet von seinem zivilen, stets präsenten Polizeichef – also Straßner. Mit dem beim Moor angekommen, erblickten sie, wie angekündigt, verschiedene schwimmende Leichen. Nunmehr bereits vier.

»Na – scheußlich!« rief der Captain aus. »So was hat uns hier gerade noch gefehlt!«

»Wobei wir nichts außer acht lassen sollten«, meinte Straßner. »Denn dabei könnte es sich lediglich um einige erste aufgetauchte Tote handeln.«

»Zu denen dann noch weitere gehören? Wie viele denn noch? Etwa gleich Dutzende?«

»Das wohl kaum«, glaubte Singers Polizeigewaltiger sachverständig feststellen zu können. »Denn einmal dürfte das Fassungsvermögen dieses Sumpfes nicht als übermäßig groß bezeichnet werden. Zum anderen aber könnte hier wohl kaum etwas von derartigem Ausmaß stattgefunden haben, ohne daß es bekanntgeworden wäre. So was hätte sich herumgesprochen, bis zu mir hin.«

»Grauenhaft genug ist dieser Fund immerhin! Und das ausgerechnet in meinem Bereich.«

»Doch auch in anderen Bereichen ist leider anzunehmen, wird durchaus Ähnliches existieren; früher oder später zum Vorschein kommen. Jedenfalls sollte man Derartiges niemals überbetonen, aufbauschen. Vielmehr abschirmen, absichern, möglichst unzugänglich machen.«

Worauf der Captain den in seinem Bereich stationierten Leutnant Burns von der US-Militärpolizei neuerlich ›um Amtshilfe‹ bat.

Diese wurde ihm dann auch großspurig-bereitwillig gewährt. »Wir erledigen hier schließlich jeden erdenklichen Mist – warum also nicht auch noch den?«

Woraufhin das Moorgebiet mit seinen Leichen alsbald systematisch abgeschirmt wurde, also ›für Unbefugte‹ unzugänglich gemacht wurde. Maschinenpistolenträger der Militärpolizei blockierten den schmalen Feldweg, der allein zu dem Gelände führte. Vier weitere dieser Gattung flanierten in den Wiesen herum. Um festzustellen: Niemand ließ sich in ihrer Nähe blicken.

Singers nächste Reaktion auf diese Vorgänge war wohl absolut unvermeidbar; erfolgte jedoch nicht ohne ein ihn peinigendes Zögern. Denn nunmehr sah er sich gezwungen, dem Drei-Sterne-General Palmer, derzeit in Weilheim, alle ihm bekannten Einzelheiten mitzuteilen. Und von dem vernahm er nun, deutlich über Telefon hörbar, nahezu freudige Schnaufgeräusche.

»Na also, Singer!« stellte er fest; ganz vorausschauender Seher. »Da haben Sie nun Ihren triefenden Salat! Sie hätten eben rechtzeitig auf mich hören sollen, anstatt dort Ihre fragwürdigen Fraternisierungsfestspiele zu veranstalten – und so was mit Leuten, die immer noch massenhaft Leichen unter ihren angeblich stattlichen deutschen Eichen liegen haben. Doch jetzt versuchen Sie mal, mit diesem massiven Gesinnungsmist fertig zu werden. Was haben Sie bisher veranlaßt?«

»Die totale Abriegelung jenes Fund- und Tatortes. Durch unsere Militärpolizei.«

»So was ist immer gut«, stellte Palmer amüsiert fest. »Aber möglicherweise auch verdammt schlecht, wenn das durch eine amerikanische Einheit erfolgt. Denn schließlich sind wir nicht dazu da, um diese mörderischen Versauungen der Nazis abzuschirmen oder etwa gar zu bereinigen. So was haben diese Restgroßdeutschen möglichst unter sich auszumachen. Wobei wir aber scharf aufpassen müssen, denen nichts durchgehen zu lassen. Dabei jedoch hüllen wir unsere zugreifbereiten Hände in wetterfestes Leder. Kapiert, Captain? Jedenfalls unterrichten Sie mich laufend über Ihre hoffentlich überzeugenden Maßnahmen.«

Captain Singer jedenfalls ordnete nunmehr unverzüglich eine Besprechung an, eine wie verkündet ›interne‹. Zu der hatten sich seine hier für verläßlich gehaltenen allernächsten Mitarbeiter einzufinden: Bürgermeister, Polizeichef und Rabe. Und denen eröffnete er nun: »Unser diesmal alleiniges Thema: jene im südlichen Sumpf entdeckten Leichen.«

»Müssen wir die denn unbedingt zur Kenntnis nehmen?«

fragte Bürgermeister Breisgauer bieder. »So was kann hochgeschwemmt werden, aber auch wieder versinken.«

»Diese Toten jedoch existieren«, belehrte Singer ihn fast streng. »Die sind bereits zur Kenntnis genommen worden, und nicht nur von irgend jemand – vielmehr von hier sehr maßgeblichen Persönlichkeiten.«

»Von Wienand etwa – und seinem Besucher?« fragte Breisgauer ahnungsvoll. »Und die bestehen nun darauf...«

»Ich bin es, der darauf besteht«, stellte Singer fest.

»Immerhin«, meinte Straßner mit bereitwilliger Anerkennung, »ist hier bereits die US-Militärpolizei in Erscheinung getreten.«

»Dabei handelt es sich lediglich um erste, vorbeugende Maßnahmen. Denn diese Toten sind keinesfalls eine amerikanische Angelegenheit; vielmehr eine allein deutsche. Mithin müssen hier nun unsere Soldaten unverzüglich abgelöst werden – von örtlichen Polizeihilfskräften. Unter Ihrem Befehl, Herr Straßner. Sind Sie dazu bereit?«

»Jawohl, Captain«, bestätigte der ahnungsvoll. »Verstehe – ziemlich genau.«

»Aber auch alles Weitere, was nun erfolgen muß, hat sozusagen unter deutscher Regie stattzufinden; mit einer hoffentlich überzeugenden Leistung. Wozu zunächst die Trockenlegung dieses Sumpfgebietes gehört, also dessen Abwässerung, damit dann alle dort vorhandenen Leichen geborgen werden können. Schnell, gründlich; aber auch sorgsam-pietätvoll.«

Bürgermeister Breisgauer fühlte sich nun sozusagen vierfach angeblickt – fragend, fordernd, ermunternd, neugierig.

»Sollte etwa ich«, stieß er hervor, »ausgerechnet ich, dafür vorgesehen sein?«

»Versuchen Sie sich dem zu entziehen?« fragte ihn der Captain gedehnt.

»Natürlich nicht, Sir!« versicherte er prompt, von Straßner aufmunternd angeblickt.

»Wäre ja auch noch schöner!« meinte Rabe belustigt. Ihn schwer schwitzen zu sehen, bereitete ihm Genuß. Der war hier kein erkennbarer Konkurrent für seine Ambitionen; der nicht.

Worauf sich Singer, wohl um diese immer deutlicher werdenden Machtkämpfe in seinem Bereich zu besänftigen, entgegenkommend gab. »Ich beabsichtige keinesfalls, Herr Breisgauer, Ihre derzeitige Position unnötig zu strapazieren. Doch ich erwarte Ihre tätige Amtshilfe. Denn schließlich müssen nun zahlreiche Bereinigungskräfte mobilisiert werden – aus der hier noch vorhandenen Bevölkerung. Bevorzugt Nazis.«

»Mein Gott«, erkannte der Bürgermeister ahnungsvoll, »das könnte in der Bevölkerung enormen Staub aufwirbeln! Und man wird dann prompt fragen, wem man das zu verdanken hat. Sollte sich das wirklich nicht vermeiden lassen?«

»Na, was soll denn das heißen!« rief Rabe aus. »Nur keine falsche Scham, Herrschaften! Denn schließlich ist ein sogenannter kleiner Nazi auch nichts anderes als ein Nazi. Und wenn diese Typen nun gebraucht werden, dann müssen die ran! Ein Pflegeheim jedenfalls ist für die nicht vorgesehen.«

»Sie haben gut reden, Rabe«, bellte ihn Breisgauer böse an. »Denn Sie sind nicht von hier! Ich jedoch bin in Schoenau aufgewachsen, zusammen mit diesen sogenannten kleinen Nazis; die im Grunde nichts wie arme Verführte waren, sind. Mit denen habe ich die Schulen besucht, neben ihnen auf einer Kirchenbank gesessen, gemeinsam mit ihnen gefeiert: Geburten, Hochzeiten und was weiß ich nicht sonst noch. Doch nun soll ich, ausgerechnet ich...«

»Na – wer denn sonst wohl? Oder gedenken Sie so was etwa auf mich abzuwälzen?« fragte Rabe mit überraschend breiter Gemütlichkeit.

»Das allerdings«, vermochte Singer schnell zu erkennen, »könnte hier möglicherweise die beste Lösung sein. Wären Sie dazu bereit, Herr Rabe?« Er hätte nun noch sagen können: dafür wäre ich Ihnen sehr dankbar – brauchte er aber nicht zu sagen; nicht bei dem.

»Bereit dazu, Mister Singer! Doch immer vorausgesetzt, daß dafür gründliche Vorarbeiten geleistet werden.« Rabe schien entschlossen, sich erneut zu bewähren; und das diesmal noch dazu mit einiger Freude.

»Und wie, bitte, stellen Sie sich das im einzelnen vor?«

Rabes erkennbar taktische Begabung kam abermals zum Vorschein. Wahrlich nicht zufällig war er der Beste seines Kriegsschullehrganges gewesen. »Zunächst sind, und zwar schnellstens, Listen zu erstellen. Und zwar von unseren sogenannten armen, kleinen, verführten Nazis, die hier jedoch immer noch ungehindert, auch reichlich ungeniert, herumwimmeln. Namensverzeichnisse und Adressen und Hinweise auf Parteizugehörigkeit. Zu erstellen von unserem kenntnisreichen Bürgermeister; aber auch von der mitarbeitswilligen Kreisleitungssekretärin. Und zwar, schlage ich vor, von beiden getrennt.«

»So wird es gemacht!« entschied Singer schnell. »Und das unverzüglich; also in allerhöchstens neunzig Minuten. Und sobald diese Ergebnisse vorliegen, werden wir die miteinander vergleichen. Um dann unsere Auswahl zu treffen; gemeinsam. Doch was dann weiter, Mister Rabe?«

»Die so von uns Ausgewählten sollten dann schnellstens von Herrn Straßner und seinen Polizeileuten aufgespürt werden. Um sodann mir beziehungsweise der von mir zu bildenden Arbeitsbereinigungsgruppe Moor zugeführt zu werden.«

»Als was denn wohl?« Nunmehr vermochte selbst ein Straßner, dicht neben dem bleichgewordenen Bürgermeister, seine heftige Unruhe über eine derartige Entwicklung kaum zu verbergen. »Doch nicht etwa als Gefangene – Verhaftete?«

»Mir doch scheißegal, als was!« sagte Rabe rauh. »Die Hauptsache ist, daß ich morgen früh über etwa drei Dutzend Männer verfügen kann. Ausgestattet mit grobem Handwerkszeug: Spaten, Hacken, Sägen und so was.«

»Bestens, Rabe!« sagte sein Captain anerkennend. »So machen wir das! Wobei wir jedoch nun nicht gleich einen strafkolonieähnlichen Auftrieb zu unternehmen gedenken; was wir jederzeit könnten. Vielmehr ersuchen wir da lediglich um tatkräftige Mithilfe; und das nur mit Nachdruck, wenn sich das nicht, unter keinen Umständen, vermeiden läßt. Dann aber wird hart zugegriffen. Sind wir uns dahingehend einig, meine Herren?«

Die nickten nun lediglich.

Inzwischen gab sich Tümmler, die sogenannte rechte Hand des mit allen erdenklichen Vollmachten versehenen Verwalters Warnhagen, nachdenklich besorgt. Das geschah bei einem gemeinsamen Zwischenbier in der Wohnküche, die neuerdings auch als Büro genutzt wurde. Mühseliger Hauptpunkt ihrer diesmaligen Besprechung: die Beschaffung von Saatgetreide sowie weiterem Personal.

Diesbezüglich hatte Tümmler bereits etliche brauchbare Angebote eingeholt. Auch vermochte er zwei zusätzliche Arbeitskräfte anzubieten: Einen eindeutig bäuerlichen Menschen, derzeit ohne feste Beschäftigung; eine weitere Hilfskraft mit Erfahrung in der Viehzucht. »Die sollten wir nur beschäftigen, wenn die sich bereit erklären, sich auf mindestens ein halbes Jahr zu verpflichten – also bis nach der Ernte. Wozu allerdings eine Sondergenehmigung gehört – zu erteilen vom provisorischen Landratsamt.«

»Das sollte sich machen lassen.« Warnhagen konnte da nur lächeln. Denn auch dieses Landratsamt unterstand hier der US-Militärregierung, mithin Captain Singer. Und der hatte sich schließlich zum erklärten Schutzpatron des Wienandschen Welpenhofes aufgeschwungen. »Hier läuft alles geradezu glänzend.«

»Offenbar durchaus, Horst-Heinz, für dich – was ich dir ja auch gönne.«

Der horchte auf. »Sollte dabei irgend etwas nicht in Ordnung sein, Tümmler? Sprich dich aus, Mensch!«

»Du selbst bist ja an sich ganz in Ordnung«, versicherte ihm der, »du solltest dir also diesbezüglich keinerlei Sorgen machen, Kumpel. Denn mit uns läuft hier alles bestens, einfach prächtig.«

»Aber dennoch scheinst du an einer ganz dicken Kröte zu schlucken.«

»Nun, mein Bester, um jetzt mal ganz aufrichtig zu sein –

ich fühle mich hier einfach nicht gebührend gewürdigt. Als Mann. Doch auch ich bin nun mal einer. Wenn auch, zugegeben, ein nicht gleich so prächtiger wie du; was ein Kompliment ist.«

»Was gedenkst du damit anzudeuten, Thomas?«

»Dir, Horst-Heinz, gönne ich ja einfach alles! Jeden Anteil an dieser sogenannten holden Weiblichkeit – hier wohl gleich einer doppelten, wenn auch sehr unterschiedlichen. Doch eben auch ich wünsche sehr, dabei meine diesbezüglichen Freuden zu haben; wofür du vermutlich ein gewisses Verständnis entwickeln wirst.«

»Sollte das etwa heißen, daß du wieder auf deinen Leitmannhof zurückkehren willst, um dort Tochter und Frau zu beglücken?« Warnhagen war da nicht ganz unbesorgt; er gedachte sich dennoch weit entgegenkommend zu zeigen. »Aber deshalb müßtest du ja nicht gleich dorthin umziehen; so was ließe sich ja auch, sozusagen zwischendurch, in der Freizeit erledigen; einer reichlich bemessenen – von mir sehr entgegenkommend.«

»Ach Mensch, doch nicht gleich so was! Um diesen Leitmann muß man jetzt einen großen Bogen machen. Nach all dem, was man so flüstern hört, wird dem bald der Arsch auf Grundeis gehen. Woran ich mich keinesfalls zu beteiligen gedenke. Mir geht es da um ganz andere Dinge. Gewissermaßen um höhere.«

»Um welche auch immer«, sagte Warnhagen mit erleichtertem Entgegenkommen. »Mit meiner rat- und tatkräftigen Hilfe kannst du rechnen.«

»Ich weiß, ich weiß, Horst-Heinz! In derartigen Feinheiten kennst du dich aus! Nur eben, was diese Weiber anbelangt – auf die Dauer nichts wie zähes Rindfleisch zu nagen, verdirbt glatt den Appetit!«

»Worauf willst du hinaus, mein Kumpel – mithin auf wen?«

»Konstanze Reibert«, sagte der nun offen. »Mit der möchte ich mal gerne.« Ganz klar, was.

»Irgendein Hindernis dabei?« wollte Warnhagen nun ziemlich erleichtert wissen; mit schnell aufkommender Munterkeit auch. »Nun ja – diese Person scheint sich wohl nicht ganz leicht umlegen zu lassen. Dafür ist die vermutlich viel zu berechnend. Doch im Grunde haben wohl alle weiblichen Wesen ihre ganz besonderen Schwächen. Etwa in schlaflosen Mondstunden, bei Nachtträumen, bei sie bedrängenden Toilettengefühlen. Die günstige Gelegenheit muß man erkennen.«

»Habe ich versucht – sogar mehrmals; doch stets vergeblich. Die war dann steif wie ein Brett, stieß mich zurück, ergriff sogar die Flucht.«

»Aber auch so, Mensch, kann eine sogenannte Liebe beginnen!«

»Doch wohl kaum bei der! Denn die ist offenbar entschlossen, sich anderweitig zu engagieren – berechnend wie die ist; was du absolut richtig erkannt hast. Die schreckt vor einfach gar nichts zurück. Tut mir leid, Horst-Heinz, daß ich dir das sagen muß – aber das solltest du wissen.«

»Na – was denn wohl?«

»Diese kleine prächtige Sittensau – und das nun mal ganz unter uns Kumpels gesagt – versucht sich ausgerechnet an einen Erich Wienand heranzuwanzen, den zu vereinnahmen! Und eben deshalb läßt mich dieses berechnende Weibsbild links liegen.«

Horst-Heinz Warnhagen fühlte sich zunächst ungemein verblüfft; alsbald heftig erheitert. Dennoch schüttelte er ungläubig sein dekoratives Heldenhaupt. »Mein lieber Schwan! Was du da gesagt hast, hört sich ja geradezu fantastisch an! Vermutest du das lediglich?«

»So was, Horst-Heinz, habe ich tatsächlich gesehen, sehen müssen – mit eigenen Augen; und zwar gestern nacht. Ich konnte nicht schlafen, war möglicherweise voll überfressen, halbwegs besoffen vermutlich auch – und da wieselte ich so herum, auf der großen Veranda. Nur um frische Luft zu schnappen.«

»Und – was hast du dabei gesehen?«

»Eben diese geile, giftige Anwanzungskröte; und dazu jenen greisenhaften Dichterkerl – beide wie innig vereint. Zumindest wie kurz davor. Und nun bist du wohl entsetzt, was?«

Der lachte ungeniert freudig auf. »Warum sollte ich denn das sein?« Warnhagen vermochte prompt zu erkennen, welch eine ungemein lohnende Aufrechnungsmöglichkeit sich daraus zu ergeben schien; für ihn. »Mensch, mein Kumpel, lieber Freund, für diese vielversprechende Nachricht habe ich dir dankbar zu sein. Damit läßt sich gewiß eine ganze Menge anfangen.«

»Für mich auch?« wollte Tümmler fast begierig wissen.

»Für dich auch, Thomas. Zumal in diesem speziellen Fall. Denn ein Erich Wienand stellt zwar ein überaus anziehendes, hochbegehrtes Versorgungsobjekt dar – aber als ein irgendwie überzeugender Liebhaber ist der praktisch kaum denkbar.«

»Doch dieser kleinen, niedlichen Sau, Mensch, könnte es gelingen, selbst den noch hochzuputschen.«

Na hoffentlich!, fühlte sich Warnhagen versucht auszurufen. Doch er sagte lediglich besänftigend: »Na – und wenn schon! Um einen Dauerzustand wird es sich dabei, so gut wie garantiert, nicht handeln. Der müssen ganz andere an die Unterwäsche gehen – ein richtiger Mann wie eben du. Doch inzwischen kocht die sich selbst garantiert knieweich – da brauchst du nur einigermaßen gelassen abzuwarten.«

»Mache ich«, versicherte sein Tümmler. Er wähnte sich aufgeklart. »Muß ich wohl. Doch eine gewisse sonderliche Ausdauer dabei zu entwickeln, könnte mir verdammt schwerfallen. Denn sobald ich die nur ansehe...«

Die Fortsetzung der Moorbereinigungskonferenz fand nahe gegen Mitternacht statt, im Haus der ehemaligen Kreisleitung, dem wohl repräsentativsten Gebäude am Platze. Sie begann mit geschäftigem Tatendurst, sollte jedoch alsbald, völlig unerwartet, in heftige Peinlichkeiten ausarten.

Anwesend dabei, außer dem sich als Mittelpunkt fühlenden Captain Singer, sein Dreigestirn: Breisgauer, Straßner, Rabe. Letzterer hellwach, aktionsentschlossen.

Doch hinzugekommen, oder eben hinzugezogen, war nun auch Waltraut Degenhard. Sie blickte allein Singer an; eindeutig ergeben. Was jedoch der Captain, zumindest in diesem Augenblick, offenbar nicht zur Kenntnis zu nehmen begehrte.

»Bitte, die erstellten Listen!« ordnete er fast souverän an.

Die wurden ihm zugereicht. Er nahm sie entgegen, jedoch behielt er sie nicht. Vielmehr übergab er, vermutlich berechnet, dem Bürgermeister die Aufstellungen der Degenhard; und ihr jene des Breisgauer. »Erbitte die jeweilige Ansicht dazu.«

Worauf beide, nach nur kurzem Einblick in die Listen des anderen, fast zugleich ausriefen: »Unmöglich! Einfach unmöglich!«

»Was soll denn da, bitte«, fragte Singer wenig freundlich, »irgendwie unmöglich sein?«

»Diese Listen«, stellte der Bürgermeister fest, besorgt-empört aufschnaufend, »weichen ganz erheblich voneinander ab!«

»Meine Liste jedoch«, versicherte Waltraut fast sanft, »darf als absolut objektiv gelten. Die habe ich anhand der von mir aufgefundenen Personalunterlagen der örtlichen ehemaligen NSDAP erstellt. Dabei bin ich, wie mir anempfohlen worden ist, unbeirrbar sachlich vorgegangen, also bemüht gewesen, niemanden auszulassen. Mithin auch nicht mögliche Freunde oder Weggefährten von bestimmten Leuten.«

»Derartige Verdächtigungen, Fräulein, muß ich mir verbitten!« Der Bürgermeister fühlte sich prompt angesprochen und fauchte sie an. »Denn nicht meine Aufstellungen sind es, die hier wie fragwürdig anmuten. Meine nicht!«

»Die sind das aber – meiner Ansicht nach.«

»Nur langsam, langsam, meine Besten!« versuchte Sid Singer sie zu besänftigen. »Möglicherweise handelt es sich um Mißverständnisse – damit muß man rechnen.«

»Und dann versuchen«, meldete sich prompt Straßner, »dabei Kompromisse zu entwickeln. Wie wäre es etwa, wenn wir beide Listen, die gewiß sehr bemüht zusammengestellt sind, als eine Einheit betrachten. Und sie dann auswerten – gemeinsam. Namen um Namen. Von oben bis unten.«

»Wogegen ich meine Bedenken anmelde – und zwar ganz entschieden!« versicherte Breisgauer.

»Was jedoch, möglicherweise«, sagte Waltraut mit heroisch-verächtlich gedachtem Blick auf den Bürgermeister, »nichts als der neuerliche Versuch einer Absicherung, eines Ausweichens sein könnte.«

»Wofür, glauben Sie, mich halten zu können, mein Fräulein?« Breisgauers Empörung besaß durchaus einiges Format. »Sollten Sie etwa in mir einen Nazi sehen – einen völlig unbelehrbaren?«

»Dazu, Herr Bürgermeister, möchte ich mich nicht äußern – nicht jetzt.«

»Was soll denn ein solches Geschwätz!« mischte sich nun Rabe unwillig ein. »Hier muß nun doch einfach alles kassiert werden, was sich irgendwie anbietet. Je mehr, um so besser – damit hier endlich wirksam in Aktion getreten werden kann!«

»Einverstanden!« stimmte Captain Singer zu. »Diese beiden Listen werden wir nun gemeinsam auswerten. Das Ergebnis wird Herrn Straßner übergeben, der dann dafür zu sorgen hat, daß sich die ausgesuchten Teilnehmer an dieser Moorbereinigungsaktion einfinden. Ohne jede Rücksicht auf Ressentiments, bitte ich mir aus!«

»Jawohl!« Rabe reagierte völlig unproblematisch. »Dabei erwarte ich zunächst mindestens drei Dutzend Mann – in gutem Zustand, versehen mit Werkzeugen. Die müssen morgen früh antanzen – genaue Uhrzeit gebe ich noch bekannt. Inzwischen werde ich Pläne für die Trockenlegung des Südsumpfes ausarbeiten.«

»Gut, sehr richtig so, mein lieber Rabe«, versicherte ihm Singer mit vielversprechender Anerkennung. Und dann rief er verpflichtend aus: »Das muß jetzt durchgestanden werden; von uns allen, vereint – zielstrebig und wirkungsvoll! Und dabei lassen wir uns durch nichts und niemanden beirren!«

In den späten Mitternachtsstunden dieses Tages – fast genau zur gleichen Zeit, als Singer jene Generalprobe seiner Bereinigungsspiele über die Bühne gehen zu lassen versuchte – erschien Horst-Heinz Warnhagen bei seiner Elvira. Die suchte er in deren kombinierten, geräumigen Wohn- und Schlafzimmer im oberen Stockwerk dieses Welpenhofes auf. Umarmungsbereit. Freudig entschlossen; sich und sie zu beglükken.

Bei seinem Anblick sah Elvira nicht wenig verwundert von ihrer Bettlektüre auf. Dabei handelte es sich nicht etwa um ein Buch ihres Mannes; denn persönlich bevorzugte sie Edgar Wallace. Sie vertrieb sich damit lediglich die Wartezeit. Jene auf ihren Horst-Heinz.

Dem blinzelte sie nun entgegen. Sie schob das Buch von sich und blickte zugleich auf ihre Nachttischuhr. Doch eben die zeigte noch nicht jene Stunde an, in welcher die zwischen ihnen üblichen Vereinigungsspiele stattfanden. »Du bist diesmal zu früh gekommen«, stellte sie fest; ziemlich sachlich.

»Bei dir«, versicherte er, wobei er sich auszuziehen begann, »kann es niemals früh genug sein, meine Elvira.«

»Das vernehme ich ja an sich sehr gern, Horst-Heinz«, bestätigte sie ihm, wobei sie in ihrem Bett Platz für ihn machte. »Doch das sage ich nicht ganz unbesorgt – wir müssen äußerst vorsichtig sein.«

»Keine Sorge – meine Schöne, hier läuft doch alles richtig. Goldrichtig.«

»Und was macht – deine Frau?«

»Elfie schläft – vermutlich bis in den frühen Vormittag hinein. Sie mutet sehr ermüdet an. Da habe ich wieder einmal getan, was ich konnte – allein deinetwegen, versteht sich.«

Er legte sich, nunmehr völlig entkleidet, zu ihr – mit lässig besitzergreifenden Bewegungen; das jedoch nicht gleich sonderlich erfolgreich. Elvira gab nunmehr zu bedenken: »Erich, mußt du wohl wissen, ist ein erklärter Nachtmensch. Der könnte also hier auftauchen. Und so was ist schon einige Male geschehen – irgendeiner Frage oder eines Buches wegen oder eben nur so. Weil er nicht zu schlafen vermag.«

Horst-Heinz begann Elvira mit erfahrener Zärtlichkeit zu betasten. Und sie fing an, sich bereitwillig unter ihm zu dehnen; wenn auch immer noch zögernd. Wobei er ihr versicherte: »Der wird bestimmt nicht kommen.«

»Woher glaubst du das zu wissen?«

»Weil er als abgelenkt gelten darf. Und zwar ziemlich massiv.«

»Der! Ausgerechnet der? Von wem denn wohl?«

»Von seiner Konstanze Reibert! Denn dieses mitarbeitsbereite Wesen macht offenbar erhebliche Anstalten, ihn zu vereinnahmen – und zwar gleich so gut wie total.«

Elvira entzog sich nun seinen Zugriffen, fast heftig empört; sie richtete sich auf, nahezu steil. »Was – behauptest du da? Der treibt es mit dieser Person – oder eben die mit ihm? Was mutet der mir denn zu! Was glaubt sich dieses eingeschlichene Weibsbild leisten zu können!«

Warnhagen lachte unbekümmert auf. »Nun versuche doch mal«, forderte er, »genau das zu tun, was du ansonsten immer kannst: denke nach, Elvira.«

Und das war ihr dann auch gegeben – sogar unter diesen Umständen. Denn sie vermochte alsbald zu erkennen, welche Möglichkeiten sich ihr und ihm damit boten. »Das könnte durchaus, muß ich wohl einsehen, eine Art glückliche Konstellation ergeben.«

Worauf eine denkbar prächtige späte Nacht begann.

Für die wohl sehr berechtigt als höchst peinlich erkannte Aufgreifertätigkeit diverser örtlicher Nazis, war Polizeichef Straßner verantwortlich gemacht worden. Doch der war klug oder eben erfahren genug, dabei nicht gleich persönlich in Erscheinung zu treten. Er ›delegierte‹ derartige Vereinnahmungen, mit großer Geschicklichkeit, an diverse seiner Hilfsorgane.

Die also traten dann in den frühen Morgenstunden in Erscheinung. Wobei sich allerdings herausstellte: diese listengemäß erfaßten Zeitgenossen reagierten ungemein problemlos; nahezu frappierend bereitwillig. Sie wurden geweckt, ins Freie gebeten, um Mithilfe ersucht. Und das geschah sogar mit einer Höflichkeit, einer vorgeprobten, die sich als erfolgreich irritierend erwies.

Diese Heimgesuchten erhoben sich, wohl großdeutsch eingelernt gehorsam, von ihren Lagern. Sie hüllten sich, nach freundlicher Ermunterung, in ihre Arbeitskleidungen. Auch schulterten sie, wie ihnen befohlen, bereitwillig: Spaten, Hacken, Seile, Sägen und Äxte.

Lediglich einige wenige begannen miteinander zu flüstern: »Was veranstalten die denn da mit uns... so was haben wir doch gewiß nicht verdient... wem haben wir das zu verdanken?« Schuldiggewordene fingen an, nach Schuldigen zu suchen.

Sie versammelten sich auf dem Marktplatz vor dem Ballenhaus, um sich von dort aus, schafsherdenhaft dahintrottend, zum Südmoorsumpf zu begeben. Nichts Besonderes dabei. Und selbst wenn sie so was auch für eine Willkür sondergleichen gehalten haben sollten, für eine beklagenswerte Anmaßung, eine erbarmungslose Zumutung – sie schienen es fast wortlos hinzunehmen, wie darauf vorbereitet; seit geraumer Zeit schon.

Als sie dann am sogenannten Fundort angekommen waren, wurden sie von der dortigen Arbeitsgruppe Rabe in Empfang genommen. Doch nicht gleich von ihm persönlich. Denn auch er hatte gelernt, verblüffend schnell, worauf es hier ankam. Somit besaß nun auch er seine Mitarbeiter zum Vorschicken.

An deren Spitze ein ehemaliger Feldwebel; von Rabe persönlich ausgesucht. Ein Mensch seiner besonderen Wahl, seine rechte Hand. Bei dem handelte es sich um den Sohn eines erklärten Widerstandskämpfers; noch dazu ausgestattet mit Organisationsbegabung und neuem Ordnungsverlangen. Der war hier, berechtigt hoffnungsvoll, als ›Einsatzleiter‹ benannt worden.

Zu seiner Verstärkung kamen dann noch zwei abschwörbereite ehemalige Angehörige des Reichsarbeitsdienstes; zwar von minderen Dienstgraden, doch eben so was wie Fachleute. Doch wohl Rabes Glanzleistung dabei: ein noch in der Nacht von ihm verpflichteter Tiefbauingenieur namens Winkler. Ein ungemein erfahrener Mensch, der unverzüglich entsprechende Pläne ausarbeitete.

Doch zunächst einmal führte hier Rabes Einsatzleiterfeldwebel das große Wort. Er hieß die Angekommenen weisungsgemäß ›willkommen‹; um sie dann mit starken Worten zu ermuntern. »Das, Männer, ist ein Werk gemeinsamer Bereinigung. Dabei bitte ich mir guten Willen, bereitwillige Mitarbeit und kräftiges Zulangen aus. Und keine blöden Fragen – für die ich nicht zuständig bin: das bin ich allein für die Ausführung dieses Projektes! Also – in die Hände gespuckt und ans Werk!«

Was diese Menschen dann auch taten. Sie werkten scheinbar ungemein ergeben, aber auch mit zu erwartender Gründlichkeit. Wobei dann einer der im Reichsarbeitsdienst Erfahrenen auf die Idee kam, zwecks Stimmungsförderung einen Gesang anzuregen. Das jedoch lehnte Rabes Einsatzleiter, der familiäre Widerstandsmensch, mit der Bemerkung ab: »Bei den diesbezüglichen, sehr genauen Planungsanweisungen ist das Absingen von irgendwelchen Liedern nicht vorgesehen.«

Und abermals begannen einige zu flüstern: »Das haben uns die Handlanger dieser Amis eingebrockt! Aber wer – steckt dahinter? Na, wer denn wohl?«

Dennoch verlief hier so gut wie alles einigermaßen befriedigend. Die alsbald gezogenen Kanäle, angelegt unter der Leitung von Ingenieur Winkler, durften als absolut fachlich überzeugend bezeichnet werden. Ein erster Entwässerungsversuch konnte bereits für die Mittagsstunden angekündigt werden.

Zu diesem Zeitpunkt traf dann auch hier, sozusagen inspektionsbereit, Captain Singer ein. Dabei begleitet von Bürgermeister Breisgauer und Polizeichef Straßner. Das ganz gegen deren Willen; worauf jedoch keine Rücksicht genommen worden war.

Doch bei deren Anblick glaubte dann einer aus der Meute dieser Moorbereiniger ausbrechen zu können. So als habe er genau darauf gewartet; auf diesen Verein. Ziemlich entschlossen, sich durch nichts und niemanden mehr aufhalten zu lassen.

Das war der Bauer Leitmann. Und der preschte nun vor und machte Anstalten, den Bürgermeister, den zuerst, anzurammen – ohne jede Rücksicht auf dessen Begleiter. »Was hast du dir denn dabei eigentlich gedacht, Mensch! Wie kannst du uns so was zumuten – ausgerechnet mir!«

»Komm doch nicht gleich so, Leitmann!« wehrte Breisgauer ab, sichtlich höchst unangenehm berührt. »Nicht mit derartigen Tönen, Mensch! Denn für das, was hier geschieht, bin ich doch gar nicht verantwortlich; nicht direkt. Unterlasse also solche Vermutungen. Zumal in Gegenwart von Captain Singer.«

»Von mir aus jedoch«, meinte der örtliche US-Gewaltige aufmerksam, »kann der sagen, was er nicht lassen kann. Ich bin durchaus bereit, mir das anzuhören.«

»Sollten Sie auch, Mister Captain!« Leitmann schien nicht zu bremsen. »Denn Sie müssen wissen, daß ich niemals ein Nazi gewesen bin – ich nicht!«

»Sondern – wer? Meinen Sie.«

»Nun – wenn sich hier einer mit diesem Sumpf hätte beschäftigen müssen, also einer von uns beiden, entweder Breisgauer oder ich – dann wohl kaum ich.«

»Derartige Andeutungen will ich überhört haben!« warnte der Bürgermeister dringend.

»Von wegen Andeutungen, Mensch! Das war eine Feststellung!«

Die Moorbereinigungsmenschen unterbrachen ihre Arbeiten, hörten überaus aufmerksam zu. Und deren Einsatzleiter hatte erhebliche Mühe, sie wieder in Aktion zu bringen. Was ihm erst dann einigermaßen wirksam gelang, als nun die Töne bei der Führungsgruppe erheblich an Lautstärke abnahmen.

Dafür sorgte Straßner, der es für notwendig hielt, sich hier einzumischen.

»Dabei, Herr Leitmann, empfehle ich Ihnen sehr, sollten Sie wohl auf folgendes achten: Sie befinden sich keinesfalls hier wegen irgendwelcher politischer Verdächtigungen oder Vermutungen, sondern lediglich als eine Art Sachverständiger; als Kenner der örtlichen Verhältnisse, speziell dieses Moor betreffend. Lassen Sie es dabei bewenden – rate ich Ihnen. Oder sollten Sie unbedingt darauf scharf sein, sich Schwierigkeiten einzuhandeln?«

»Ich jedenfalls bin kein Nazi! Niemals gewesen!« beharrte der störrisch. »Ich nicht!«

Straßner bremste Breisgauer, der offenbar Anstalten machte, sich auf Leitmann zu stürzen – er packte dessen Arm geradezu energisch, um ihn zurückzuzerren. Worauf er noch näher auf Leitmann zuschritt. »Keinerlei Voreiligkeiten, lieber Mann. Denn schließlich sind auch Sie hier alles andere als ein unbeschriebenes Blatt.«

»Na – und was glauben denn Sie zu sein, Straßner?« fragte der ungetrübt streithaft.

»Auf mich, Herr Leitmann, kommt es im Augenblick gar nicht an. Achten Sie auf sich – oder eben darauf, wer sich da nun in Ihrem Bereich aufhält. Und zwar ein Supernazi sondergleichen.«

»Ein – was? Davon weiß ich nichts; wirklich nicht. Mein Ehrenwort.«

»Bei Ihnen ist eine ehemalige Gesamtleitungsgröße untergekrochen – ein gewisser Gernot Großer. Einst mit sehr speziellen Vollmachten ausgestattet – bis hin zur vollen Verfügung über Menschenleben. Was dann auch mehrfach geschehen ist; mit tödlichem Ausgang. So ein Mensch, Herr Leitmann, befindet sich nun bei Ihnen.«

»Falls das zutreffen sollte, dann ist der mir untergeschoben worden, heimtückisch, und zwar...«

Straßner schnitt ihm, wohl gerade noch rechtzeitig, das Wort ab. »Aber der lebt nun mal – bei Ihnen! Doch ob Sie daran irgendwie mitschuldig gemacht werden können oder eben nicht – das dürfte jetzt nun weitestgehend von Ihrem nunmehrigen Verhalten abhängen.«

»Ach – leckt mich doch alle!« rief Leitmann widerwillig aus. Er schulterte seinen Spaten und schritt davon. Doch nicht nach Hause; vielmehr dem Sumpf zu.

Breisgauer sah ihm ungemein erleichtert nach. Straßner blickte Singer an. Um zu erkennen, daß der Captain ungemein beunruhigt wirkte, zugleich reichlich ungehalten.

»Was«, verlangte der energisch zu wissen, »hatte denn das zu bedeuten, Straßner? Da sind Ihnen offenbar ganz besondere Zusammenhänge bekanntgeworden, einen hier untergekrochenen Supernazi betreffend. Doch die haben Sie mir verschwiegen?«

»Nicht verschwiegen, Captain, das nicht. So was, bitte, sollten Sie mir nicht zutrauen. Ich habe da lediglich auf eine günstige Gelegenheit gewartet, um Sie mit diesen Vorgängen vertraut zu machen. Denn die wollen mir als überaus heikel anmuten.«

»Für wen denn wohl heikel? Auf was oder wen gedenken Sie dabei anzuspielen?«

»Nach meinen Informationen, die ich für Sie gesammelt habe, Captain, ist durchaus anzunehmen, daß sich dieser Großer zunächst einmal, und zwar ganz direkt, an Erich Wienand gewendet hat. Das vermutlich in der Hoffnung, von dem aufgenommen zu werden, Was aber, sagen wir glücklicherweise, nicht geschehen ist – aus welchen Beweggründen auch immer.«

»Doch zumindest, würde ich angenommen haben, hätte mich Herr Wienand davon unterrichten müssen.«

»So was, Captain, war doch wohl kaum zu erwarten. Nicht von dem. Denn das hätte dem Charakter einer Anzeige entsprochen; einer ziemlich direkten. Einem Erich Wienand nicht zuzutrauen, auch nicht zuzumuten. Jedenfalls ist dann dieser Großer anderweitig untergebracht worden. Doch durch wen, mit wessen Mithilfe auch immer – so ganz genau ist das nicht zu erkennen. Sollte man vielleicht auch nicht unbedingt in allen Einzelheiten wissen wollen.«

»Dieses unsagbar fürchterliche Kind in einem großen Mann!« Singer zeigte sich betrübt und besorgt. »Dieser herrlich entsetzliche schöngeistige Traumtänzer! Wann wird der endlich damit aufhören, hier seine verschwommenen Menschheitsbeglückungsspiele zu veranstalten – und zwar an den total falschen Objekten. Bücher hat der zu schreiben – weiter nichts!«

»Das dem zu ermöglichen sollte sich machen lassen; ziemlich problemlos sogar, Mister Singer. Etwa dadurch, daß Sie diesen Großer durch Ihre Militärpolizei vereinnahmen lassen – sang- und klanglos; also ohne jedes Aufsehen.«

»Sollten wir wohl machen.«

»Worauf der dann schnellstens, möglichst weit weg von hier, transportiert wird. Etwa in das neugegründete Camp 7 in der ehemaligen Gebirgsjärgerkaserne bei Garmisch-Partenkirchen. Dort werden Nazis aller erdenklichen Spielarten gesammelt: Kriegsverbrecher, Sicherheitsbedroher, automatisch zu Arrestierende.«

»Eine wahrhaft notwendige Organisation – aber leider noch nicht voll funktionierend.«

»Doch eine immerhin sehr verwertbare, Captain; speziell in solchen Fällen. Dabei wird dieser Großer sozusagen auf Eis gelegt; dort schmort er in seinem eigenen Saft. Mithin erhält er also, vermutlich noch monatelang, keinerlei Gelegenheit, irgendwelche fragwürdigen Äußerungen von sich zu geben. Also auch nicht solche, die diesen Bereich betreffen könnten; dabei einen bestimmten Menschen, den Sie nicht gefährdet sehen wollen. Das geht somit in Ordnung. Bei uns jedenfalls – kein Aufsehen, kein unnötiges Wort; schon gar nicht einem Erich Wienand gegenüber. Nichts wie gepflegtes Schweigen.«

Was eine anerkennenswerte sachgemäße und fachgerechte Anregung war; eben eine von Straßner. Und der nachzukommen zeigte sich dann auch Captain Singer bereit. Zumal hier nun Rabe, als hochwillkommene Ablenkung, in Erscheinung trat. Denn der meldete, nicht ohne Stolz: »Jetzt ist es soweit, Sir – das Wasser kann abgelassen werden.«

Mithin begaben sie sich nun gemeinsam zum Moorsumpfteich hin. Rabe nickte seinem dortigen Einsatzleiterfeldwebel zu, und der hob die Hand, dem Tiefbauingenieur Winkler zum Zeichen. Worauf dieser seiner Baukolonne zurief: »Wasser marsch!« Eine Sperranlage wurde mit kräftigen Schlägen umgelegt; worauf das dunkel-brakige, schwarz-funkelnde Moorwasser dumpf gurgelnd durch die freigegrabenen Kanäle abzufließen begann.

Zum Vorschein kamen dann stapelweise Kisten. Aber auch Leichen; fahlbleich, von klebrigen Stoffetzen umhüllt. Etwa ein Dutzend.

Sie wurden – von allen Anwesenden – angestarrt. Wortlos. Längere Zeit.

Bis dann der von Rabe eingesetzte Einsatzleiter, wahrlich nicht frei von Befriedigung über seinen Erfolg, melden konnte: »Dabei handelt es sich um die plangemäß festgelegte Position Nummer eins; weit vor der dafür vorgesehenen Zeitspanne erreicht! Nun wäre wohl eine kleine Verschnaufpause angebracht; sowie eine gute, stärkende Brotzeit, da gewiß verdient.«

Diese ›Brotzeit‹ fand statt. Wobei sich weitere Flüsterparolen ergaben. »Der Bürgermeister will es nicht gewesen sein. Der Ami scheint da lediglich mitzumachen. Doch einer muß dafür verantwortlich sein, wenn wir hier wie wühlende Wildschweine behandelt werden. Wer?«

Der Lebenslauf des Erich Wienand
Zwölfter Teil.

Hierzu zunächst Bekenntnisse von Frau Elvira – wenn auch offenbar sehr zurückhaltende, doch vermutbar recht aufrichtige.

»Er nahm uns bei sich auf, mit der ihm eigenen Großzügigkeit – mich und meine Tochter Elfriede. Unsere Vermählung – lediglich eine schlichte standesamtliche Trauung in Schoenau – fand am 30. Januar 1932 statt. Mithin also genau ein Jahr vor jenem Tag, an dem dann, 1933, diese großdeutsche Machtübernahme stattfinden sollte – was niemand von uns vorauszusehen vermochte. Leider – oder eben glücklicherweise nicht.

Doch unsere erste gemeinsame Zeit, muß ich bekennen, bekenne ich gern, ist unsagbar schön, geradezu herrlich gewesen. Voll geruhsamer Harmonie, stiller Zärtlichkeit, sanftem Glücksgefühl. Wir glaubten vor uns ein wundersames Dasein zu haben – einfach, einsam, bäuerlich; letzter Lebensform zumindest angenähert. Doch als dann das Jahr 1933 kam, begann sich für Erich, und damit auch für uns, so manches entscheidend zu ändern. Das nicht plötzlich, wie von einem Tag auf den anderen; vielmehr schleichend, wie sich anschleichend. Damals mußte Erich notgedrungen seinen Verleger wechseln – der große Samuel Jäger, Berlin, verließ Deutschland; wohl unvermeidbar. An seine Stelle trat der ungleich kleinere, doch sehr bemühte Schürmann-Verlag, München. 1934 wurde Erich dann aufgefordert, der Reichsschrifttumskammer beizutreten. Was er ablehnte, ebenso höflich wie entschieden: Er bitte um Verständnis dafür, daß er wohl kaum ein erklärtes Gemeinschaftswesen sei; vielmehr so was wie ein Einzelgänger.

Bald danach, 1935 und 1936, wurde die deutsche Auflage seiner Werke rein zahlenmäßig begrenzt, mit dem Hinweis: Papier beginne Mangelware zu werden. Die Auslandsausgaben seiner Bücher jedoch blieben völlig uneingeschränkt – diesbezügliche Honorareingänge wurden dann allerdings von einer Sonderdienststelle des Propagandaministeriums vereinnahmt; und von dort aus, reichlich willkürlich, abgerechnet. Was jedoch immer noch recht gut ausreichte für uns.

Doch in jenen Jahren scheint dann auch eine Anweisung dieser Institution an die von ihr gleichgeschaltete Presse erfolgt zu sein. Mit der Forderung: Fortan sei hier in Deutschland von keinem der Bücher eines Wienand mehr Kenntnis zu nehmen. Maßnahmen, unter denen Erich gewiß sehr gelitten hat; zumindest wortlos – doch immer öfter zog er sich wie verstört zurück.

Wobei ich wohl behaupten darf, ihm stets vorbehaltlos zur Seite gestanden zu haben. Denn fest steht wohl, daß ich nicht die geringste Sympathie für diese Nazis zu empfinden vermochte. Das wahrlich nicht zuletzt, weil die einen so liebenswerten Menschen wie eben ihn, ein Wesen der Stille, heimtückisch-hartnäckig zu quälen begannen. Doch während er verstummt litt, begehrte ich auf. Ich bin sicher, damals immer wieder versucht zu haben, ihn in seinen Überzeugungen zu bestärken, sie von ihm zu fordern – sie dann sogar herausgefordert zu haben.«

Zu diesem wohl gewiß nicht unheiklen Komplex war es dann Konstanze Reibert gelungen, einen weiteren Wienand-Zeitzeugen sondergleichen aufzuspüren: Dr. Hagen Groller

– den langjährigen Lektor dieses Autors. Der war, zunächst für den Verlag S. Jäger, Berlin, tätig gewesen, sodann überwechselnd zu Schürmann, München, um auch weiterhin Erich Wienand betreuen zu können. Der wohl beste Kenner seiner Werke.

Groller wurde dann, um die Jahreswende 1943/44 zum Wehrdienst eingezogen; alsbald mehrfach verwundet. Nach jenem Kriegsende nur noch als ein schwergezeichnetes menschliches Wrack zu bezeichnen, das danach dennoch wieder Sehnsucht empfand, sich als Lektor betätigen zu dürfen – für diesen Autor.

»Buch um Buch von ihm durfte ich bearbeiten. Was praktisch hieß: ich hatte die überschäumende Fülle seiner Bilder und Gedanken zu bändigen, ohne sie irgendwie zu begrenzen, doch bemüht zu sein, sie zu konzentrieren. Eine herrlich vertrauensvolle Zusammenarbeit. Doch eine, leider, muß ich wohl bekennen, nicht völlig ungetrübte. Selbst ein Wienand schien auszuweichen – wie allgemein ängstlich geworden.

Bis mir dann seine Frau Elvira, gegen Ende 1943, ein vergleichsweise dünnes Manuskript übergab, das den scheinbar lapidaren Titel trug: ›Nicht erfolgte Gespräche – mit jungen deutschen Menschen‹. Wobei wohl angemerkt werden muß, daß es in den letzten Jahren allein Frau Elvira war, mit der ich direkte Verbindung hatte; denn nur sie erledigte alles Geschäftliche für ihn, nun auch auf literarischem Gebiet. Er selbst hatte sich völlig zurückgezogen, so gut wie eingeigelt – er wollte nur noch schreiben.

Dieses vergleichsweise dünne Manuskript las ich dann durch – wozu nicht allzu viel Zeit gehörte. In Gegenwart von Frau Elvira, die mich offenbar anhaltend musterte. Worauf sie dann wissen wollte: ›Nun – was halten Sie davon, Dr. Groller?‹

›Ein überaus bemerkenswertes Stück Prosa, verehrte gnädige Frau‹, mußte ich bekennen. ›Gleichsam bescheiden wie auch verwegen, ebenso human wie auch mutig – um nicht gleich mutvoll zu sagen. Eben in dieser Zeit.‹

Denn darin hatte ich Formulierungen erblickt wie diese: ›Versuche in die Stille zu lauschen, mein Kind – sie kann reden. Höre nicht auf noch so große Worte – letzte Weisheiten dieses Daseins muten bescheiden an. Versuche dich in dir selbst zu finden – sich noch so heftig aufdrängende Äußerlichkeiten sind dein Feind. Achte auf die Schönheiten der Natur um dich – sie allein belügen dich nicht. Versuche nichts wie ein Mensch zu sein. Nur das.‹

Und so weiter, und so fort – über nahezu sechzig Seiten hinweg. Ein Katechismus des ersehnten Humanismus, ein Bekenntnis verhaltener Menschlichkeit, ein Gebet für kindliche Seelen. Nach dieser Lektüre fühlte ich mich ungemein bewegt. Überaus besorgt aber auch. ›Sollten Sie tatsächlich wünschen, Frau Wienand, daß so etwas veröffentlicht wird?‹

›Sie lehnen dieses Manuskript ab, Herr Groller?‹

›Normalerweise müßte ich das durchaus, gnädige Frau. Und zwar mit der Begründung: im Interesse Ihres Mannes! Unser Verleger jedenfalls, davon bin ich überzeugt, würde eine derartige Veröffentlichtung mit entschieden höflichem Bedauern verweigern. Doch da ich nunmehr in den nächsten Tagen zum Frontdienst einrücken muß, könnte das hier meine letzte Handlung sein. In sozusagen eigener Regie. Also mache ich das, sogar sehr gern – falls Sie mir nicht noch im letzten Augenblick davon abraten.‹

Doch davon riet sie mir nicht ab; wohl in der auch von mir geteilten Hoffnung: einer Persönlichkeit von Wienands Größenordnung würden diese Nazis nichts antun. Also machte ich das – kurz bevor ich dann frontwärts untertauchte. Die fürchterlichen Folgen davon sind bekannt.«

Als Captain Singer erneut Erich Wienand im Welpenhof aufsuchte, erblickte er abermals im Arbeitszimmer nicht nur seinen Dichter, sondern auch, unmittelbar neben dem, Jacob Werner. Beide schienen intensiv mit einem vor ihnen liegenden Stapel Bücher beschäftigt zu sein. Bei denen handelte es sich, was der Captain mit schnellem Blick erkannte, um die Werke eines Knut Hamsun.

Noch bevor er sich, unverzüglich höflich aufgefordert, zu ihnen setzte, wollte er zunächst einmal von Jacob Werner wissen: »Sollten Sie nicht schon längst in München sein?

Dort habe ich Sie angekündigt und dort werden Sie bereits erwartet!«

»Alles zu seiner Zeit, Captain! Das eilt jetzt nicht. Denn zunächst einmal werde ich hier noch gebraucht – bei meinem Freund.«

»Na, was glauben Sie denn, meine sehr Verehrten, für spezielle Sorgen zu haben – in dieser Welt voller Leichen!«

»Bei einer solchen Summierung von brutaler Gewalt kommt es wohl darauf an, wirksame Gegengewichte zu schaffen. Und eben deshalb, Captain, hatte ich Sie gebeten, sich nach meinem Freund Knut Hamsun in Norwegen zu erkundigen. Was Sie gewiß getan haben.«

»Habe ich«, sagte er mit einer ihm nun wohl dringend geboten erscheinenden Zurückhaltung. »Doch den sollten Sie lieber vergessen.«

»Der aber ist unvergeßlich!« Wienand unverzüglich weiter, wie freudig überzeugt: »Der ist absolut einzigartig! Wie geht es ihm? Gut?«

»Wenn Sie es unbedingt wissen wollen«, erklärte ihm jetzt Singer vorprellend, »dann müssen Sie sich nun einige notwendig gewordene Deutlichkeiten sagen lassen. Über Vorgänge, von denen Sie nichts wissen; auch nichts wissen können. Sie haben in diesem Großdeutschland dahinvegetiert; wie abgeschnitten von der sonstigen Welt.«

»Über Hamsun weiß ich einfach alles – ich kenne seine Bücher. Und mehr muß man von einem Menschen meines Metiers nicht wissen.«

»Nun – inzwischen jedoch hat sich Knut Hamsun als erklärter Kollaborateur dieser Nazis erwiesen; mit denen hat er, reichlich leichtfertig, gemeinsame Sache gemacht. Dabei hat der es sich sogar geleistet, ausgerechnet diesen Hitler für einen nordisch-germanischen Menschen zu erklären und zu jeder Verbrüderung mit ihm bereit. Noch über dessen Ende hinweg.«

Nachdem sein Erich verstummt war, wollte nun Jacob Werner wissen: »Hat Hamsun auch zur Verfolgung, zum Töten aufgerufen – sich daran indirekt oder gar direkt beteiligt?«

»Nein, das nicht«, mußte Singer zugeben. Der hatte sogar Verfolgten geholfen, wo immer er konnte. »Aber selbst noch nachdem sein Hitler Selbstmord begangen hatte, ließ es sich Ihr Hamsun nicht nehmen, dessen Tod sozusagen heroisch-nordisch zu verklären.«

»Dann gehörte er zu jenen Millionen, die ganz einfach nicht gewußt haben, wer und wie dieser sogenannte Führer wirklich war!« sagte nun Wienand. »Das wußten nicht einmal jene, die mit diesem Untermenschen im gleichen Land gelebt haben – und dann sogar für ihn, in gutem Glauben an ihn, gestorben sind. Oder eben gefallen.«

»Dazu dann jene«, ergänzte Jacob Werner sehr leise, »welche dabei wie Vieh eingefangen, zu Tode gequält und verheizt worden sind – von Menschen mit diesem sogenannten guten Glauben.«

»Knut Hamsun jedenfalls war bereits ein König, bevor sich ihm noch diese Nazis näherten. Aber auch ein König kann irren; krank werden. Auch wenn die seine humane Gutgläubigkeit propagandistisch auszunutzen begannen, so ist das doch nichts Besonderes. Das hätten sie mit Remarque und den Brüdern Mann auch sehr gern gemacht. Bei Hauptmann und Stehr und einigen anderen haben sie es dann auch wohl erreicht.«

»Bei Ihnen jedoch nicht, Herr Wienand!«

»Für die war ich wohl wenig begreifbar, also kaum irgendwie praktisch verwertbar. Auch habe ich mich niemals um die sogenannte Öffentlichkeit gekümmert, keinen Wert auf irgendwelche Gesellschaft, auf die Mitgliedschaft von Verbänden und Vereinigungen gelegt.«

»Sie jedenfalls, Herr Wienand, sind sauber geblieben; haben mit erheblichem Anstand und überzeugender Würde überlebt.«

»Ich bin mir da nicht ganz so sicher, Herr Singer. Mein angeblicher Widerstand, meine sogenannten Verfolgungen, sogar mein Aufenthalt im KZ, könnten nicht wie ein Zufall gewesen sein. Als ich meine Schrift ›Gespräche mit jungen deutschen Menschen‹ verfaßt habe, gedachte ich lediglich, damit an mehr humane Bemühungen zu appellieren. Doch damit diese Nazis ganz bewußt herauszufordern, war nicht unbedingt beabsichtigt; keinesfalls entschlossen gewollt.«

»Offenbar«, bekannte nun Singer verhalten irritiert, »scheine ich da nun, vermutlich im Umweg über einen Hamsun, in etwas hineingeraten zu sein, von dem ich so gut wie nichts verstehe.«

»Das dennoch wohl Selbstverständlichste dieses Daseins«, versuchte ihm Jacob Werner nahezu einfühlsam zu erklären. »Sie sehen sich dabei mit Erkenntnissen konfrontiert, Sid, die vermutlich gemeinhin als Schuld und Sühne bezeichnet werden können. Vielleicht aber auch Sünde genannt werden müssen – wobei jedoch die Hoffnung auf eine mögliche Erlösung davon miteinbegriffen ist.«

»Es sind jedoch nicht nur solche schicksalhaften Zufälligkeiten«, bekannte nun Erich Wienand lächelnd mit verhaltener Klage. »Hinzu kommen sehr menschliche Unzulänglichkeiten, leichtfertige Anwandlungen, das Versagen ethischer Vorstellungskraft. Und das vielleicht nur, weil man alt geworden ist, Angst bekommen hat und Leben gleichbedeutend mit Überleben geworden war. Mein Freund Jacob versteht mich.«

»Was kann selbstverständlicher sein«, bestätigte der mit großer Einfachheit. »Denn selbst ich vermag in meinem Leben – für so ungemein ehrenwert das auch angenommen werden könnte, durch meine sechs KZ-Jahre leichtfertige Fehler zu erkennen; fragwürdige Versäumnisse, weitzeugende Unzulänglichkeiten.«

»Aber nein, nein, du doch nicht, Jacob, lieber Freund!« sagte nun Erich Wienand sichtlich bestürzt.

»Habe ich denn«, bekannte der weiter, »tatsächlich alles irgendwie Erdenkliche getan – um etwa den Gewalttod meiner Eltern und Großeltern zu verhindern? Die Verbrennung etlicher meiner Angehörigen, meiner Geschwister, es waren deren fünf. Die erbarmungslose Ausrottung meiner Freunde? Bis auf einen.«

Erich Wienand streckte ihm beide Hände entgegen. Und die ergriff sein Jacob – mit inniger Herzlichkeit. Den dabeisitzenden Captain Singer beherrschte verwirrte Verwunderung – eine gewisse Bewunderung auch.

Worauf er sich dann, ganz direkt, angesprochen fühlen mußte. »Und wie ist es denn mit Ihnen, Herr Singer«, wurde er von Werner gefragt. »Sollten Sie sich denn von derartigen Zeitzwängen völlig unberührt fühlen – absolut sauber?«

Das zu behaupten, wagte der nicht; nun nicht mehr. Wie verlangend eingebettet in diese bereitwillig-anerkannten Schuldgefühle wurde nun auch ihm, wieder, einiges von dem zwingend deutlich, woran er sich nur ungern erinnerte. Wobei er ungleich mehr Schamgefühle als Rachegelüste empfand.

Wohl war er, noch als Knabe, seinen aus Deutschland ausreisenden Eltern gefolgt; bereits 1933 im Spätherbst; das ebenso bereitwillig wie ahnungslos. Doch viele seiner Familienangehörigen mußten zurückbleiben; zahlreiche Onkel, Tanten, Cousinen, Cousins, sonstige Verwandte. Dabei auch der wohl herrlichste von allen – Professor Dr. Dr. Maximilian Singer; eine Leuchte der deutschen Wissenschaft, ein einzigartiger Chirurg – mit Einstein, Liebermann und Sauerbruch befreundet. Doch wohl niemand von ihnen lebte jetzt noch.

»Mein Gott«, hörte sich dann Siegfried Singer sagen, »was ist denn da auf uns zugekommen? Sind wir dem ausgeliefert? Haben wir das hinzunehmen?«

Gleich drei Fragen, auf die er jedoch keine Antwort bekam. Das hielten seine Gesprächspartner vermutlich für unnötig – aus ihrer Sicht.

Aus diesem, von ihm wohl als überaus bedrückend empfundenen Alptraum, versuchte sich dann Siegfried ›Sid‹ Singer zu befreien. Indem er sozusagen eine Flucht nach vorne unternahm. Wobei er jedoch prompt beim gleichen Thema landete; wenn auch bei einer anderen Variation davon – bei diesen Moorleichen.

»Und was«, verlangte Jacob Werner unverzüglich zu wissen, mit einiger Schärfe, »wird mit denen geschehen?«

»Das Übliche – sozusagen. Denn derartige Funde sind neuerdings, leider, gar nicht selten. Denkbar fürchterliche, doch wohl so gut wie unvermeidbare Folgen dieses Krieges.«

»Diese jedoch«, Jacob erwies sich da als sehr beharrlich, »gehören unmittelbar zu uns!«

»Geschehen wird nun hier das Angebrachte. Diese Toten werden geborgen; dann aber auch, soweit noch irgendwie möglich, registriert; sodann gesäubert und neu bekleidet. Damit sie sozusagen umgebettet werden können. In ein für sie zu errichtendes Grab; wohl in unmittelbarer Nähe.«

»Ein denkbar würdiges Grab!« forderte Erich Wienand unverzüglich. »Zu errichten auf meinem Grund und Boden. Das wird dann fortan von mir betreut; auch wünsche ich alle dafür anfallenden Kosten zu übernehmen. Dabei sollte auch ein Gedenkstein errichtet werden.« Er sah Jacob zustimmend nicken. »Mit einer Inschrift, die wir entwerfen werden.«

Alle diese Vorschläge, auch wenn es eigentlich auch eindeutige Forderungen waren, wurden von Captain Singer entgegenkommend bestätigt. »Falls Sie das wünschen sollten, verehrter Herr Wienand, mein lieber Herr Werner, könnte auch eine diesbezügliche Feier organisiert werden – eine angemessen würdige, versteht sich.«

»Von wem denn? Vor allen Dingen: mit wem wohl?« Ein Vorschlag mithin, den Jacob ablehnte; unbeirrbar. »Ist zu erwarten, daß nach den in Frage kommenden Tätern gesucht wird?«

»Selbstverständlich, ja!« Dieser Werner begann Singers bemüht verbindliche Geduld erheblich zu strapazieren, ihm sozusagen auf die Nerven zu gehen – auch ihm. »Diesbezüglich habe ich unsere Militärpolizei eingeschaltet, dazu auch diverse deutsche Hilfskräfte.«

»Deren Resultate wünsche ich noch zu erleben. Bis dahin gedenke ich hierzubleiben.«

»Das jedoch, Herr Werner, werden Sie nicht!« verkündete ihm nun Singer mit Entschlossenheit. »Ich persönlich habe, Ihrem Verlangen entsprechend, eine gute Position in München für Sie verschafft – wo Sie eigentlich bereits gestern hätten eintreffen sollen.«

»Sie«, glaubte nun Jacob leicht erheitert zu erkennen, »wollen mich hier wohl loswerden – was?«

Was an sich nicht ganz unzutreffend war. Das wohl nicht zuletzt dieser Wienand-Familie wegen. Doch so was zuzugeben, auch nur andeutungsweise, war keinesfalls ratsam. »Jedenfalls steht ein Fahrzeug für Sie bereit – seit Stunden.«

»Dann muß ich also nun wohl, Erich«, sagte Jacob ergeben. Er umarmte den Freund. »Lediglich eine Trennung – eine gewiß nur kurze. Mache es gut!«

Am Tag danach erschien im Welpenhof ein gewisser Karl Drescher aus Stuttgart, ein Verleger – ›der‹ Verleger, glaubte er verkünden zu können. Da soeben ausgestattet mit einer der ersten US-Lizenzen. Und diese sollte sich dann alsbald als eine Goldgrube sondergleichen erweisen.

Dieser Karl Drescher hatte sich, mit instinktiver Geschicklichkeit, zunächst einmal telefonisch mit Frau Elvira in Verbindung gesetzt. Das vermutlich in der Erkenntnis: die Hauptfunktion einer solchen Lebensgefährtin bestand darin, so einen Dichter abschirmend zu betreuen. Doch deren Klugheit schien sogar auszureichen, die Möglichkeiten dieses Drescher zu wittern.

Somit wurde der willkommen geheißen. Er verströmte Elvira gegenüber treffend-tönende, doch sanft-säuselnd vorgebrachte Vereinnahmungsformulierungen – mit Predigerstimme und Viehhändlergesten. Wodurch es ihm zumindest gelang, Erich Wienand zugeführt zu werden. Bei dessen Anblick – jenes seines erhofften Dichters – breitete Drescher beide Arme aus; wohl um ihn an sein Herz zu ziehen. Doch der wich aus. Denn er haßte jede Berührung, zumal von männlichen Wesen – was dann auch instinktsicher erkannt wurde.

Drescher gab sich dezent-höflich zurückhaltend, bat um ein Gespräch; um einen kleinen gemeinsamen, geruhsamen Spaziergang – einen erhofft klärenden. »Denn Sie müssen wissen, sehr verehrter Herr Wienand, daß Sie in meinen Augen ein unvergleichliches literarisches Genie sind. Einen Autor von Ihrer einzigartigen Geltung betreuen zu dürfen, wäre für mich die Erfüllung meines verlegerischen Daseins.«

Flüssig vorgebrachte Versicherungen, die einen Erich Wienand wahrlich nicht ganz unbeeindruckt ließen. Denn derartig wohltuende Elogen waren ihm, zumal in den letzten Jahren seines Daseins, kaum jemals zu Ohren gekommen. Doch dagegen wehrte er sich; aufgrund seiner bitteren Erfahrungen.

Immerhin ließ er sich von diesem Drescher – der flatternd bemüht wirkte, blauäugig vertrauenerheischend blickte, ein Gesicht gleich einem glatten, runden Kinderpopo besaß – bei einem Gang durch seinen Obstgarten begleiten. Dort, wo sich auch seine Kuh Edda befand, die ihm freudig entgegentrabte. Diesmal ohne Greta – die schlief vermutlich, verdauend, irgendwo.

Wobei jedoch Karl Drescher die besondere Funktion, gewiß auch Bedeutung, dieser Kuh Edda nicht zu erkennen vermochte – nicht im Hinblick auf die Denkweise eines Erich Wienand. Denn als der, so als gedenke er es vorzustellen, auf dieses Geschöpf wies, meinte dieser heftig bemühte Verleger lediglich: »Ein ganz schönes, recht wohlgenährtes Tier. Gibt es Milch? Zumindest ist dieses Tier fest im Fleisch – also gewiß sehr verwertbar.«

Nichts wie eine Schlächterfeststellung, die einen Erich Wienand ungemein zu schockieren vermochte. Was jedoch dieser, sein Besucher, wohl kaum zu erahnen in der Lage war. Der war allein bemüht, sich auf diesen kleinen, zierlichen, vorgeblich bedeutsamen Mann zu konzentrieren.

Drescher – der später, nicht sonderlich viel später, auch ›Phrasen-Drescher‹ genannt werden sollte, was sich als ziemlich zutreffend erwies – tönte nunmehr weiter seine verlegerisch-freundschaftswerbenden Sprüche.

»Jetzt kommt nun wieder Ihre Zeit; eine gewiß für Sie ganz große. Und ich bin willig bereit, Sie sozusagen maximal zu betreuen. Schenken Sie mir Ihr Vertrauen – Sie werden es niemals zu bereuen haben.«

Später, etliche Jahre später, sollte dann dieser Karl Drescher, alsbald Großverleger, inzwischen dank seiner frühzeitigen US-Lizenz zu einem bundesdeutschdemokratischen verdienstvollen Millionenmenschen geworden, diesen Vorgang in schöner Verlogenheit ungemein zu verklären versuchen. So was veröffentlicht in Zeitschriften, Zeitungen und Gazetten. Dann sogar auch noch in seinen sogenannten ›Memoiren‹, in denen seine angeblichen, geradezu rührend anmutenden Bemühungen um die deutsche Nachkriegsliteratur sumpfdotterblühend zum Vorschein kamen. Unter dem Titel: ›Denen ich die Wege geebnet habe‹.

Dabei sollte dann auch, ebenso freudig wie nahezu unbekümmert, mehrmals dies publiziert werden: ›Wir beide‹ – also er, Drescher und sein Wienand, mithin Verleger und Dichter – ›begegneten uns mit völliger Vorbehaltlosigkeit; aus der sich alsbald eine große, höchst intensive, gegenseitige Zuneigung ergeben sollte. Was bereits damals, in jenem denkwürdigen Jahr 1945, überzeugend erkennbar wurde – als wir uns erstmals Auge in Auge gegenüberstanden. In gleicher Gesinnung, nunmehr Freunde. Wir umarmten uns verständnisinnig – er mich, ich ihn.‹

Was jedoch keinesfalls zutraf. Denn inzwischen war ein Erich Wienand wohl klug oder eben erfahren genug geworden, derartigen auf ihn herabsäuselnden Versicherungen einigermaßen gründlich zu mißtrauen. Große Worte begannen ihn anzuwidern; nun sogar dann, wenn sie ihn persönlich betrafen. Wozu dann noch hinzukam, daß er diesen Karl Drescher einfach nicht mochte. Das wahrlich nicht zuletzt deshalb, weil es dem offensichtlich nicht gegeben war, Verständnis für Tiere im Bereich eines Menschen zu entwickeln; nicht einmal für ein so prächtiges Geschöpf wie die Kuh Edda.

Und wohl eben deshalb begann sich nun Wienand, auch rein räumlich, von diesem Drescher zu entfernen – mit höflich-bedauernden Worten: »Ich glaube kaum, daß wir einander richtig verstehen. Doch ich danke Ihnen für diesen Besuch. Leben Sie wohl.«

Den also ließ er stehen. Und der stand da; nahezu salzsäulenhaft erstarrt. Längere Zeit. Vermutlich glaubte der nun, nahezu kindhaft betrübt, alle seine Felle wegschwimmen zu sehen. Sogar Tränen drohten in seinem konturenarmen Babygesicht zum Vorschein zu kommen. Einige wenige.

Doch die vergingen ihm dann sehr schnell. Und zwar, als sich ihm ein blonder, mächtiger, dennoch betont gemüthaft wirkender Mensch zugesellte. Ein ihm ungemein verständnisvoll vorkommendes Wesen. Noch dazu ein überaus höfliches.

»Ich bin Warnhagen«, erklärte ihm der. »Ich gehöre zur Familie Wienand – ich bin der Mann der Tochter Elfie. Ich bin in jeder erdenklichen Hinsicht, mit allen Vollmachten ausgestattet. Was Sie vermutlich interessieren dürfte, Herr Drescher.«

»Ungemein, ganz ungemein, Herr Warnhagen«, griff der bereitwillig zu. »Sollte ich tatsächlich anzunehmen haben, daß Ihre diesbezüglichen Vollmachten einigermaßen weitreichend sind – etwa sogar bis hin zu Abschlüssen literarischer Verwertungsrechte?«

»Das, Herr Drescher, dürfen Sie annehmen«, wurde ihm entgegenkommend versichert.

»Freut mich, ungemein, das zu vernehmen, Herr Warnhagen.« Der Verleger wirkte nun schnell wieder überaus munter. »Denn davon glaube ich mir ganz Erhebliches versprechen zu können – für Sie und für mich auch. Darf ich also auf eine gute Zusammenarbeit hoffen – mit Ihnen?«

»Doch zu welchen Bedingungen, Herr Drescher, glauben Sie die zu erhoffen?«

»Zu den denkbar besten, Herr Warnhagen! Denn von jedem verkauften Exemplar eines Buches erhält so ein Schriftsteller zehn Prozent des Ladenpreises.«

»Aber doch nicht dieser Autor!« Horst-Heinz Warnhagen gab sich, war das auch, unbeirrbar geschäftstüchtig. Wobei wohl diesmal sein ganz besonderer Vorteil darin lag, was er gar nicht wissen konnte, daß er höchst unzulänglich mit den üblichen Macharten dieser Branche vertraut war. Doch immerhin vermochte er zu rechnen. »Unser Wienand ist da offenbar derzeit eine ganz einsame Ausnahme. Um den drängen sich Interessenten, wie um eine volle Krippe.«

»Was ich gern berücksichtigen will, Herr Warnhagen. Was halten Sie davon, wenn ich Ihnen, sozusagen für willkommene Vermittlungsbemühungen, eine Art Provisionszahlung anweisen lasse – etwa zusätzlich zwei bis drei Prozent.«

»Sagen wir fünf«, meinte der bieder.

»Nun ja – warum eigentlich nicht«, bestätigte ihm Drescher, wenn auch ein wenig mühsam. »Ich könnte Ihnen sogar eintausend Dollar anbieten – als Vorauszahlung; einer später zu verrechnenden. Falls ich damit in den Besitz des ganzen literarischen Wienand-Paketes gelange.«

»Dreitausend Dollar wären da wohl angemessener«, stellte nun Warnhagen fest; wie gesegnet mit sicherem Geschäftsinstinkt. Was ihm bestätigt wurde. Womit ein Vertrag, ein Pakt von einigem Ausmaß, so gut wie perfekt war. Dieser Erich Wienand durfte nunmehr abermals als eingekauft, als verkauft gelten.

Captain Sid Singer, der US-Bevollmächtigte für Schoenau und Umgebung, war durchaus bestrebt, in seinem Bereich endlich wieder halbwegs normale Zustände herzustellen. Das trotz diverser Heimsuchungen. Gewiß unverdienter; doch zu bewältigender.

Das etwa bei diesen scheußlichen Moorleichen. Wozu dann auch höchst hohnvolle Kommentare von General Palmer gehörten – und zwar mit dem Tenor: »Falls Sie damit nicht überzeugend fertig werden sollten, Singer, brauchen Sie mir das nur zu sagen. Dann werde ich Ihnen jemand schicken, der das bereinigt. Dabei jedenfalls: Keinerlei sentimentale Anwandlungen, Mensch!«

Hinzu kamen dann auch beständige Stadtintrigen. Zuflüsterungen; in erster Linie gegen diesen Bürgermeister, aber dann auch solche für den. Denn dieser Breisgauer wurde nicht nur als ›erklärter Nazi‹ bezeichnet, auch sogar als ›bemühter Wohltäter, wenn nicht gar zum Widerstandskämpfer‹ erklärt. Wenn auch als solcher mehr heimlich in Aktion getreten.

Und über einen Straßner wurde Singer vertraulich zugeflüstert: »Vorsicht, allerhöchste Vorsicht! Bei dem scheint das dringlich geboten! Der soll einst bei der Gestapo, also der Geheimen Staatspolizei, Dienst getan haben.« Das zunächst in

Berlin, danach in Breslau; um dann von dort zu flüchten, direkt nach Schoenau. »Jetzt markiert der hier den Biedermann – doch wer weiß, was der sich da so vorher alles geleistet hat?«

Polizeichef Straßner, mit derartigen hochverdächtigen Äußerungen konfrontiert, gab sich dennoch gelassen. »Das ist Unsinn«, erklärte er schlicht. »Wer so was zu behaupten wagt, soll sich mir direkt gegenüberstellen.« Wozu sich jedoch niemand bereit fand.

Hinzu kamen dann auch – außer den zunehmenden Eigenwilligkeiten seines Militär-Polizeileutnants Burns, – die ihn bedrängenden Zutraulichkeiten dieser Waltraut, jener ehemaligen Kreisleitungssekretärin. Denn die behauptete unentwegt ihm vorbehaltlos ergeben zu sein – und so was in jeder erdenklichen Hinsicht. Das möge man, bitte, ausprobieren.

»Hände weg – nichts wie Hände weg, von dieser prächtigen Sau!« mußte er sich sagen lassen.

Mithin drohten sich hier nichts wie unangenehm störende Elemente breitzumachen. Wie umbrodelt von Verdächtigungen, Zuflüsterungen, Ermahnungen, Forderungen, wohlgemeinten Ratschlägen kam sich Captain Singer vor. Nichts wie Heimsuchungen! Zu viele Probleme auf einmal!

Wobei dann noch, wie zu allem Überfluß, erneute, verstärkte Aktionen aus Richtung der ehemaligen Heeresflakkaserne nördlich von Schoenau erkennbar wurden. Dort hatten offenbar diverse Mitendsieger die Schwierigkeiten dieser Militärregierung geradezu gewittert. Dabei schoben sich, neben ehemaligen französischen, vereinzelt auch russischen Kriegsgefangenen, in Besonderheit hierherverlagerte Polen in den Vordergrund. Nach Zeugenaussagen von Mitbürgern.

»Ist denn dieses Problem immer noch nicht gelöst?« fragte Singer seine nächsten Mitarbeiter bei der allabendlichen Lagebesprechung.

Worauf dann Straßner, der erklärte Praktiker, höflich anregte: »Vielleicht sollten wir unsere polizeilichen deutschen Hilfskräfte ein wenig verstärken. Und die dann auch einigermaßen wirkungsvoll ausrüsten. Wenn auch nicht gleich mit Waffen und Munition, so doch mit Schlagstöcken und ähnlichen Geräten. Auch wäre empfehlenswert, sie zusätzlich zu motorisieren. Dafür dürften etwa zwei Mercedes-Kübel, vier Motorräder, zwei davon mit Beiwagen, zunächst ausreichen.«

»So was kommt nicht in Frage!« entschied Captain Singer überraschend energisch. »Eine Art Privatarmee ist hier keinesfalls vorgesehen – schon gar nicht eine deutsche.«

Mithin konnten hier nun diese ›Fremdarbeiter‹ ziemlich ungestört agieren. Mal räumten sie ein paar Wohnungen oder Häuser leer, dann wieder ›beschlagnahmten‹ sie Verpflegungsvorräte; auch ›kauften‹ sie kräftig ein, ohne zu bezahlen. Sodann bedrängten sie, hier und da, von ihnen zu Restnazis erklärte Leute. Etliche von dieser Sorte verprügelten sie, vermutlich ›zwecks Umerziehung‹; doch ohne sie gleich lebensgefährlich zu verletzen.

Diese vereinigten Horden wurden alsbald in Schoenau gefürchtet – wie die Pest. Ihnen schnellstens auszuweichen, sobald sie kreuz und quer in der Stadt oder Umgebung in Erscheinung traten, war dringend geboten. Doch denen entging dabei auch nicht dieser Welpenhof.

Auch dort brachen sie nun ein – das wie stets mit vereinten Kräften. Diesmal waren es drei Gewaltkerle: kräftig, gelenkig, ansprungbereit! Und die vermochten, mit sozusagen fachlich geschultem Versorgerblick, unverzüglich zu erkennen, daß sich da im Obstgarten ein besonders prachtvollvollfleischiges Exemplar von einer Kuh befand. Eben Edda.

Und diese Kuh, da waren sie sicher, vermochte ihnen gewiß, diverse Großmahlzeiten zu garantieren; hatte also ›kassiert‹ zu werden. Sie warfen dem Tier einen Strick um den Hals und machten Anstalten, es wegzuzerren. Worauf dann Edda dumpfklagende Brüllaute ausstieß – weithin vernehmbare.

Ein Signal, das Horst-Heinz Warnhagen veranlaßte, unverzüglich herbeizustürzen. Dabei dicht gefolgt von Erich Wienand, den panikartige Besorgnis erfüllte. Doch dem rief sein Schwiegersohn und Verwalter warnend zu: »Halten Sie sich da raus! Lassen Sie mich das machen!«

Er stellte sich breitbeinig vor Edda. Und damit unmittelbar vor deren vereinnahmungsbereiten Aufspürern. Worauf er denen fordernd erklärte: »So geht das nicht!«

»So geht das! Und so wird das auch gemacht!« wurde ihm mit energischer Lässigkeit erklärt. »Und dabei störst du nur. Verschwinde also, Mensch!«

»Hände weg von diesem Tier!« befahl er ihnen. Und das mit plötzlich hervorbrechenden, wohl sehr deutsch tönenden Kommandoworten. »An dieses Geschöpf kommt ihr Saukerle nicht heran!«

»Na, na, du Scheißnazi, was sind denn das für Töne! Was glaubst du denn, wen du da vor dir hast!«

»Elemente, die eine kriminelle Handlung begehen!«

»Wohl lebensmüde, was?« wurde er bedrohlich entschlossen gefragt. »Na gut, wenn du also unbedingt darauf scharf bist, mal kurz rasiert zu werden – das kannst du haben.« Worauf ein Schlachtermesser hervorgezogen wurde; eins von erheblichem Format, mit blitzblanker Klinge, sichtlich scharfer Schneide.

Warnhagen blickte nun nahezu hilfesuchend um sich. Um dann zu erkennen: er stand hier allein – vor dieser Kuh. Denn Erich Wienand war verschwunden. Doch wohin, weshalb, sollte alsbald erkennbar werden. Denn der war zu jenen im sogenannten Gesindehaus stationierten amerikanischen Soldaten geeilt. Die zogen dort behaglich eine Pokerpartie ab. Mithin fühlten sie sich überaus gestört.

Doch deren Sergeant erwies sich als ungemein aktionsbereit. Er stemmte sich schnaufend hoch und erfaßte eine stets griffbereit neben ihm liegende Maschinenpistole. Was wohl gar nicht unähnlich jener Angewohnheit eines Erich Wienand war, jederzeit Papier und Bleistift mit sich zu tragen.

Dieser Sergeant, dem Wienand vorauseilte, begab sich zum Obstgarten hin. Dort angekommen, vermochte er die gegebene Situation mit sicherem Kriegserfahrungsblick zu erfassen. Worauf er diese vereinigten Besitzergreifer zunächst noch mit leicht verwundertem Kopfschütteln betrachtete. »Was wollt denn ihr hier veranstalten? Da seid ihr an der falschen Adresse. Finger weg – von diesem Tier!«

Die reagierten mit empörter Unwilligkeit: »Das wollen wir aber haben! So was ist schließlich unser gutes Recht!«

»Und mein gutes Recht ist es, euch umzulegen, wenn ihr hier nicht sofort die Kurve kratzt. Und ich habe gesagt: sofort und umlegen. Kapiert?«

Was die nicht sogleich begriffen. »Na, was soll denn das, Kamerad?« fragte der Mann mit dem scharfen Metzgermesser drohend. »Willst du dich etwa als Beschützer aufspielen – dieser Scheißnazis?«

Eine erkannt saufreche Anmaßung, die ganz entschieden zu viel war. Zumal für einen erklärten Sieger und hier nun eingesetzten vollverantwortlichen Beschützer. Und das war dieser Sergeant – wollte er sein!

Mithin verschaffte er sich also entschlossen und umgehend den gebotenen Respekt – er feuerte einen kurzen, doch sehr gezielten Feuerstoß aus seiner Maschinenpistole ab. Wobei der Metzgermessermensch, offenbar an den Beinen verletzt, brüllend zusammenbrach. Seine zwei Mitmacher standen starr entsetzt da. Alsbald erkennbar fluchtbereit.

»Haut ab!« rief ihnen der Sergeant zu, nicht ohne eine gewisse Befriedigung. »Schleppt diesen angekratzten Kretin mit. Im Eiltempo, wenn ich bitten darf. Oder soll ich euch mal kurz in Siebe verwandeln?«

Dieser Drohung zu entkommen, seine Anordnung zu befolgen, beeilten sie sich. Der Sergeant blickte ihnen grimmig vergnügt nach. Wobei ihn Warnhagen mit fachmännischer Anerkennung betrachtete.

Erich Wienand jedoch glaubte nahezu erschaudernd feststellen zu können: »Entsetzlich! Einfach entsetzlich! Mußte denn das sein? Auch das noch?«

»Unser Sergeant«, versuchte ihm sein Schwiegersohn zu erklären, »hat hier nichts als seine Pflicht getan – und zwar vorbildlich! Wofür wir ihm gewiß dankbar zu sein haben.«

»Ist doch nicht der Rede wert«, versicherte der mit bescheidenem Soldatenstolz. »So was mache ich immer wieder; falls notwendig.« Er umgriff seine Maschinenpistole mit beiden Armen, als habe er nun ein Kind zu bergen, bevor er sich entfernte.

»Selbst bei diesen Amerikanern gibt es noch Männer«, stellte Warnhagen anerkennend fest. Wohl ganz erfahrener Truppenführer; sich immer noch so fühlend.

Erich Wienand begab sich zu seiner gerade wieder einmal davongekommenen Kuh, die heftig zu zittern schien. Er streichelte ihren Kopf, und Edda beleckte dankbar seine Hände, mit ihrer reibeisenartig rauhen, klebrigen Zunge; was dennoch ungemein zärtlich anmutete.

»Das jedenfalls«, versicherte Wienand sodann Warnhagen, seinem nun nicht ohne Wohlgefallen betrachteten Schwiegersohn, »werde ich Ihnen niemals vergessen. Dank dafür!«

Eine Versicherung, die überaus ehrlich gemeint war – leider dann auch zutreffen sollte.

Gleich am nächsten Tag sollte hier dann das organisatorische Talent eines Franz-Jochen Rabe einen weiteren, überzeugenden Höhepunkt erreichen.

Dessen Leistungen, glaubte sogar Captain Singer feststellen zu können, bewiesen nicht nur eine nahezu unbeirrbare Entschlossenheit zur Bereinigung; einer hier notwendigen, gewiß unvermeidbaren. Darüber hinaus besaß dieser H. J. Rabe sogar die Befähigung mitdenken, wenn nicht gar, in Singers Sinne, vorausdenken zu können. Der war wohl sein Mann! Was überaus bemerkenswerte Ergebnisse zum Vorschein bringen sollte.

Wozu diesmal auch gehörte: Die wie gewünscht korrekte, erhofft pietätvolle Bergung der Moorleichen. Also auch deren Einhüllung in Leinentücher, die Beschaffung von Särgen aus bestem Holz – Buche; glatt poliert, dunkel-braun gestrichen. Särge, welche sogar mit Traghebeln versehen worden waren, die wie aus Silber wirkten.

Hier also, so gut wie, alles irgendwie würdig! Wozu auch die geplante Errichtung eines Hügelgrabes gehörte – sanft gewölbt, sich in die Landschaft einfügend, diese jedoch wie überhöhend. Und das in unmittelbarer Nähe der aufgefundenen Toten.

Bei dem Bericht bezüglich derartiger Vorbereitungen

nickte Captain Singer anerkennend; das sogar mehrmals. So weit, mußte er feststellen, so gut! Rabes Bereinigungsbeitrag bei diesen wahrhaft peinlichen Vorgängen war ziemlich perfekt. Nur eben, daß damit noch nicht alle Probleme gelöst waren. Denn schließlich mußte nun auch versucht werden, wie von ihm verlangt – von Palmer bis Werner, einschließlich Wienand –, die dafür in Frage kommenden Täter aufzuspüren.

»Nach all dem, Mister Singer, was ich da so über diese Vorgänge beim Südmoor vernommen habe, was mir diesbezüglich Straßner zugeflüstert hat, dem zugetragen worden ist, scheint dabei dies festzustehen: Die Einzelaktion einer kleinen, deutschen Vollzugsgruppe. Die ist hier aufgetaucht, hat sich ihres Ballastes entledigt – und ist dann schnellstens wieder abgehauen.«

Zu dieser Unterredung wurde dann auch Straßner hinzugezogen. Er, danach befragt, bestätigte Rabes Deutung dieser Vorgänge. »Mithin kaum irgendeine Chance, diese sogenannten Täter aufzuspüren – keinesfalls sofort.«

»Eine Vermutung, der ich mich wohl, leider, anschließen muß«, gestand Singer ein. »Doch damit stellt sich nun wohl, speziell mir, eine gewiß hochnotpeinliche Frage: Wie kann ich so was einem Erich Wienand beibringen – oder etwa gar dessen Jacob Werner?«

»Denen sollten Sie lediglich nur das sagen«, empfahl Straßner, »was in solchen Fällen gemeinhin immer wieder gesagt wird: Diese Vorgänge werden verfolgt, diverse Dienststellen sind eingeschaltet, diesbezügliche Unterlagen werden in Akten gesammelt, welche noch lange nicht als abgeschlossen gelten dürfen.«

»Bis dann auch die, irgendwo einmal, abgelegt werden«, vermochte der Captain zu erkennen. »Die vermodern dann – was Jahre, vielleicht sogar Jahrzehnte dauern kann.«

»Man muß da wohl so was wie Geduld entwickeln«, erklärte Straßner einfach. »Denn wir haben es hier mit einem mindestens zwölf Jahre lang praktizierten, immer noch stark ausgeprägten Unrechtsbewußtsein zu tun. Und so was läßt sich nun mal nicht in wenigen Wochen aufarbeiten. Nicht ohne Gefahr fragwürdiger Fehlurteile in dieser aufgestörten, verstörten Bevölkerung. Die werden dann wie systematisch nach möglichen Schuldigen suchen – falls wir sie nicht beruhigen. Die werden sonst ihren Sündenbock haben wollen. Und das könnte dann vielleicht sogar jemand sein, der Ihnen sehr nahesteht, Captain – was Sie doch gewiß nicht wollen.«

»Sie meinen doch nicht etwa – Wienand?«

»Ich meine niemand Bestimmten – doch für möglich halte ich so gut wie alles; nach wie vor.«

Der Captain weigerte sich offensichtlich, so was für denkbar zu halten. »Danke für Ihren Ratschlag, Herr Straßner«, sagte er gemessen. »Bitte, bleiben Sie wachsam, unterrichten Sie mich laufend.«

Nachdem der sich entfernt hatte, beschäftigte sich Captain Singer wieder mit seinem Rabe. »Da haben Sie nun also, mein Lieber, und zwar voll in meinem Sinne, ganze, gute Arbeit geleistet.«

»Entsprechend Ihrer Anordnung«, erklärte der mit schlichtem Selbstbewußtsein.

»Was überzeugend geschehen, aber nun wohl auch angemessen zu honorieren ist, lieber Rabe! Denn jetzt gedenke ich Sie, wenn auch höchst ungern, aus meinem unmittelbaren Bereich zu entlassen.«

»In dem ich mich stets sehr gern befunden habe, Sir, Captain. Erlauben Sie mir, das zu bemerken.«

»Was ich zu erkennen vermochte, mein lieber Rabe«, versicherte der. Um dann zu erklären: »Und eben deshalb gedenke ich Sie nunmehr in eine wichtige Position zu bringen. Ich werde Sie dem derzeitigen Landrat von Schoenau zuteilen – als dessen Stellvertreter. Vermögen Sie zu ahnen, was das zu bedeuten haben könnte?«

»Sie werden mir gewiß sagen, Captain, was ich darunter zu verstehen habe.«

»Dieser derzeitige Landrat von Schoenau, Sauer, Friedrich, heißt der wohl, ist ein hier angeschwemmtes, sich anbietendes Objekt aus der ehemaligen, wohl fragwürdig verfilzten Weimarer Parteienlandschaft. Ein an sich wohl höchst ehrenwerter Mann. Doch eben bereits viel zu alt, sichtlich verbraucht, fast schon so was wie ein gefällig ausweichender Schwätzer. Doch eben dem gedenke ich Sie zuzuteilen; und zwar mit der erstrebten Zielsetzung: den sollen Sie alsbald ablösen.«

»Mache ich, Captain, wenn Sie das wünschen!«

Womit dann Rabe, ohne das zunächst noch zu ahnen, durch diese Singer-Manipulationen geradezu in den Vorhimmel einer kommenden deutschen Demokratie hineingebracht worden war. Er bekam, das wohl verdient, eine einzigartige Chance. Und er war auch der Mann, sie zu nutzen.

»Sie werden das schon richtig machen, Herr Rabe«, ermunterte ihn Singer unnötigerweise. »Doch achten Sie dabei stets, empfehle ich Ihnen, auf Erich Wienand. Der bedarf hoher Aufmerksamkeit.«

Was jedoch nunmehr zu erfolgen hatte, war die Grablegung der inzwischen in Särgen geborgenen Toten aus irgendeinem KZ. Dabei jedoch – keine offizielle Feier. Das hatten sich Jacob und Erich entschieden verbeten; was Captain Singer als ungemein erleichternd empfand.

Dort also, am Rande des von seinem Nachbarn einst heftig umstrittenen Moores – doch nunmehr ganz eindeutig auf Wienands Grund und Boden, darauf hatte er bestanden –, war das Hügelgrab errichtet worden. Das unter der fachkundigen Anleitung des dabei eingesetzten Tiefbauingenieurs Winkler, der bereits für Rommel im Afrikafeldzug Hafeneinrichtungen und Heldengräber gebaut hatte. Hier nun strebsam bemüht, den Anordnungen des Captain nachzukommen: »Großzügig, solide, würdig!«

Dabei hatte er, gleichsam als Fundament für dieses Großgrab, eine Zementwanne mauern lassen, diese in Kiesschichten eingebettet – mithin also garantiert grundwasserabweisend gebaut. Sodann ließ er die Wände mit Steinplatten auslegen, von bester Werdenfelser Qualität – ermöglicht durch großzügige Anlieferungen des Bürgermeisters. Soweit also das verpflichtend geforderte Großzügige und Solide.

Doch nun das Würdige! Diese einigermaßen massiv anmutenden Buchenholzsärge wurden grubenwärts gebracht –

zwölf an der Zahl. Und dort kamen sie in zwei Schichten neben- und übereinander zu liegen; höchst geschickt gestapelt. Wobei hier nun zum letztenmal dieses Schoenauer Ausgrabungs- und Begräbniskommando zu werken hatte; mit angeratener und bereitwilliger Wortlosigkeit.

Allein Erich Wienand und sein aus München herbeigeeilter Jacob Werner standen dabei. Beide schwarz gewandet. Regungslos nebeneinander. Beharrlich. Nicht zu übersehen.

Nunmehr wurde Erde über die Särge geschaufelt. Und darunter verschwanden sie – als hätte es sie nie gegeben! Darüber wurden präparierte Grasflächen ausgebreitet. Das Endergebnis jedenfalls war ein Hügel von harmonisch zu nennender Wölbung – sich wie sanft himmelwärts dehnend.

Als dann auch das geschehen war, zog sich das Begräbniskommando zurück – wie davonkriechend. Die Männer schwanden von diesem Schauplatz ihrer persönlichsten Demütigungen und gewiß unverdienten Heimsuchungen. Selbst eine kräftige Stärkung, die im nahen Birkenwäldchen auf sie wartete – Weißbrot und Fleischkonserven aus US-Beständen, dazu Flaschenbier aus dem oberbayerischen Brauereilager des Bürgermeisters –, vermochte sie nicht völlig zu befreien von ihren dumpfbrütenden Verdächtigungen.

Und während sie so dahockten, speisten und tranken, webten sie fleißig weiter an ihrem Erkenntnisteppich – darstellend ihnen feindlich gesonnene, ihnen hinterhältig versessen nachspürende Vergeltungswesen. Und alsbald glaubten sie dann auch zu erkennen, welch ein böses Bild dabei zum Vorschein kam, ganz deutlich vor ihnen – beim Grabhügel.

»Endlich klar, wem wir diese ansauende Erniedrigung zu verdanken haben; wer veranlaßt hat, daß wir hier wie Sträflinge behandelt wurden. Diesem hier immer schon fragwürdig gewesenen Wienand – und dazu seinem Juden, diesen Werner, der auch nicht aus seiner schäbigen Haut heraus kann. Und die üben nun rohe Racheakte aus, lassen sie heimtückisch ausüben – an uns! Wo wir doch nichts wie gutgläubig, ahnungslos, ehrlich gewesen sind.«

Dort beim Grabhügel hielten sich allein nur noch Jacob und

Erich auf. Und die schritten nun ihren geborgenen Toten entgegen. Als sie dann dort angekommen waren, verweilten sie. Völlig verstummt – eine sehr, sehr lange Zeit.

Dann aber kniete sich Jacob Werner nieder. Er begann mit singender Stimme, zunächst leise, dann mit steigender Inbrunst, das große jüdische Totengebet zu verkünden – den Kaddich.

Wobei sich auch Erich Wienand neben ihm niederkniete. Wortlos. Er blickte auf die Erde vor sich und schloß dann die Augen.

Nach geraumer Zeitspanne erhoben sie sich, Hand in Hand; wie keiner Worte mehr mächtig. Sie schritten einem der in ihrer Nähe liegenden felsbrockenartigen Stein entgegen. Und dort hockten sie dann da, lautlos weinend. Sie schienen ihren Toten zuzunicken.

Bis die Abenddämmerung über sie hereinbrach. Sich die ersten Schatten der Nacht auf sie niedersenkten. Bannendquälende Dunkelheit umgab sie nun – wie einst so oft. Doch auch diesmal gelang es der nicht, sie völlig auszulöschen.

Als dann die Freunde spät am Abend wieder zum Welpenhof zurückwanderten, mußten sie Ungewöhnliches erblicken. Dort brannten alle Lichter, Signale, die ihnen gleich grell erregenden Warnlampen erscheinen wollten. Eine hohe, heftig flackernde Unruhe schien auf sie zu lauern.

Elvira stürzte sich ihnen entgegen. Warnhagen begleitete sie – besorgt und behütungsentschlossen. Auch dessen erkennbar verstörtes Gesicht drohte Entsetzliches zu verkünden. Elvira klammerte sich an den ihr angetrauten Mann wie bei ihm Schutz suchend; ihr Körper bebte. Und sie sagte: »Unsere Elfie – ist tot!«

»Nein!« rief Erich Wienand aus. »Nicht das – bitte nicht.« Er drohte zu taumeln; nun nicht mehr ihrer überaus heftigen Umarmung wegen. »Nicht auch noch das!«

Jacob versuchte ihm beizustehen. Er legte seine bebenden Hände um dessen Schultern. »Du mußt nicht verzweifeln, mein Erich! Heimsuchungen gehören zu unserem Leben. Und das ist noch nicht beendet.«

Was Erich Wienand nicht zur Kenntnis zu nehmen schien, das wohl jetzt auch gar nicht vermochte. Wienand stürzte sich, wie vorwärts getrieben, treppauf; hinein in das Zimmer von Elfie, seiner Tochter – also in jenen Raum, den er seit seiner Heimkehr noch niemals betreten hatte. Denn der gehörte den Eheleuten Warnhagen.

Und dort sah er sie liegen. Unendlich bleich; nun wohl auf ewig verstummt, dennoch scheinbar lächelnd. Ein bedrükkend maskenhaftes Lächeln; gleichsam eingefangen in einem wie endlosen Karneval zwischen Geburt und Tod, Entstehen und Dahinsterben, Sein und Nicht-sein.

Doch unmittelbar neben Elfies Leiche befand sich der Arzt Dr. Gans; der nun offenbar wieder voll uneingeschränkt für diese Wienand-Familie zur Verfügung stand. Und der erklärte, ebenso würdig wie auch wissend, noch dazu mit feierlichem Bedauern: »Ein ungemein beklagenswerter Vorgang – doch aber ein wohl unvermeidlicher.«

»Was ist da geschehen?« fragte Erich Wienand zerquält aufbegehrend. »Wie konnte es dazu kommen?«

»Mein Gott, das begreife ich auch nicht!« versicherte ihm oder sich selbst Horst-Heinz Warnhagen. Auch er mutete an, als wäre er einer völligen Fassungslosigkeit sehr nahe – nichts wie ein leidender Held.

»Noch vor ein paar Stunden«, berichtete nun Elvira, »hat mir Elfie gesagt: Sie kommt sich sehr müde vor, ungemein erschöpft. Sie wirkte dennoch unendlich zufrieden, ungemein beglückt; wohl dadurch erschöpft.«

»Was ist geschehen?« fragte sich nun Erich Wienand. Wohl in der nachklingenden Erkenntnis: sie hatte in den letzten Tagen wie abwesend gewirkt – es war gewesen, als leide sie; lächelnd. Jedoch – warum? »Hat sie sich selbst getötet?«

»Keinerlei Beunruhigung in dieser Hinsicht, Herr Wienand«, empfahl ihm Dr. Gans bedächtig dringlich. »Sie jedenfalls trifft dabei keine Schuld.«

»Warum denn auch«, mischte sich nun Jacob ein, »sollte sich Erich irgendwie mitschuldig fühlen – an diesem Tod.«

»Weil ich«, versuchte ihm der Arzt zu erklären, »Herrn Wienand diverse höchst intensiv wirkende Medikamente habe zukommen lassen, welche jedoch, bedauernswerterweise, nicht unter Verschluß gehalten worden sind. Doch eben an diese schweren Betäubungsmittel, deren strengste Dosierung ich mit Nachdruck empfohlen habe, scheint nun Herrn Wienands Tochter Elfie herangeraten zu sein. Sehr bedauerlicherweise – wohl aber auch, ganz gewiß, völlig ahnungslos.«

»Sie war so ungemein zart, überaus empfindsam«, versicherte Warnhagen, wie zutiefst verstört. Und durchaus anzunehmen, daß er im Augenblick tatsächlich an das glaubte, was er da sagte. »Aber wohl eben deshalb darf meine geliebte Elfie als überaus anfällig, ungemein gefordert, vielleicht überfordert bezeichnet werden. Möglicherweise, vielleicht, darf ich annehmen, unseres ersehnten Kindes wegen.«

»Meine Ansicht dazu«, versicherte Dr. Gans betont tröstend, warnend zugleich, aber auch wie entschlossen abschlußbereit, »steht dabei jedenfalls so gut wie unbezweifelbar fest – und der sollten Sie sich, möglichst vorbehaltlos, anschließen. Nämlich dieser: Elfie hat sich keinesfalls selbst getötet; nicht der geringste Verdacht weist darauf hin. Vielmehr hat es sich dabei, so gut wie eindeutig, um einen Fehlgriff gehandelt, um eine irrtümlich falsche Dosierung. Was nichts wie ein Unfall gewesen ist.«

»Nur so kann es gewesen sein«, sagte Elvira bedeutsam. »Vermagst du das einzusehen, Erich?«

Der sagte kein Wort. Er entfernte sich mit schleppender Wesenlosigkeit. Gemeinsam mit seinem Jacob.

In dieser frühzeitig erglühenden Nacht, von Meteorologen bestätigt, erschien Konstanze Reibert abermals in den Räumen des Erich Wienand. Das gleich, nachdem er sich von Jacob Werner entfernt hatte. Dessen Gästezimmer in diesem Haus, und darauf hatte er bestanden, war sein Keller.

Konstanze jedenfalls mutete ungemein zärtlichkeitsbereit an; und dementsprechend war sie auch gewandet. Sie ließ sich zu ihm hingleiten, der nahezu entkräftet in seinem Schreibtischstuhl hockte, den er weit zurückgerückt hatte. »Lassen Sie mich, bitte, jetzt bei Ihnen sein!« flüsterte sie ihm zu.

»Vielleicht sind Sie, Konstanze«, mußte er bekennen, dabei ihr ausweichend, »das einzige Wesen, dem es gegeben ist, mich von den bedrückenden dunklen Schatten dieses Daseins zu erlösen. Dennoch.«

»Nichts, was ich sehnlicher wünschen würde. Ich begehre ein Teil von Ihnen zu sein.«

Ein Dialog, der sich wie pure Literatur anhörte, das auch war, noch dazu eindeutig von Wienandscher Prägung. Denn solche Worte waren nachzulesen, wenn auch mit leichten Abwandlungen; und zwar in seinem für jugendlich-genialisch erklärten Meisterwerk: ›Die Magd des Alfons Materna‹. Texte, die er inzwischen vergessen hatte; sie jedoch nicht. Als er die nun vernahm, erfüllten sie ihn mit einiger Verwunderung.

»Ein Großteil unserer Sehnsüchte«, sagte er nun, »bleibt ohne Erfüllung – und vielleicht ist es das, was sie so wunderbar erscheinen läßt. Die einzige wirkliche Realität in diesem Leben, liebe Konstanze, ist – der Tod. Und der ist unteilbar.« Und ihm nahe.

Horst-Heinz Warnhagen suchte inzwischen Elvira auf. Und die empfing ihn verlangend; überaus bereit, ihm jeden irgendwie erlösenden Trost zu spenden. »Das ist alles so überaus fürchterlich«, bekannte er, wobei er sich wie hilfesuchend an ihre Seite legte. Sie umarmte ihn zärtlich.

»Gegen das Schicksal« – wobei es sich offenbar um eine weitere der bevorzugtesten Formulierungen eines Wienand handelte – »kommt man nicht an!« Das versicherte sie ihm überzeugt, also auch ermunternd.

»Ich fühle mich dennoch wie verstört, Elvira! Zumal ich mich jetzt wohl fragen muß: Was könnte da nun auf mich zukommen? Was kann man mir dabei anzulasten versuchen?«

»Du bist doch völlig schuldlos, mein Geliebter. Und diesbezüglich ist nicht die geringste Andeutung erfolgt. Was willst du mehr?«

»Wird aber auch er«, dieser unvermeidliche Erich Wienand also, »bereit sein, das hinzunehmen – vielleicht sogar anzuerkennen?«

»Ach, weißt du«, tröstete sie ihn wissend mit vertraulicher Überlegenheit, »der ist wahrlich alles andere als ein Racheengel. Der will ein erklärter Erlöser sein. Und in diesem Bestreben sollten wir ihn bemüht unterstützen. Alles andere findet sich dann schon.«

Über Elfie dabei kein Wort.

In dieser Nacht hatte sich Thomas, auch wohl zutreffend vereinfacht ›der Tümmler‹ genannt – nunmehr stellvertretender Verwalter des Welpenhofes, dort verantwortlich für Landwirtschaft, Viehzucht, Wiesen und Wälder, einschließlich Sumpf –, erneut zu seinem Bauern Leitmann begeben.

Und da saß er nun, breit verlangend zwischen dessen Frau und Tochter. Er trank Bier, vermischt mit Sekt; halb und halb. »Ein erlesenes Kasinogetränk!« Das gönnte er sich, auch allen anderen.

»Daß du hier noch lebst«, erklärte er ›seinem‹ Landwirt Leitmann, »hast du allein mir zu verdanken. Denn ich habe dich von diesem Moorkommando losgeeist. Ich habe dafür gesorgt, daß du mit heiler Haut davongekommen bist, als die Amis diesen bei dir untergekrochenen Großer kassiert haben.«

»Du bist mein erklärter Wohltäter – was?«

»Genau das bin ich – das solltest du endlich einsehen. Und wenn hier alsbald alles einigermaßen richtig läuft, werde ich dich zum nächsten Bürgermeister von Schoenau machen lassen. Meine Beziehungen ermöglichen mir das.«

»Und was, du Ungeheuer, gedenkst du dafür zu kassieren? Was denn noch alles?«

Tümmler prostete ihm freundschaftswillig zu. »Falls du hier Bürgermeister werden solltest, was du gewiß gerne willst und wobei ich dir behilflich sein kann – dann aber benötigst du jemand, der deinen Hof übernimmt. Doch eben dazu bin ich entgegenkommend bereit; und zwar gemeinsam mit deiner lieben, auch mir sehr lieben Tochter.« Und die schmiegte sich prompt an ihn.

Leitmann gab sich ungemein empört; doch nicht ganz unaufgeschlossen auch. Vermutlich wegen der ihm angekündigten Amtseinsetzung, auch der angedeuteten Verlobung. Doch er hörte sich fragen: »Wo bin ich denn da hineingeraten?«

»Genau in das, Mensch, was man da wohl, wieder einmal mehr, die Zeichen der Zeit nennt! Und die hast du selber bereits schon einigermaßen erkannt; etwa als du versucht hast, hier diesen Breisgauer fertigzumachen – vor aller Öffentlichkeit sozusagen. Doch das war lediglich ein Anfang. Nun aber leiste mal ganze Arbeit! Mit meiner bereitwilligen Hilfe. Keinesfalls ohne mich.«

Siegfried ›Sid‹ Singer hielt sich im ehemaligen Hauptbüro der Kreisleitung auf. Wobei er, erneut, mit ihm zugeleiteten Unterlagen konfrontiert wurde, die ihn ungemein zu beunruhigen vermochten: heftigste Gewaltanwendungen, verlogene Täuschungsversuche, heimtückische Heimsuchungen. Dazu Meldungen aus dem Kreiskrankenhaus: zerschmetterte Schädel, eingetretene Bäuche, gebrochene Arme und Beine – erfolgt zwecks Bereinigung einer gewissen Vergangenheit.

»Nichts Besonderes also«, war ihm dazu lapidar erklärt worden. Worauf ihn das quälende Gefühl beherrschte, in einem dichten, wildwuchernden, atembeklemmenden Dschungel ausgesetzt worden zu sein.

Doch nicht genug derartiger Heimsuchungen. Auch noch Waltraut Degenhard erschien bei ihm zu nächtlicher Stunde – vorgeblich bemüht darum, ihm weitere Unterlagen zu offerieren; überaus verwendungsfähige, erst neulich aufgespürte. Und zwar Materialien wegen Wienand. Contra Breisgauer.

Dabei hatte sie sich in ein nächtliches Gewand aus lichtem Tüll und feinen Spitzen gehüllt – eine gekonnte französische Produktion. Wobei es sich abermals um das Geschenk eines ihrer ehemaligen Verlobten handelte, eines Offiziers, verstand sich wohl von selbst. Das hatte der ihr, auch er als Eroberer, aus dem Krieg mitgebracht; diesmal aus Brüssel.

Singer kam sich ungemein überfordert vor – nicht nur durch sie. Er wähnte sich beharrlich von wuchernden Moorleichen verfolgt; von den fordernden Leidensmienen eines Jacob Werner und dessen Erich Wienand noch dazu. Und zusätzlich waren dann noch zu registrieren: die ihn immer schlangenhafter anmutenden, ihn anschleichenden Eigenmächtigkeiten eines Straßner; auch die beschleunigt immer bedenklicher werdenden Fragwürdigkeiten dieses Bürgermeisters. Und nun auch noch so was!

»Nur keine falschen Hoffnungen, wenn ich bitten darf«, empfahl er ihr dringlichst. »Denn ich habe keinesfalls das Verlangen, auch kaum die Zeit dafür, hier irgendwelche horizontalen Versöhnungsspiele zu betreiben.«

Waltraut zeigte sich nicht im geringsten gekränkt. Sie hatte da schließlich ihre speziellen Erfahrungen sammeln müssen – mit diesen erklärten Prinzipienreitern; welcher Couleur auch immer. Doch deren schwache Stunden waren unvermeidlich. Die kamen – garantiert – irgendwann einmal.

»Sie sollten da wohl nur dies wissen, Captain«, versicherte sie ihm unbeirrbar einladend freundlich, »daß ich stets für Sie da bin. Und in welcher Hinsicht Sie das immer wünschen sollten.«

Sodann machte sie eine Wendung, eine rein äußerliche, um einhundertachtzig Grad; eine Kehrtwendung mithin. Um walkürenhaft stolz davonzuschreiten. Sehr wohl berechnet. Denn damit ließ sie ihn ihr prächtiges Hinterteil erblikken – leider ohne erkennbare Reaktion.

Als Waltraut die Tür hinter sich geschlossen hatte, stand sie kurz verschnaufend im Korridor da. Um dann, wie sich schwörend, zu sagen: »Auch diesen kleinen schäbigen Judenbengel mache ich schon noch fertig! Wenn eine – dann ich!«

In dieser bedeutsamen vorsommerlichen Nacht suchte den Bürgermeister Breisgauer, in seinem ehemaligen, wie auch nunmehrigen Amtszimmer, eine Art Delegation von würdigen, sich nun heimgesucht fühlenden Mitbürgern auf. Drei an der Zahl. Ihm bestens bekannte. Zutiefst besorgt.

Er empfing sie ungemein entgegenkommend. Begann sie zu bewirten – bot ihnen Brot, Rauchspeck, Käse und Bier an.

Was sie nicht verschmähten. Sie nickten ihm zu; nicht ohne Hoffnung.

»Du weißt, Breisgauer, was man uns da zugemutet hat? Hast das mit eigenen Augen gesehen!«

»Sehen müssen!« bestätigte er mit erklärtem Bedauern. »Aber ich habe keinerlei Schuld daran; Straßner übrigens auch nicht. Wir haben uns dagegen gesträubt, das abzuwenden versucht, etliches dabei riskiert. Das müßt ihr mir glauben.«

Ihm das zu glauben, schienen sie bereit. Schließlich waren sie langjährige örtliche Weggefährten – ein Großbauer, ein Gastwirt, ein Metzger; mit ihm so gut wie verwandt und verschwägert. Sie hatten so manches miteinander geteilt – wenn auch bisher nicht gleich so was.

»Soll es hier nun so weitergehen«, wollten sie besorgt wissen – kauend und trinkend. Breisgauers Bier war von allerbester Qualität, was sie versöhnungsbereit stimmte.

»Das, Freunde«, versicherte er ihnen, »war ein einmaliger Ausnahmefall, der sich bestimmt nicht wiederholen wird. Nehmt es gelassen, versucht das zu vergessen.«

»Vergessen sollen wir das – daß man uns wie Schlachtvieh zusammengetrieben hat! Uns – wo wir doch ehrenwerte, unbescholtene Bürger und sogar bereit gewesen sind, am Wiederaufbau tätig mitzuwirken. Dankt man uns das so?«

»Das sind nun mal«, versuchte er ihnen zu erklären, »reichlich gewalttätige, ziemlich unübersichtliche Übergangszeiten. Dabei versuche ich alles Menschenmögliche, um Härten zu lindern, Mißverständnisse zu bereinigen, das denkbar Beste daraus zu machen. Was wahrlich nicht leicht ist – nicht bei dieser Militärregierung.«

»Dieser Captain Singer«, wurde er gefragt, »ist der nicht ein Jude?« Das völlig unbedenklich. »Einer von dieser Sorte mehr? Auch Leitmann meint, daß wir genau darauf ganz scharf achten sollten. Juden also – was; schon wieder?«

Bürgermeister Breisgauer vermied es, nicht ungeschickt, wie er glaubte, auf diese Frage näher einzugehen – weder bejahte noch verneinte er sie. Er sagte lediglich: »Ich will doch nicht hoffen, daß einer von euch zu wählen beabsichtigt –

etwa zwischen mir und diesem Leitmann. Wer ist der denn schon, für euch; im Vergleich zu mir?«

»Und was ist mit diesem Wienand? Da haben wir bisher gedacht, das ist ein harmloser, gutmütiger Spinner. Der hat sich immer eng an Hochwürden Geisberger gehalten – doch nun plappert der kniend jüdische Gebete nach. Fühlt sich der etwa auch neuerdings als Jude?«

Breisgauer winkte besänftigend ab. »Was der sich dabei denkt, weiß ich nicht; was der damit beabsichtigt, auch nicht. Doch so viel weiß ich: nur noch ein wenig Geduld, Freunde, und dann ist auch der hier erneut auf Null. Worauf wir dann wieder ganz unter uns sind. Jedenfalls benötigen wir dafür keinen fleißigen Korinthenkacker, wie diesen Leitmann. Das zumindest ist doch wohl klar.«

Das von Erich Wienand geforderte stille, doch schlicht würdige Begräbnis seiner Tochter Elfie fand statt. Und zwar, wie von ihm angeregt, auf dem Friedhof bei der Kirche von Martinshausen – fast unmittelbar neben dem dort nun wieder vorzufindenden Christus. Vorsichtig dagegen geäußerte Bedenken, einige Mitchristen hatten den neuen jungen Geistlichen dazu inspiriert, wurden dann ganz entschieden abgelehnt – und zwar von Weihbischof Neuhäusler.

Das mit den starken, verpflichtenden Worten: »Welch eine Art von Religion Herr Wienand auch immer haben mag – im Geiste jedoch gehört er zu uns. Seine Familienmitglieder damit auch. Der denkbar beste Platz in unserem Bereich ist ihnen angemessen.«

So standen sie denn da – im gewünscht und erhofft kleinsten Familienkreis. Das Ehepaar Wienand schien in tiefer Trauer treulich vereint. Dicht hinter ihnen hielt sich Warnhagen auf. Sein Heldengesicht mutete wie überströmt von Tränen an, durfte dennoch als heroisch angesehen werden. Eine Darbietung von Sonderklasse.

Jacob Werner jedoch fehlte; er mußte in München amtieren, war wohl auch nicht rechtzeitig genug benachrichtigt worden. Hier wurde er sehr vermißt. Das jedoch wohl allein von seinem Erich, dem Freund.

Captain Singer aber hatte es offenbar ›für seine verdammte Pflicht und Schuldigkeit‹ gehalten, selbst auch dabei noch zu erscheinen. Wobei er sich jedoch, wie dezent bemüht, mehr im Hintergrund aufhielt. Und dicht neben ihm stand Konstanze Reibert – verlangend aufmerksam; ganz bemühte Ausbeuterin ihres Dichters.

Auch dieser Sarg wurde dann in seine Grube gesenkt. Beunruhigt umstanden von den Leidtragenden. Die sanfte Stimme des Geistlichen war kaum mehr als ein säuselnder Wind. Erste Erdhaufen wurden hinabgeworfen. Sie polterten auf das massive Eichenholzgebilde, das unendlich hohl, wie leer wirkte.

Und wenn nun Warnhagen auch nicht gleich Anstalten machte, sich leidensentschlossen sargwärts zu stürzen, so stand er doch scheinbar unendlich verstört vor dieser Grube. Er murmelte einiges vor sich hin, das sich nahezu so anhörte wie: Mein Gott, hast du uns verlassen – mich verlassen?

Singer wandte sich ab. Konstanze aber trat noch einen Schritt näher; wie entschlossen dazu, sich nichts von diesen Vorgängen entgehen zu lassen. Der Geistliche stand mit müden Augen da.

Elvira aber sagte verlangend zu ihrem Mann: »Erkennst du denn nicht, wie sehr er leidet?« Womit sie Warnhagen meinte.

»Dem ist wohl so«, glaubte er zögernd bestätigen zu müssen. »Was ihn gewiß sehr ehrt.«

»Dann aber verdient er es, getröstet zu werden, Erich«, regte sie verhalten beharrlich-fordernd an. »Erweise ihm dein Mitgefühl!«

Was er dann auch tatsächlich versuchte. Wohl entschlossen mitleidend-erlösungsbereit, überwältigt von seinen großen, ihn so oft beherrschenden Gefühlen. Und so sehr er sich manchmal dagegen sträubte, wie vermutbar auch jetzt, so fiel doch diesmal sein Blick auf seinen in der Nähe liegenden Christus. Was wohl Mahnung und Forderung zugleich war.

Mithin schritt er nun auf Warnhagen zu, um ihm die Hände auf die Arme zu legen. Und der stand nun ungemein ergeben da, wie in sich zusammengesunken. Doch seine Augen blinzelten hoffnungsvoll – Wienand an.

Und der sagte nun: »Du darfst zutiefst betrübt sein, mein Junge – du hast jede Veranlassung dazu. Dennoch aber darfst du nicht verzweifeln – denn wir sind bei dir. Du gehörst zu uns. Ein Platz an unserer Seite ist dir sicher. Bleibe also hier – in unmittelbarer Nähe von Elfie. Wir brauchen einander.«

»Wie wahr! Wie schön gesagt, Erich!« rief Elvira wie absegnend aus.

Worauf sich nun Horst-Heinz Warnhagen, gleichsam nach Geborgenheit verlangend, scheinbar nichts wie diese ersehnend, in die wohl sehr offenen Arme eines Erich Wienand stürzte. Und bei dieser heftig ausgebrochenen Bezeugung familiärer Intimgefühle hätte gewiß nicht sonderlich viel gefehlt – und sie wären beide in die offene Grube geglitten. Doch dem aufmerksam besorgten Geistlichen gelang es, nahezu tatkräftig, diesen gemeinsamen Absturz zu verhindern.

Die nächsten Tage schienen hoffnungsschwanger vor sich hinzubrüten in diesem Sommer, der denkbar einzigartig zu werden versprach. Das nun auch für einen Großteil dieser Zeitgenossen. Sie hatten nicht nur überlebt, waren auch rechtzeitig an den richtigen Platz gelangt.

Langsam kehrte hier nun wieder eine Art konstruktive Ruhe nach einem scheußlichen Sturm ein. Die gröbsten Spuren auch dieses Krieges, wenn auch rein äußerlich, durften als so gut wie beseitigt gelten. Das hatte sich, zumal in einer verklärt ländlich anmutenden Gegend wie Schoenau, einigermaßen überzeugend bewerkstelligen lassen.

Einstige Verwaltungsdienststellen arbeiteten wieder; nur zum Teil mit anderem Personal. Alle aufgreifbar restdeutschen Soldaten befanden sich in bemüht humanen Kriegsgefangenenlagern. Alle irgendwie erreichbaren Nazis von einiger Größenordnung, soweit erkennbar oder zwingend zu vermuten, waren in sogenannten Camps interniert worden.

»Langsam«, glaubte Captain Singer hoffnungsvoll gestimmt feststellen zu können, »werden wir hier mit dieser massiven Ansammlung von großdeutschen Exkrementen fertig!« So bereitwillig gutgläubig war der tatsächlich; damals noch.

Im Bereich Welpenhof schien dann auch sozusagen alles seinen geregelten Gang zu gehen. Warnhagen verwaltete ihn gut, auch überaus intensiv; wie in der steten Bereitschaft, seine tiefe Trauer in hohen Tatendrang zu verwandeln. Dabei wurde er von seinem Tümmler und diversen von ihm eingesetzten Hilfskräften kräftig unterstützt. Auch der ihm bereitwillig erteilte Segen von Frau Elvira gehörte dazu. Und alles das völlig ungestört durch Erich Wienand.

Der verbrachte Tage und Nächte in seinem Arbeitszimmer; kaum noch wanderte er durch seine Landschaft. Doch an jedem Abend telefonierte er mit seinem Freund Jacob Werner in München. »Wie geht es dir?« war beständig seine erste Frage.

»Gut, gut!« Der machte einen betont lebhaften, bemüht zufriedenen Eindruck. Wohl müsse er durch ausgedehnte Trümmerfelder wandern, Leichen bergen, Notlazarette errichten – doch er werde gebraucht. Und – er vermisse den Freund, dessen ›ländliches Idyll‹ sehr. Also freue er sich auf seinen nächsten Besuch. Ansonsten jedoch – gehe es ihm, wie gesagt, gut.

Was dann auch Erich Wienand unverzüglich von sich behauptete. Was jedoch nicht stimmte – bei beiden nicht. Denn Jacob besaß Augenblicke, in denen er sich in diesem verseuchten Ruinensumpf der total zertrümmerten Stadt München völlig überfordert fühlte. Und Erich mußte immer wieder lange Stunden vor leeren Manuskriptblättern verbringen; bevor es ihm gelang, einige wenige Zeilen zu schreiben. Die er dann wieder ausstrich.

In diesen Tagen geschah dann auch, daß Konstanze Reibert auf ihn zukam, die inzwischen ganz Erhebliches von einem Erich Wienand zu wissen glaubte – gleichermaßen von dem Menschen wie auch von dem Dichter. Zumal der schließlich nicht gezögert hatte, ihr alle seine bisher verborgen gehaltenen Unterlagen zugänglich zu machen – seine internen Arbeitsnotizen, seine private Korrespondenz; sogar

Bekenntnisse über ihn beständig heimsuchende wildwuchernde Zweifel beim Schreiben seiner Bücher.

Und dabei auch Eröffnungen wie diese: »Neuerdings fühle ich mich wie gelähmt, fast wie abgestorben, nahezu ausgelöscht. Ich weiß nun nicht mehr, nicht mit zweifelsfreier Klarheit, was Gut oder Böse ist, was Recht von Unrecht unterscheidet, in welchem Ausmaß Gott und der Teufel eine Einheit sind, sein könnten.«

»Sind denn Zweifel nicht irgendwie schöpferisch?«

»Wohl nun nicht mehr. Sie drohen mich zu überwältigen, zu ersticken. Wohl bemühe ich mich, Worte aneinanderzureihen. Doch sie klingen nicht mehr; sie besitzen weder überzeugende Kraft noch bannende Schönheit. Sie wollen mir wie ein infantiles Gestammel von würgender Hilflosigkeit anmuten.«

Und eben das alles, vermochte Konstanze zu erkennen, war wohl mehr als nur ausreichend für jene von ihr zielstrebig angegangene Materialsammlung – über einen Literaten, der nun offenbar wieder das Interesse der dafür einschlägigen, sich zuständig fühlenden Weltöffentlichkeit besaß. Diese schnell entfesselte Literaturszene lechzte nun offenbar nach internen Details. Ein Verlangen, das jetzt sie wie wohl keine andere Person in diesem Ausmaß sonst, zu befriedigen vermochte.

»Ich habe Ihnen gewiß unendlich dankbar zu sein, verehrter Herr Wienand«, versicherte sie fast feierlich. »Ich werde niemals vergessen, was Sie für mich getan, was Sie mir ermöglicht haben.«

»Womit ich nun wohl annehmen muß, Konstanze«, erkannte er schwer, »daß auch Sie mich zu verlassen gedenken.«

»Um Sie, Herr Wienand, endlich würdigen, wahrhaft überzeugend erklären zu können. Daß Sie mir das in so einzigartiger Weise ermöglicht haben, dafür empfinde ich nicht nur weit anhaltende Dankbarkeit – auch zugleich eine verbindliche Verpflichtung.«

Worauf dann Erich Wienand, wenige Monate später, kurz vor seinem Ende – erleben mußte: Von Konstanze Reibert erschien eine erste, eine von alsbald weiteren angekündigten vermutlich groß gedachten Würdigungen seiner literarischen Bemühungen und menschlichen Möglichkeiten. Die wurde allerdings, kaum noch zu seiner Verwunderung, veröffentlicht unter dem heikel-anlockend, ungemein zweideutigen Titel:

›Von den wundersamen Fragwürdigkeiten eines erklärt Gerechten.‹

Auch Captain Singer mußte dann ›seine Zelte‹ in Schoenau abbrechen; wie so was in soldatischen Kreisen, denen er sich wohl zugehörend zu fühlen hatte, gemeinhin genannt wurde. Ein weitaus größerer Bezirk wurde ihm zugeteilt; wohl in Anerkennung seiner erwiesenen speziellen Fähigkeiten. Fortan hatte er in Weilheim zu residieren.

Zuvor jedoch gedachte Siegfried ›Sid‹ Singer, verantwortungsbewußt und pflichtbereit, wie er nun mal war, in Schoenau und Umgebung sozusagen einen möglichst ›reinen Tisch‹ zu hinterlassen. Doch zunächst einmal verabschiedete er sich von Erich Wienand. »Ich muß mich nun von hier entfernen, mein lieber, verehrter Freund.«

»Also auch Sie«, sagte der lediglich. Abermals lächelte er; wie neuerdings oft. Wohl wie einst Hiob; falls der jemals gelächelt haben sollte. Was sich ein Wienand jetzt allerdings vorzustellen vermochte.

»Dabei behalte ich Sie aber sozusagen im Auge. Ich werde gelegentlich hierher zurückkommen. Außerdem können Sie mich jederzeit erreichen – falls irgendwelche Komplikationen auftreten sollten.« Was jedoch wohl kaum zu befürchten war – dachte er.

Und wohl vermutbar nicht zuletzt seines Wienand wegen, hielt es Captain Singer dringend für angebracht, eine letzte Schoenauer Konferenz zu veranstalten. Das abermals gemeinsam mit Bürgermeister Breisgauer, Polizeichef Straßner und dem hier nun als Stellvertreter des Landrats eingesetzten Rabe. Jedoch ohne Fräulein Degenhard; die existierte für ihn nicht mehr.

»Sie machen so weiter – nach den von mir aufgestellten Richtlinien!« forderte er von den Anwesenden; und das nicht ohne ernsthaft warnende Untertöne. »Denn ich gedenke Ihre Aufbauarbeit auch weiterhin zu überprüfen beziehungsweise überprüfen zu lassen.«

Derartige Ankündigungen wurden ziemlich gelassen hingenommen. »Irgendeine Besonderheit dabei, Captain, auf die wir zu achten haben?«

»Die sollte Ihnen bekannt sein, meine Herren!« versicherte er mit betonter Verpflichtung. »Ich spreche von Erich Wienand. Achten Sie auf den! Wobei Sie wissen müssen, daß ich, gewiß bekannt, ganz entschiedenen Wert darauf lege, daß ihm möglichst alle irgendwie erkennbaren Hindernisse aus dem Weg geräumt werden. Damit er hier so ungestört wie irgendwie möglich seiner bedeutsamen Arbeit nachgehen kann. Bin ich diesbezüglich klar verstanden worden?«

»Das wird gemacht, Captain!« wurde ihm übereinstimmend bereitwillig versichert. Gleich dreimal.

Dann reichten sie sich zum Abschied die Hände.

Derartig letzte Hinweise des Captain Singer – die wohl einem Vermächtnis gleichkamen – gedachte denn auch Franz-Jochen Rabe angemessen zu realisieren. Er meldete sich im Welpenhof an. Verlangte Herrn Wienand zu sprechen.

Und dann saßen sie, im Arbeitszimmer des Dichters, einander gegenüber: Ein überaus kräftiger, witterungsstarker Jungbulle war da nun einem schöngelockten, sanft erschlafften Schaf begegnet. Dennoch lächelten sie sich an – zunächst völlig wortlos, wie leicht sprachlos aber auch.

»Zunächst einmal, Herr Wienand, sollten Sie wohl wissen, daß ich für den Bereich Schoenau offiziell als Stellvertreter des derzeitigen Landrats eingesetzt worden bin; entsprechend einer direkten Anordnung von Captain Singer. Aber damit bin ich, ganz direkt, auch für Sie zuständig gemacht worden. Doch die Pflicht übernehme ich gern.«

»Was ich zur Kenntnis nehme«, sagte der einfach, abwartend.

»Doch weit darüber hinaus, Herr Wienand, hat mir Captain Singer die Aufgabe erteilt, entscheidende Weichen in die Zukunft hinein zu stellen – einer wohl alsbald kommenden eindeutig neudeutschen Demokratie wegen. Diesbezüglich soll hier nun eine breit fundierte Partei gegründet werden – etwa, zunächst nur angedeutet, eine betont christliche, aber auch erstrebt soziale. Was halten Sie davon?«

»Machen Sie das, Herr Rabe«, sagte er wohlwollend.

»Doch eben deshalb, Herr Wienand, befinde ich mich hier. Ich hoffe auf Ihre bereitwillige, tätige Mithilfe. Schließen Sie sich uns an! Lassen Sie sich, dessen Lebenslauf absolut makellos war, von uns zu einer verehrten Leitfigur machen! Das wäre ein ganz großer Gewinn – für uns alle; aber bestimmt auch für Sie.«

»Warum sollte ich denn das tun?« hörte sich Erich Wienand fragen. »Schließlich bin ich alles andere als ein politischer Mensch; so was bin ich niemals gewesen. Ich bin lediglich ein Schriftsteller, nichts weiter sonst, aber auch nichts weniger. Und das gedenke ich zu bleiben.«

»Aber ich bitte Sie – das doch nicht mehr hier, inmitten einer Bevölkerung, die Ihnen nicht gerade freundlich gesonnen ist. Die Ihre Zäune umgelegt hat, Ihnen vor den Hauseingang scheißt, nächtliche Drohungen gegen Sie ausstößt. Wie im Chor.«

»Nichts als zeitbedingte Verwilderungen, die ich hinnehme. Die gehen vorüber. Doch hierher gehöre ich. Bleibe ich.«

Worauf nun Franz-Jochen Rabe nicht nur notgedrungen verächtlich reagierte, vielmehr mit seinem immer wacher werdenden Sinn für das Machbare; wohl auch als Realitätsbewußtsein zu bezeichnen. Mithin glaubte er zwingend zu erkennen: mit diesem verbohrten Traumtänzer und sentimentalem Seelenverkäufer war praktisch kein Staat zu machen. Diese gekräuselt hervorgeschwemmten menschheitsgedankenausscheidenden Literaten besaßen nicht die geringste politisch-praktische Daseinsberechtigung.

Was ihm da vielmehr, und zwar frühzeitig, zu gefallen vermochte, waren freimütig-zielstrebig veranlagte Männer; wie etwa ein Warnhagen. Und dem begegnete er, als er von diesem wohl beklagenswert verstaubten Ausdeuter Erich Wienand kam. Und Warnhagen schien auf ihn gelauert zu haben. Sie verstanden sich sozusagen auf Anhieb, geradezu glänzend.

»Da sind Sie nun also einem Genie begegnet – was?«

»Scheint so«, bestätigte ihm Rabe hellhörig.

»Und die besitzen nun mal ihre eigenen eigenwillig gepflegten Gesetze, nicht wahr? Die aber doch wohl kaum die unseren sind.«

»Dem ist wohl so, Kamerad Warnhagen.«

Sie vermochten sich unverzüglich zu erkennen, also auch zu durchschauen. Und damit gelang es ihnen auch herauszufinden, daß sie sozusagen die gleiche Wellenlänge besaßen. Eine vermutbar sehr deutsch gestimmte. Doch diese gleich als ›restlich großdeutsch‹ zu bezeichnen, wäre wohl verfehlt gewesen.

»Wir scheinen da voll übereinzustimmen, sozusagen hundertprozentig«, bestätigte ihm Rabe einfühlsam. Das bei einer gemeinsamen, sehr genossenen Flasche italienischen Rotwein; eine der letzten aus den Beständen des Erich Wienand, über die Warnhagen nun auch schon verfügte. »Auf unsere erhofft weitzeugende Zusammenarbeit!«

Womit eine Art Pakt geschlossen worden war. Der dann auch eingehalten wurde. Womit sich ein weiterer Komplex im Dasein dieses Erich Wienand wie von selbst zu erledigen schien.

Vorgänge jedenfalls, zu denen sich dann Franz-Jochen Rabe, bei allen einstimmungsbereiten Kameradschaftsgefühlen Warnhagen gegenüber, einen Kommentar von erheblicher Kühnheit leistete. So was vermutbar in einer reichlich schwachen Stunde. Doch von denen sollten dann später noch etliche bei ihm zum Vorschein kommen; etwa beflügelt vom Genuß geistiger Getränke, beherrscht von großem Selbstbewußtsein, voller Verachtung erkannten Kriechtieren gegenüber. Dann aber vermochte er barock-brutale Eindeutigkeiten anzubieten, wie nun auch hier.

»Da haben wir offenbar einen erklärten Antifaschisten in diesem Wienand vor uns, einen überzeugend gemachten Widerstandskämpfer, einen nachweisbaren KZ-Insassen noch dazu. Und der soll, weit darüber hinaus, auch ein Weltbeglückungsliterat sondergleichen sein. Sogar so was wie ein Märtyrer. Heutzutage!«

Rabe sonnte sich in seiner massiven Vorstellungskraft. Zumal er aufmerksamste Zuhörer besaß: Der Bürgermeister nickte ihm beim gemeinsamen Abendschoppen verständnisvoll zu, war sogar bereit, den mit ›Herr Landrat‹ anzureden. Und ein Straßner saß höchst aufmerksam dabei; erwartungsvoll wie stets.

»Was jedoch«, Rabe weiter, »geschieht nun mit diesem höchst elitären Arschloch? Dieser ehrwürdige Kretin wird ganz kräftig aufs Kreuz gelegt! Einfach vereinnahmt, ausgeschaltet, in die denkbar letzte Ecke getrieben. Und durch wen? Durch einen Nazi! Denn ausgerechnet einer von dieser Sorte wird den nun beerben – und zwar total! Wobei es sich sogar um so etwas Ähnliches handeln könnte wie ausgleichende Gerechtigkeit – oder etwa nicht? Ist das nicht geradezu saukomisch?«

Die wahren Endsieger durchlebten dann eine als nahezu heiter zu bezeichnende Nacht.

Erich Wienand verlor sodann auch noch den letzten der zu ihm gehörenden Menschen. Seinen wohl einzigen Freund, der ihm jemals vergönnt gewesen war, Jacob Werner. Das geschah bestürzend schnell.

Denn der hatte sich, als verantwortlich gemachter medizinischer Berater der Militärregierung in München, bei der Bekämpfung von drohenden Seuchen, eine schwere Infektion zugezogen. Um dann daran zu verenden; in nur wenigen Stunden. Doch ein Grab, ein bevorzugt gut gelegenes, auf dem Nordfriedhof, war ihm sicher.

Dort jedoch war er, fatal routinegemäß, unter dem verpflichtend neutralisierenden Kennwort ›drohende Seuchengefahr‹ unverzüglich beerdigt worden. Noch bevor Erich Wienand zu seinem Begräbnis erscheinen konnte. Als der dann dort eintraf, konnte er nur noch auf einen schäbigen Erdhügel starren, unter dem sich sein geliebter Freund befand. Ein unendlich trostloser Anblick, bei dem er nicht einmal mehr zu weinen vermochte.

Erich Wienand zog sich verstört zurück; erneut von wortloser Unzulänglichkeit befallen. Er verkroch sich in seinem Arbeitszimmer; gleichsam in sein Schneckenhaus. Doch selbst dort kam er sich alsbald belauert, heimgesucht, intensiv verfolgt vor. Er durchzitterte seine Nächte, überströmt von Schweißfluten.

Denn erneut fanden vor seinem Haus drohend eindringliche Beschimpfungen statt. Angesammelte Horden riefen ihm ›Verräter‹ zu. »Du Arschloch, du Kretin!« Doch damit nicht genug. Auch noch: »Gesinnungssau – jüdische!« mußte er vernehmen.

Doch etliche andere, die da stets behauptet hatten, sich ihm besorgt-zugehörig zu fühlen – alsbald wohl nur noch klägliche Reste davon –, glaubten unentwegt etwas ganz Bestimmtes von ihm verlangen zu müssen. Und das mit immer massiver drängenden Forderungen: sein nächstes Buch!

Also erhofft, ein weltbewegendes Produkt; gefiltert aus der Summe seiner inzwischen gesammelten, sich ihm zwangsläufig aufdrängenden Erkenntnisse. Mithin ein aufhorchen lassendes, geradezu epochales Werk letzter, allerletzter Wahrheiten.

Das war bereits so gut wie weitestgehend international angekündigt, dementsprechend auch aufgekauft worden. Und das mit ziemlich stattlichen Dollar-, aber auch Pfundbeträgen; mit denen sich hier nun garantiert glänzend leben ließ. Sogar der Titel des Buches schien bereits, vielverlockend, festzustehen: ›Der letzte Mensch‹; womit vermutlich der Geistliche Geisberger gemeint war.

Doch eben dieser an sich so ungemein vorsichtig-behutsame, nun jedoch rücksichtslos-beharrlich bedrängte Dichter mußte jetzt scheinbar endgültig erkennen: Ihm war es nicht mehr gegeben, auch nur noch einige wenige überzeugende Zeilen – ihn überzeugende, und allein darauf kam es an! – schreiben zu können. So als wäre er nun ein endgültig erloschener Vulkan.

Wobei wohl noch hinzukam, daß sein geliebter, verehrter Hamsun vor ein Gericht gezerrt worden war. Von den eigenen Landsleuten, norwegischen; die mithin zu einem Volk gehörten, dem Größe und Anstand und Edelmut stets gegeben gewesen schienen. Der wurde verurteilt, zu einem Kollaborateur erklärt – sein Vermögen eingezogen, eingeliefert zur Gefängnishaft.

Und dessen Mitmenschen schritten dann an seinem Hof vorbei, um dort seine Bücher über den Zaun zu werfen – als hätten sie Misthaufen zu errichten.

Als das ein Erich Wienand vernehmen mußte, schien er endgültig zu verstummen. Keines Wortes, auch keiner Tränen mehr mächtig. Er verkroch sich wie ein zutiefst verängstigtes, sein Ende witterndes Tier.

»Welch eine Zeit!« sollte er dann lediglich gesagt haben. »Welch eine Welt! Wie erwürgend selbstverständlich dennoch das alles. Alltäglich geht die Sonne unter – aber auch auf. Nicht für jeden.«

Nach einem schweren Herzanfall – der von niemandem im Welpenhof erkannt, auch nicht beachtet worden war –, schleppte sich Erich Wienand keuchend dahin. Mit ungemein mühsamen Bewegungen, fast kriechend, bewegte er sich seinem Obstgarten entgegen. Um dort seiner geliebten Kuh Edda zu begegnen. Und die schien ergeben-beharrlich auf ihn gewartet zu haben – mit dunkelglühender Körperwärme und ungemein großtraurig blickenden Augen.

Und dieses Tier umarmte er innig. Bevor er dann sterben mußte, das wohl auch wollte. Das jedoch nicht, ohne diesem Wesen zugeflüstert zu haben: »Nun bin ich – wohl endlich – am Ende.«

HEYNE BÜCHER

HANS HELLMUT KIRST

Der deutsche Autor, den die Welt liest. Menschliche Schicksale im Strudel der Zeitgeschichte

01/5335 - DM 6,80

01/5525 - DM 6,80

01/5808 - DM 6,80

01/5971 - DM 7,80

01/6042 - DM 7,80

01/6092 - DM 5,80

01/6205 - DM 7,80

01/6251 - DM 8,80